元宇宙十大技术

叶毓睿 李安民 李 晖 岑志科 何 超◎著

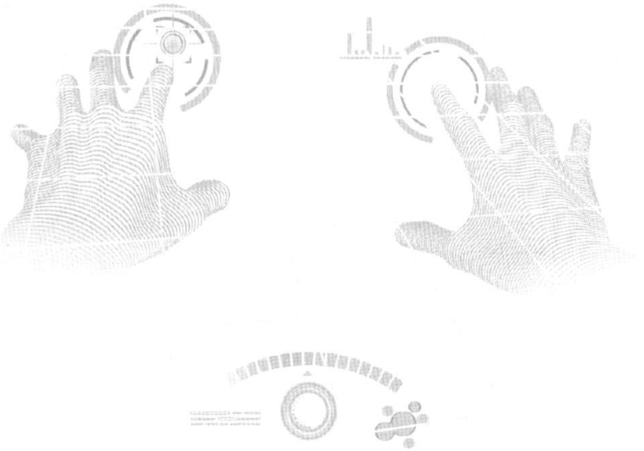

中国出版集团
中译出版社

图书在版编目（CIP）数据

元宇宙十大技术 / 叶毓睿等著 . -- 北京 : 中译出版社 , 2022.7

ISBN 978-7-5001-7112-6

Ⅰ . ①元… Ⅱ . ①叶… Ⅲ . ①信息经济 Ⅳ . ① F49

中国版本图书馆 CIP 数据核字（2022）第 111732 号

元宇宙十大技术
YUANYUZHOU SHIDAJISHU

著　　者：叶毓睿　李安民　李　晖　岑志科　何　超
策划编辑：于　宇　朱小兰
责任编辑：朱小兰
文字编辑：田玉肖
营销编辑：杨　菲　王希雅
出版发行：中译出版社
地　　址：北京市西城区新街口外大街 28 号普天德胜大厦主楼 4 层
电　　话：（010）68002494（编辑部）
邮　　编：100088
电子邮箱：book@ctph.com.cn
网　　址：http://www.ctph.com.cn

印　　刷：北京顶佳世纪印刷有限公司
经　　销：新华书店
规　　格：710 mm × 1000 mm　1/16
印　　张：27
字　　数：350 千字
版　　次：2022 年 7 月第 1 版
印　　次：2022 年 7 月第 1 次印刷

ISBN 978-7-5001-7112-6　　　　定价：69.00 元

中　译　出　版　社

序　一

元宇宙：创意、思想、意识协作的下一代网络

在最近的200年，科学发展的速度一直在加快，我们现在达到了速度的极点。

——查理德·费曼

我已经为数本有关元宇宙的专著撰写了序言。现在为这本《元宇宙十大技术》作序，对我来说还是颇有挑战性。因为这本书确实推高了人们对于元宇宙的认知层次。作者通过Helium、SETI@home和Pak的《合并》（Merge）项目来说明元宇宙未来将是“创意、思想、意识协作的下一代网络”，是“多维共创互信网”。

元宇宙不是海市蜃楼式的虚像，而是基于技术体系支持的“虚拟现实世界”。解读元宇宙的技术体系，几乎是认知元宇宙的前提。《元宇宙十大技术》一书提出了元宇宙“技术栈”的概念，将元宇宙技术体系归纳为五大地基性技术和五大支柱性技术。其中，元宇宙“五大地基性技术”包括计算技术、存储技术、网络技术、系统安全技术和AI（人工智能）技术；元宇宙“五大支柱性技术”包括交互与展示的技术、数字孪生与数字原生的技术、创建身份系统与经济系统的技术、内容创作技术和治理技术。书中进而为读者提供了元宇宙“五大地基性技术”作为底层，元宇宙“五大支柱性技术”作为第二层次的元宇

宙“十大技术”架构图解。不仅如此，全书对上述十大技术做了具有原创性且有深度并兼有宏观和历史视角的诠释。特别值得肯定的是对如下几个技术的探讨。

第一，数字孪生技术。没有数字孪生，元宇宙无从谈起。书中首先探讨了数字孪生的五点共性：数字孪生是一种虚拟空间中的数字模型、数字孪生模型对应的是物理空间实体、数字孪生模型的生成方式是利用传感器采集的实时的以及历史的数据并通过数字化的方法抽象出来、数字孪生在时间轴上是覆盖对应实体的全生命周期的、数字孪生在功能上是映射与模拟和仿真。进而，提炼出如下的数字孪生定义：“数字孪生是针对物理世界中的实体，通过采集其实时数据并综合其历史数据，利用数字化的方法抽象出来的能够对该实体进行全生命周期映射、模拟和仿真的虚拟世界中的数字模型”。之后，通过时间、度、空间、数据、连接和应用等诸多维度，展现了“数字孪生的理想形态”。在这样的基础上，提出了由数据、建模计算、功能和体验四个层次组成的“数字孪生分层技术架构”。

第二，数字原生技术。书中这样描述数字原生的内涵：“数字原生是从虚拟的数字世界中产生并在数字世界中被使用、被拥有、被展现，从而产生其价值。即数字原生是生产人类物理世界存在之外的数字虚拟世界中的新场景、新物体、新‘人类’（虚拟数字人）”。数字原生对元宇宙的价值意义是重大的：“数字原生物和场将会是元宇宙中虚拟环境的主要构成，虚拟数字人会是元宇宙中的公民，与现实世界中人的化身共同组成元宇宙中的人类社会与文明。数字原生知识则可能给元宇宙乃至人类社会带来更深远的影响。”

第三，计算技术。因为元宇宙是基于数以亿计的个体设备组成的超大规模系统，对计算则形成了更多更大的挑战。“计算任务，跨越架构和平台”“计算位置，跨越云边端”“计算的交互，跨越虚拟和现实”。进一步分析，元宇宙计算呈现的一系列新的特征：一是软件实体和硬件平台分离，即软件工作任务，跟支撑它的硬件平台“解耦”；二是元宇宙计算的架构越来越多，设备形态也越来越丰富——系统层次结构导致“集中和分布”并存；三是元宇宙计算的微观基础是“超异构计算”，即集合 CPU（中央处理器）、GPU（图形处理器）以及 DSA（特定领域架构）各自的优势，从同构的 CPU、异构的 CPU + GPU，转换成 CPU + GPU + 各类 DSA 的超异构计算。为此，元宇宙需要计算技术的工艺创新和架构创新。

第四，存储技术。书中指出了数字资产如 NFT[①] 或数字藏品存在的风险：链上索引所对应的原始数据实际多存放在中心化设备上，如加密朋克头像存放在区块链游戏初创公司 Lava Labs 的中心化服务器上，原始数据损毁将导致 NFT 失去意义。面对这一挑战，就需要区块链存储——一种去中心化的存储。此外，本书介绍了区块链存储的定义、来龙去脉和分类，并积极探索了可能的发展路径。有趣的是，围绕着所有权、运营权和使用权的三权分置，探索了资源利用率的变革。

第五，网络技术。书中提出了“元宇宙网络”的概念，即实现现实与虚拟的一种超连接，形成数字孪生环境和“人机物”的三元融合：一个物理人可以持续沉浸到数字人的世界，物理场景可以实时同步到元宇宙中。支持超连接的网络，需要覆盖更大的范围和具备时空连续性。为此，“除了传统的基于 TCP/IP（传输控制协议 / 网际协议）的互联网之外，更多类型的异构网络需要被充分融合，实现万物互联、人机共生”。在技术层面上，元宇宙的内容体验需要网络高带宽，元宇宙的实时交互需要网络低时延，元宇宙的“人机物”互联需要异构网络融合。总之，元宇宙时代的网络，必须要能够提供稳定的、持久的实时连接，满足具有高带宽、低时延、高稳定性、去中心化等特点的数

① NFT 全称为 Non-Fungible Tokens，即“非同质化代币”。NFT 具有可验证、唯一、不可分割和可追溯等特性，可以用于元宇宙的身份识别、数字资产确权和转移、跨元宇宙等。

据传输要求。现在可以清楚地预见，5G/6G 和 Wi-Fi6/7 将有助于现实和虚拟无缝地超连接，软件定义广域网（SD-WAN）也将有助于元宇宙的按需扩展和融合。总之，元宇宙网络是基于 IT 前沿技术，以超连接、广覆盖、强边缘、高智能为特征的网络体系。

第六，AI 技术。无论元宇宙中的内容是凭空创造还是从现实中复制而来，AI 将为元宇宙赋予创新的内容和智能的“大脑”。没有 AI 与元宇宙的结合，元宇宙的成长完全不可能。例如，GAN（生成式对抗网络）属于一种深度学习模型，它能够自动化生成内容或进行内容增强，使得 AIGC（人工智能生成内容）成为元宇宙时代的重要内容来源。AI 对于元宇宙的重要性，还体现在虚实交融：AI 弥补数字人和物理人之间的鸿沟。因为只有通过强化学习，虚拟人才会更像物理人；通过联邦学习，物理人变成了数字人，也能保留隐私。总之，“元宇宙对现实的影响可以从智能的层次提升到智慧的层次。元宇宙从物理人的行为中学习智能，反之物理人也能从元宇宙中汲取智慧。得到这样的结论是源自人们对元宇宙提供的这个巨大的人与环境的模拟系统的观察”。进而可以设想，未来元宇宙对能源、算力、存储、带宽资源的分配也将 AI 化。书中关于元宇宙和人工智能的思考，符合“广义人工智能”的方向，即将以往基于逻辑的符号 AI 和现有的基于数据的神经 AI 结合的双向 AI，因为广义 AI 可以满足知识迁移和互动、鲁棒性、抽象和推理的能力、高效性等人工智能的需求。①

如果说，仅仅肯定这本书提出了关于元宇宙技术体系的整体图像，解析了其中的每项技术的结构、价值和技术发展方向，属于一本关于元宇宙技术性书籍，是对这本书价值的低估。这本书也是在探讨元宇宙技术背后的哲学意义，很有可圈可点之处。这本书在第一篇开宗明

① 2022 年，长短期记忆网络（long short-term memory，简称 LSTM）提出者和奠基者，奥地利人工智能高级研究所（IARAI）创始人塞普·霍赫赖特（Sepp Hochreiter）教授在《ACM 通讯》发表论文，系统阐述了广义人工智能的原理。

义地写道："元宇宙：意识和生命的互联网"，并且以地球和人类的角度，将宇宙演化分为五个阶段：零宇宙（奇点）是宇宙0.0、物理宇宙是宇宙1.0、生命宇宙是宇宙2.0、有人宇宙是宇宙3.0、元宇宙是宇宙4.0。是否同意作者这样划分宇宙的演变阶段是一回事，将元宇宙纳入人类对宇宙认知的体系之中的提法，是很有启发性的。特别的是，作者将笛卡尔的"我思故我在"的命题，以及凯文·凯利在《必然》一书中提到的"知化"（cognifying）概念，引入到对于元宇宙的思考中，触及了元宇宙的核心问题：元宇宙是否将是一个基于人工智能，超越现实人类的，以原生虚拟人为主体的全新的"通用智能体"？

在书的最后部分，作者回归到人类意识发展与人工智能的未来："人脑与超脑，都需要形成对'自我'的观念。"机器在处理一些复杂任务时不得不拥有自我意识，因为人工智能技术使得人工意识成为现实，即机器的自我意识现在不是可能不可能的问题——机器人时代大幕已然揭开。元宇宙的重要功能则是提供这样一种人与机器的交互界面，创造人工智能突破性进展，加速后人类时代到来的契机。在这样的意义上，就不难理解：元宇宙中的一切皆计算机（XaaC）和一切皆服务（XaaS）联系在一起。因为元宇宙就是通过计算实现"意识的星辰大海"。

总之，这本书具有可观的知识含量，涉及技术的涵盖面宽广，基本囊括了现阶段元宇宙涉及的所有技术演进脉络并做了深入浅出的阐述。同时，作者描绘了相关技术在元宇宙中的应用前景，对大众读者起到了很好的科普作用。特别需要肯定的是，该书预测了在未来元宇宙建构中，异构芯片架构、指令架构、操作系统、虚拟化、数据中心、存储、网络、带宽等领域的发展方向，以及软件定义硬件，开源加速标准和接口统一的方向。作者关于元宇宙的这些深度思想，为有技术背景的读者思考元宇宙技术发展提供了方向，留下了新的问题和思考空间。

当然，本书存在一些问题，宇宙演变的五个阶段的说法较为新颖，但是作为科学探讨，则缺少深入论证。

特别请读者注意书的最后一个自然段："随着人类的主观能力越来越强大、自由意志得到越来越充分的释放，人类对世界的认识一方面不断地向真实的物理世界靠拢，另一方面也在不断地寻求超越、逐渐发展而比物理世界更为强大。因此，我们有理由认为：随着认知的日益发展，人机的未来需要人类的设计和自由意志的指导，人类也才有可能成己而圣，为元宇宙立心，为万世开太平"。这是迄今为止，关于元宇宙价值的最有冲击性的文字。但我还是坚持人类需要谦卑的主张，看到自己的极限，包括人工智能和元宇宙网络，以及元宇宙的极限。最后，我以美国计算机科学家、首届图灵奖获得者艾伦·佩利（Alan Perlis，1922—1990）的一段话作为结语："花一年时间在人工智能上就足以使人相信上帝。"

朱嘉明

著名经济学家

2022 年 4 月 15 日

元宇宙：数字技术的一种表达

元宇宙不是一个技术概念，它是一个经济概念。

技术思想家、复杂经济学奠基人、圣塔菲研究所元老布莱恩·阿瑟（Brian Arthur）在他的《技术的本质：技术是什么，它是如何进化的》这本著作里面指出，“经济是技术的一种表达，并随这些技术的进化而进化”。

同样，要深入理解元宇宙是什么、深刻认识元宇宙的本质、前瞻元宇宙的进化趋势、看准元宇宙的创业机会、把握元宇宙的投资价值，首先就需要对元宇宙的技术基础有一个透彻的理解。

中国移动通信联合会元宇宙产业委员会（本书简称元宇宙产业委）组织的《元宇宙十大技术》这本新书的出版恰逢其时，阅读它是帮助你建立一窥元宇宙究竟的底层认知能力的最佳途径。而古往今来所有的成功，都是基于你为自己构建的且不断升级的认知能力。

布莱恩·阿瑟在书中还说过：“经济会因新的技术体而改变自身的结构。如果改变的结果足够重要，我们就会宣称发生了一场颠覆性改变。”

元宇宙就是基于一系列数字化技术组合而在经济与商业层面发生的颠覆性改变。《元宇宙十大技术》系统性地、总结性地网罗了导致元宇宙时代到来的核心技术组合。在对这些核心技术一一做出通透的阐述、分析后，又进一步对这些技术组合可能在经济与商业的层面给元宇宙带来的颠覆性创新，给出了明确的预测和建议。

《元宇宙十大技术》把带宽、存储、算力定位为搭建元宇宙大厦的底层基础技术（元宇宙大厦的地基）。这点对于看清元宇宙、投资元宇宙很重要。带宽（通讯运营商）、存储（数据中心）、算力（计算能力）对于元宇宙来说，犹如美国西部淘金潮中的淘金工具和牛仔裤，西部淘金的历史告诉我们，在淘金者赚钱之前，卖淘金工具和牛仔裤的人，先赚到了第一桶金。

不管未来元宇宙的入口是VR、AR还是MR、XR①，或者仍然是手机，要满足3D实时渲染时不卡顿、无时延的高体验，都需要依靠6G，甚至7G那样的更高带宽的通信系统。据不完整统计，目前中国的数据中心80%左右的存储能力都正被几大互联网平台使用，尤其是提供短视频服务的互联网平台。相比存储文字，存储视频需要大好几个数量级的存储空间。将来元宇宙的3D视频对于动态存储的需求估计要再大几个数量级；当你戴上VR头盔沉浸在一个3D仿真环境里面，你的每一个蓦然回首、每一个左右环顾、每一个翩跹身姿、每一个乾坤腾挪，都涉及一帧一频的实时计算、实时渲染，仿真程度越高、仿真细节越细，需要的每秒帧频就越多、越快。这无缝衔接的超高体验背后都需要巨大的算力来支持。

而无论带宽、存储还是算力，都是高耗能的。5G基站的能耗就比4G基站高很多，4G基站能耗比3G要高。3D视频的渲染计算与动态存储，也将是能耗方面的“吞金兽”。

因此，我有两点观察：第一，数字经济也好，元宇宙也罢，是比

---

① AR/VR/MR/XR：AR是Augmented Reality的简称，即增强现实；VR是Virtual Reality的简称，即虚拟现实；MR是Mixed Reality的简称，即混合现实；XR是Extended Reality的简称，即扩展现实。

工业经济能耗总量更高的经济体系。人类从农业经济到工业经济，再到数字经济（元宇宙应该是数字经济的最高形态）的进化过程，本质上是一个更高、更多的能量转换，从而也就是一个能耗总量越来越多、越来越高的过程。碳达峰、碳中和的目标不应该是限制社会能耗总量，那样实质上是对经济发展自我设限。正确的做法是努力提高绿色能源的比例，同时降低单位能耗的指标。

第二，如果算力足够充沛，且成本足够便宜，那么3D仿真的虚拟世界可以超越肉眼的视觉能力，把肉眼无法感知的细节都纤毫毕露地渲染出来，从而使得虚拟世界与现实世界没有区别，甚至使得虚拟世界在视觉的“真实度”上超越现实世界，虚拟世界可能比现实世界还要“真实”。这在数字孪生的过程中很有价值：巨大算力的渲染就像你使用倍数很高的显微镜，你能发现很多平常不能发现的现象，认识很多平常无法认识的规律。

元宇宙到底是什么？它的未来又会是什么样？依据目前的认知水平、技术准备和商业实践，我们还无法给出一个令人满意的完整答案。但是，答案会诞生在元宇宙十大技术的进化过程中，答案会诞生在元宇宙商业实践的优化过程中。

让我们来共同寻找元宇宙的最终答案，共同缔造元宇宙的美好未来。

肖风

万向区块链董事长

2022年4月23日

序　三

智算筑基元宇宙

两三百年以来，人类从工业时代、信息时代迈入智慧时代，各行各业逐步实现工业化、信息化和数字化，也拉开了智能化的帷幕。智慧时代是一切皆计算的时代，在这个新时代，计算力就是生产力，智慧计算改造升级了生产力三要素并最终驱动了人类社会的转型升级。具体来说，智慧计算将劳动者由人变成了人与人工智能的结合体，以此可以顺利实现指数级增长，将数据变成一种创新生产资料的同时，将计算力驱动的信息化设备转变为指数级增长的生产工具，促使生产力得到了前所未有的解放。

计算力指数是衡量一个国家、地区，甚至是企业发展水平的重要指数。从全球 GDP（国内生产总值）与服务器出货量的分布来看，全球 GDP 排名前四的美国、中国、日本、德国，服务器采购量同样排名前四。数字经济在整个国家 GDP 的占比越高，这个国家的经济就越发达。同样，在企业领域，十多年前全球市值最高的 10 家企业，包括埃克森美孚、中国石油天然气集团、沃尔玛、中国移动通信集团、中国工商银行等，都是来自能源、金融、通信等传统领域。今天全球市值排前十的企业中，7 家都是 IT 企业，比如苹果、微软、亚马逊、谷歌、脸书、腾讯、阿里巴巴；还有一家特斯拉，虽然是车企，但创始人埃隆·马斯克把特斯拉当作IT公司来运营，IT工程师比汽车工程师还多。全球市值TOP级的企业也是计算力消耗最大的，市值排名和服务器采购量排名基本一致。

元宇宙是利用人工智能、AR/VR、云计算、高可靠存储、高速互联等技术构建的虚实融合的数字新世界，是物理世界和人类社会的虚拟化。维持元宇宙的持续在线和共享互动，需要物理世界源源不断的算力；而搭建高度拟真的数字世界，并实现数亿用户实时交互的大场景等，对支撑元宇宙构建和运转的核心源动力——算力提出了更高的要求。2022年3月，浪潮信息发布的业界首款元宇宙服务器MetaEngine，有望为元宇宙的创建和运行提供强大算力。

随着元宇宙的逐步发展，仅仅依靠PGC（专业生成内容）、UGC（用户生成内容）远远不够，需要AIGC才能创造丰富多彩，并且千人千面的场景应用。因此类似GPT-3、源1.0等巨量参数的算法模型是未来重要方向之一。人工智能算法模型将分阶段演进：

第一阶段以监督学习和识别类应用为特征，基于标注数据的监督学习在图像识别、语音识别等任务上实现了超越人类的精度。

第二阶段以单模态、自监督学习为特征，基于互联网海量文本数据的单模态自监督学习在自然语言理解领域取得突破。

第三阶段以多模态、自监督学习为特征，模型将拥有多维感知的能力，以及基于多维感知之上对各种特征之间关系的刻画及理解能力。

再下一个阶段，算法模型将进入与物理世界交互式的超模态主动学习阶段。与多模态相比，超模态信息更加丰富，既包含了人类触觉、听觉、视觉、嗅觉之内的数据，也包含了在人类感知之外的传感器数据。在这一阶段，算法模型通过与物理世界的交互，学习到客观规律，并逐步具备认知智能能力。

当前我们正处于从第二阶段向第三阶段的演进过程。2022年5月，由源1.0训练的AI参与了一场线上剧本杀，期间AI的惊人表现，让真实玩家们大感意外。

自2012年以来，AI训练任务所运用的算力每3.43个月就会翻倍，到2018年，6年间AI算力需求增长了30万倍。如何弥补AI算力的“鸿沟”呢？关键是多元算力的融合，必须要打破传统体系结构设计，从根本上解决多架构引发的无法兼容、效率不高的问题。例如，通过控制、计算分离实现灵活可重构，通过异构资源池化实现多元高效能，通过计算、数据结合突破存储墙，通过高速互连网络实现规模可扩展。同时，通过软件定义实现应用智能感知和资源随需组合，让底层资源随上层应用按需分配。

元宇宙的发展需要智慧计算作为基础，否则无法高效地支撑不同个体所需的丰富体验。很高兴看到，由元宇宙产业委牵头，由叶毓睿、李安民、李晖、岑志科、何超和多位其他领域专家在《元宇宙十大技术》中，对计算的各种形态、AI算法、多元算力，以及区块链存储、超连接广覆盖高速网络等前沿性技术进行了详细的阐述。

希望大家携起手来，为发展中国数字经济、促进数实融合、赋能实体经济，贡献自己的力量。

王恩东
中国工程院院士
2022年5月13日

序　四

安全可信是元宇宙健康发展的顶天大事

大数据、人工智能、物联网、虚拟现实、区块链等新兴技术，推动了元宇宙的快速兴起和蓬勃发展。元宇宙是虚实相生、人物结合的新的数字化网络空间，是下一代网络空间发展的新口径。元宇宙网络空间的形成将助力形成大成智慧，促进科学技术和数字经济的进一步发展。但与此同时，网络攻击也将成为元宇宙的常态，攻击的样式和手段将更加多样，攻击的目标将更加多元，攻击的烈度也会更加剧烈。由反人类分子和敌对势力发动的元宇宙网络核战争，将有可能带来人类在元宇宙时代的灭顶之灾。

安全是发展的前提，发展是安全的保障。对元宇宙系统更是如此。

我们开创的可信计算 3.0，抢占了网络空间安全领域的核心技术制高点，其中很多思想、理念、核心技术和工程机理已经被国际可信计算机有关机构采纳并作为国际标准。这是中国可信计算革命性创新的集中体现。

我们自主创建的主动免疫双体系框架，采用了创新的对称、非对称相结合的密码体系，形成了可信计算的免疫基因，构建了主动免疫系统，实现了可信控制模块对计算平台的主动度量。

在硬件层面，通过在可信的 CPU 或主板中并列融合可信度量控制节点，实现了计算和可信的并行运行；在软件层面，构造了依据可信策略进行动态度量的检测集，实现了对固件和操作系统的可信支撑，进而构建了可信基础软件硬件双重融合的结构。通过在网络层采用三重三元可信对等结构的联合鉴证协议，实现了连接对象可信评估，特别是防止了内外合谋攻击，提高了整体安全性。

以免疫为核心特征的可信计算3.0，已经形成了完整的安全可信产业和生态环境，构建了中央电视台、国家电网调度系统等大量国家关键基础设施的主动防御体系，其核心系统达到了安全等级保护4级的要求，抵御了勒索病毒等一系列高强度攻击，确保了关键基础设施的安全运行。

元宇宙是多种技术的超复杂融合，元宇宙网络空间同时还是虚拟社会与现实社会的结合、融合和映射。人类社会面临的所有问题，比如伦理、法治等问题，在元宇宙中必然存在，而且还会以不同的表现形态呈现。而元宇宙面临的安全问题，将更为复杂，挑战和影响也将更为巨大。基于原有的封、堵、查、杀为特点的静态和被动防护安全解决方案，无法应对元宇宙系统面临的安全问题。元宇宙必须建立起以主动免疫为基础的积极的动态可信安全机制。

元宇宙系统的网络安全体系必须与人体免疫系统一样，是并行的、动态的、全方位的、实时的，能够进行可信的演绎和验证，并且元宇宙系统的网络安全也必须实现自动化和智能化，能够根据攻击行为的变化实现时时演进，采取对策。但任何系统的安全都是相对的，就像人可能会生病一样，从来不存在绝对安全的系统。但要必须保证元宇宙系统存在的缺陷和漏洞能够不被攻击者所利用，能实现系统在各种安全威胁的情况下保有极强的健壮性。对元宇宙系统来讲，要确保攻击者进不去、关键信息拿不到、窃取内容看不懂、系统数据改不了、核心系统瘫不成、攻击行为赖不掉的六“不”防护效果。

元宇宙将是下一代网络空间的主要存在和表现形式，是人与机器契合的网络化数字空间，必须建立法治体系。中国已经基本形成以《网络安全法》《密码法》《数字安全法》等为代表的网络空间安全法律法规体系，其他国家在这方面也都形成了各自的法律法规体系。同时，世界主要先进国家在元宇宙安全方面也都展开了深入研究。网络空间安全既是确保元宇宙系统健康运行和发展的必要保证，同时也是陆、海、空、天之后的第五大国家主权。无论是从确保元宇宙系统安全和健康发展的角度，还是从确保国家主权和权益的角度，都必须确保元宇宙网络空间的安全可信，确保智能社会和元宇宙的健康发展。

元宇宙产业委站在技术和产业发展前沿，集中了元宇宙领域国内顶尖的一批学术界和产业界专家，组织撰写《元宇宙十大技术》一书，从十余个不同的方面，较为翔实地阐述了元宇宙的内在机理和发展前景。既着眼于全球的最新发展，又落脚于国内当前发展需要，无论对于学术界、产业界，还是投资者及政策研究人士，该书都具有较高的参考价值，也提供了进一步学习和研究的路径。

希望该书在推动国内元宇宙健康发展、推动元宇宙安全产业健康发展方面，发挥出其应有的引领和指引作用。

沈昌祥
中国工程院院士
元宇宙产业委共同主席
2022 年 5 月 22 日

元宇宙：通往未来的立体全息互联网空间

元宇宙的英文名是“Metaverse”。早在20世纪80年代，美国计算机专业教授弗洛·文奇（Vernor Vinge）在科幻小说《真名实姓》中，构思了一个可以通过脑机接口进入并拥有感官体验的虚拟世界，这被视为“元宇宙”概念的雏形。1992年，美国著名赛伯朋克流科幻作家尼尔·斯蒂芬森在其作品《雪崩》中正式创造了“Metaverse”一词。《雪崩》进行了形象的描述：“当进入元宇宙……每个人的化身都可以成为自己喜欢的任何样子，这就要看你的电脑设备有多高的配置来支持了。哪怕你刚刚起床，可你的化身仍然能够穿着得体、装扮考究。在元宇宙里，你能以任何面目出现：一头大猩猩、一条喷火龙……”。此后，许多科幻小说和科幻电影讲述了人们通过数字化身进入虚拟世界的故事，比如《黑客帝国》《刀剑神域》《头号玩家》等。

2020年新冠肺炎疫情发生后，因社交隔离，人们的许多活动被迫转为线上，有些通过在线视频开展，而有些则是在游戏的在线虚拟场景中举行。比如，加州大学伯克利分校在沙盒游戏《我的世界》中举行毕业典礼，毕业生们以虚拟形象齐聚校园参加毕业典礼；美国著名流行歌手特拉维斯·斯科特（Travis Scott）在游戏《堡垒之夜》中举办了一场虚拟演唱会，吸引了全球千万游戏玩家围观；全球顶级AI学术会议 ACAI 在游戏《动物森友会》上举办研讨会并由演讲者在游戏中发表讲话等。这些吸引眼球的活动进一步激发了人们对虚拟世界的畅想，使元宇宙概念再次翻红。

虽然元宇宙概念出现得很早，但迄今为止它还没有统一的定义。Facebook（现更名为 Meta）创始人扎克伯格认为，“元宇宙的首要目的不是让人们更多地参与互联网，而是让人们更自然地参与互联网”。什么是“自然”？扎克伯格以 VR 技术为例进行了阐述：“VR 技术能让人获得各种难以通过二维应用或网页实现的体验，例如跳舞，或不一样的健身方式。简而言之，VR 让人们在虚拟世界里更有‘在场’的感觉，能够自然和准确模拟人在现实世界的行为”。但“元宇宙不仅仅是 VR。它能通过所有不同的计算平台访问”。在他看来，元宇宙是一个永续的、实时的，且无准入限制（多终端）的环境。他建议“把元宇宙想象为一个实体互联网，在那里，你不只是观看内容，你整个人就身在其中”。

由此可见，提供前所未有的交互性以及高度的沉浸感和参与感，是元宇宙不同于现有互联网的最大特征。元宇宙将使虚拟世界和现实世界、线上和线下高度融合。腾讯公司创始人马化腾认为：“全真互联网是一个从量变到质变的过程，它意味着线上线下的一体化，实体和电子方式的融合。虚拟世界和真实世界的大门已经打开，无论是从虚到实还是由实入虚，都在致力于帮助用户实现更真实的体验。”

扎克伯格还认为，元宇宙必须具有互通性和可移植性：“你有自己的虚拟化身以及虚拟物品，可以瞬间移动到任何地方，而不是被困在某家公司的产品中”“在未来，如果听到某家公司在开发自己的元宇宙，就相当于现在你听到某家公司在开发自己的互联网一样可笑”。元宇宙需要构建一个通用的协议让每家公司在共同且互通的宇宙进行开发。这同时也说明，元宇宙应满足技术开源和平台开源特性，否则就无法实现通用性。在开源的基础上，不同需求的用户都可以在元宇宙进行创造，形成原生虚拟世界，不断扩展元宇宙边际。元宇宙概念股

Roblox（罗布乐思）的联合创始人 Neil Rimer 强调，“元宇宙的能量将来自用户，而不是公司”。即元宇宙由用户创造内容。

同时，不少业内人士还认为，如果元宇宙平台不会“暂停”或“结束”，无限期持续运行，那么在理想状态，元宇宙应该是去中心化的，这样不会因某方的加入或退出，而影响正常运行。更进一步说，元宇宙需要具备去中心的、避免被少数力量垄断的技术特点。它由许多不同的参与者以去中心化的方式运营，而不归属于某个公司。它是一个自治去中心化组织。

为了实现上述元宇宙特点，需要多种先进技术的支撑。一是虚拟现实技术。二是 5G、边缘计算、云计算、AI、图像渲染等技术。三是区块链技术。四是芯片支撑的存储技术和算力。

应该说，元宇宙是一个极为宏大的概念。它为我们描绘了一个前所未有的立体互联网虚拟空间。但要真正实现它，并不容易，其背后涉及芯片、能源、算力、存储、网络等技术的全面升级，甚至是革命性变革。

诚然如此，元宇宙仍不失为一个令人激动的梦想。它若能从当前的科幻小说、科幻电影转化为现实，势必将开创人类历史的新纪元。这是一个正在发展的前沿领域，各界正在积极探索中。元宇宙产业委编著的《元宇宙十大技术》一书全面而又深入地探讨了元宇宙的技术特征、前沿热点、场景应用和未来趋势，内容丰富、资料翔实、语言生动、深入浅出。相信该著作的出版，必将大有裨益于学界、业界。

姚前

中国证监会科技监管局局长

中国人民银行数字货币研究所首任所长

2022 年 5 月 30 日

序 六

探索 Web3.0 的元宇宙“中国方案”

我们正在进入元宇宙的新时代。这个新时代，被很多人笼统地认为是 Web3.0 时代。

在元宇宙概念刚刚出现的时候，我国著名科学家钱学森就已经关注到并为元宇宙注入了极浓的中国文化味道。他将虚拟现实技术的元宇宙翻译为“灵境”，并描述了“灵境”之遥触、之遥知、之遥在的场景，以及灵境所展示出的奇妙的境界、虚幻的境界，等等。钱老曾在给中国工程院院士、计算机专家汪成为的信中如此写道：“我对灵境技术及多媒体的兴趣在于它能大大扩展人脑的知觉，因而使人进入前所未有的新天地。新的历史时代要开始了！”因而，钱老被尊称为我国的“元宇宙之父”当之无愧！

Web3.0 时代的互联网，也就是元宇宙时代该如何发展？我们希望元宇宙一如二十年前的“互联网”，带来生产生活方式的深度变革，让物理化和信息化融合创造新的奇迹。对于这个奇迹，元宇宙产业委隆重推出的《元宇宙十大技术》一书中就有详细的论述。

2000 年，由我主持发起并创立的中国移动通信联合会，经国务院总理办公会议批准、民政部注册登记，是中国移动通信领域唯一一家全国性的社会团体。到今天，联合会已经成立 22 年了。联合会成立时间虽然相对短暂，但却见证、推动了移动通信三个大时代的演进和发展。

第一个是始于“大哥大”的移动通信时代，即语音通话时代。第二个是智能手机出现后的移动互联网时代。第三个就是元宇宙新时代。

为推进我国元宇宙产业健康、有序、可持续发展，2021年10月15日，元宇宙产业委成立。作为国内首个元宇宙产业推进组织，元宇宙产业委聚焦共筑“元宇宙共识圈”，在国内外引发了巨大的反响。在各界热情参与的氛围中，元宇宙产业委开展了一系列的重大活动，尤其值得一提的是，2021年纪念钱学森诞辰110周年时，我们组织了主题为“元宇宙——灵境与科学艺术”的首届元宇宙产业论坛，以及湖南卫视《天天向上》节目邀请元宇宙产业委推荐制作元宇宙题材的专家和单位，本书作者之一叶毓睿先生作为专家代表、上海风语筑文化科技股份有限公司作为单位代表，共同参加了节目录制，为大众普及了元宇宙的实现方向。

在元宇宙产业委倡导的《元宇宙产业宣言》《元宇宙自律公约》等的基础上，2022年5月27日，我们举办了新一届“元宇宙共识大会”，再次形成共识，比如，我们拟定了《元宇宙公民守则》《元宇宙治理规则》《元宇宙技术通则》《元宇宙应用指南》《元宇宙标准指引》等，共同研讨了《元宇宙产业创新发展三年行动倡议》，探讨了工业元宇宙、文旅元宇宙、科教元宇宙、商贸元宇宙、金融元宇宙、大健康元宇宙、城市元宇宙、政务元宇宙等落地应用问题，启动了“元宇宙公共服务平台”，推进了“元宇宙创新成果”从概念到实验，再到试验，最后到全面实践、普遍融入，以谋求元宇宙快速健康可持续发展。

元宇宙产业委为夯实产业发展的根基，还与清华大学合作了《元宇宙发展与治理》课题，探索从监管治理的视角来分析、判断元宇宙合规发展的道路，旨在为参与课题研究和输出的单位带来社会影响力、赛道拓展力、企业担当力、市场竞争力、品牌背景力等“五力”的全方位提升。

当前市场上，描绘元宇宙来龙去脉和未来趋势的文章和书籍层出不穷，然而元宇宙应该如何构建值得深入思考；元宇宙的形成需要多种技术进行融合，而哪些是后台的地基性技术，哪些是前端的支柱性技术，这些技术的创新、融合如何推动商业的落地和经济的增长，等等，这些都是需要从业者和创意者了解的硬性知识。

正是为解决以上这些重大问题，并探求基于数字化技术组合而在商业层面发生的颠覆性改变，《元宇宙十大技术》一书应运而生。

这本书汇聚了元宇宙产业委顶级行业专家的多领域实践和最新调研，力求全面涵盖元宇宙时代的核心技术，包括五大地基性技术和五大支柱性技术的整合、辨析；系统地分析了与元宇宙相关联的产业。作为元宇宙大厦建设的地基性的参考书目，本书也探讨了元宇宙世界的内容创作以及治理甚至落地应用，最终引出建立“人类世超脑”“为元宇宙立心”的愿景，以期为大部分底层基础设施的智能水平、互操作性和流畅度获得质的飞跃贡献心力。

当然，我们回溯中国互联网的发展，无论是在技术上还是观念上，都呈现出更多改造物理世界基础设施和融合实体经济发展的工具属性。相较于欧美，在 Web1.0 时期，中国互联网处在一个相对乏善可陈的阶段。而进入 Web2.0 时代，中国互联网深度融入了全球实体经济与贸易的进程之中。

时下，Web3.0 时代呼啸而来，中国的科技公司如何走向全球化，向世界提供 Web3.0 的“中国方案”；在“万物生长”的 Web3.0 时代，如何在这片土地上创造出下一代真正改变人们生活和交易的方式，进而诞生改变世界的伟大公司，《元宇宙十大技术》开启的 Web3.0 革命，正是我们对这些问题给出的答案。

元宇宙新时代集成了太多太多的期许、太多太多的行业、太多太多的文化和哲学思想，它是一个全方位的、多维的存在，它是属于整个世界、整个宇宙的。

倪健中
中国移动通信联合会执行会长
全球元宇宙大会主席
元宇宙产业委共同主席

自序一

元宇宙的未来之路

当前，技术、产业、资本正推动元宇宙从科幻走进现实，元宇宙时代扑面而来。元宇宙是下一代互联网，是人们生活、工作的虚实融合空间，是数字资产的重要生产地。元宇宙也是满足人们对美好生活向往的重要场景和应用。元宇宙将引领未来全球数字经济的发展，也为推动我国“三新一高”的经济发展，不断做优、做强、做大我国数字经济带来的难得的科技研发、应用场景、新型设施、数字资产等方面带来新机遇、新赛道。

元宇宙的英文是由 Meta(超越) 和 Universe(宇宙) 构成，元宇宙中文的三个字个个有深意：元者，始也，代表起源；四方上下谓之宇，代表空间；古往今来谓之宙，代表时间。从某种意义上讲，元宇宙一词就涵盖了世间万事万物的起源和发展，也预示了元宇宙可以通过对空间和时间的重塑，开启新的纪元。

无疑，对人类影响最大的信息数字技术和应用当属互联网，从 PC（个人计算机）互联网、移动互联网，到以元宇宙为代表的下一代互联网，首要的问题乃是元宇宙是什么的问题。关于元宇宙是什么，目前业界有千千万万个不同的定义，从不同的角度予以解释，表达了各自的见解。本书则基于科技以人为本的理念，结合对互联网技术演进以及人类社会发展的深刻洞见，通过体现时代性、把握规律性、赋予创造性，以更高维度、更宽视野、更具前瞻性的全新角度，给出了深具见地和独创性的诠释。

本书一开篇就指出元宇宙是意识和生命的互联网，最后以“为元宇宙立心”收尾，一头一尾贯穿呼应，把元宇宙是什么的问题，即元宇宙的核心特征、发展趋势交代清楚。中间章节关于元宇宙的五大地基性技术、五大支柱性技术的内容是核心特征使然、发展趋势必然的结果，也是为顺应元宇宙发展趋势、实现元宇宙核心特征服务的。

本书关于元宇宙的核心判读是意识和生命的互联网，意识和生命的主要表达是体验感受、价值实现和情感满足。元宇宙发展呈现出“三新”趋势：将出现新的角色定位、社会关系、规则秩序；创造新的数字资产、虚拟空间、价值乃至“物种”；逐步演化出新的虚拟空间社会、虚拟社会文化等。元宇宙时代将通过重塑规则，重塑法则，打破规则的限制，让人的体验感受、价值实现以及情感满足有更大、更丰富的可能性，并实现指数级的放大。其中价值实现的一个重要方面是让人激发其创意，实现其创造，元宇宙时代最突出的特征就是用户既是消费者，也是参与者，更是创造者。在元宇宙的虚拟空间里，会有越来越多的动漫人物、艺术作品，甚至虚拟地产等数字资产被创造、生产出来。从国际著名的互联网公司 Facebook、Roblox 等介入元宇宙的布局来看，元宇宙为虚拟社交、虚拟办公提供了入口，但其未来用意主要在于数字创造，在于数字资产。基于数字身份的数字资产、数字创造将成为未来世界资产和价值创造的重要组成部分，如何使得数字资产方便可流通、安全可交易、智能可管理就成了重要课题。本书论述的元宇宙十大技术都是基于元宇宙是意识和生命的互联网这个核心判断提出的，同时也都是为了支撑元宇宙能否实现让人有更好的体验感受、更大的价值实现以及更充分的情感满足而展开的，从技术、应用、案例等方面做了大量的介绍和阐述。可以预见，元宇宙时代就是一个不断赋予机器、设备、入口、网络、应用、平台、数据以意识、情感和生命的时代，会出现越来越多的沉浸体验型、情感型、创造型的元宇宙入口、应用和平台。元宇宙的十大技术就是要打造这些入口、应用和平台，同时不断对其进行拓展、演进、升级。

从元宇宙的五大支柱性技术来看，交互与展示的技术支撑了元宇宙出入口的打造与实现，而沉浸体验型、情感型、创造型入口应用的关建诉求是“全息输入”和“全能感知”，这样才能保证用户在元宇宙中有全方位的深度沉浸体验，所以VR、裸眼3D、激光全息等技术的创新升级，都要围绕“全息”和“全能”来深化和拓展。区块链等创建身份与经济系统的技术、内容创作技术则主要针对推动元宇宙发展的数字创造和数字资产，激发人们的创意，实现创造，满足人类意识和生命的价值实现需要。而数字孪生与数字原生的技术则是满足和实现上述这些需求和应用的支柱性底座技术。

从元宇宙的五大地基性技术来看，由于元宇宙是意识和生命的互联网，对入口、应用和平台的需求以及带来的数据不仅仅是海量庞杂的，更是全息多维的；对计算处理的要求不仅仅是快速准确的，更要是智能柔性的；对网络传送的诉求不仅仅是高带宽低时延的，更要是敏捷可控的。因而，元宇宙的计算技术、存储技术、网络技术、AI技术都必须应对这些新型需求的变化，智能计算、全息网络、情感AI等技术就是元宇宙技术未来要拓展的重要方向。最后，正是因为未来的元宇宙是意识和生命的互联网，元宇宙中的人们会逐渐演变出新的角色定位、社会关系、文化秩序等，正如本书阐述的将产生“意识构建的智慧地球”，所以元宇宙的治理和安全管理，其内涵和外延都将大大逾越网络空间治理和网络信息安全管理的范畴，本书关于元宇宙五大地基性技术之系统安全技术，以及元宇宙五大支柱性技术之治理技术，都对相关内容做了深入阐述，未来还会有很多诸如法律、道德、伦理等新问题、新领域需要我们去研究、拓展。

本书提出了元宇宙的终极目标是意识构建智慧地球，实现人自身意识和生命的延伸和飞跃，这就要求元宇宙的十大技术必须基于人类意识和生命科学的深入和突破。但应该看到，正如本书最后一篇里面谈到的人类对自身意识和生命的认识还非常肤浅，其理论和科学还处于非常初级的阶段，基于这些理论和科学的技术实现难度就很大，实现的效果就不太理想，大规模可商用的产品化、产业化进程更会有一个长期的过程。譬如人的意识和生命里的很多问题，人们在哲学、伦理、心理学、生命科学等层面都已做了各自的研究和阐述，但如何将这些不同学科的认识、理论和方法与现代信息科学建立起必要的联系，转化为现代科技的手段，补充、深化和拓展元宇宙的十大技术，是一个值得人们去研究探索的课题。所以本书最后提出了“为元宇宙立心”，一方面再次呼应了元宇宙是意识和生命互联网这个开篇判断，另一方面也进一步提出了元宇宙发展的终极目标是实现人类自身意识和生命的延伸。而要想实现这个目标，必须要实现元宇宙技术的发展与人类对自身意识和生命认识的科技发展的双向促进，这样才能真正达到“认识本我、实现自我、觉悟无我”的人类自身延伸和飞跃的目的。

元宇宙的未来之路，就是一条人类在探索发展元宇宙，元宇宙也在探索发展人类的路，让我们一起沿着这条路披荆斩棘、勇往前行，为共筑元宇宙共识圈而奋进。

李安民
中国电信研究院副院长
元宇宙产业委联席主任委员

元宇宙：数字技术构筑美好生活新图景

关于元宇宙到底是什么的讨论，从概念火爆之初到如今仍在持续进行着。从业者和专家、学者从商业价值、经济规律、技术发展等多重角度对元宇宙进行了不同的定义与解读。元宇宙概念最早出现在尼尔·斯蒂芬森在1992年出版的小说《雪崩》里，它是一个脱胎于现实世界，又与现实世界平行、相互影响的在线虚拟世界。

2018年，电影《头号玩家》已经生动地将“元宇宙”图景具象化。电影中打造了一个“绿洲”（Oasis）场景，玩家可以通过VR设备在虚拟世界中自由地探索、娱乐和生活。而2021年刷屏的《失控玩家》讲述了虚拟世界的NPC（非玩家角色）开始有自己的意识从而对抗设定的故事，描绘了体验更为丰富的虚拟生活场景，这也让更多人窥得元宇宙的一角。

终极的元宇宙更像是一个映射现实世界并与现实世界融为一体的人类数字化生态体系，这个体系里面会有自己的经济、伦理、法律和社会运行系统。因此，目前的观点认为元宇宙是人类社会长期发展的一个方向、人类未来文明的终极形态。

在探索推动元宇宙产业化、产业元宇宙化发展的进程中，建立对元宇宙底层技术及核心内涵的认知尤为重要。《元宇宙十大技术》这本书便是一个帮助你更好地建立以上认知的绝佳工具。它全面剖析了元宇宙五大支柱性技术、五大地基性技术的原理、生态应用及发展趋势，这一点相较于目前市场上流行的元宇宙书籍来说做到了很大的突破。

比如本书第三篇讨论了元宇宙的五大支柱性技术，其中一个章节就详细梳理了交互与展示技术的发展脉络、科普了元宇宙交互设备及未来终极形态的脑机接口，阅读完可以让你进一步理解交互与展示技术如何支撑起元宇宙出入口的打造与实现。又如第四篇中介绍了元宇宙技术在实际生活中的场景及应用案例，综合性地畅想了未来元宇宙可能落地的形态。

特别提及上述两个篇章是因为其内容与我所在的行业密切相关。作为元宇宙场景应用领域的从业者，我们持续在探索的一件事情就是通过数字科技去打造更多沉浸式体验型的入口。在实践的过程中，我们也深感沉浸式体验是元宇宙发展过程中需要解决的基础体验问题，而短期内要实现实时的、高刷新率的沉浸式体验画面效果仍需解决云技术、渲染成本等各种问题。解决问题的第一步是理解问题的核心。正如本书梳理的元宇宙十大技术，相信不仅对普通读者有启发，对身处元宇宙相关行业的从业者们将更有启发。

未来，沉浸式体验型、情感型、创造型入口应用会随着十大技术的不断演进发展而越来越丰富，而这一切都将逐步推动实现本书提到的元宇宙终极目标——意识构建智慧地球，绘制出未来人类社会的美好生活图景，让我们共同期待！

李晖

上海风语筑文化科技股份有限公司董事长

元宇宙产业委常务副主任委员

前 言

为什么写这本书

2019年4月，我应《民主与科学》杂志社邀请撰写了《新世界的崛起和意义——区块链定义的虚拟世界》一文，文中提到："我们有幸身处两个平行世界将要交相辉映的历史性时刻，一个是我们熟悉的物理世界，它不会消亡、也不会萎缩；另一个是混沌初起的虚拟世界，它向我们走来，但还模模糊糊。如果你愿意，可以拒绝进入虚拟世界，但你的生活会有许多不便；2025年之后出生的人，会觉得虚拟世界的一切是那么自然和熟悉。"今天看来，这个区块链定义的虚拟世界，就是时下大热的元宇宙了。

从2021年6月到2022年2月，中国市场上出现了很多元宇宙的文章和书籍，我自己就购买了近10本，每一本都对我有不少启发，都对国内元宇宙的普及做出了不小的贡献。但是，比较遗憾的是，详细讲解元宇宙技术，尤其是剖析元宇宙自身该如何构建，构建过程中需要用到哪些技术，以及详细阐述技术的原理、分类、适用场景、未来趋势的书籍几乎没有，有些书籍仅用一个章节的篇幅进行了概括性的介绍。在我看来，这远远不够，因为构建理想的元宇宙是一项宏伟的工程，宛若建设一座巨大的"通天塔"。对于体验的用户而言，到达塔顶有哪些道路？如此庞大的建筑需要利用许多个脚手架，对于构建元宇宙的架构师、工程师以及潜在从业者而言，脚手架该如何搭建？他们各自对哪块感兴趣？分别适合做具体哪一部分的工作？

凡此种种，都需要有相关的领域专家来拨云见雾。通过对技术原理、方案、场景、商业价值和机会、未来趋势的分析，引导看好元宇宙发展的潜在力量。毫无疑问，技术是元宇宙“脚手架”中最重要的部分，而且不是单一技术，是技术集群，每个技术背后都有着各自对应的庞大的产业链。

目前，大家基本达成共识，都认为元宇宙是下一代互联网，是一个虚实融合的数字新世界，有别于以往的数字世界，它会有不同的技术侧重或者技术组合。要把构建元宇宙的技术全部讲清楚，其实不是一件容易的事情，因为很难找到既对VR/AR，又对区块链、影视、游戏、治理技术都了解的人，能够跨越四个以上类别技术的专家非常罕见。因此由少数人来撰写元宇宙技术的书籍往往难以深入，从我购买的书籍就可以看出。例如，有本元宇宙的书籍提到VR/AR的国内市场规模，采用了第三方咨询机构的数据，然而根据领域内专家的判断，这个数据和实际情况差距较大。还有涉及具体细分，如计算、存储、网络、AI等，如果没有在这个领域深耕十年以上，对技术细节和趋势则较难精准剖析。例如元宇宙的七层结构中，空间计算层位于去中心化层的上方，是不是意味着3D引擎等工具需要运行在去中心化平台之上?

因此，在元宇宙产业委的鼓励下，李安民联席主任委员、李晖常务副主任委员、岑志科董事长、何超秘书长和我萌生了组织各个领域、行业的顶尖专家一起来撰写一本元宇宙技术方面的书籍的想法。这个过程漫长而艰难，在搭好框架（即分成地基性技术、支柱性技术两大类，加上元宇宙的集成应用的剖析）后，我们先后向四十多人发出了邀请，例如关于交互与展示的技术，我们曾先后与三位脑机接口方面的专家沟通。可惜因为时间、精力等方面的制约，不少人未能参与。感谢一直陪伴着我们走到最终的写作团队的所有老师们，是他们让这本书成为可能。高兴的是，本书最终能够以一个较为完整的框架呈现，并且每个细分领域都有国内顶尖的相关专家参与撰写，例如迟小羽、甄琦、刘佳玉、蔡恒进、高承实等十几位老师。

我们认为，通往“塔顶”的道路有多条，如交互与展示（多维互联网）、区块链、游戏、数字孪生等。虽然路径不同，但未来殊途同归，将逐渐在靠近塔顶的位置相遇。然而现在还处于元宇宙的早期阶段，建议以包容的心态，可将当前的一些结合了两个或两个以上元宇宙道路相关技术的产品或形态，视为元宇宙应用类产品的雏形。

本书的特色

本书是国内第一本全面剖析元宇宙技术原理、生态和趋势的书籍。本书开篇探讨了元宇宙是什么、为什么会出现元宇宙、未来会发展成什么样这三大问题，同时重点拆解和剖析了元宇宙相关技术的构成，分享了技术的原理、场景、方案、案例及未来发展的趋势，是了解元宇宙技术的指南。第二、第三、第四篇分别介绍了：

（1）元宇宙五大地基性技术，包括计算、存储、网络、系统安全和 AI。

（2）元宇宙五大支柱性技术，包括交互与展示，物理人借此技术进入元宇宙，操控和管理数字人，感知虚拟世界并产生互动；数字孪生与数字原生，借此技术创建的物体和场所是数字人所需的物品和栖身之地，并反过来影响现实世界；创建身份系统与经济系统，借此技术数字人能够自由地出入不同场所并进行购物、享受服务，并完成交易；内容创作，用来确保数字人有丰富的体验；治理技术，共识、规则、法律相关的治理变得日益重要，因为会有越来越多的人加入其中。

实际上，这些技术就是实现先把现实世界的人、物、场、事件，映射到虚拟世界里，并在虚拟世界里原生出更丰富的场景，使得有着数千、万、亿的数字人共同在这个虚拟世界里生活、工作、社交和体验。

（3）元宇宙技术的应用及畅想，这一章的五篇文章分享了十几个元宇宙技术的集成应用案例，并畅想了不久的未来元宇宙可能落地的形态。

本书的结尾篇是讲元宇宙的终极目标，论述了元宇宙的未来是意识构建的智慧地球，与开篇呼应。这一篇从意识和认知主体的角度切入，揭秘个体与元宇宙的关系，探讨智慧地球的构建。

当然，组织和撰写这样的书籍，限于我们的水平和能力，以及技术本身还处于早期的探索阶段，会有许多不尽如人意的地方。我们希望借此抛砖引玉，给读者们启发，甚至激发更权威的专家投入时间，来做元宇宙技术的相关普及和推动工作。需要说明的是，作为组织者，我们对每一个章节都做了一些修改，不足之处我们也有责任。

感谢高效能服务器和存储技术国家重点实验室、浪潮信息的关注和支持；感谢元宇宙产业委秘书长团队、会员单位、委员们，特别是何超秘书长，催生了这个机缘。

感谢王恩东院士、倪光南院士、沈昌祥院士、郑纬民院士、朱嘉明老师、肖风董事长、倪健中会长、姚前局长、李正茂总经理、敖然秘书长、佟世天董事长在百忙之中为本书撰写了序言和推荐语；感谢其他撰写推荐语的老师和专家们；感谢中译出版社乔卫兵社长，一锤定音，给本书取了具有鲜明特色的书名；感谢出版社的于宇、朱小兰、田玉肖等编辑老师，他们为这本书的出版付出了艰辛的努力。感谢为本书出谋划策的朋友们，他们有胡雷钧、黄家明、彭犀帧、陈屹力、王东临、郑信武、张妮娜、周苏岳、邢杰、杨永强、黄敏、余鹏、鲁照旺、洪蜀宁、张爽、袁洪哲、李延凯、袁野、段世宁、苏书明、杨勇、张国强、鲁璐、司杰慧等老师或专家。

最后，感谢我的爱人、孩子，以及父母和岳父母！

叶毓睿

高效能服务器和存储技术国家重点实验室首席研究员

元宇宙产业委联席秘书长

目录

第三篇
元宇宙五大支柱性技术

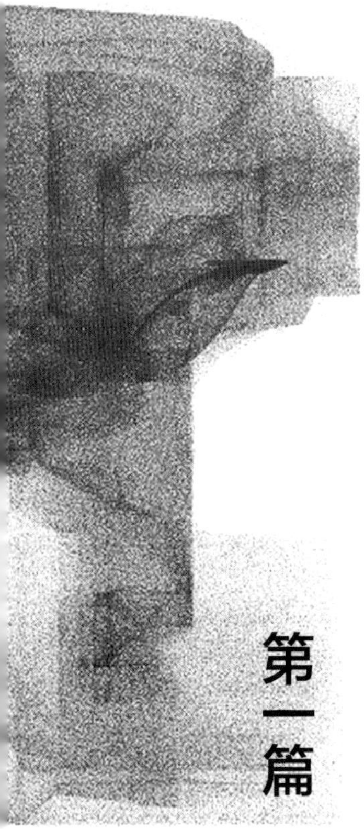

第一篇

元宇宙：意识和生命的互联网

世间万物都有一种与生俱来的从“我在”（求知、求生存）到“我思”（求真、求发展），继而帮助它物实现“我在”和“我思”的内驱力。

第一章

从宇宙大爆炸到元宇宙*

2021 年 12 月 6 日，国家语言资源监测与研究中心发布“2021 年度十大网络用语”，“元宇宙”赫然在列。其实这并不奇怪，因为元宇宙是大家对未来数字世界的想象共同体，每个人都有想象的能力和权利，可以结合自己的专业、认知、经验、思考和想象，为元宇宙添砖加瓦或“添油加醋”。喜欢或认可它的人，会赋予它很多美好的想象；讨厌甚至痛恨或恐惧它的人，会把一些风险、隐患，甚至在这个词出现之前就有过的罪恶施加给它。正因如此，“元宇宙”引发了大量的争议、讨论，使其越来越热门。

那么，元宇宙到底是什么？为什么会出现元宇宙？元宇宙的前世今生和未来又是怎么样的呢？

第一节　从奇点到元宇宙

我们先来看一下人类当下所处的物理宇宙是如何演化而来的。

---

* 本章主要撰写者为叶毓睿，高效能服务器和存储技术国家重点实验室首席研究员，元宇宙产业委联席秘书长。

首先，存在一个巨大的能量体，即宇宙大爆炸之前的奇点，它是致密高热的。爆炸的一瞬间，时间与空间诞生了。最初的高温也随着宇宙的膨胀慢慢地变低了，这 138 亿年来我们的宇宙经历了一个从热到冷的演化过程。

在大爆炸发生 10^{-34} 秒后，夸克、玻色子和轻子形成，引力和强力分离，弱力和电磁力耦合为电弱相互作用。

在大爆炸发生 10^{-12} 秒后，电弱相互作用分离为电磁力与弱力，质子、中子和它们的反粒子形成。

在大爆炸发生 10 秒后，中子与质子结合成了氢核与氦核。

在大爆炸发生30万年后，温度已经下降到3 000开尔文①，电子与原子核（如氢核）结合，中性原子组成的气态物质成为宇宙中最常见的物质。

气态物质在万有引力的作用下慢慢凝聚，形成了密度相对较高的气体星云，星云继续聚集，逐渐诞生了星系与恒星。

经过了近 138 亿年的漫长演化之后，就形成了我们如今看到的宇宙。

从人类的角度来看，无论从时间还是空间来衡量，这都是一个宏大的宇宙。每一个星系都是一个独立的子宇宙，例如太阳系。星系包含恒星和行星，恒星发光、发热、质量大，行星围绕恒星转动，例如地球这颗行星围绕着太阳这颗恒星转动。地球是子宇宙里的一个小宇宙，这个小宇宙演化出的人类，已经开始探索物理的星辰大海了，还将要创造元宇宙（探索意识的星辰大海）。

从数百万年甚至更长的时间的角度来看，这些宇宙之间又有何关系和区别呢？

---

① 国际单位制中的温度单位，其单位为开（K），以绝对零度作为计算起点，即 –273.15℃ =0K。

一、物理宇宙、生命宇宙和元宇宙

从地球、人类的角度来看，我们把宇宙演化分为五个阶段，从宇宙 0.0 到宇宙 4.0。

（1）宇宙 0.0：零宇宙（奇点）

宇宙大爆炸之前，一切归零，没有空间、时间。

（2）宇宙 1.0：物理宇宙

大爆炸之后形成物理宇宙。经过约 100 亿年的演化，也即距今 40 亿年左右，地球出现了有机物（含有碳元素的化合物），有机物是生命产生的基础。但那时还没有出现生命。

（3）宇宙 2.0：生命宇宙

大约距今 40 亿年，地球上出现了最早的生命（具有繁殖的特点），包括单细胞生物。虽然只由一个细胞构成，但单细胞生物也能完成营养、呼吸、排泄、运动、生殖和调节等生命活动。

（4）宇宙 3.0：有人宇宙

距今 300 万~400 万年前，地球上出现了最早的人类，能直立行走，会制造简单的工具。这是宇宙发展的一次重要里程碑。

（5）宇宙 4.0：元宇宙

近 30 年来，人类开始构建持续共享的虚拟世界，将梦想照进可感知甚至可触摸的数字世界。它是一个虚实融合的、多维立体、意识交换的数字空间，并将发展成与人类社会、物理世界相互影响、相互促进的想象共同体。

人类早期在岩石上的绘画，可以看成是远古时期的“虚拟现实”，也可以视为混沌初开的“元宇宙”。而后出现的传说、宗教及衍生出来的信仰、文化、艺术、建筑、社群至今仍在影响着我们的生活。

为什么从奇点到大爆炸后的夸克、中子、原子，会逐渐演化出有机生命、人类，进而又演化出元宇宙？

奇点是一个特殊的状态，所有一切都汇聚在一个直径为0的点，没有前后左右的相对位置，没有高低粗细的空间大小，也没有过去、现在、未来的时间差异。从绝对意义上来说，它是最有序的，它的熵是最低的。大爆炸一开启，奇点这个“0宇宙”就宛如奔腾的河流，一泻千里，滔滔不绝。而后开始有了分化、有了分别，因此就有了物与物的不同。此物与彼物在一些属性上存在不同：各种基本粒子自发地形成了不同的组合，组成更高层次的物，而这更高层次的物又开始进行更多数量级的组合，最终形成丰富多彩的世界，包含了世间万物。这是从无结构化状态向结构化状态，甚至向复杂系统的演进过程。实际上，当“物”有了结构之后，就成为“系统”，只不过所处的层次不同，“物”可能是渺观系统、微观系统、小系统、大系统、复杂巨系统中的一种。其中，渺观是比微观还要小的层次，这一观点来源于我国著名科学家钱学森关于物质世界层次新划分的“五观”论（胀观、宇观、宏观、微观、渺观）。

结构化的物，其组成要素也有“高低贵贱”之分，有些是主要成分，有些是次要成分。例如头发与人的关系：头发的主要成分是角质蛋白，蛋白质是生命的主要物质基础，但人掉了头发，或者剪掉头发后，人基本上还是原来那个人，人是主要成分；而掉的或剪掉的头发相对于人而言，重要性低得多，是次要成分。

再如，原子核与电子。原子核极小，它的直径在10^{-15}米~10^{-14}米，体积只占原子体积的几千亿分之一，在这极小的原子核里却集中了99.96%以上原子的质量。例如，氧原子由1个原子核（原子核包含质子和中子）和8个电子组成，原子核就是主要成分，电子也很重要，是构成稳态氧原子必不可少的，但它却是次要成分。有时候，受太阳紫外线、宇宙射线、雷电、风暴及空气和山地岩石中放射性元素物质等因素的诱导，氧原子可能额外捕获了新电子，这就形成了被誉为“空气维生素”的负氧离子。

从原子到分子（含有机分子），再到由分子组成的有机物，其中多个有机大分子可以形成多分子系统，有些多分子系统进化为原始生命。我们可以感受到，物的层次越多，构成物的组件越多，越是主次分明。

著名计算机专家、武汉大学教授蔡恒进曾提到："生命的最初状态应该是从单细胞开始，大多数人倾向于先考查细胞的构造，认为先有细胞核而后才有细胞的整体。但也很可能是先产生了细胞膜，细胞膜不仅保护了细胞内部物质，而且使得细胞具备了能与外界区分开来的独立性，在此之后细胞内部才逐渐确定出细胞核和细胞质等。随着时间的推移，细胞不断进化。一方面，功能为结构的发展提供了指引和方向；另一方面，结构的发展又进一步强化了功能本身，最终才形成完整且明晰的构造。这个过程的要义是，功能与结构纠缠在一起共同进化，而非先有明确的结构，而后才产生了相应的功能。"

随着时间的流逝，我们发现，在演化过程中，物与物不断组合、分解，继而在更高的层次上不断再组合，即不断形成更复杂的结构体，直至出现具有自我意识的人类。这些结构体，还包括蚁群、蜂群、飞行的鸟群、蜜环菌等；有一个在美国密歇根发现的巨型蜜环菌，迄今已有 2 500 多年，占地 70 万平方米，总体重高达 400 吨。

在这个过程中，重要的是细胞膜的形成，使得有些物质开始有了边界，能区别"自我"与"外界"、"我在"与"它在"。许多具有不同属性，甚至不同层级的"我在"物（生命有机体），不断分化和组合，形成了人类，从而具备了"我思"的能力，进行自主选择和进化。

二、从"我在"到"我思"

很多人都听说过笛卡尔响彻寰宇的名句"我思故我在"，这句话其实明确了"我在思考"这件事情本身是毫无疑问的，是存在的，这是高级生物具有的意识。

世间万物为何能演化出越来越复杂的结构体？为何人类不断发展，通过群聚形成了部落、城市、国家等，甚至还在探索星辰大海，移民外星球？

这是因为，世间万物都有一种与生俱来的内驱力，帮助自己实现从“我在”（求知、求生存）到“我思”（求真、求发展）的转变，继而帮助它物实现从“我在”到“我思”的转变。当然，这里所说的万物，包括人在内，主要是指那些能级不断上升的人，如果按照马斯洛的人类需求六层次理论，就是指那些自我实现，甚至自我超越的人。

“我在”表示存在、活着，表示我生存在这个世界上。先是感知世界，即“求知”，希望世界或者“它物”知道我的存在，有更多存在感；继而追求更长久的生存，即“求生存”，并希望推动“在”得更精彩、更有影响力。“我思”表示“我”开始有了自我意识，能够思考。为了探索真相、追求真理，即“求真”，和进一步发展，即“求发展”，“我”不仅能够感知外界，还能自主选择，通过反馈促进外界的变化，壮大自己或壮大自己所属的系统，即改造世界。其实，“我在”通过新陈代谢，即吸纳更多的能量或养料，实现到“我思”的转变，逐渐开始具有思考的能力，有自我意识。需要注意的是，不只是人类才有自我意识，动物或多或少也有一些自我意识，具备一些思考的能力，例如，乌鸦可以利用红绿灯的间歇，将核桃类的干果丢到马路上面，借用汽车压碎核桃来获得里面的果肉。

“我在”是世界万物的第一需求。“我在”，或者说“求知”“求生存”的根本原因和蔡恒进教授提出的“自我肯定需求”类似。自我肯定需求是指，只要有可能，人对自己的评价一般高于他认知范围内的平均水平，在分配环节他更希望得到高于自己评估的份额。大多数情况下，人类总的自我肯定需求必定大于其所在社会的当下产出，这就形成了一个缺口，这个缺口对任何系统的管理者而言都是一个巨大的挑战。人类之所以普遍对自己评价过高，希望获得更多，是因为潜意识里感觉生存资源有限，需要确保资源足够，甚至是富余不少，以应不时之需——本质仍是为了求生存。

其实，“求真”“求发展”，也是为了更好地“求知”“求生存”。

凯文·凯利在《必然》一书中，用十二个动词给我们指明了科技新物种不断变迁的十二种未来趋势。其中的第二个动词是“知化”，他认为世界正处在一个知化的过程中，即知化万物，赋予事物智慧使其更加聪明。知化意味着赋予万物认知能力，所以万物都逐渐成为计算机（或叫智能体）。笔者在原创文章《XaaC 一切皆计算机和 XaaS 一切皆服务》[①] 里提到了一些例子，包括数据中心即计算机、机柜即计算机、SSD（固态硬盘）即计算机、网卡即计算机等。其实这样的例子比比皆是，例如 Kindle（书即计算机）、智能楼宇（房子即计算机）、智能摄像系统（无人机上的吊舱即计算机）、触觉手套（由 Meta 公司推出，可视为手套即计算机）、智能“皮肤”（Meta 公司的 Reskin，皮肤即计算机）、智能叶片（叶片即计算机[②]），等等。

我们来看“知化”的一个具体的例子：手套即计算机。如图 1–1 所示，Meta 公司演示触觉手套，两个人远程握手，会有近似真实的触感。触觉手套内嵌多个执行器（一种充气塑料微型电机），并根据虚拟环境中的某些动作进行变化。

---

① XaaC，Everything as a Computer 的简称，即一切皆计算机；XaaS，Everythings as a Service 的简称，即一切皆服务。

② 通用电气公司的风电部门把传感器安装在每一个风机叶片上，通过对风机转速、风力、温度、湿度、环境等近百种数据的采集、分析，风机能够自己进行涡轮叶片转速的调整和桨片角度的调整，从而实现风力增强 4%。

图 1–1 触觉手套演示

资料来源：YouTube

无论是知化，还是万物都朝着一切皆计算机的方向发展，对应的就是从“我在”到“我思”的跃升。当然，大部分的物，尤其是无机物，是通过人的帮助，来实现从“我在”到“我思”的转变。

宇宙先有成物之美（促成“我在”），继而成人之美（促成“我思”）。宇宙大爆炸后形成的有机物，通过自己的努力，从复杂结构体不断演化成具有自我意识的生物，进而发展到高等生物，直至人类。人类又开始帮助更多的物，使其具备智能，即“我思”的能力，将在更大的范围内形成人机结合的新宇宙。

致力于实现通用人工智能的全球著名计算机视觉专家朱松纯教授，在 2022 年 1 月 6 日的文章《三读〈赤壁赋〉，并从人工智能的角度解读“心”与“理”的平衡》中提到，通用人工智能研究的目标就是要创造有自主的感知、认知、决策、学习、执行和社会协作能力，符合人类情感、伦理与道德观念的通用智能体。

1995 年 10 月 23 日，钱学森在给戴汝为、钱学敏的信中表示：“未来的人工智能工作是人机结合的一项‘大成智慧’工程！……我们一旦进入这样的人工智能世界，人类也跟着改造了，将会出现一个‘新人类’，不只是人，是人机结合的‘新人类’！”

钱学森在27年前的预言距离变成现实越来越近了。随着人类不断向外（探索星辰大海）、向内（探索人体科学、脑科学）和向虚拟世界（未来将探索意识科学的元宇宙）进行深入的研究，人机结合这一新物种的各种组合、各种形态将不断涌现。刚开始出现的形态是作为人类体力的延伸和加强的结合体，继而会出现更多的作为人类脑力的延伸和加强的结合体。总之，让“物”能感知，能即时处理，实现从“我在”到“我思”的过渡，通过演化出新物种，人类将构建出更加波澜壮阔的新世界。

在人类打造的元宇宙中，除了有物理人的一个或多个化身之外，还有数字原生的虚拟人，未来还会出现各种各样的、大量的NPC。渐渐地，NPC这一新物种也会不断呈现出从“我在”到“我思”的演化，甚至自我复制，或和“它物”一起繁衍后代。

有趣的是，美国SpaceX太空探索公司创始人埃隆·马斯克就曾公开表示，人类生活在所谓真实世界的概率只有十亿分之一。换句话说，马斯克认为人类极大概率是生活在高维智能体为人类创建的“元宇宙”里。您认为呢?

第二节　元宇宙到底是什么

一、元宇宙的发展：从概念雏形到大爆发

市场上已经有不少元宇宙相关的书籍和文章，介绍了元宇宙的缘起和定义，下面我们按照时间线分享元宇宙发展历程的里程碑事件。从概念到想象（如小说、电影），再到游戏、社交、主题公园，期间推

出了路线图、规划，伴随着投资、收购，巨头入场，产业链逐渐形成。现在到了各国政府开始逐渐重视，并着手制定发展策略和治理规划的阶段。

- 1992年，科幻小说家尼尔·斯蒂芬森出版小说《雪崩》，书中出现了“Metaverse”一词，中文翻译为“元宇宙”，更早时被译为“超元域”。小说中的“Metaverse”是指持续共享的线上世界，使用者能够在虚拟的线上世界中互动，甚至生活、工作。故事中创造了一个平行于现实世界的网络世界，在现实世界中地理位置可能彼此隔绝的人们通过各自的“Avatar”（网络虚拟化身）进行交流和娱乐。
- 1999年3月，电影《黑客帝国》上映，里面的“矩阵”（Matrix）可以看成是元宇宙。
- 2003年，美国林登实验室推出网络虚拟平台第二人生（Second Life），玩家可以在游戏中做许多现实生活中的事情，比如吃饭、跳舞、购物、唱卡拉OK、开车、旅游等。第二人生被视为元宇宙的雏形。
- 2007年，加速研究基金会（Acceleration Studies Foundation）发布《Metaverse路线图——通往3D Web的路径：一个跨行业的公共前瞻项目》报告。
- 2010年7月16日，莱昂纳多主演的电影《盗梦空间》上映。影片剧情游走于梦境与现实之间，被定义为“发生在意识结构内的当代动作科幻片”，可被视为对意识的元宇宙的一次成功呈现。
- 2011年，韩国媒体娱乐公司d’strict打造了世界上第一家4D主题公园LIVE PARK。
- 2018年3月，斯皮尔伯格执导的《头号玩家》上映，它与肖恩·利维执导的、于2021年8月上映的《失控玩家》一起，可以作为观察、思考和设计未来元宇宙的参考。

- 2019年2月，美国DJ棉花糖（Marshmello）在Epic公司的《堡垒之夜》举办了一场加长版的演唱会，共有 1 080 万同时在线的玩家观看；2020年4月，“Travis Scott’s Astronomical”演唱会吸引了1 230万玩家同时在线。
- 2020年1月，马修·鲍尔（Matthew Ball，原Amazon Studios的战略负责人，现《纽约时报》作者、投资公司顾问）发表了题为*The Metaverse: What It Is, Where to Find it, and Who Will Build It*的文章，这是他系列文章（共九篇文章）中的第一篇。
- 2020年12月，腾讯公司首席执行官马化腾提出全真互联网的概念，和后来大热的元宇宙类似。
- 2021年3月，元宇宙概念第一股Roblox在纽交所上市，首日收盘大涨54.4%，市值突破400亿美元。
- 2021年6月，著名经济学家朱嘉明在《经济观察报》上发表了文章《“元宇宙”和“后人类社会”》；7月、9月、11月，赵国栋、易欢欢、徐远重、清华大学沈阳教授的团队、于佳宁、何超等国内作者的元宇宙相关书籍、研究报告相继面世。11月11日，元宇宙产业委成立。
- 2021年8月，北京字节跳动科技有限公司投入约90亿元人民币收购Pico公司，开始与Facebook较量。Pico公司成立于2015年，主攻VR一体机。
- 2021年10月，扎克伯格宣布Facebook更名为Meta，并表示，元宇宙像是一种在线社交体验扩展到三维或投射到物理世界的混合体验，它可允许分隔两地的人们共享沉浸式体验，甚至一起尝试现实世界中所无法做到的事情。
- 2021年11月初，在Ignite大会上，微软公司首席执行官萨提亚·纳德拉宣布进军元宇宙，并将旗下XR会议平台Mesh融入

Teams中，且表示Xbox游戏平台将来也要加入元宇宙。

- 2022年1月5日，英伟达公司（NVIDIA）在2022年国际消费类电子产品展览会上宣布，将免费为个人创作者提供实时3D设计协作工具Omniverse。Omniverse是英伟达公司的实时3D设计协作和虚拟世界模拟平台，旨在通过将图形、AI、模拟和可扩展计算整合到一个平台上，成为连接现实世界和虚拟世界的基础。
- 2022年1月10日，据36氪报道，腾讯拟以26亿元的价格收购黑鲨业务，收购完成后，主攻VR硬件，助力元宇宙布局。
- 2022年1月18日，微软公司以687亿美元收购动视暴雪，成为仅次于腾讯和索尼的第三大游戏公司；微软公司首席执行官纳德拉直言不讳地表示："游戏是当今所有平台娱乐中最具活力和令人兴奋的类别，也将在元宇宙平台的发展中扮演关键的角色。"

在中国，2021年被普遍视为"元宇宙元年"。

除了上述事件之外，国内巨头网易、百度、中国电信、中国移动咪咕公司等纷纷布局相关产业。

习近平总书记在2022年1月16日出版的第2期《求是》杂志中指出："推动数字经济和实体经济融合发展。要把握数字化、网络化、智能化方向，推动制造业、服务业、农业等产业数字化，利用互联网新技术对传统产业进行全方位、全链条的改造，提高全要素生产率，发挥数字技术对经济发展的放大、叠加、倍增作用。要推动互联网、大数据、人工智能同产业深度融合，加快培育一批'专精特新'企业和制造业单项冠军企业。"这一重要论述是对当今世界信息技术的主导作用、发展态势的准确把握，是对利用信息技术推动国家创新发展的重要部署。

2022 年 3 月 5 日，李克强总理在第十三届全国人民代表大会第五次会议上的《政府工作报告》中指出："数字技术与实体经济加速融合"；"完善数字经济治理，培育数据要素市场，释放数据要素潜力，提高应用能力，更好赋能经济发展、丰富人民生活"。

数字经济和实体经济融合，即数实融合，有利于解决实体经济问题，壮大实体经济根基，避免脱实向虚，避免两极分化，促进共同富裕。数实融合覆盖的范围很广，包含线上线下的联动，例如美团外卖、百度地图、滴滴打车等。元宇宙与数实融合有很大的交集，包括数字孪生、虚实相生（由虚返实，如 3D 打印）等，交集的这部分将在推进智能制造、加快发展工业互联网、赋能实体经济等方面起到越来越重要的作用。

在迈向人类命运共同体的理想状态之前，主权、实力、影响力等仍是各个国家需要着力发展的要素。中国需要自力更生，并在国与国之间的竞争角逐中立于不败之地。越来越凸显的一个现象是，竞争从传统军事实力的竞争，发展到贸易、经济、科技、教育，乃至文化、价值观、创意、想象力和创新思想的竞争。中国必须在后面这些体现软实力的竞争领域中，也不落后甚至超越他国。

习近平总书记在 2018 年的中国科学院院士大会和中国工程院院士大会上指出："进入 21 世纪以来，全球科技创新进入空前密集活跃的时期，新一轮科技革命和产业变革正在重构全球创新版图、重塑全球经济结构。以人工智能、量子信息、移动通信、物联网、区块链为代表的新一代信息技术加速突破应用，以合成生物学、基因编辑、脑科学、再生医学等为代表的生命科学领域孕育新的变革，融合机器人、数字化、新材料的先进制造技术正在加速推进制造业向智能化、服务化、绿色化转型"，并明确要求，"世界正在进入以信息产业为主导的经济发展时期。我们要把握数字化、网络化、智能化融合发展的契机，以信息化、智能化为杠杆培育新动能"。

在我们看来，三化融合所形成的新产业、新业态、新模式，包含时下大热的元宇宙。不过，需要注意的是，不同国家、不同文化描绘及倡导的元宇宙不尽相同。在大大小小、各自不同的元宇宙跨越及融合之前，还需要经历漫长的过程，可能是二三十年，甚至是一百年。随着元宇宙的蓬勃发展，相应的治理规则、法律也将应运而生，元宇宙不是法外之地。

二、元宇宙的网络基础：Web3.0

如前所述，元宇宙是人类的历史长河里的下一代网络。如果仅从互联网的历史来看，元宇宙是第三代互联网。有人称之为“3D 版的互联网”，有人称之为 Web3.0。

Web（World Wide Web）即全球广域网，也称为万维网，它是一种基于超文本和 HTTP 的、分布式的超媒体系统，是建立在 Internet（因特网）上的一种网络服务，为浏览者在因特网上查找和浏览信息提供图形化的、易于访问的直观界面，其中的文档及超级链接将因特网上的信息节点组织成一个互为关联的网状结构。

1990 年 12 月，蒂姆·伯纳斯－李（Tim Berners-Lee）制作了第一个网页浏览器 World Wide Web（同时也是网页编辑器）和第一个网页服务器。自此开始，这个网状结构开始了从 Web1.0 到 Web3.0 的征程。为了方便理解，我们用菜农的故事来比喻。

（1）Web1.0：“只读”的互联网。类似个体户卖菜，在自家农田旁边，或者在自家门口。优点是：距离近、有自主性；缺点是：菜的种类极其有限，辅助卖菜的工具和环境都得自己准备，还得准备大量的零钱，并且缺少人流量。对应到互联网，Web1.0 的用户使用网页浏览器（或叫作 Web 浏览器）来阅读网络信息，相当于用户参与的这个 Web 是“只读”的互联网。

（2）Web2.0：“可读可写”的互联网。类似农村或城镇集市中的菜市场，有专门的人或组织来管理，包括搭建场地、提供工具、整钱换零、清理和准备环境等，收取管理费或手续费。对于卖菜人而言，优点是：人流量大大增加，“拎包入住”（交租金即可），角色互选（赶集的人，除了买菜，也可以卖菜；而卖菜的，也可以来买自家没有种植但又想品尝或者喜欢的菜）。缺点是：自主性减弱，要办营业执照或获取某种资格；菜市场逐渐形成垄断地位，例如靠科技、管理水平、市场配置能力、资本和市场地位等把其他竞争的菜市场都扼杀在萌芽之中，只要愿意，菜市场管理机构可以坐地涨价，收30%甚至更高的手续费。

对应到互联网，网站从媒体属性（新闻、信息等单向传输）走向交互属性（用户创造内容，互动、双向传输）；从文本走向图片、音频、视频兼具的多媒体形态。

Web2.0演化为平台，用户可以阅读，也可以发表信息，是“可读可写”的互联网。国内外的代表性Web2.0平台有：被Google（谷歌）收购的blogger.com、新浪博客、Facebook、Twitter（推特）、YouTube、Musical.ly、优酷土豆、今日头条、微信公众号、快手、抖音等。

（3）Web3.0：“可部分拥有”的互联网。Web3.0推动了价值的重新分配。那么问题来了，假设有个后来成长为食品雕刻师的菜农，闲暇时用菜市场的切削工具，将胡萝卜等雕刻出美丽的图案。这个雕刻品的所有权算谁的？可以自主出售吗？卖的钱算谁的？买主A拿着美丽的雕刻品出去炫耀（相当于宣传、传播），被爱不释手的买主B用更高的价格买去，买主A获得的差价如何分配？买主B在雕刻品上再次加工和创造，雕刻品更精细、更好看了，买主C用买主B的十倍、百倍的价格买走，买主B的收益又该如何分配呢？

下一代“菜市场”，或者说理想的“菜市场”，应该是怎样的？生产者，甚至传播者、消费者也应具备一定的管理权、话语权，参与到规则的制定中来。例如，菜农甚至包括买菜人，通过众筹的方式来建设和管理菜市场，大家一起讨论管理规则，最终推选经理班子来管理。虽然效率可能低，但容易达成共识，手续费将更合理，这个管理体系能够可持续地健康发展。

从菜农回到互联网。上面的比喻可能不恰当，但不要小看类似的问题，当人们的生活从时长、深度和广度上在元宇宙或数字世界里逐渐增加时，人们的数字身份、社交、信用、情感、精神需求、数字资产的分配等，会变得越来越重要。

Web3.0 的出现之所以引起大家的重视，正是因为能解决上面的问题。

总结一下，从 Web1.0 到 Web2.0 再到 Web3.0 的发展过程其实就是从只读到读写再到可拥有的过程，当然这里的可拥有，准确来说是用户“可部分拥有”。

而元宇宙其实就是 Web3.0 的一个大的应用场景。

三、下一代创意协作网

伴随着信息化、数字化的逐步深入，将有越来越多的创意、创新成果以数字资产，或者数字经济结合实体经济的方式呈现，新的竞争将逐渐转向新思想、想象力、创新力、创意观念的较量。不只是竞争，元宇宙还会促进“再全球化”，成为全球大规模协作的平台。例如，以太坊想要成为永远在线、没有任何人能关闭的“世界计算机”，目前以太坊有数千个节点，每个月有 4 000 多名开源开发人员在以太坊工作。再如，Helium，一个去中心化、开放的无线网络，旨在为支持 LoRaWAN① 标准的物联网设备提供开放、大范围的全球无线网络覆盖。还有，由加州大学伯克利分校发起的、持续了 22 年的 SETI@

① LoRa（Long Range Radio，远距离无线电），是一种低功耗、远距离无线通信标准。LoraWAN 是一种基于 LoRa 的通信协议和系统架构。

home 项目，是一个旨在利用连入互联网的成千上万台计算机的闲置能力“搜寻地外文明”的巨大试验项目。下面，我们以一个当前大热的数字藏品，即 NFT 项目为例，来说明元宇宙未来将是一个创意的协作网络。

Nifty Gateway 是一个全球性的 NFT 交易市场，它在 2021 年 12 月举办了一次全球瞩目的交易：知名 NFT 数字艺术家 Pak 的实验性项目 Merge 售出了价值近 9 200 万美元的 mass（一种代币），位列全球在世艺术家作品成交金额榜单第三，它超过了 2021 年 3 月艺术家 Beeple 用 5 000 张绘画照片组合成的 NFT 数字艺术品《每一天：前 5 000 天》的 6 934 万美元。

关键是，Merge 是一个未完成的艺术品，开创了一个全新的、用户参与并能影响产品最终结果的新商业模式。它的起始门槛较低，一个最小的白色圆球的 mass 标注为 m (1)，即一个 mass。这个项目一共发售了 28 983 个 mass，每个 mass 的初始价格为 299 美元，大众都能参与。参考者将和艺术家 Pak 一起实时动态影响艺术品的最终结果。他们事先写好的智能合约规定，当收藏者通过同一个钱包地址买入多个 mass 后，这些 mass 会合并，如图 1–2 所示。

例如，m (100) 和 m (20)，会合并成一个更大的圆球 m (120)，同时销毁原来的 m (100) 和 m (20)。市场上总 mass 值是固定的，但 NFT 的数量会逐渐减少。创意十足的玩法激发了收藏者的购买热情和互动氛围，也因越来越珍贵的稀缺性，市场自发推高 mass 的最低价格。这个艺术品可能一直处于未完成的状态。目前体积最大的圆球至少包含了 12 120 个 mass，未来所有 mass 会汇聚成一个顶级圆球吗？ 让我们拭目以待。

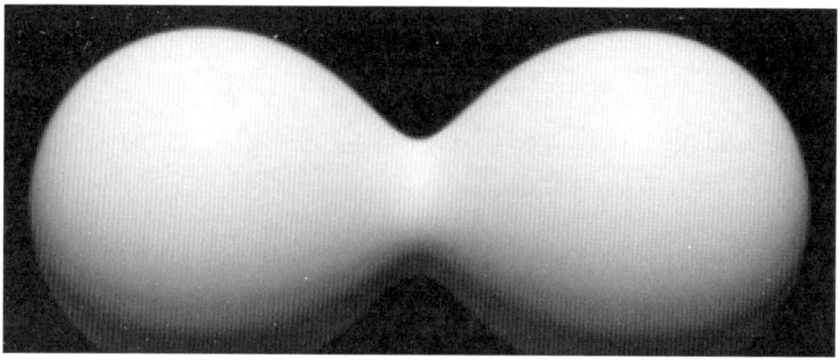

图 1-2　Merge 项目示例

资料来源：https://niftygateway.com/collections/pakmerge

四、元宇宙是怎样的数字新世界

元宇宙是一个怎样的数字新世界？如果站在人类的历史长河里观察，元宇宙是一个怎样的网络？

首先，元宇宙是以区块链为基础，虚实融合的，由创作者驱动的，共创、共治、共享的数字新世界，简称多维共创互信网。

多维指的是虚实融合，物理世界与虚拟世界相融相生。物理世界的人利用技术操作其在元宇宙的化身有多种手段：AR/VR/MR/XR、裸眼 3D、全息投影、脑机接口等；化身的感觉系统还具有多种维度，除了视觉、听觉之外，将来还会有嗅觉、味觉、体感、触觉等。

虚实融合如果能做到沉浸式、逼真最好，但并非如此不可，平台应该设计得让用户感到开放、自由，有代入感、创作感。例如《我的世界》，虽然像素较低，并不是很逼真，但许多儿童乐此不疲，因为它能够充分发挥用户的想象力与创造力，让用户体会到创作和分享的快乐。

共创是指创作者驱动的内容生产和消费方式，用户集消费者、宣传者、生产者，甚至投资者等多种角色于一身。共创、共治和共享的新经济模式，是一种“利益相关者制度”。

互信指的是以区块链为基础，构建虚拟世界的身份系统和经济系统。其底层网络基础是 Web3.0 这类去中心化的网络结构。

接下来，我们将从能量、信息、人才、资本或价值、创意或意识这五个能极大地促进社会进步的要素入手来进一步分析。

回顾历史，交通工具解决了能量、人才的高效流动；互联网解决了信息随时流动，移动互联网解决了信息随地流动，而物联网将解决信息随物采集和流动。构建在三者基础之上的区块链能促进资本或价值随时、随地、随物地流动。区块链能跨越时空、人脉、组织乃至国家，构建多中心、原本弱信任的大规模分布式环境之间的信任，促使参与者在更大范围内共享并激活闲置资源，包括物质（硬件，包含计算、存储、网络）、资本、时间和人脉等。在物联网时代，区块链不仅可以链接人（如移动互联网），还可以链接物（如传感器），形成百亿甚至千亿级的网络，这样的价值网络远远超越传统的互联网。继价值互联网之后，就是创意和意识的互联网——元宇宙。

人类的第一个网络是交通网，包括拖撬、滚木、独轮车、马车、蒸汽机等，其中蒸汽机引发了第一次工业革命。交通网在促进人和物自由流动方面意义重大，例如，对于一个羸弱且拙于农活的天才画家来说，如果交通和住宿便利，他或许能在城市里发挥更大的价值，过上更好的生活。

人类的第二个网络是电网。电力推动了能量的自由流动，电气化引发了第二次工业革命。

人类的第三个网络是互联网和移动互联网。它们帮助了信息跨越时空的自由流动，极大促进了信息平权和知识平权。

人类的第四个网络是区块链，或者说是价值互联网。它正在发展，将深化资本平权。

人类的下一代网络就是元宇宙。早期它让创意自由地流动并增值，后期将让思想、意识、想象力等进行充分的流动。

或许未来不久，在地球上，以人为主体构建的生命互联网（可简称为生联网或命联网），能够从万物互联开始，再结合万灵互联（或叫万命互联），让地球自身成为一个巨大的智慧生命体——智慧地球，它将在浩瀚的宇宙中寻找自己“生存”和“发展”的新机遇，这样给地球的更长久的“我在”（即存在）提供条件。那么，智慧地球再往后发展会怎样呢？接下来我们探讨一种新的可能性。

众所周知，奇点之后的宇宙大爆炸犹如开弓没有回头箭，演化出世间万物，然而万物都不可避免朝着熵增（进一步失序）的方向发展。但是与此同时，我们也看到万物通过“我在”发展到“我思”，努力地对抗着熵增。这貌似矛盾的两种发展方向为什么同时存在？

前面文章里，我们提到物、系统、结构体、智能体或复杂系统都是类似的东西，构成整个结构体或整个系统的组件或要素的存在度（不依赖于外物即可存在的程度）是较低的；系统越复杂，由于使用大量冗余提高可靠性导致某个组件（类似大公司人才“螺丝钉”）的不可或缺的程度（即重要性）越弱。但是，整个结构体或系统的存在度却更高。

现在看来，宇宙演化和生命演化的过程，其实就是不断地构建更复杂、更智能，层级更高的结构体或系统。虽然构成系统的单个组件的熵增加了，存在度降低和稳定性降低了，例如在“铜＋氧气→氧化铜”反应中失去了2个带负电的电子的铜离子；但是整个系统的熵减少了（更加有序），存在度和稳定性增加了，例如氧化铜。

这个演化的过程，其实就是产生新物种、新系统，它们具有更高的稳定性和存在度，本质是以群体的智慧和团结的力量来对抗熵增。如同人类发展从部落到社区，再到国家和地球村，甚至还演化出了人造宇宙——元宇宙；并借助元宇宙这一意识的协作网，未来构建出更智能、存在度更高的复杂巨系统，演化出“智慧地球”，甚至“智慧银河系”。当然，最终成功的未必是我们所处的地球或星系，或许宇宙里有千千万万个星系同时努力，总有一些可能成功。

当类似智慧银河系这样的星系进一步演化，将整个宇宙的万物都逐渐纳入它这个存在度越来越高的复杂巨系统中，或许宇宙大爆炸就到了拐点，开始收缩，逐渐形成“新奇点”。也许宇宙的百亿年演变史，将不断按照“奇点—大爆炸—奇点”循环下去。

巧合的是，2020 年，诺贝尔奖得主罗杰·彭罗斯在《皇家天文学会月刊》发表了一篇论文，名为《微波辐射中存在霍金点的明显证据》。他表示，我们的宇宙是一直在循环的，也就是说，我们现在生活的这个宇宙在大爆炸开始之前，还存在一个宇宙。这就是共形循环宇宙学，类似“奇点—大爆炸—奇点”。

元宇宙在这个漫长的演化进程中，成为一个绝佳的交流、学习和训练、思想碰撞和启发的场所，因为最高效的交流便是思想、创意、意识和想象力的直接沟通。通过数十、数百亿个人，千亿或万亿个传感器，百万亿或更多的动植物的连接、协作，来改善地球的命运。例如，在元宇宙里的数字人，或者 NPC，能够不眠不休地训练自己，远程遥控外太空的航空航天设备，以人机结合的方式协作奋进，发掘太空中的资源。

总之，世间万物都有一种与生俱来的，从“我在”到“我思”，继而帮助它物实现“我在”和“我思”的内驱力。人类如是，地球亦如是。

第三节　为什么会出现元宇宙

一、人类的生存和发展

元宇宙的出现，是人与地球之间、人与人之间的关系，发展到一个新阶段的必然产物。人类自诞生以来，主要面临两大挑战：生存和发展。

表 1–1　全球人口增长情况统计表

年份	全球人口总数（亿）
1804	10
1927	20
1960	30
1975	40
1987	50
1999	60
2011	70
2017	75

从表 1–1 可以看出，每新增 10 亿人口，从原来需要几百万年，到需要一百多年，到最近仅仅需要十几年。地球上的资源是有限的，养活越来越多的人口，并满足人类多层次的不同需求，使得地球逐渐呈现出不堪重负的疲态。如何解决人类快速繁衍与地球资源有限的矛盾？

有两种方法：一是向地球以外的空间探索机会，二是在地球内优化资源配置。

（1）向地球以外的空间探索机会是一个漫长的过程，中国的天宫空间站、神舟飞船等；NASA（美国国家航空航天局）、埃隆·马斯克的 SpaceX 公司等，都在不懈努力。而且，在我们有限的生命中，能够移民外太空的人毕竟是少数，可能几百万、几千万人中才有一个。

（2）在地球内优化资源配置是可行的，要尽可能提高资源使用的效率，提高人类单位时间的产出，由此云计算、大数据、物联网、人工智能、区块链、交互技术、5G、元宇宙，以及自动化技术应运而生。

如果地球上每个人都想尝试更丰富的体验，那么，满足地球所有人真实体验需求的碳排放总和，可能加速人类灭绝。元宇宙是既能满足绝大多数人的大部分精神需求，又能减少资源消耗的方案。

二、低成本、更便捷地享受更丰富的体验

新冠肺炎疫情暴发以来，人类从物理世界（线下）向数字世界（线上）大迁徙，客观上促进了元宇宙更快地到来。利用元宇宙能够低成本、更便捷地享受更丰富的体验的人数，有机会增加到一两个数量级。元宇宙有可能帮助实现体验经济下沉，让更多的普通人、贫困地区的儿童体验更丰富多彩的人生或者实现一些不方便在真实环境里进行的操作和行为。例如：

- 云游故宫、敦煌、埃菲尔铁塔、珠穆朗玛峰、天宫一号等。
- 进行各种线上交流，比如和明星、医生、教师、艺术家、音乐家、科学家、思想家等交流。
- 身处异地，不坐飞机、高铁，也能以逼近真实的方式和关心的人一起共处某个场景。
- 进行实验或训练的模拟，尤其是在那些危险环境或难以真实呈现的环境中，例如航空航天训练、危险工种的培训。
- 未来战争形态可能会改变，热战、冷战转变为文化、创意等的较量，其中创意、创新的竞争很可能在元宇宙里发生。还有一种可能，如同全球供应链一样，跨越时空的、在创意领域的全球大协作，使得你中有我，我中有你，逐步降低各自为政、相互对峙的可能性，使战争消失于无形之中，因为参与协同、合作的力量逐渐超过分离的力量。
- 社会新规章的探索，可以先在元宇宙里试行，这样可以降低试

错带来的巨大社会成本，并减少物理的损失。

- 数字孪生、数字原生和虚实相生，助力制造业，赋能实体经济。
- 以小博大。通过技术手段，用更小的空间来模拟真实环境需要的数十倍的场地。例如，NOKOV高精度空间定位系统，曾用于多用户空间真实行走和交互的实验，利用动态生成的虚拟化身，提示用户避免碰撞，令人感觉空间扩大了21倍，从10米×10米扩大到64米×33米。

三、“产消合一”的经济

生产者与消费者界限日益模糊的时代已经到来。用户需要更多的互动和参与感，甚至左右游戏的结果，或者是决定电视剧、电影的剧情发展。有年轻人说，不能发弹幕、发评论的视频网站就不去了，这其实也是一种从“我在”到“我思”，从被动接受到主动影响或改造世界的转变。从纯粹的消费者，变成带有部分影响力的生产者。我们会发现，老师和学生、嘉宾和观众、教育和游戏、电影和现实等的界限也开始渐渐模糊了。

未来学家托夫勒在20世纪80年代曾提出“产消合一者”（Prosumer）的概念，2006年，他又在《财富的革命》一书中再次强调“产消合一”，生产者与消费者的界限日益模糊。个性化生存正在瓦解企业基于标准化生产所形成的单一规模优势，而要求生产和服务更加柔性化。

本书所提到的产消合一，更多的是指作为产品或者服务的用户，从“我在”（消费、阅读）到“我思”（互动、修改甚至创造）的一种新经济形态。随着大多数人基本的生理需求、安全需求以及社会需求（如归属感、友谊、爱情）得到满足，更多的人开始追求个性化需求，增强“我在”的独特感，市场朝着小众化发展。为更好地满足消费者的需求，减少中间环节，市场上出现了C2M（Customer-to-

Manufacturer）的定制化模式，用户因为有着极强的参与感，往往成为忠实的粉丝，例如小米手机的用户。有的用户甚至参与到设计、制造的某些流程当中，此时用户兼具了部分生产者的角色。

在元宇宙里，因为大部分流程都是数字化的，人的创意、创新的想法更容易实现，加上元宇宙基础技术——区块链的信任和激励，可以预见，产消合一，甚至消费者集生产者、宣传者、研发者、投资者等多种角色为一身，将成为常态。有些项目中，用户甚至还能参与到治理规则的制定当中。这种社区关系的构建、产品的创造，以及规则的参与，给人带来极高的归属感、价值感和自我实现，其影响力巨大，值得重视和借鉴。

实际上，在物理世界中也有类似的例子，例如孤独图书馆背后的阿那亚社区，是消费者共建的社区；生产者（运营商）充分听取消费者的意见，甚至主动邀请消费者出谋划策。

2021 年 11 月，Roblox 的股价在财报公布后上涨了 40% 以上，市值跃升至 620 亿美元以上，甚至有段时间超过了成立了三四十年的老牌游戏巨头动视暴雪（520 亿美元）和 EA（397 亿美元），为什么呢？我想，重要的一点就在于消费者的参与感极强，平台提供了非常便捷的方式，使用户有机会成为生产者。

Roblox 成立于 2004 年，是一款乐高积木风格的、大型多人在线游戏创建平台。用户可以设计自己的游戏、物品、外观和服饰，还可以玩其他开发者创建的各种不同类型的游戏。Roblox 在积累了一定数量的玩家与游戏开发者后，2008 年就停止了平台开发游戏，转而鼓励用户开发游戏。美国 16 岁以下的儿童中，有一半都在玩 Roblox。正是这种从“我在”到“我思”、能造物的可能性及感觉吸引了更多的人。例如，2012 年 9 月，15 岁少年 Sexton 在 Roblox 上发布了《死亡地带》游戏，到 2013 年 1 月，他的游戏有超过 500 万次的游玩记录。

满足个性化、产消合一的趋势，催生并助力了元宇宙的发展。

第二章

元宇宙十大技术及其产业*

如前所述，元宇宙是一个数字新世界，那么这个新世界该如何建设呢？有志于搭建元宇宙这座“通天塔”的朋友该从哪个“脚手架”开始入手呢？

第一节　怎样建设元宇宙

如果你是架构师，你会怎样建设元宇宙，需要用到哪些技术？

我们以《头号玩家》里的“元宇宙”，即“绿洲”为例，设想一下要满足主角们实现购物、驾驶、舞蹈、训练、游戏、交友、听音乐、看视频等场景，从应用场景一层层往下探索，建设元宇宙需要什么？

我们先来看与应用场景相邻，但位于它之下的这一层：

- 首先需要戴上VR头显（头戴式显示设备的简称），穿上体感服装，让物理人能够以数字化身的方式加入到“绿洲”里。
- “绿洲”里还有不少物体，如建筑物，和现实世界相仿，但也

* 本章主要撰写者为叶毓睿。

有完全不一样的，是虚拟世界所特有的。

- 每个化身都有自己的身份，进出一些特殊的场所的时候，还要查验身份；购买道具或服装的时候，需要有虚拟世界里流通的货币。
- 丰富多彩的场景是需要被创作的。
- 整个“绿洲”是有规则的，例如大反派IOI公司的老大也不能为所欲为，都需要获取钥匙，按照一定的比赛规则行事。

这一层里的人、物、场和事件都是虚拟的，是在虚拟空间里存在或发生的，在现实的物理世界中是并不存在的。那么这个虚拟空间从“荒漠”开始演变为精彩纷呈的“城市”甚至“世界”，能够长期持续运行着，又是如何做到的呢？简单来说，就是来自物理世界的 IT 基础设施的各种源源不断的算力，后面我们会详细讲到。

由此，我们探索出元宇宙的十大技术（如图 2–1），来支撑各种集成应用。

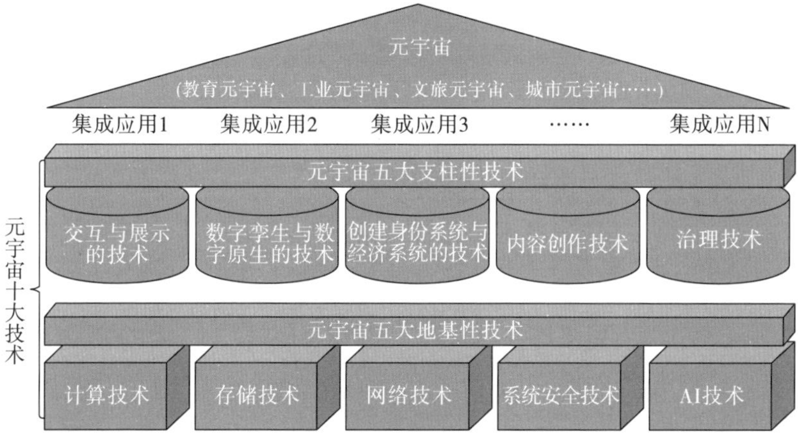

图 2–1　元宇宙十大技术

（1）五大地基性技术：计算技术、存储技术、网络技术、系统安全技术、AI 技术；

（2）五大支柱性技术：交互与展示的技术、数字孪生与数字原生技术、创建身份系统与经济系统的技术（含区块链）、内容创作技术、治理技术。

第二节 五大地基性技术

人类发展需要煤、石油、天然气等各种能源提供的能量，元宇宙是虚拟和现实相连接的世界，同样需要“能量”的输入，而这些“能量”，就是我们物理世界所提供的源源不断的算力。算力不仅支撑了数字人及其所在的虚拟社会的运行和发展，还支撑了数字人的思考和决策。这里所说的算力包括计算、存储、网络、安全和 AI 五大技术的能力，是广泛意义上的算力；而一般狭义上的算力，通常只指计算的算力（采用 CPU 的计算），或者 AI 算力（采用 GPU 的计算）。

本书将在第二篇中按章节逐一介绍这五大地基性技术，下面先简要介绍一下。

一、计算技术：元宇宙的能量

物理世界的计算算力，就像“阳光”一样，普照万物。

从交互与展示来看，VR 要从 2K（KB 的简写）、4K 分辨率到视网膜级别（接近 16K）的高清晰度，对端到端算力的需求提高数十倍，IT 基础设施建设面临极大挑战。我们需要更大的云数据中心规模，更多的边缘计算，以及数以亿计的各类物理世界的设备端、传感器连接到互联网，共同支撑元宇宙的发展。量变引起质变，规模的发展使得元宇宙时代的计算具有了很多全新的特点。受规模以及这些全新特点的影响，个体芯片或设备的设计实现，则不仅仅要求个体性能的提升，还需要考虑个体如何来支撑整个系统的更高级要求。

元宇宙是一个完全联通的互联网，需要跨平台、跨地域的算力整合，需要统一架构和生态布置的算力平台，也需要更多的 AI 算力支撑更多数字人等智能体。英特尔（Intel）高级副总裁拉贾·科杜里（Raja Koduri）曾表示元宇宙需要计算机算力再提高 1 000 倍！

2022 年 2 月，国家发改委、中央网信办、工业和信息化部、国家能源局联合印发通知，同意在京津冀、长三角、粤港澳大湾区、成渝、内蒙古、贵州、甘肃、宁夏等 8 地启动建设国家算力枢纽节点，并规划了 10 个国家数据中心集群。至此，全国一体化大数据中心体系完成总体布局设计，“东数西算”工程正式全面启动。

如果我们把全国的所有数据中心的联合体看成一个“逻辑”上的超大型计算机的话，10 个数据中心集群如同多核 CPU 的不同物理内核，其他数据中心类似计算机里的各种各样的多元异构计算芯片，如 GPU、DPU（数据处理器）等，它们共同为构建“元宇宙中国”服务，源源不断输送清洁高效的“能量”，确保持续、共享。这样，东数西算或许有望成为绿色低碳、高效价廉的算力调度体系，有助于实现物质和精神生活的共同富裕。

二、存储技术：元宇宙的土壤

如果说计算算力是元宇宙的阳光，那么存储算力就是元宇宙的大地，是土壤，寓意生长出各种各样的物种，并记录和保存这些物种的状态、属性等信息，还能繁衍新物种，生生不息。

计算无处不在，存储也无处不在，不同种类的计算需要的存储情况也不一样。云计算催生云化的存储，边缘端则催生消费类存储。需要流动的、所需存储空间不大的高价值小数据集，例如数字资产（含NFT的元数据），可以存放在区块链上，链上全部节点进行账本同步，确保高可靠和不可篡改。而静态的、海量的、非结构化数据，往往需要去中心化的云存储，最好采用链下方式存放，这种下一代云存储就是区块链存储。

物体通常具有独占性、排他性、消耗性的特点，而数据则具有可复制性、非消耗性和特殊公共性等特点，这些特点造成相关权利的不同，所以数权与物权大相径庭。这也促使了新经济可能从以使用权为中心的平台转向以所有权为中心的平台，这必然促进使用权和所有权相分离，而这恰恰是区块链存储，尤其是公链存储的一大特点。国内当下环境适合发展联盟链存储，但公链存储未来必将成为竞争高地，用来存放NFT或数字藏品所对应的原始数据。

在中国，区块链存储有哪些设计原则，将面临什么样的挑战，有何好的建议，有哪些案例值得借鉴，有哪些可能的建设模式和演化步骤？我们将在对应章节里详细剖析。

三、网络技术：连接元宇宙的一切

网络不但是用户从现实生活进入元宇宙数字世界的必然途径，而且也是支撑元宇宙内外部数据共享、实时交互乃至场景连接的关键基础。在元宇宙时代，人们利用电脑、手机、VR眼镜等多样化的终端设备，通过无线或者有线网络访问元宇宙，感受其斗转星移、世事变迁，与里面的数字人物、环境背景实时互动、同悲共喜。用户在访问元宇宙的同时，更可以留下生命记录、自主创造内容，这些涓涓细流在网络的交织组合下终将汇聚成元宇宙的星辰大海。物理世界中的生命和物质，在未来都可能成为元宇宙内容的贡献者，而支撑它们融入元宇宙的技术，离不开万物互联的网络。

元宇宙的网络，目标是为用户提供持续在线、顺畅平滑的访问体验，将向着高带宽、低时延、广覆盖的方向发展；同时，为了创造出更加逼真的场景，用于构建元宇宙“人、物、场和事件”的海量数据的传输也使得带宽大幅提升，异构网络融合成为网络领域的巨大挑战。当前，以 5G 和 Wi-Fi7 为代表的网络技术融合交互（含 VR/AR 等）技术，打开了元宇宙的入口；软件定义网络能够在元宇宙与用户之间、不同元宇宙之间建立灵活、按需、具有 QoS 保障的网络连接，有力地支持元宇宙的弹性扩展和异构融合。在未来，以 6G、Wi-Fi7 为代表的无线网络技术将更好地支持用户随时随地无缝接入元宇宙。确定性网络技术任重道远，但它的日益成熟必将为元宇宙的业务创新和体验提升提供重要的技术保障。

四、系统安全技术：定海神针

元宇宙是下一代网络空间形态。元宇宙系统安全是目前网络安全产业的组成部分和前沿方向，也具有其独特性。

安全不仅是产业问题，同时也是国家竞争力的关键，因此各主要国家在政策和投入方面都不遗余力。近几年，各国网络安全政策主要聚焦于确保 5G、人工智能等未来技术创新领域，预计元宇宙安全也将成为各主要先进国家网络安全竞争的主战场。

安全产业包括产品和服务。据中国信通院数据，2019 年，全球网络安全产品市场总份额达到 624.78 亿美元，其中占比前三名的分别为基础设施保护、网络安全设备和身份管理；同期全球网络安全服务市场规模为 619.22 亿美元，以安全托管服务和安全咨询服务为主。

增速方面，排名前三的网络安全产品分别是云访问安全代理、基础设施保护和数据安全。此外，近几年全球网络安全领域的新上市企业表现强劲，融资并购活动活跃。数据安全、身份管理与访问控制、网络与基础设施安全、风险管理与合规等领域融资活动占比均超过 10%。

近几年，中国网络安全法律及配套政策密集落地，安全合规市场空间进一步拓展。《中华人民共和国密码法》《个人信息保护法》《数据安全法》等法律相继出台，《国家车联网产业标准体系建设指南（车辆智能管理）》《关于推动 5G 加快发展的通知》《关于推动工业互联网加快发展的通知》等新兴领域的政策性文件纷纷颁布，这些政策性文件对通过网络安全确保新兴领域的建设发展安全均提出了严格的标准。同时，《云计算服务安全评估办法》等细分领域的安全技术实施和评估办法开始实施。

国内安全产品体系和服务体系相对完善，安全产品和服务也已延伸到云、大数据、物联网、工业控制、5G、移动互联网等场景。同时，元宇宙因其泛在性、各应用连接的无缝性等独特性，对安全也提出了更多要求，详细内容参见本书后面对应的章节。

五、AI 技术：端到端的智能

AI 在元宇宙中拥有的重要地位不言而喻，人们在进入元宇宙后，会以数字化身存在并活动。这位化身之所以能够在视觉、听觉、触觉等感官上实现全方位感知，并流畅地表达和交流，离不开 AI 技术。

AI 领域的计算机视觉、语音合成与识别、数字触觉等技术在化身上的融合运用会帮助人们更加生动、逼真地体验及探索元宇宙，进而表达和传递情感的温度。AI 不但能够使得用户在元宇宙中的交互更加顺畅，而且它对于元宇宙世界的建设和完善也发挥着举足轻重的作用。虽然元宇宙允许所有的用户创造和共享内容，但是在打造多样化、沉浸式的元宇宙的过程中，仅凭人工来构建场景内容，产能的瓶颈和低效会导致场景的数量、规模、丰富程度都存在很大局限。如果引入 AI

技术开展元宇宙的自动化构建，将一些重复、简单、耗时的工作交给AI完成，会达到事半功倍的效果，也能为人们腾出更多的时间去打磨元宇宙的核心内容。同时，以强大算力、创新算法、海量数据为依托的AI也许还能从更多的视角解读和利用素材，突破人类惯用思维的局限，给元宇宙的创造带来意外之喜。

当前，构建尽可能接近现实物理世界的数字场景是当前元宇宙发展的重要目标，但是更吸引人的是在元宇宙中有可能创造出超现实的强大能力。也许在不远的未来，虚拟世界中的AI就可以对现实世界进行反哺，催生出创造性、变革性的技术和业务，乃至提供不同于以往现实社会的全新价值。

第三节　五大支柱性技术

如果元宇宙地基（物理世界的算力输入体系，即能量基石）已经建好，我们该如何创造令人激动的数字新世界呢？刚开始这个数字世界还是一个荒漠，需要有人、物、场和事件。

- 物理世界的人通过交互与展示的技术获知及管理数字人的生活、工作等。
- 数字孪生把物理世界中的人、物、场、事件映射到元宇宙里，这样能在早期较快地构建一个数字人熟悉的环境；数字原生可以发挥想象力，构建一个有别于物理世界的空间，例如远距瞬移。
- 数字人在数字世界里游走、闯荡，需要“身份证”“钱包”，即需要提前创建身份系统和经济系统。
- 好比人想要丰富的体验，数字人则想拥有精彩纷呈的应用，这就需要内容创作，涉及3D影视、游戏、社交、艺术、文旅、教育、培训、科学探索等。

- 随着数字人不断增多，从荒漠到村落、城堡、国家，甚至有了文明系统，其中不可或缺的就是共识、规则，甚至是元宇宙里的法律，也即治理技术。

本书将在第三篇中按章节逐一介绍这五大支柱性技术，下面先简要介绍一下。

一、交互与展示的技术：元宇宙的出入口

作为多维共创互信网，元宇宙庞大的技术产业中，对于当前最重要的技术是哪一个呢？我的答案是交互与展示的技术，因为它帮助人们从在线到在场，感受提升了至少一个维度。表面上交互与展示是为了人机交互（物理人操控化身），但说到底还是为了人和人的交流，代表着物理人和物理人之间更低成本、更便捷、更全面地沟通，尤其是在无法或者不方便面对面交流的情况下。那什么时候会出现人和物的交流呢？只有当物具备了“我思”的能力，即拥有一定的自我意识时，才有价值、才能持续。

为什么交互和展示的技术如此重要？我们从 IT 的发展历史中可以看出端倪：

- 乔布斯把施乐公司的GUI（图形用户界面）技术做了商业普及，开启了PC 时代。
- 万维网之父蒂姆·伯纳斯–李发明了图形化网页浏览器，开启了互联网时代。
- 苹果发明了触摸屏iPhone，手机上网变得非常容易，开启了移

动互联网时代。

- VR/AR头显，不仅更加逼真，让人有身临其境的感觉，还能解放双手，假以时日，会不会开启一个新时代？

二、数字孪生与数字原生的技术：虚实融合的桥梁

凯文·凯利认为，镜像世界将成为互联网历史上的第三个划时代意义的技术大平台。第一个大型技术平台是互联网；第二个大平台是社交媒体；第三个大平台是镜像世界，其基础技术就是 AR 和数字孪生。

例如，宝马汽车通过英伟达的 Omniverse 建设自己的虚拟工厂，1∶1 实时模拟线下工厂。英伟达的演示视频中，这个虚拟工厂的模拟精度高、实时运算强，可以看见车身上的零部件，感受工厂里的机械臂组装配件以及机器人配送物料场景。

另外，英伟达在建造自己的办公大楼 Voyager 之前，虚拟了这栋大楼，用光线追踪模拟建筑全貌，以平衡照进这栋建筑的光，并节约能源。

随着数字孪生技术不断地丰富元宇宙，创作者会构建新的人、物、场，可能有一些在物理世界是没有的，或者找不到原型的，甚至是脱离了物理世界如重力的束缚之类的，这就是数字原生，例如具有创意的三维艺术创作。再深入发展，是虚实相生，是指人在虚拟世界里创造的东西，反过来影响或改变物理世界，例如 cosplay 扮演者让二次元从漫画走向现实；迪士尼乐园、环球影城、华强方特等，让动画、电影走向了物理世界。

三、创建身份系统与经济系统的技术：仗剑走天涯

物理世界中，没有身份证、钱包或支付系统，我们寸步难行。同样，在元宇宙里行走，每个数字人将来都要有自己的数字身份和经济

系统的支撑，这就是数字人所依仗的“剑”。

“数字身份”是一个独立的数字人的身份，是由代码承载、数字构成的虚拟身份。元宇宙里的“数字身份”非常重要，就像是虚拟世界里的一个生命，应该没有任何个人或组织可以销毁它。我们需要区块链、隐私计算、网络安全等多种技术相结合来构建元宇宙公民的身份系统。有了数字身份，围绕它交换数字物品和数字资产的系统，就构成了你的经济系统。数字身份的内涵很丰富，包括元宇宙公民的数字资产、IP，以及智能合约带来的收益，以及因违反治理规则而带来的惩罚。

四、内容创作技术：元宇宙的繁华景象

内容是吸引用户进入元宇宙的主要原因。不妨将元宇宙想象成一个数字化、三维化的迪士尼虚拟乐园，城堡都建好了，要是没有内容（人、物、场、事件），就好比米奇大街没有米奇、米妮的形象、互动及场景体验，谁还会去玩呢？

2021 年，初步具备元宇宙形态的 Decentraland、The Sandbox 等已经吸引不少用户加入，用户主要是通过桌面电脑、手机进入，这也说明如果有 VR 头显、触觉手套等这种具有沉浸感的硬件，效果会更好，但这些硬件不是必需品。只要有更多“内容创作”的创意人才参与进来，元宇宙里的各种奇思妙想和丰富体验是能吸引更多用户的。目前，元宇宙的内容创作，在中国可率先落地的有教育、培训、影视、艺术、文旅、社交、游戏等领域。

五、治理技术：元宇宙不是法外之地

元宇宙的治理规则可以分为两个阶段：发展阶段和成熟阶段。在

元宇宙的发展阶段，治理规则主要针对身份治理（个人账户）和经济治理（数字资产），其规模和影响力有限，主要在人和人之间达成共识；进入成熟阶段后，社会关系变得更为复杂，需要处理人和社区、社区和社区，甚至虚拟国家之间的关系，这就需要在法律、文化、价值观层面进行思考、探索和引导，以建设人类命运共同体为目标，实现科技向善。在目前的元宇宙发展阶段，已凸显出了亟须解决的问题，如数字藏品的炒作和丢失、个人隐私信息的泄露等。

近年来，区块链技术逐步成熟，例如，佳士得与 Artory 合作，用区块链技术对拍卖销售的数据进行加密记录，并为艺术品购买者提供保障、增加信心并在最终转售时提高效率。“代码即法律”的逐渐普及过程中，智能算法与合约将成为民商事合同的重要类别。

第四节　元宇宙技术应用

当我们讨论元宇宙技术的应用时，需要始终围绕着元宇宙的定义来讨论和思考，构建并支撑多维共创互信网需要有哪些技术？这些技术与构建数字新世界应该有着直接、高效的关系。技术的应用是不是运行在这个多维共创互信网上，它和以往的互联网有何区别？同样，在辨析元宇宙产业的时候，我们也应该遵循这个逻辑。

需要明确的是，元宇宙发展道路十分漫长，现在可能只发展到了1%~2% 的阶段。目前全球范围内，还没有哪个公司或组织的元宇宙产品或平台能使用全部技术。市面上较为常见的元宇宙产品通常只用到了 2 个左右的支柱性技术。例如：

- Meta公司的Horizon用到了交互与展示的技术，佩戴头显的用户可以与朋友或者陌生人会面、玩游戏，还可以创建属于自己的世界。

- 基于区块链的Decentraland结合了创建身份系统和经济系统的技术，以及内容创作技术，用户可以在里面建造3D建筑物。
- 国内51World的自动驾驶结合了VR技术和数字孪生技术。
- 国内Pico公司的MultiBrush结合了VR技术和内容创作技术，用户可以戴上头显，自由地进行三维绘画（如图2–2）。

图 2–2　作者自制的 MultiBrush 三维画作

下面我们围绕本书对元宇宙的定义给出一些判断标准，避免将元宇宙泛化、庸俗化。元宇宙的技术、产业或应用，本质上都要围绕着数字新世界来进行，这些技术与这个虚拟世界的构建或使用有直接的关联。不过，考虑到目前我们处于元宇宙的极早期阶段，也不要过于严苛，能满足如下条件之一，我们也将其归属于元宇宙生态。

- 多维的：最好是利用了AR/VR、裸眼3D等具有沉浸式体验感的技术工具；或者至少能支持三维动态参与和交互，例如百度希壤、网易瑶台等；再如使用了类似Unity、Unreal数字孪生建模工具等的情况。

- 共创的：用户进入到三维空间如Roblox、《我的世界》之后，不只是作为消费者，还可以成为内容的生产者。
- 互信的：以区块链为基础，结合了带有创意的内容创作，例如NFT/NFR、数字藏品等。

而如扫地机器人，虽然有 AI 的算法在里面，但它缺乏数字化身参与虚拟世界的活动，就不能被视为元宇宙技术的应用。网民在 YouTube 网站上传了一个二维平面的视频，虽然也是内容的共创，但不能视为元宇宙技术的应用。

第五节　元宇宙技术相关产业

由于元宇宙仍处于早期阶段，尚未形成一个结构层次分明的产业，我们拟按照构成元宇宙的十大技术做一个大致的分类，这样方便从产业生态、组织、结构等角度去研究、评估元宇宙产业的市场发展，厘清相关产业链，为制定元宇宙产业相关的行动计划、政策寻找切入点。然而，这个观察的视角并非一成不变，预计到中后期，切入点可以转为虚拟世界和虚实融合中的创意产业，即多维（至少三维）互联网中，创意的生产、流通和销售相关的各种行业。接下来我们从中长期的角度来分析一下元宇宙产业。

维基百科对“产业”的定义是：“产业，指一个经济体中，有效运用资金与劳动力从事生产经济物品的各种行业。”

产业是指由利益相互联系的、具有不同分工的、由上下游和相关行业所组成的业态总称。产业是社会分工的产物，是具有某种同类属性的企业经济活动的集合。元宇宙产业里，同类属性是指具有共同目标——创建数字新世界，即多维共创互信网。

在经济学上，一般把产业分为三类：第一产业、第二产业和第三产业。

第一产业：产品的生产链最底一层的行业，负责原料的提取工作，是该产品自生产至供应市场的最早阶段。

第二产业：产品的生产链中层的行业，负责原料加工的工作，是该产品自生产至供应市场的中间阶段。

第三产业：产品的生产链最上层的行业，负责物流、分销、中介等工作。第三次产业需要接触产品的终端顾客，是该产品从生产到供应市场的最后阶段。如表 2–1 所示，表中列出了三个产业相关的产品、服务和提供商。

表 2–1　第一产业、第二产业和第三产业的示例

举例 分类	手机	楼宇	建筑材料	米饭
第一产业	硅矿开采商	铁矿开采商	铁、石矿开采商	种植业
第二产业	零件制造厂、组装厂	钢材提炼厂、建筑工程商	材料加工厂	稻谷加工厂
第三产业	物流公司、批发商、分销商、维修商	房地产中介	物流公司、建筑材料批发商	食品分销商、餐饮业

另外，围绕着信息的处理和服务，即知识产业或信息产业属于第四产业，主要以计算机为基础，从事信息的生产、传递、储存、加工和处理工作。元宇宙作为数字新世界，毫无疑问属于信息产业。因而它是第四产业，但与以前有所不同，元宇宙加工、处理和传递的是创意，因此它是一种新型信息产业。

元宇宙产业是一种围绕着虚拟世界，促进虚实融合，集成多种感官的互动，以提升组织或用户的体验和效率、降低成本为目标，提供创意、思想、意识的交流的新型信息产业，是新时代下体验经济、观念经济、创意产业的数字化、网络化、智能化产业。

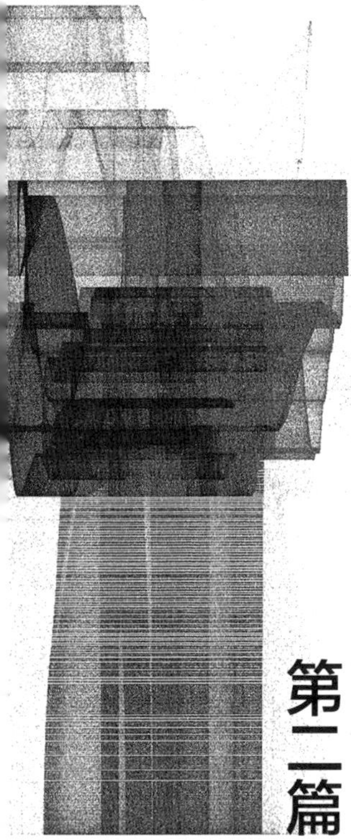

第二篇

元宇宙五大地基性技术

本篇介绍元宇宙的五大地基性技术：计算技术、存储技术、网络技术、系统安全技术和AI技术。万丈高楼平地起，但是这个平地，它不能无中生有，需要有坚固、稳定的地基，支撑着数字新世界能够持续共享地运行。这个地基，就是元宇宙的“能量”。

第三章

计算技术：元宇宙的能量*

人类的发展，需要直接或间接消耗煤、石油、天然气、太阳能、风能、水能等能源。元宇宙的发展也是一样，需要人类物理世界源源不断地提供“算力能源”。宇宙是由能量构成的，元宇宙的地基则是由算力构建的。算力，不仅支撑着数字人及其所在的虚拟世界的持续存在，还支撑着数字人的思考和行为（本质也是计算）。

第一节　什么是算力

算力，是数字经济时代的核心生产力，对推动科技进步、促进行业数字化转型以及支撑经济社会发展具有重要的作用。算力与国家经济发展紧密相关，《2020 全球计算力指数评估报告》指出，算力指数平均提高 1 个百分点，数字经济和 GDP 将分别增长 0.33% 和 0.18%。

元宇宙将是数字经济的主要场景和赛道，同时也是各种 IT 技术的集大成者。元宇宙的发展，会极大地满足全球算力及 IT 基础设施的庞

---

* 本章主要撰写者为黄朝波，矩向科技首席执行官，《软硬件融合》作者，元宇宙产业委常务委员。

大需求。2021 年 12 月，英特尔高级副总裁兼加速计算系统和图形部门负责人拉贾·科杜里表示：要想实现《雪崩》和《头号玩家》中天马行空的体验，需将现在的算力至少再提升 1 000 倍。他认为，元宇宙可能是继 Web 和移动互联网之后的下一个主要的互联网形态。

元宇宙时代的计算，呈现出如下几个方面的多样性：

- 计算平台的多样性。计算任务可以运行在不同供应商的CPU、GPU、DSA等不同类型处理器上。
- 计算位置的多样性。计算任务可以运行在云端，也可以运行在终端，还可以运行在边缘端。
- 计算交互的多样性。元宇宙虚拟和现实结合，涉及不同层次不同类型的数据模型交互，也涉及各种类型的交互设备，还涉及各种不同的交互方式。

元宇宙时代超大规模的云数据中心、遍布各地的边缘数据中心，以及越来越普遍的终端智能设备，其算力都需要持续不断地增强。一方面，芯片或设备的算力，要持续进步；另一方面，芯片或设备要保持非常灵活的可编程性，使得芯片支持大规模落地成为可能。此外，还要向前兼容，形成具有历史延续性的演进；再通过建设数据中心，把芯片和设备大规模落地；最后要通过云网边端协同，提高算力资源的利用率。

要想持续不断地增加算力，不可避免要建设更多的数据中心。“东数西算”工程通过构建数据中心、云计算、大数据一体化的新型算力网络体系，将东部算力需求有序引导到西部，优化数据中心建设布局，促进东西部协同联动。

“东数西算”通过扩大规模的方式，大幅提升了算力。但按照这种传统方式，仍无法达到支撑元宇宙所需的千倍以上的算力，主要原因如下：

- 受成本、能耗等因素的影响，我们不可能无限制地扩大数据中心及服务器的规模。
- 扩大数据中心和服务器规模会显著增加不同数据中心间、不同服务器间数据交互带来的性能损失，无法实现性能的线性增长。
- 扩大规模会迅速增加更多的“东西向”网络流量，使得交换机数量、网络带宽都会进一步增加，推高网络的成本。例如，在一次OCP（开放计算项目）研讨会上，Meta提到了使用40万兆（MB，可简写为M）网络交换机，用于提升元宇宙体验，但这种交换机价格非常高昂。
- 网络带宽增加的速度，难以满足“东西向”流量增长的需求，网络带宽会成为规模扩张的瓶颈。

为了更好地解决算力问题，更本质的做法是提升单个芯片或单个设备的算力。数据中心对系统的通用性、灵活性要求很高，因此主流的计算平台依然是通用可编程的 CPU。但不幸的是，基于 CPU 的摩尔定律已经失效，CPU 的发展达到瓶颈。这迫使在元宇宙时代，不得不利用 GPU、DSA 甚至超异构等硬件加速的平台来提升综合算力。这些“硬件加速”的计算平台，在提供更加强劲算力的同时，如何保持如 CPU 一样灵活的通用可编程性，成为行业面临的主要挑战。只有确保了灵活的通用可编程性，芯片才能够大规模量产并降低成本，才能真正做到宏观总算力的显著提升。

第二节 元宇宙对计算形成了更大的挑战

“性能”和“算力”两个概念是一致的，区别在于“性能”是微观的概念，而“算力”是宏观的概念。元宇宙对计算的需求是巨大的，也是显而易见的。站在某个计算芯片的角度，我们需要的是持续不断地提升性能。然而，在元宇宙数以亿计的个体设备组成的超大规模系统里，计算则面临着更多、更大的挑战。

一、计算的任务：跨越架构和平台

ISA（指令集架构）位于软件和硬件之间，是一组标准定义的指令集合；软件就是通过这些指令组合出的各种各样的程序，而 CPU 则是执行这些程序（指令流）的硬件。

如图 3-1 所示，当前流行的 CPU 架构主要有 x86（一般指英特尔 x86 芯片架构）、ARM（一个 32 位元精简指令集中央处理器架构）和 RISC-V（一个基于精简指令集原则的开源指令集架构）。理论上，一个软件任务可以通过如下两种方式实现跨不同 CPU 架构平台的运行：

- 静态编译：可以通过不同平台的编译器，把高级程序编写的软件源码进行编译，生成各自平台上不同的执行文件，然后实现软件在不同平台的运行；
- 动态编译：在一个平台上已经编程生成的执行文件，在另一个平台上，通过实时工作的虚拟机（类似Java虚拟机），实现软件在新的平台动态运行。

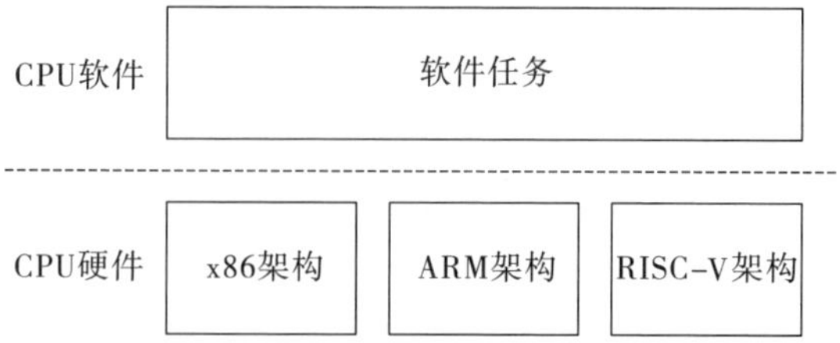

图 3-1　基于 x86、ARM 和 RISC-V 架构的 CPU 硬件和软件

随着 CPU 的性能逐渐遭遇瓶颈，需要通过 GPU、FPGA（现场可编程逻辑门阵列）、DSA 和 ASIC（专用集成电路）等硬件加速的平台持续不断地提升性能。英特尔 oneAPI（API：应用编程接口）是一个开放且标准的编程系统，支持开发者跨多种硬件架构开发应用，这些硬件就包括 CPU、GPU、FPGA、AI 加速器等。各类处理引擎具有非常不同的特性，因此用于各自不同的场景。而 oneAPI 试图将它们统一在同一个模型下简化操作。

开发者面临的问题是日益庞大的数字世界提供的编程环境的数量也日益增多。不同的编程环境开发的代码很难重用，并成为开发人员的障碍。oneAPI 是通过统一的编程框架作为约束专有编程平台的解决方案。

英特尔 oneAPI 是一个非常好的思路，代表了未来软件跨越不同计算平台运行的发展趋势。如图 3–2 所示，我们需要把 oneAPI 模型框架再增强一下，这样软件能跨越不同厂家不同硬件的平台：不仅包括跨越同一处理器类型的不同架构，如 x86、ARM 和 RISC–V 等不同架构，也包括跨越 CPU、GPU、FPGA 和 DSA 等不同处理器类型，还包括跨越不同供应商的不同处理器类型、不同架构的平台。

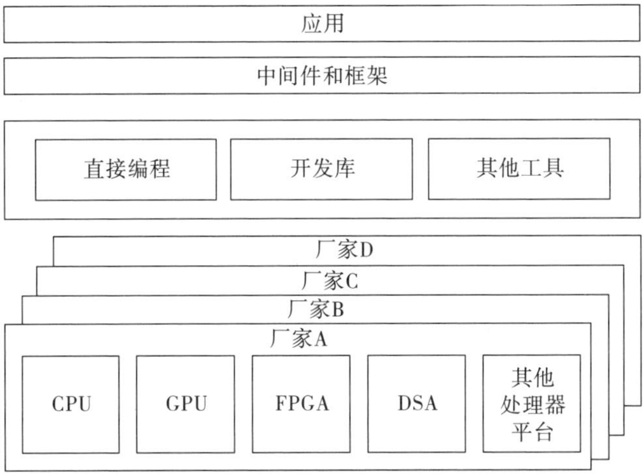

图 3–2　软件跨越不同厂家、不同处理器类型的不同硬件架构

二、计算的位置：跨越云边端

没有云计算之前，算力资源是一个个孤岛：如果算力资源配置比较多，就意味着资源浪费和利用率低；如果算力资源配置比较少，就意味着无法支撑业务的弹性发展，丢失商业机会。云计算通过资源整合和共享，用户按需购买，从而快速而弹性地获取计算资源，提升计算资源的利用率，并进一步降低用户获取算力的成本。

数以亿计的物联网和移动设备产生的数据和对服务的访问均呈指数级增长；与此同时，自动驾驶等场景对服务的实时性要求非常高。场景的量变推动着计算模型的质变，传统集中式的云计算在向分布式的边缘计算转变。在边缘计算模式下，部分计算和存储发生在网络边缘，即更靠近终端的位置。

终端的算力，也在持续提升。在自动驾驶汽车领域，从英伟达发布的自动驾驶芯片平台和未来发展路线图可以看出：

- 2018年发布的Parker平台算力达到1 TOPS（每秒钟一万亿次操作）；
- 2020年发布的Xavier平台算力则高达30 TOPS；
- 预计2022年发布的Orin平台算力达到惊人的254 TOPS；
- Atlan平台算力则高达1 000 TOPS，其目标是能够用于L4和L5自动驾驶。

元宇宙时代，对算力的需求非常高。如图 3-3 所示，如果我们把计算都集中在云数据中心，云端计算的压力肯定很大，所以需要有边缘数据中心，来承担一部分计算的压力；更进一步的做法，就是把许多计算直接放在终端设备本地，来分散整体计算的压力。

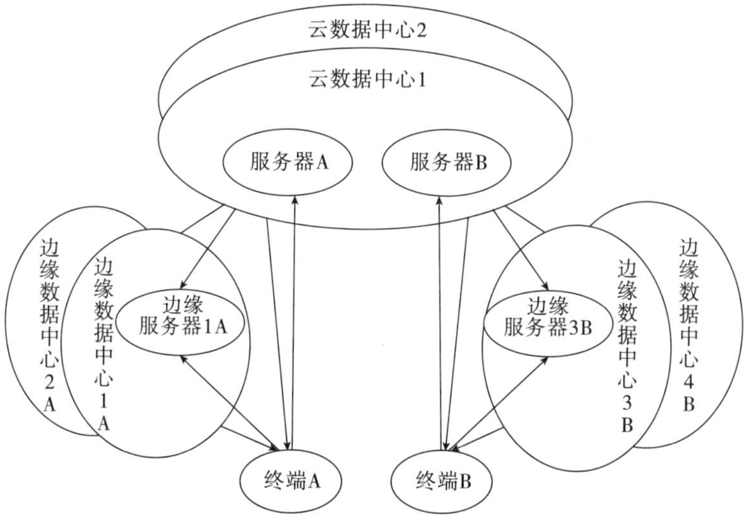

图 3–3　跨不同云厂家的云、边、端协同

一个系统的任务到底是放在云、边还是端？云、边和端又如何协同？如何做到计算任务的弹性分配，并且能够灵活地在云、边和端之间跨平台迁移？此外，还要让计算任务在不同厂家、不同形态的云数据中心、边缘数据中心以及不同类型、不同品牌的终端设备上灵活迁移。当前，有一些值得关注和投入的技术和商业模式：

- CMSP（云管理服务提供商）实现跨公有云和混合云的运营模式，可以在不同的云场景弹性扩展资源。
- 分布式云和算力网络等技术进一步整合各种边缘计算算力，进一步打破公有云和边缘云的界限，提高算力的利用率。
- 充分利用终端计算的闲置资源，或去中心化计算。例如，第一章提及的SETI@home项目，以及各类区块链公链平台。

三、计算的交互：跨越虚拟和现实

交互是影响用户体验最直接的因素。2000年，微软公司发明的智能手机，模仿了PC机上Windows系统的鼠标交互，通过触控笔实现类似鼠标点击一样的人机交互，用户体验不太好。直到2007年，苹果公司发布了iPhone，通过手指触摸实现全新的人机交互，最终实现了智能手机的大规模使用，开创了移动互联网时代。同样，要想真正走进元宇宙时代，虚拟和现实的低成本的便捷交互，是决定用户体验的最直接因素。虚拟和现实的交互呈现出如下特点：

首先，虚拟和现实的接口设备多种多样。元宇宙时代，一方面需要把现实世界实时映射到虚拟世界，另一方面需要把虚拟世界再快速地反馈到现实世界。例如，随着AR技术的发展，通过诸如Meta Quest 2、微软HoloLens、Magic Leap、Google Glass（谷歌眼镜）等设备实现物理世界和数字世界的交互。还有其他一些交互技术，如3D建模、动作捕捉、脑机接口，等等。

其次，虚拟和现实交互的数据带宽要求非常高。这些数据的输入、输出、低时延传输、快速处理及响应等各方面的要求都非常高。例如，Meta Quest 2显示器可提供1 832 × 1 920像素的分辨率、90赫兹刷新率。要达到沉浸感所需的视网膜级别的显示效果，需要12 540 × 6 840像素的分辨率，甚至最好在16K以上，且刷新率最好在180赫兹以上，这意味着需要280.7Gbps的数据传输带宽。如此高带宽数据的输入、输出、传输、处理，都对整个计算和网络基础设施提出了非常高的要求，算力和网络带宽需要再提高到数十倍以上，才能为用户提供非常好的体验。

最后，输入、输出的模型格式、精度、交互的频次等的差异都很大。元宇宙通过对现实世界的人或其他实体进行物理建模，以及通过传感器及历史数据等，在虚拟空间同步出同样的一个虚拟实体，形成数字人或其他实体；反过来，我们把虚拟的数字人或其他实体，实时同步到机器人或者通过交互设备反馈到现实世界。模型格式不一样，还要跨越不同厂家的不同类型的设备。对一些常见的模型，需要形成统一的标准，并且对这些模型的处理能够针对性地进行性能和传输优化，进一步优化元宇宙的体验。

元宇宙时代，现实世界和虚拟世界的交互是高数据量的、实时而快速的、持续不断的。元宇宙的计算，需要跨越不同的模型，跨越不同的设备，跨越不同的交互方式。

第三节　元宇宙时代计算呈现出的新特征

凯文·凯利的《失控》中提到了一个重要的概念“涌现”：众多个体的集合会涌现出超越个体特征的某些更高级的特征。例如，通过把数量众多的计算机连接到网络，“涌现”出互联网；通过设计更加复杂的深度学习模型，“涌现”出 AI。

元宇宙时代，更大规模的云数据中心、更多的边缘数据中心、数以亿计的各类现实世界的设备连接到互联网，而更快、更宽的互联网络需要算力再提升好几个数量级。这些现象和需求，都使得元宇宙时代的计算“涌现”出许多全新的特征。

一、软件实体和硬件平台分离

传统场景下，软件通常附着在硬件之上，两者是绑定的。可以通过硬件抽象层实现平台的标准化，然后再部署操作系统和应用软件。而在系统越来越复杂的情况下，软件的实体，如虚拟机、容器和函数，需要在不同的硬件上迁移，这就使得软件和硬件逐渐分开了。

如图 3–4 中的（a）所示，在计算机发展的初始阶段，软件是完全依赖硬件平台的。比如，我们在 x86 平台编写的程序是无法在 ARM 平台运行的；如果有个 I/O 设备，那么设备厂家必然会提供相应的驱动，让开发者来调用。这就意味着软件完全受硬件的约束，需要考虑硬件的特点，有针对性地开发软件。

软件开发非常复杂，也非常有难度，为了优化这些问题，尽可能实现软件跨平台复用，于是出现了硬件抽象层。如图 3–4 中的（b）所示，硬件抽象层用来尽可能地屏蔽硬件之间的差异，使得已经写好的软件无须改动，就可以在不同的平台流畅而稳定地运行。例如：

- POSIX（可移植操作系统接口）是IEEE（美国电气与电子工程师协会）为各种UNIX和Linux操作系统运行软件而定义的系统API标准。
- Java虚拟机，实现了Java程序和运行平台之间的抽象层，使得标准的Java执行文件能够完全跨平台运行。
- 操作系统和硬件驱动之间的硬件抽象层，负责屏蔽硬件差异性，给操作系统提供标准的驱动交互接口。

虽然硬件抽象层可以解决软件跨平台复用的问题，但无法解决软件跨平台移动的问题。数据中心等场景需要每天 24 小时为客户提供稳定运行的服务。但受限于硬件的一些特点，硬件本身会有一定概率发生故障。如图 3–4 中的（c）所示，为了不影响软件的工作，就需要使软件实现跨硬件平台实时热迁移。例如：

- 计算机虚拟化。通过Hypervisor（虚拟服务器）在物理计算机上虚拟出一个新的计算机，在这个虚拟机上，可以安装操作系统和其他各种软件。当运行的硬件服务器发生故障的时候，云管理系统会启动虚拟机迁移，把整个虚拟机迁移到新的正常运行的物理服务器上。而在虚拟机的用户看来，自己的“服务器”则一直处于稳定运行状态。

- 容器虚拟化。通过容器实现操作系统虚拟化，通过Kubernetes（容器集群管理系统）等管理软件，当一个容器实例运行出现问题的时候，可以实现完全自动化的容器实例在其他服务器上重新拉起。在用户看来，自己的容器则一直是运行正常的。
- 函数计算。函数计算是一种Serverless（无服务器架构）技术，是云计算的新一代计算范式。函数计算相比计算机和容器虚拟化，是更高层次的虚拟化。底层系统堆栈由云计算厂家提供并确保系统堆栈的高可用，通过一些事件触发并执行轻量级的函数计算程序。函数计算是在拉起的时候，由管理系统决定其运行的硬件平台，可以做到完全的硬件无关。

元宇宙时代，需要实际运行的软件工作任务，跟支撑它的硬件平台解耦。这样，就可以实现软件实体在一个数据中心内部的跨硬件平台自由“流动”，甚至能够实现跨云数据中心、边缘数据中心，甚至各种智能终端之间的跨越物理界限的自由“流动”。

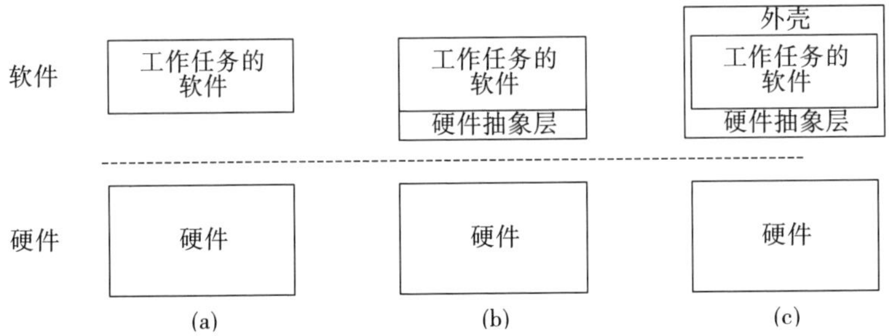

图 3-4　软件对硬件的依赖和硬件抽象

与此同时，软件实现的硬件抽象层和虚拟机、容器的“外壳”（也是一种抽象）是要消耗一定的软件性能的。这样，就需要在硬件层次对整个抽象层加速，尽可能提供非常好的平台一致性，给到实际运行的工作任务。不同厂家、不同类型、不同架构的处理器平台，为软件提供一致的接口，使得软件可以非常方便地在不同处理平台之间“流动”。不同的厂家通力合作，共建出标准的、开放的、符合元宇宙需求的一整套软硬件生态。

二、集中和分布共存

在芯片领域，SOC（片上系统）和 NOC（片上网络）是典型的集中式单系统。而这样一个性能强劲的高性能 SOC 芯片，其内部通常包含多核 CPU、多核 GPU 以及其他 DSA/ASIC 级别的加速器，还有各种高速或低速的接口设备。这些部件同时协同工作，芯片内部可以被看作是多个处理部件协同的分布式架构。而整个芯片又作为一个集中的整体，承担产品和系统中的各类计算任务。

站在终端、边缘端的视角，云计算是集中式的计算。云计算通过超大规模的数据中心，集中为用户提供服务，数据的处理和存储都主要集中在数据中心的各种形态的服务器中。但从云数据中心内部来看，各种分布式计算集群、分布式存储，以及每台服务器中的 CPU、GPU、DPU 等计算器件，其实又是完全分布式的协同工作。

终端是个体从服务器端获取服务。很多终端和服务器端协作完成一些任务，这可以看作是分布式的协同计算。例如，在功耗、成本敏感的物联网场景，节点只完成非常简单的功能，例如数据采集，然后把数据传输到云端处理、存储，甚至分析决策，最后把决策后的指令下发至终端执行。终端节点只构成系统的“触角”，整个大的系统是由很多简单的微小系统组成。然而，在汽车领域，按照现在的智能汽车发展趋势，计算已经从传统 ECU（电子控制单元）的分布式计算，向超高算力的集中式的自动驾驶计算演进。

集中式的云计算服务无法覆盖所有场景，例如自动驾驶，需要快速分析数据并决策执行，随着数据量的快速增加，还需要更快速地响应，于是边缘计算开始流行。边缘计算相比云计算是分布式的，在物理上更靠近终端的位置，能够更加及时高效地服务终端的请求；而相比终端的本地计算，边缘计算则又是相对集中的，由边缘数据中心承担很多终端的服务器端服务。

元宇宙时代，计算的架构越来越多，设备的形态也越来越丰富，系统层次结构中越来越多地呈现出“集中和分布”并存甚至“融合”的特征。

三、微观的超异构计算

后摩尔时代，计算需求增长迅猛，以AI计算为例，据OpenAI博客分析，2012—2018年，AI算力需求总增长约30万倍。因此，硬件系统逐渐出现各种各样的异构计算专用芯片。凭借GPU中数以千计的高效能、小计算核心的并行计算所提供的灵活可编程能力，以及英伟达CUDA（统一计算架构）丰富的平台生态，GPU成为AI训练和推理的主流平台，GPU相比CPU，性能有了数量级的大幅度提升。2022年3月22日，英伟达首席执行官黄仁勋在GTC 2022大会上发布了拥有800亿个晶体管的H100 GPU，以及由256个H100构成的英伟达OVX（Omniverse软硬一体机方案）SuperPOD。此前不久，浪潮信息发布了与英伟达合作的业界首款元宇宙服务器MetaEngine，单台元宇宙服务器可支持每秒AIGC 2 000个数字场景。

DSA是异构计算专用芯片中重要的一类，是针对特定场景定制的处理引擎或芯片，有接近于ASIC的极致的性能，同时具有一定程度的灵活可编程能力。当前，随着AI模型越来越庞大，以及训练的数据量也越来越大，对AI芯片的算力也提出了新的要求。有些GPU难以满足要求，于是，很多AI类的加速芯片开始考虑采用DSA架构。但到目前来看，受限于AI算法的快速演进，DSA架构的芯片由于其灵活性方面仍有所欠缺，芯片没有形成大规模的落地。

未来，算力需求持续扩大，计算设备的数量也会快速激增，与此同时，系统的复杂度会有数量级的提升。为了应对这一挑战，我们可以集合CPU、GPU以及DSA各自的优势：CPU负责控制管理类的一些任务，GPU负责需要一定灵活和弹性的应用层加速，而DSA则侧重底层基础设施的计算，即DSA要完成功能相对确定的计算。

当前，并行计算的主流架构如图3–5所示。

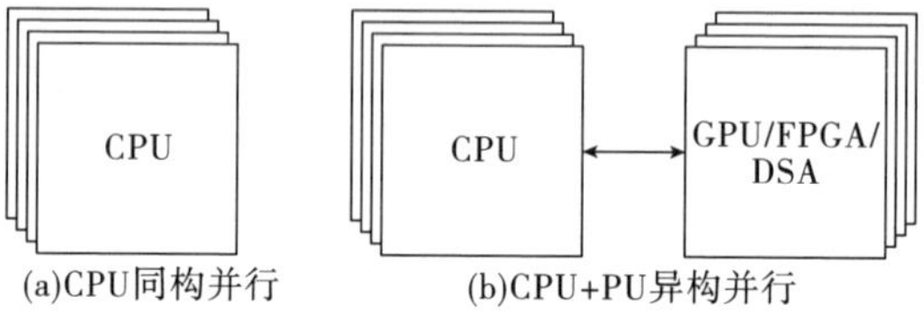

图3–5　同构并行和异构并行计算架构

- 图3-5中（a）为CPU同构并行。常见的多核CPU和多CPU芯片互联即是同构并行计算。CPU由于其灵活通用性好，是最常见的并行计算架构。但由于单个CPU核的性能已经到达瓶颈，并且单颗芯片所能容纳的CPU核数也逐渐到头，CPU同构并行已经没有多少性能挖潜的空间。
- 图3-5中（b）为CPU+xPU的异构加速并行架构。一般情况下，GPU、FPGA及DSA加速器都是作为CPU的协处理加速器的形态存在，不是图灵完备的。因此，这些加速器都需要CPU的控制，CPU+xPU成为典型架构。

随着芯片工艺和封装的进步，单芯片所能支撑的设计规模越来越大，并且，CPU、GPU、FPGA，以及一些特定的算法引擎，都可以作为IP核，被集成到更大的系统中。这样，构建一个更大规模的芯片设计成为可能。如图 3-6 所示，超异构指的是由 CPU、GPU、FPGA、DSA、ASIC 以及其他各种形态的处理器引擎共同组成的、复杂的超异构芯片系统。

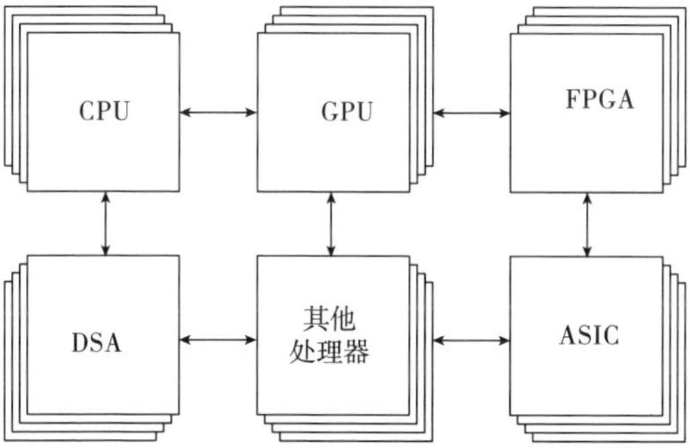

图 3-6　多种处理引擎共存的超异构并行计算

从系统的角度来看，传统 SOC 是单系统，而超异构是宏系统，是多个系统整合到一起的大系统。传统 SOC 和超异构 SOC 的区别和联系如下：

- 单系统还是多系统。传统的SOC有一个基于CPU的核心控制程序，来驱动CPU、GPU、外围其他模块以及接口设备等的运行，整个系统的运行是集中式管理和控制的。而超异构SOC则是HSOC（超系统芯片），由于其规模和复杂度，每个子系统其实就是一个传统SOC级别的系统，整个系统呈现出分布式的特点。
- 以计算为中心还是以数据为中心。传统SOC是以计算为中心，CPU是由程序（指令流）来驱动运行的，然后CPU作为一切的“主管”再驱动外围的GPU、其他加速模块、IO模块运行。而在超异构架构芯片中，由于数据处理带宽性能的影响，必须是以数据为中心，靠数据驱动计算。

相比传统基于 GPU 或 DSA 的异构计算架构，超异构架构需要实现 10 倍甚至 100 倍以上的性能提升。并且在实现整体接近于 ASIC 的极致的性能的同时，超异构架构还要确保整个系统接近于 CPU 软件的通用可编程能力。

于是，为了应对元宇宙时代对算力的挑战，计算架构的计算就必须从同构的 CPU、异构的“CPU+GPU”，转换成“CPU+GPU+ 各类 DSA”的超异构计算。通过“专业分工，协同工作”的方式，来实现既有更高算力又足够灵活的计算平台。

四、宏观的跨平台融合

计算的跨平台融合是一件非常困难的事情，原因如下：

- 之前，数据中心的计算几乎只基于一个平台：x86架构CPU服务器；如今，ARM架构CPU服务器也开始在数据中心得到应用；而紧随其后的RISC-V架构CPU服务器的热潮也即将到来。在桌面端的个人电脑领域，各个架构的市场也基本上是类似的格局。
- 目前，在AI芯片领域，英伟达基于其GPU和CUDA的强强联合占据绝大部分市场，紧随其后的则是AMD和英特尔。国内也有很多AI芯片的初创公司，如燧原、壁仞、昆仑、天数智芯、鲲云、算能等，其GPU产品即将挺进这一竞争异常激烈的领域。
- 针对特定场景的DSA的类型众多。任何一个性能敏感的领域或场景都可能存在实现一个DSA专用处理芯引擎或芯片的可能。即使是同一场景，不同厂家的实现也有非常大的差别。
- 终端SOC架构的很多处理模块都是定制的ASIC设计。只要有任何一个主要的处理模块架构不一样，即使其他90%以上的设计都完全一样，却仍然是两个不同的SOC架构。这样，SOC架构就呈现出更复杂的多样性。

元宇宙时代，为了更高的算力，需要从架构上压榨尽可能多的价值，超异构计算成为发展的必然选择。超异构架构的跨平台面临如下几个方面的挑战：

- 首先，要支持软件的热迁移。通过各类虚拟化（虚拟机、容器等）技术，实现软件运行实体在不同的平台迁移；
- 其次，跨CPU、GPU、DSA等处理引擎很难实现。一个软件任务可以在CPU上运行，也可以在GPU、DSA上运行；
- 最后，最难实现的是跨不同厂家、不同架构的处理器。跨越架构，可以在x86 CPU运行，可以在ARM CPU运行，也可以在英伟达GPU运行，还可以在某个特定厂家的特定DSA架构处理引擎运行。

元宇宙时代，为了更好地支撑上层软件，需要开放的平台，实现软件实体原生地跨越不同的硬件，从而实现软件实体完全自由的跨平台“流动”。

第四节　元宇宙需要创新的计算技术

云和边缘数据中心的服务器，以及智慧化的终端设备是整个互联网的基本节点，通过部署在全球各地的不同层级的交换机和路由器联系在一起。服务器或者终端设备是一个基本的系统，包含芯片、主板、板卡、电源以及机箱等硬件，也包含运行于硬件之上的软件，还包含根据场景而运行的各种算法和策略，以及要进行处理和存储的数据，等等。

站在整个互联网的视角，一旦和宏观的规模相联系，需求就不单单是个体系统内的业务场景，还包括个体系统的外延约束。需要从更宏观的高度，系统性地思考业务场景，并落实到个体系统的设计及实现中去。

一、工艺创新：支撑更大规模的计算

元宇宙对算力的需求，是当前算力的千倍万倍。如果我们真的满足了这一需求，对算力的需求就停滞了吗？不会，到时候，也许会有多元宇宙和多层嵌套的元宇宙，或者其他更加魔幻的新场景等着我们去满足。

要想实现持续不断的算力提升，工艺进步是最主要的推动力量。台湾积体电路制造公司（简称 TSMC）的 5 纳米工艺已经实现量产，3 纳米工艺已经在路上，2 纳米、1 纳米工艺也都被纳入未来几年的规划中。并且，TSMC 已经开始在攻关 0.1 纳米工艺，半导体工艺即将进入亚纳米（埃米）时代。此外，在存储领域，近些年来还兴起了 3D 封装技术，使得集成电路从二维进入三维。此外，如图 3–7 所示的 Chiplet（芯粒）机制的出现，把多个芯片裸 DIE 集成到一起，从 3D 到 4D，都进一步增强了单位面积的晶体管集成度。工艺持续进步、3D 堆叠以及 Chiplet 多 DIE 互联，使得芯片从 2D 发展到 3D，再到 4D。这些技术的进步，意味着芯片可以容纳更多的晶体管，也意味着芯片的规模越来越大。

未来，量子门级电路将代替现在的 CMOS（互补金属氧化物半导体）工艺的门级电路。这样，当前的半导体工艺将平移到量子计算时代。上层构建的芯片和软件生态，有了量子门级电路的强力工艺支撑，可以更加蓬勃发展。

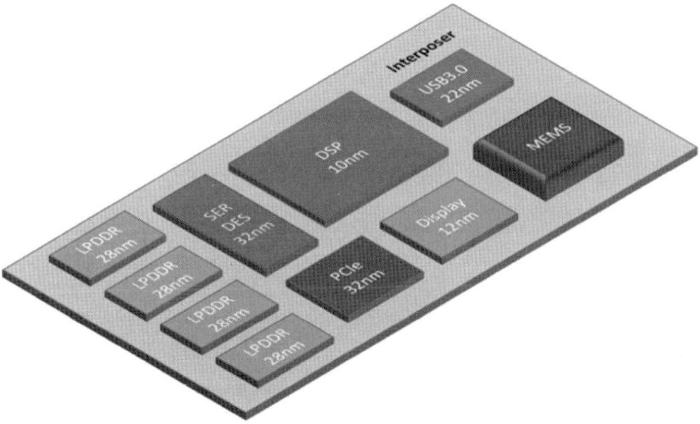

图 3–7　基于 Chiplet 封装的多 DIE 单芯片

资料来源：cadence.com

二、架构创新：支撑软件和硬件深度融合

随着云计算的发展，云数据中心也已经发展到了非常大的规模，每个数据中心拥有数以万计甚至十万计的服务器。边缘数据中心的规模要小一些，服务器数量通常在数百台或者上千台，但由于数据中心数量众多，整体的规模也非常庞大。超大规模的服务器数量，使得系统逐渐走向软硬件融合。

CPU 性能遇到瓶颈时，为了帮助 CPU“减负”，让 CPU 专注于更有价值的工作，就需要把一些任务卸载到硬件中加速。那么，哪些任务适合卸载？我们给出两个标准：一个是这个任务性能敏感，消耗非常多的 CPU 资源；另一个是这个任务被大规模部署，在很多台服务器上都存在。这样的任务，就需要为其做针对性的性能优化。

如图 3–8 所示，服务器上运行的各类软件可以看作是一个非常复杂的并且分层的系统，在 CPU 性能瓶颈和庞大的服务器规模的推动下，我们可以认为，软硬件融合的过程其实就是系统不断卸载的过程。

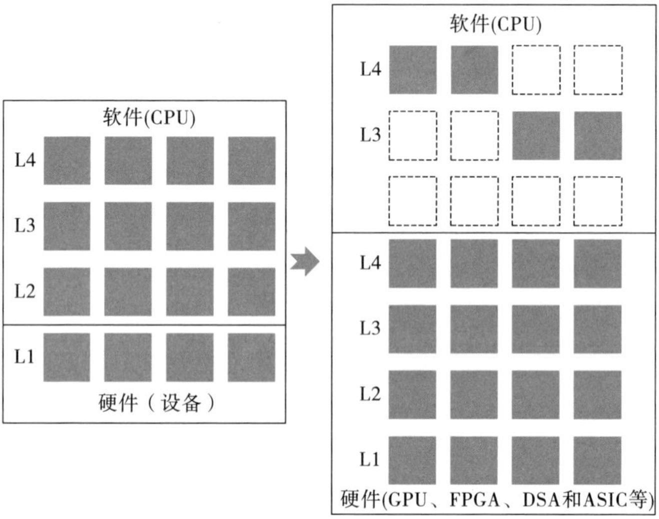

图 3–8　软硬件融合和 CPU 软件系统不断卸载

软硬件融合并不改变系统层次结构和组件的交互关系，但打破软硬件的界限，通过系统级的协同设计，可达到整体最优的效果。在传统架构下，系统分层非常清晰，下层是硬件，上层是软件；而在软硬件融合的系统架构下，整个系统分层分块，每个组件是软件还是硬件，或软硬件协同，都是有可能的。这样就形成了“软件中有硬件，硬件中有软件，软硬件融合成一体”的效果。

从宏观上看，越是上层的组件，相对越灵活，软件的成分越多；越是下层的组件，相对越固定，硬件的成分越多。庞大的规模加持，使得云计算等复杂计算系统的底层工作任务逐渐稳定并且逐步卸载到硬件。我们也可以通过软硬件融合的一些优化技术，使得“硬件”更加灵活，功能也更加强大，这样就可以使得更多的层次功能向“硬件”加速转移。

软硬件融合是为了应对算力需求最高、系统规模最大、成本最敏感、灵活性要求最高的云计算数据中心场景的各种复杂挑战而逐渐形成的技术理念和一整套技术体系。基于软硬件融合的超异构混合计算，可针对算力需求再提供多个数量级的复杂场景。未来，在自动驾驶、5G/6G 核心网、边缘计算以及元宇宙等场景，对算力的需求都会更加强劲，面对如此多的复杂系统场景，软硬件融合也有了更多的用武之地，其价值也会进一步凸显。

三、开放的接口：支撑跨平台应用

在 RISC–V 出现之前，CPU 的 ISA 都是封闭的体系：只有英特尔、AMD 和威盛三家公司能做 x86 架构 CPU 芯片；ARM 的架构授权也需要付出非常大的代价，而且随着 ARM 指令集版本的升级，新的架构授权需要重新谈判；行业里还有 MIPS、POWER 等很多不同的 ISA 架构。CPU ISA 多种多样，用户在一个平台上写成的程序都难以在其他平台上运行，更不用说跨不同的平台迁移了。这就意味着，大量的重复工作难以把各种架构芯片的优势都充分利用起来。

RISC–V 是美国加州大学伯克利分校开发的第五代 RISC 架构。要创建一个“面向处理器的 Linux”，CPU 领域需要行业标准的开源 ISA，如果许多组织使用相同的 ISA 设计处理器，那么更大的竞争可能会推动更快的创新。理想的情况是，如果未来能够形成以 RISC–V 为主流的行业生态，那么没有了跨平台的损耗和稳定性风险，大家可以把精力专注在持续优化 CPU 微架构以及更多上层软件的创新上。

如图 3–9 中（a）所示，传统硬件定义软件的时代，一定是先设计好芯片，然后芯片厂家开发好软件驱动和框架，之后软件开发人员再基于芯片以及驱动和框架来开发上层的软件。而如今，行业进入了软件定义一切的时代，如图 3–9 中（b）所示，用户的工作任务已经存在，只不过其形态通常是运行于 CPU 的软件，用户的诉求更多的是寻求更高性能的其他硬件加速引擎或处理器来更好地提升性能，但并不希望更改自己的工作任务的业务逻辑。这样，就需要硬件不但能够实现非常好的功能加速，还能够提供足够开放通用甚至弹性的接口，来适配用户的业务软件。而 AI 加速芯片则是一个非常典型的案例。AI 的算法还没有完全定型，AI 芯片也还在快速发展，目前还没有形成标准的 AI 芯片硬件访问接口，以及统一的 AI 框架。而这些都是阻碍 AI 芯片大规模落地的本质原因。

在元宇宙时代，为了实现软件实体可以在不同的硬件平台自由地迁移，需要利用各种虚拟化技术。而虚拟化是有代价的，为了使虚拟化不影响硬件原生的性能，需要实现硬件虚拟化，即需要把硬件接口直接暴露给 VM（虚拟机）、容器等，这也意味着不同的服务器的各类设备、加速器接口需要实现一致性的、标准的并且开放的接口，才好更好地让软件自由迁移。

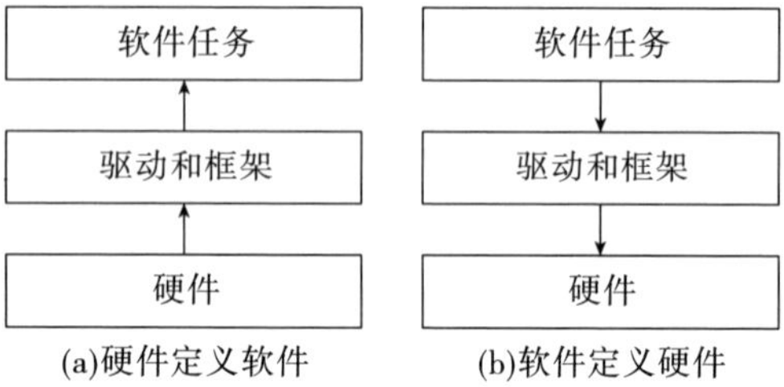

图 3-9　硬件定义软件和软件定义硬件

第四章

存储技术：元宇宙的土壤*

计算是元宇宙的太阳，是能量；而存储则是元宇宙的大地，是土壤。存储不仅把能量转化成各种各样的物种，并记录和保存这些物种的状态、属性等信息，还能繁衍新物种，生生不息。本章将介绍元宇宙存放的物种（如数字藏品等）的特点和重要性、为什么需要存储，以及需要什么样的存储。

如同计算一样，存储的分类也非常复杂。如图 4-1 所示，为了便于理解，我们把存储分类简化如下。

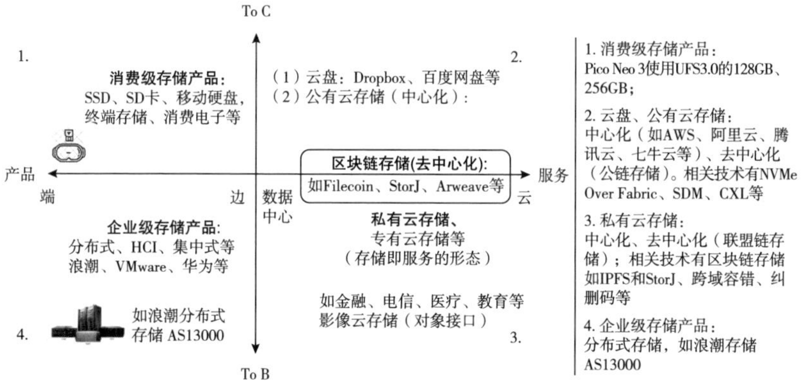

图 4-1　存储分类图

* 本章主要撰写者为叶毓睿。

因为计算无处不在，所以存储也无处不在。中心化的计算需要中心化的存储，终端计算催生适合端计算的存储，如云服务商的超大规模数据中心的 Data Center as a Server（数据中心即计算机），形成了存储硬件设备从单个服务器剥离出来进行池化的趋势，例如当前存储的前沿技术 NVMe Over Fabric（NVMe 协议的网络），能将 NVMe（非易失性内存主机控制器接口规范）协议的低时延和高并发等特性，从服务器级别，扩展到数据中心级别，从而满足元宇宙十倍、百倍的存储性能需求。除此之外，在应对元宇宙存储需求的挑战过程中，超大规模数据中心还有 CXL（一种超高速、低时延的开放标准）、SDM（软件定义内存）和跨域容错、跨数据中心纠删码等前沿技术值得研究，而 VR 头显作为一种终端设备，所需存储的特征应该是轻量化、适中的存储容量和可靠性（相较数据中心级的存储，终端存储对可靠性的要求没那么高）。存储的常见形态是 Micro SD 卡或内嵌 SSD。例如国内市场销量排名第一的 Pico，其产品 Neo 3 就包含了 UFS（通用闪存存储）3.0，规格包括 128GB、256GB 不等；国内空陆视觉公司用于矿山三维重建的方案“吊舱即计算机”，用到了 m.2 接口的 SSD，从 256GB 到 1TB 不等。类似的场景还有移动应用，如车载设备、穿戴设备等智能体（即一切皆计算机的某种场景的实践）。

区块链很重要的一个特点就是去中心化，由此衍生出许多去中心化计算的区块链项目，如以太坊、波卡、Difinity（蒂凡尼）等。需要注意的是，链上的数据需要在区块链的全部节点中同步全账本数据，并且通常只能存放一些占用存储空间很小的结构化数据，如交易数据、索引信息、哈希值、备注等。而非结构化数据，特别是超过 10 兆以上的数据，存在链上就不太合适了，更不用说 GB、TB 甚至 PB 级别的数据了。原因如下：

（1）大量的数据在区块链的全部节点中同步，给系统开销、性能延迟造成了巨大的挑战。

（2）操作方式非常复杂。以存放一个 44K 的图片为例，先将图片转化成 base64（一种基于 64 个可打印 ASCII 字符对任意字节数据进行编码的算法）的字符串，并分割成每个 5K 的字符串片段，然后再以区块链某笔交易记录的注释的方式存放；操作这个图片就需要做 9 次类似操作，还需记录这些操作的先后顺序和信息。读取图片又需要一系列复杂的操作。

（3）成本昂贵。2018 年 7 月，不到 8K 的文件存到以太坊链上，就花费了十多元。另外曾出现过有人存储 44K 的文件花费约 900 元。

因此，非结构化数据，例如文档、图片、照片、音频、视频等，最好以链下方式存放，这往往需要去中心化的云存储，即下一代云存储来承载，而这种新形态的存储就是区块链存储。

第一节　区块链存储：数字资产的保险箱

元宇宙里最重要的物种就是数字资产，它包括数字藏品 /NFT/NFR（Non-Fungible Rights，非同质化权益）、数字版权、游戏道具、积分等。近几年来，NFT 逐渐走红。例如冬奥会期间，国际奥委会官方授权的冰墩墩数字盲盒于 2022 年 2 月 12 日上线 Flow 链上交易市场 nWayPlay，供广大用户选购，以涨幅较大的吉祥物别针为例，原价 99 美元的产品，最高报价曾高达 88 888 美元，涨了近 1 000 倍。那么，如何存放类似 NFT 的数字资产呢？

一、数权与物权的不同

物权，是指权利人依法对特定的物享有直接支配和排他的权利，包括所有权、用益物权和担保物权。通俗一点说，物体通常具有独占性、排他性的特点，另外还有消耗性等特点。

但数据不同于传统的物体，它具有可复制性、非消耗性和特殊公共性等特征；而且数据要充分地流动、共享，才能产生更多的价值。北京国际城市发展研究院院长连玉明教授在《数权法 1.0》一书中指出："未来数权将是人格权和财产权的综合体，主体一定是特定权利人，客体则是特定数据集。在突破物权局限时，虽然会逐渐变成'一数多权'，但多权背景下，相关的数权法定制度、数据所有权制度、用益数权制度、公益数权制度和数权共享制度都必须非常完善。"

从数据到数据资产，再到数字资产，还有较远的距离；通往数据资产的道路，可以视为数据资产化或资产数字化。一般而言，数据作为一种无形之物，不同于传统物权可以被直接或完全支配，数权在数据的全生命周期中有不同的支配主体，所有权并不一定完全属于某个经济主体。因此数据确权和定价比较困难，另外在安全和隐私方面面临挑战，数据标准化远远不足，数据多元且混杂、交易困难且成本高。在国内，除了贵州大数据交易所之外，还相继成立了北京、上海、深圳等数据交易所，相信随着深入探索和实践，数据确权、定价、利益分配、隐私保护等挑战会逐一得到解决。

图片、音频、视频，以及观点、理论、文章、书籍或创意，经过不同的人使用、学习、吸收，甚至再创作，期间包含多个人结合新事实、新观点的新修改，或者经过再创作进行迭代，最终可能形成了一整套艺术或知识体系。这个体系（是数据，或者说是数据集）的权属该如何分配？这其实是一件很难界定的事情。是否有可能构建出一个动态扩展的数权体系，对应到多次再创作或加工的数字产品呢？例如，可否把每个 NFT 的标的物视为一家"虚拟公司"，借鉴股权结构的增发股份等机制来构建数权体系？

实际上，通过区块链这种具有不可篡改、可溯源等特点的技术，能够较好地追踪数据集动态变化的记录，并通过NFT体系呈现数据资产的唯一ID和市场上的相对价值。

随着区块链的发展以及DeFi、NFT、GameFi、SocialFi（边交友边赚），未来可能还有SportFi（边运动边赚）、ReadFi（边阅读边赚）、EduFi（边学习边赚）等新技术、新概念的涌现，大家将逐渐发现，数据也能成为资产。

二、以使用权为中心的平台

数字资产如此重要，如何利用和管理数据，值得更深入的思考和实践。早在2009年5月，著名经济学家张曙光在其《使用权是一种独立产权》一文中就提出：现代的财产制度，应当是一种以所有权为基础、以使用权为中心的财产关系。所有权解决的是财产的归属问题，使用权解决的是财富的创造问题。

在传统农业社会中，虽然物质不是很丰富，但地球上的人口也不多，靠着自然资源和农业生产，绝大多数人过着自给自足的生活。此时，争夺和使用资源最有效的办法就是拥有它，成为它的所有人，当时所有权和使用权的统一是主要的和基本的形态。即便如此，仍然会有一些所有权和使用权分离的情况，例如A找B借东西，A顺带送一些农产品或记着欠了B的人情将来再还；再如，地主拥有土地的所有权，佃农取得土地的使用权，佃农将来需要交租给地主。

随着社会分工的深化和经济的发展，尤其到了工业社会，所有权和使用权的分离越来越普遍。所有者通常不是直接使用自己的财产，而是将其交给专家去经营。这是由于社会财富的增加和社会生产力的发展并不主要取决于财产的归属，而是取决于财产的使用，尤其是给适合的人充分地利用，使其尽可能增值。

2010年后，随着Uber（优步）、Airbnb（爱彼迎）、众创空间的共享办公室租赁模式、滴滴顺风车的出现，共享经济逐渐普及。而这种经济形态，其本质就是物理世界中，所有权、运营权、使用权分离的程度不断深化。

历史证明，在物权领域，三权分置的每一次深化，都会推动资源配置进一步优化，极大地提升社会生产力。物权如此，数权更是如此，在数权领域，使用权的地位将更为重要。

张曙光谈及以使用权为中心时提到，“移动互联网信息技术和数字经济发展起来以后，由于数字信息资源和原来的物质资源有两个重要的区别，一是全覆盖，一切社会和自然现象都可以数字化；二是数字信息资源可以无限复制，而且是零成本无限复制，可以非排他性使用，就是说，你用并不影响我用，大家都可以用。所以，新经济的发展出现了一个很重要的经济现象，就是从所有权中心向使用权中心转变”。

元宇宙里，财产绝大多数以数据的形式呈现。除了虚实结合的物品以及成形后不再改变的数字产品，绝大多数数据或数据集的所有权难以清晰界定。而且，数据越用越值钱，因此以使用权为中心的制度思考和设计是必然趋势。有些数字资产仍能考虑所有权，但所有权和使用权分离将成为主要形态和基本形态。因此，若想进一步探索元宇宙产业经济制度，可以从“以使用权为中心”的角度展开。

三、区块链存储：下一代云存储

管理和充分利用数字资产，需要“以使用权为中心”，那么保存数字资产呢？目前看到的可行方案是采用区块链存储。区块链存储是下一代云存储，是一种分散式存储。市场上还有其他叫法，如分布式云存储、去中心化存储。下一节我们将剖析区块链存储是什么？为什么采用区块链存储？如何存储？本节先重点解释为什么需要使用区块链存储来存放 NFT？

其实，NFT 如何存放是数字资产安全可靠与否的核心问题，但在当下普遍被忽视。NFT 通常包含两部分：一部分是存储在链上的智能合约或 ERC–721 标准规范的账本，另一部分是数字藏品的原始数据，如图像或视频。原始数据在链上存储成本非常高，链上能够使用的存储空间也非常狭小（通常小于 10 兆），所以，智能合约目前通常只会用 URL（Uniform Resource Locator，统一资源定位符，又称网络地址）来指向该作品的实际存放位置，目前对应的多是中心化服务器，偶有中心化的存储。

在 NFT 领域里，大家可能听说过著名的加密朋克（CryptoPunk）头像，曾有 9 个 NFT 头像卖了超过一亿元人民币！加密朋克是最古老的 NFT，编号"CryptoPunk #3100"的交易价格高达 544.68 万美元。在智能合约中，我们会发现加密朋克只存储了图片的哈希值。

而 NFT 对应的原始数据，实际上位于 Lava Labs 的中心化服务器上。

Lava Labs 网址对应的图片包含所有加密朋克头像，由编号来决定每个 NFT 对应哪个头像。

类似地，作为全球最大的 NFT 交易平台的 OpenSea，会默认将用户铸造的 NFT 图片存放在谷歌服务器上。根据 yournfts.org 在 2022 年 4 月的统计，NFT 对应的原始数据有 55% 在 HTTP 上，即中心化服务器上。

无论是中心化的服务器，还是中心化的存储，都有风险。黑客攻击或内部超级管理员修改或删除数据，都会导致 NFT 对应的原始数据出问题，这样 NFT 就变成了无体之魂了，就像一本书，正文被撕掉了，只剩下目录。2021 年 3 月，在加密艺术 NFT 平台 NiftyGateway 上，音乐家 3LAU 出售了一张 NFT 专辑，价格为 900 万美元。通过 HTTP URL，可以发现其 NFT 对应的原始数据得放在中心化服务器上，后来不知何故，中心化服务器清除了原始数据，但指向它的索引，即 NFT 还在。虽然我们依然可以在 NiftyGateway 上找到 3LAU 专辑的副本，但 NFT 对应的原始数字资产已经消失了，好比你虽然有保险箱的钥匙，但保险箱里的字画因为环境潮湿已经损坏了。如果这类事件多次发生，服务提供商将陷入信任危机，甚至面临倒闭。

如果需要持久、可靠、安全地存储 NFT 对应的原始数据，区块链存储可能是当前唯一的方案。除了 NFT 之外，许多行业或场景，都需要存放隐私数据，例如医疗影像、专利文档、学术论文等，或者寻求能够避免数据被恶意控制或管理的地方，区块链存储对它们来说是一个很好的选择。

第二节　区块链存储的定义和分类

什么是区块链存储？简而言之，区块链存储就是以去中心化方式组织的，为公链或联盟链的应用提供数据服务的存储。接下来我们详细介绍两类存储：公链存储和联盟链存储。

一、公链存储和联盟链存储

1. 公链存储

公链存储指的是去中心化的存储 + 公链，例如 IPFS（星际文件系统）+Filecoin（文件币）；它通常采用跨越全球的存储池 + Token（通证）激励机制。一个去中心化的公链存储需要满足以下条件：

（1）自治。即没有任何实体能够控制整个服务。项目成熟后，即使创始人和创始团队离开，项目也应该能继续运行。例如比特币，中本聪离开了比特币之后，比特币还能稳定可靠地不断壮大。当然在早期平台建设的时候，项目不能脱离核心团队的呵护和迭代，但是完善后，就应进入自行扩展、自我管理的阶段。

（2）开放。例如代码开源，设计理念公开。

（3）共享。共享机制必须设置好激励措施，促进个人或者团体愿意共同分享自己剩余的存储资源，从而提高整个社会的存储利用率。

IPFS Filecoin 是全球公链存储中影响力和生态最广泛的项目。它是一个基于内容寻址的分布式的新型超媒体传输协议，整合了 BitTorrent、DHT（Distributed Hash Table，分布式哈希表）、SFS（Self-Certifying File System，自我认证文件系统）和 Git（版本控制系统）等技术。IPFS 是一个能跨地域的分布式文件系统，它的目标是将所有设备连接到同一个文件系统，从而成为一个全球统一的存储系统。跟 HTTP 相比，IPFS 将中心化的传输方式变为点对点的传输，避免了中心化设备宕机所导致的风险，并使数据访问更加快速、安全和持久。

IPFS 也是一个网络协议，而 Filecoin 则是一个基于 IPFS 的区块链存储项目。简单而言，IPFS 与 Filecoin 之间的关系，类似于区块链和比特币的关系，或者类似于淘宝和支付宝的关系。换句话说，Filecoin 是 IPFS 的激励层，这个激励很重要，否则只是依靠 IPFS 原来的志愿者来提供存储空间，可能遭遇志愿者的存储节点下线，导致用户数据丢失的情况。

2. 联盟链存储

联盟链存储指的是去中心化的存储 + 许可链。由于许可链中私有链极为罕见，为了简单易懂，本章只讨论联盟链，实际上，私有链可以看成是在一个公司或机构内，不同部门组成的小型“联盟链”。如图 4–2 所示，联盟链存储早期多用本地 NAS，或者私有化部署搭建的 IPFS；它通常包含如下特征：分布式、跨数据中心冗余、不可篡改、加密安全性、集体维护等。

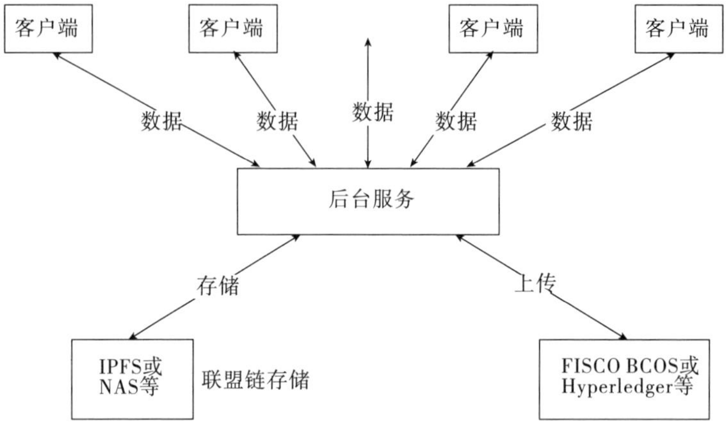

图 4-2　为联盟链服务的区块链存储

截至目前，全球区块链存储项目超过三十个，其中绝大多数都属于第一类，即公链存储。本文除非特别说明，后面提到的区块链存储都主要指“去中心化的存储 + 公链”。在图 4-1 中，标识区块链存储的方框，跨越了横轴的上下方，代表着当前公链存储主要服务于 To C（C 代表 Customer，个人客户）的场景，联盟链存储主要服务于 To B（B 代表 Business，企业客户）的场景。不过在较远的未来，公链存储也能服务于 To B 的业务。

区块链存储也属于软件定义存储的一种。软件定义存储分为三个阶段：抽象、池化和自动化。抽象，即解耦，因为如果硬件被锁定，存储资源无法被灵活调用；池化，即虚拟化，这样才能资源共享、随需分配和动态扩展；自动化，存储资源由软件来自动分配和管理。在区块链存储出现之前，第二个阶段，即池化阶段，通常是在一个存储阵列内，或者一个机柜、机房内实现。区块链存储其实是跨越全球各个国家的存储资源在超大范围内池化，难度很大，但具有广阔的前景。

早在 2000 年，全球就出现了区块链存储的雏形。加州大学伯克利分校 OceanStore 团队的领军人物约翰·库比亚托维奇（John Kubiatowicz）在全球计算机顶级会议 ASPLOS（Architectural Support for Programming Languages and Operating Systems 的简称）上指出，OceanStore 先于 Bram Cohen 在 2001 年 7 月第一次发布 BitTorrent P2P（对等网络）软件时就提出了 P2P 存储系统的设想。OceanStore 的目标是打造一个跨越全球的持久化存储，希望用户可以在任何时候、任何地点、通过任何设备接入 Internet，并访问存储在 OceanStore 中的数据。可惜的是，OceanStore 在其官方网页的最后一次更新时间是 2011 年 3 月 22 日，在笔者看来这个项目没有成功至少有两个原因：（1）经济补偿（即激励体系）难以落地，彼时还没有像 Paypal 这样便捷的即时支付系统；（2）IT 硬件条件较差，比如网络，致使存储服务等级难以保障。

进入 21 世纪，比特币诞生之后，StorJ（一种去中心化网盘）和 IPFS 等相继出现，使得区块链存储进入更多人的眼帘。如图 4–3 所示，2018 年，全球权威咨询机构 Gartner 在其著名的技术成熟度曲线中，就将区块链存储列入其中，位于五个阶段中的第一阶段，即创新触发点。

区块链是组合创新，不只是 IT 技术的集合，还包括经济、社区等方面的创新。区块链的基础设施包括 IT、经济、法律、组织（如社区）等不同方面。其中，区块链 IT 基础设施其实就是去中心化的云计算平台，其重要组成部分包括区块链存储，它的目标是在全球范围内实现存储资源的共享。区块链要发展，区块链 IT 基础设施必须先行，但目前，区块链还处于非常早期的阶段，区块链 IT 基础设施刚刚萌芽，区块链存储作为其中一部分，离成熟商用还较远，也因此制约了公链 DApp（去中心化应用）的发展，包括元宇宙的发展。早期，有些 DApp 迫不得已将链下数据放在自己的数据中心内，或者放在 AWS 或阿里云等公有云存储之上，但这只是权宜之计，属于过渡期的无奈选择，因为支撑去中心化应用的 IT 基础设施最终必须是端到端的去中心化结构。

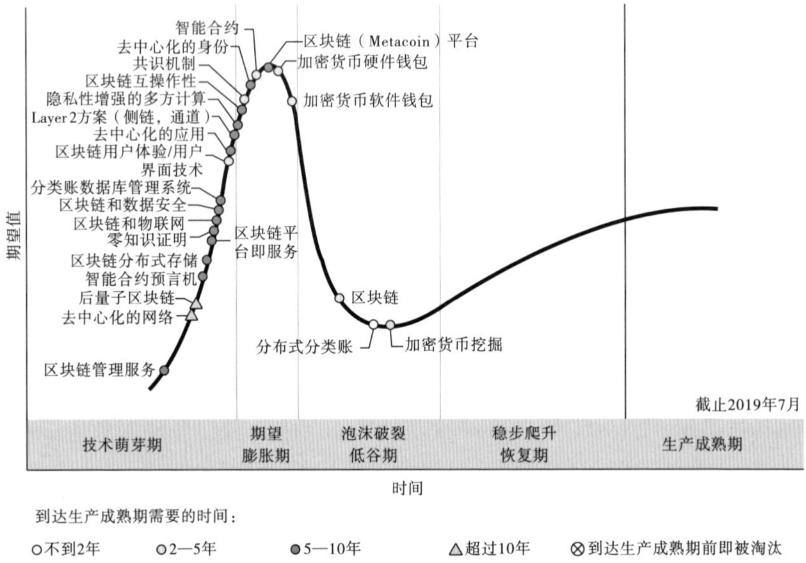

图 4-3　Gartner 2019 区块链技术成熟度曲线图

资料来源：Gartner（2019 年 10 月）

二、区块链 IT 基础设施的三权分置

为什么在区块链 IT 基础设施里，包括区块链存储里，单一个体无法控制整个存储系统？为什么这种方式能保护数据的隐私，确保数据不被泄露？

为了回答这两个问题，我们首先把传统的信息化系统粗略地分成三个层次：硬件系统（如服务器、存储、网络）、软件系统和业务数据。实际上软件系统还分为：基础架构层，如操作系统；中间层，如中间件 WebLogic、WebSphere、JBoss 等，以及数据库 Oracle、DB2、MySQL 等；应用层，如 CRM 客户关系管理、ERP 企业资源规划、OA 办公自动化等。

为了更好理解，我们接下来的讨论仅围绕硬件系统展开。

IT 基础设施的三权分别指所有权、运营权（或叫经营权）和使用权。其中运营权指的是运维、管理、升级、扩容等权利。如表 4-1 所示，IT 基础设施的三权分置的发展分为三个阶段。

表 4-1 IT 基础设施的三权分置

三个阶段	所有权	运营权	使用权
传统数据中心	有	有	有
公有云提供商	有	有	无
区块链 IT 基础设施	无	有	无

阶段一：传统数据中心。例如某家银行，其 IT 部门是成本中心，不是利润中心，所有权、运营权和使用权都是三合一。这种方式有个问题，假设以年为单位，必须按预期最高峰的性能负载和容量负载来购买硬件，例如应对双十一的交易需求。但这样一来，如果平时负载远低于高峰时期，很多 IT 资源就闲置了。

阶段二：公有云提供商。云计算出现之后，实现了部分系统所有权和使用权的分离，仅此一点，就引发了全球 IT 的大变革，IT 资源按需分配，按用付费，实现可弹性扩展。不使用资源的时候，可以释放资源，节省了成本。

阶段三：区块链 IT 基础设施，即去中心化的云平台，目前比较知名的有以太坊希望成为一台“世界计算机”、Dfinity（类似以太坊，欲打造分散式“互联网计算机”）、IPFS Filecoin（区块链存储，分布式的全球文件系统）和 GridCoin（GridCoin 是与志愿计算 BONIC[①] 结合的项目），另外还有 Arweave（类似 FileCoin 的新的去中心化存储平台，

① BONIC 是由 SETI@home 发展而来，旨在利用连入因特网的成千上万台计算机的闲置能力进行科学计算，早期它曾为“搜寻地外文明”（SETI）做出了贡献，后来在生命医学、天文、材料科学等几十个领域做出贡献，用算力支持了蛋白质折叠、天体物理、数论等几十个科研项目。

有一些 NFT 存放在上面）、Handshake（去中心化域名系统，提供去中心化互联网和 Web 资源的映射）、SmartMesh MeshBox（SmartMesh 是基于区块链的物联网底层协议，MeshBox 是分布式路由存储设备）、AirWaive（基于区块链的去中心无线宽带平台）等。需要注意的是，列出这些项目，仅仅是为了在探索未来演进的可能路径时方便举例，并不代表我推荐这些项目。

当运营权和所有权、使用权分离后，就新增了一个角色——Miner（矿工），这个角色是在区块链 IT 基础设施中特有的，也是基础性公链中不可或缺的。矿工是 IT 硬件系统的所有者，贡献了 IT 资源，形成了区块链 IT 基础设施的资源池。区块链 IT 基础设施其实就是一种去中心化的云，辅助以 Coin（币）或者 Token 的激励机制。

具有重大意义的进步是，继所有权和使用权相分离后，运营权和所有权也分离了。无论是硬件系统，还是软件系统（公链），区块链项目方没有所有权，只有运营权！正因如此，它才赢得更多的信任，生态可能进一步壮大。

当权利分成更细的颗粒度，并且每个粒度给予不同的角色时，物尽其用才成为可能，并有机会发挥到极致。例如按部分租赁的共创空间，一栋高楼如果按照桌位出租，远比按照楼层出租，更能提高空间利用率。我们不妨思考一下，在软件系统，如基础架构层的操作系统、中间件层，有没有三权分置的可行性？它的利弊如何？也许深入探索有助于催生不同层次的元宇宙 IT 基础设施软件提供商。

三、案例分析

我们在前文举例并分析了目前 NFT 存放在中心化服务器或存储的潜在风险。其实，类似的例子屡见不鲜。

2021 年 3 月 9 日，加密艺术家 Neitherconfirm 发现，在 NFT 交易

网站 OpenSea 上，即使图像对应的 NFT 处于拍卖状态，他也能修改，比如将最初以彩色玻璃风格描绘人物和动物脸部的图像，改成地毯照片，也就是说 NFT 指向的原始数据已经变化。这意味着原始数据资产很容易被修改、重定向或删除，但类似索引数据的 NFT 却依然如故。因此，Neitherconfirm 感到困惑，NFT 存储资产的可靠性何在？

2021 年 3 月 9 日，协议实验室（IPFS 和 Filecoin 的项目方）创始人胡安（Juan Benet）在 Twitter 上转发艺术家 Neitherconfirm 这个困惑的时候，评论道："Not on IPFS，not your NFT." 即"不在 IPFS 上的 NFT，不是你的 NFT"。

胡安说的有一定道理，不过，如果这句话换成"不在区块链存储上的 NFT，不是你的 NFT"就更准确了。

第三节　区块链存储如何发展

我们在前文分析了为什么需要区块链存储、什么是区块链存储以及区块链存储的分类。本节我们先从一个反例开始，来探讨区块链存储发展的注意事项。

2017 年 8 月，迅雷公司推出新一代智能硬件（共享计算）玩客云。玩客云号称是"会赚钱的私人云盘"，提供畅快下载、随存随取、文件管理、远程操控、多媒体娱乐等功能。除此之外，借助玩客云，无数个人用户还可以将家中闲置带宽、计算、存储等资源分享出来，并最终被转化共享计算服务，可以大大降低互联网企业的运营成本。

2018 年 5 月 23 日，央视《经济信息联播》报道，用户通过手机玩客云 App 互联，将家里的闲置带宽通过迅雷云计算技术的转化，把其中上行带宽、下行带宽、存储空间等提供给有需要的企业。而这些用户也会根据自己带宽的不同、贡献出的量的不同，获得相应的“链克”奖励。这些奖励可兑换迅雷、爱奇艺、优酷等会员。

《2018年中国区块链产业发展白皮书》中也提到，迅雷通过其技术为社会节约了价值近15亿元人民币的带宽资源，相当于节省了6 000万度电，减少了50 250吨二氧化碳排放。截至2018年4月16日，迅雷通过玩客云为全社会提供了150多万个加速节点、超过1 500PB的海量存储空间和30Tb/s的储备带宽。

客观地说，这个项目的模式值得借鉴，基于“链克”的激励，将成千上万个用户的闲置带宽和存储空间汇聚起来，形成分布式CDN（内容分发网络），出租给互联网视频厂商，能够促进物尽其用，并有利于环保和降低碳排放。令人可惜的是，项目的设计有瑕疵，其发展也失控了。在投机风最盛之时，“玩客云”矿机堪称一货难求，上千万人在官网上拿号排队等候，每逢出货便被用户扫荡一空。在这种疯狂的市场需求下，“玩客云”矿机的现货价格从官方指导价每台399元，一路暴涨至每台3 000多元。虽然项目失败，但其经验教训，以及这个模式值得进一步思考，也给我们带来一些启发，用于指导未来的设计。

如何维持志愿者的使命感，保持他们对全球科研的情怀，同时又激励更多的人参与到项目中来，让协作在全球范围内不断扩大？BOINC与Gridcoin的结合（类似IPFS与Filecoin的结合）就是一个值得借鉴的正面例子。据报道，截至2021年4月，BOINC在全世界拥有76 297名活跃志愿者、302 152台活跃主机，24小时平均算力为28.357 Peta（千万亿）FLOPS（每秒浮点运算次数），相当于全球排行第九名的单台超级计算机。在2020年3月的巅峰期，受新冠肺炎疫情影响而引发的公众对科研项目的热情，使得BOINC的24小时平均算力达到41.548 Peta FLOPS。

一、设计原则

去中心化的公链存储需要满足以下条件：自治、开放、公开、共享。不但区块链存储如此，所有区块链 IT 基础设施的组成部分，如区块链网络、区块链计算，都应满足上述条件。

1. 自治、自愈

“自治、自愈”意味着去项目方。项目方在早期设计的时候，就要思考“如果项目方不在了，这个系统如何能实现出故障后自我愈合、自行扩展、自我管理？”这就意味着，在 Token 激励机制中，要事先考虑没有项目方运维和管理的情况下，如何保障整个系统的安全、稳定、高效和高性价比，并符合市场的动态变化，进行资源的合理配置。这就需要项目方在早期设计的时候，按照三权分置的原则，充分考虑包含运营、开发、社区、用户等相关利益者的需求，精心设计出一套分权制衡但能持续发展的体系。唯有如此，才能真正做到获得包括矿工、用户等在内最广泛相关者的信任，用户才真正愿意为保护隐私（数据不泄露）付出额外的费用，生态才能良性扩大。

2. 开放、开源

代码开源，设计理念公开。当项目方试图牢牢地将控制权抓在手里的时候，往往事与愿违，愿意加入到这个项目方生态的人就难以增加，因为项目方难以自证清白，获得程序员、矿工、用户等生态全部相关人员的信任。

公链项目长期来看无法偏居一隅，通过全球协助才能将生态做大。传统巨头只有极少数能够超越自己的，即愿意遵循开放开源的区块链精神，让渡控制权，通过壮大生态的方式来获利。因为这意味着将成长壮大的空间留给了初创公司或项目方，然而项目方的公信力的建立是极具挑战性的，除了顶尖团队的人才和技术能力之外，能够以更大的格局和包容的心态吸引大家参与也非常重要。例如，迅雷玩客云除了投机导致的剧烈波动之外，还有一个软肋——只允许项目方自己生产的硬件设备去获得 Token，这使得玩客云的用户群体难以拓展。

假设某传统巨头有 1 000 万用户，真正认可且有勇气和能力尝鲜的用户毕竟是少数，假设有 1% 的用户参与到其公链项目中，即 10 万用户，但 10 万松耦合用户所构建的经济体，不足以支撑一个产业持续发展。如果公链项目方以经营平台的心态，愿意在早期之后，通过让渡硬件的获利，转而允许更多提供商加入到生态中，这样将有机会吸引更多的供方和需方（因为匹配需求的概率，随着供方的增加而加大，如滴滴），形成更大的平台，从而获得更多的获利渠道。例如构建起百万甚至数千万用户的庞大经济体，新增的供方和需方带来了资金和流动性，Token 也能有更高的价值。换句话说，在区块链思维里，不只是通过产品或服务来获利，还要考虑通过生态的壮大，提升 Token 的价值，使得利益相关者都能从中获利，获得参与感和成就感。

另外，开源还会使你的错误无处遁形，换句话说，通过全世界感兴趣的极客，来帮助项目方快速迭代，反而能够使得系统更加健壮和稳定。而且程序员、矿工、用户、投资者等整个社区或生态里面的人，会因为尊重感（公开透明所蕴含的信任）、参与感和获得感，想方设法来维护系统的稳定和发展，这也是区块链精神（平等、协作）的一种体现。

3. 激励、共享

共识机制必须设置好激励措施，在不断迭代过程中，最终一定要尽可能降低门槛，让个人或者团体愿意并利用自己剩余的存储资源，通过提高全人类的存储利用率，使得去中心化的云存储（也即公链存储）能和中心化云存储并肩发展，获得属于自己的生存和发展的空间。

在项目早期，存储空间的贡献者可能大部分来自“非正规军”，如那些为了投资获利的非专业人士；随着需求的增加（从 C 端用户到 B 端用户），以及用户对可靠性（如 12 个 9 的可用性）、性能（如低于 0.1 毫秒的访问时延）等要求的提升，贡献者中逐渐出现 IT 厂商、IDC（互联网数据中心）、云服务商甚至 IT 巨头等“正规军”。因此，设计更细颗粒度的 SLA（存储服务等级）价格体系，就变得很重要了。

贡献者中除了商业组织之外，还有公益组织及许多有情怀的人，如前所述的 BOINC 计算的志愿者。可以考虑先树立好项目的长期愿景，为人类做贡献，包括但不限于航空航天、生命科学、医疗健康、普惠教育等领域，如 BOINC 为抗疫的科研项目提供算力服务，以及建立良好的反馈机制，这样做都是有价值的。例如，国内有一位高三的学生曾表示，看到有科学家使用 BOINC 发表了文献，为人类造福，他感到很自豪，并不是特别在意获得了多少 Gridcoin。

因此，可以思考更多的合理手段，鼓励志愿者参与。在设计新的区块链存储时，也可以讲好故事，例如结合全球或者国家重大科技项目如脑科学和类脑研究，或者大科学装置如 FAST 等。另外，设计激励的时候，除了物质（Token、商品或服务）奖励，不要忘了精神奖励，例如排名、科学家的感谢信、参加科研讲座或分享活动享有优先权，等等。

当然，需要注意的是，任何没有商业利益、形成闭环的项目，都难以持久。例如，BOINC 将算力租给科学家使用，是不是全都是免费的？如果是，其实可以考虑适当收费，一是避免算力的浪费，二是能够结合运营手段，让提供算力服务的人群享有更多的物质或精神奖励，促进良性循环，进一步壮大生态。

我们相信，在数字化转型、数字化大迁徙的过程中，个体或组织为了隐私、更强的信任和更安全可靠的存放，付费的意愿会逐渐增加，这就是区块链存储的发展空间以及数字资产发展的必然趋势。

4. 安全、可靠

由于存储存放的数据已经逐渐成为数字资产、数据要素，区块链存储的安全性、可靠性成为重中之重。我们先来看一下数据要素如何起作用。

如表 4–2 所示，数据作为生产力新要素，通过与 AI 的结合，还可以成为生产资料或生活资料（数字化身的）。

表 4–2　数据要素如何起作用

项目	主体：劳动者、消费者（人或机器人）	客体：劳动对象、消费品（物体或数据）	工具、平台或方法：劳动工具或资料、服务平台、管理技能或方法
劳动创造财富	生产力	生产资料	生产工具
生活创造财富	生活力	生活资料	生活工具
总结为：活动创造财富	人或机器的生产或生活	活动对象（实的、虚的），包括物体和数据	活动工具，包括 AI 驱动的智能体

无论是个人、企业，还是政府，当意识到数据，尤其是隐私数据如此重要的时候，是不会轻易分享数据的，因为这意味着将这一权利、资产拱手相让。然而数据如果不共享，它的价值就大大地减弱，那么如何既能促进数据共享，又能够保护数据的隐私，让用户觉得这一行为安全、可靠呢？除了信赖平台方或项目方的信用之外，在区块链领域，有一个很重要的相关技术：零知识证明（Zero–Knowledge Proof），其背后的数学原理涉及同态加密，比如用来帮助数据共享的联邦学习就是同态加密在 AI 领域的应用之一。

零知识证明是由莎菲·戈德瓦瑟（Shafi Goldwasser）、西尔维奥·米卡利（Silvio Micali）及查尔斯·拉科夫（Charles Rackoff）在 20

世纪 80 年代初提出的。它指的是证明者能够在不向验证者提供任何有用的信息的情况下，使验证者相信某个论断是正确的。零知识证明实质上是一种涉及两方或更多方的协议，即两方或更多方完成一项任务所需采取的一系列步骤。证明者向验证者证明并使其相信自己知道或拥有某一消息，但证明过程不能向验证者泄漏任何关于被证明消息的信息。大量事实证明，零知识证明在密码学中非常有用。如果能够将零知识证明用于验证，将有效解决许多问题。

下面我用一个比较夸张的钱包失而复得的故事来解释：有一天，小郑在火车站丢了钱包，里面有钱和身份证，他记得身份证号码，但不记得有多少钱了；火车站的工作人员小陶拿到了钱包，通过广播请失主来认领；但是去了五六个人，大家都围着小陶，都说那是自己的钱包。小陶如何在公共场所提问，才能够不暴露身份证号码，又尽可能判断出回答者是否是真正的失主呢？

使用零知识证明技术，可以这么提问（如果身份证号码最后一位数是 X，就当作 0）：

（1）18 位数的身份证号，从前到后分成 6 组，每组有 3 位数，请告诉我每 1 组的第 1 位，即 6 个数的总和除以 7，余数是多少？

（2）18 位数的身份证号，从前到后分成 3 组，每组有 6 位数，请告诉我第 2 组的 6 个数的总和除以 3，余数是多少？

（3）18 位数的身份证号，选取第 2、7、10、13、17 位上的数，总和除以 5，余数是多少？

以此类推，不同的人提不同的问题，每一轮问题都会筛选掉一些人，这样只有极小的概率能够猜对。几轮问题下来，能猜对的概率几乎为 0。

零知识证明并不是数学意义上的证明，因为它存在小概率的误差，欺骗者有可能通过虚假陈述骗过证明者。换句话来说，零知识证明是概率证明而不是确定性证明。但是也存在技术能将误差降低到可以忽略的值。

不过，零知识证明可以使概率逼近到0，同时又不泄露隐私，关键是使用它的成本极低，因此可以广泛应用于区块链存储的设计当中，增加安全可靠的程度。

当然，安全可靠的设计仅利用零知识证明技术是不够的。大部分区块链存储的潜在用户关注的是避免隐私泄露，还有部分用户关注的是数据不丢失，并且能随时访问数据。这样，确保矿工在其按合约提供数据服务的期间，不能轻易下线就变得很重要了。那么设计之初，是不是要考虑针对轻易下线的严重惩罚？以及如何补救？

结合前面提到的自治、自愈，我们将在下一节探讨在演进过程中，如何通过设计来提升可靠性。

二、挑战和建议

无论是区块链IT基础设施，还是区块链存储，在全球都处于前沿探索领域，当下并没有哪个项目的设计、实践是放之四海而皆准的。本文也只是笔者结合一些项目、经验和思考提出建设性的观点，希望对读者有所启发。

1. 面临挑战

前文提到，区块链存储现在还处于非常早期的阶段，目前大多仅能用于在线归档、云盘等，主要受限于当下的软硬件条件、系统架构、所处阶段（区块链存储应先解决什么痛点）。

刚开始的时候，百花齐放，各有千秋，每一个区块链存储项目自成生态。但是，随着各自的演进，尤其是Token获益或者项目收益的高低不同，存储矿工基于天然的逐利特性，会不断重现节点加入或退出不同存储公链的现象，频繁的节点退出容易导致用户数据丢失或者系统不稳定，一旦发生多次丢失用户真实数据的事件，可能给这个区块链存储项目带来毁灭性的灾难，例如 Token 很快归零或者几乎为零，后续东山再起就很难了。因此在早期架构设计的时候，就需要考虑以下几个方面：

（1）是否需要建设或以租用的方式，构建项目方自己的数据中心，确保数据至少有一份完整的副本存放在可靠的位置？

（2）如何设置抵押机制，并权衡好矿工加入的门槛，以及退出的代价？如何设置自动化的市场动态调整机制，能够快速响应存储供需市场的变化，使得资源最优化配置，降低项目方生态的 TCO（总体拥有成本）？

（3）无论机制的设计如何深思熟虑，也难以避免实际运行过程中用户数据的丢失或不可访问，那么应该如何补偿？

2. 建议方案

矿工节点的下线是无法避免的。如何保证数据不丢失和可持续访问呢？

首先，项目方早期需要构建或者租用 IDC，确保数据至少有一份完整的副本存放在高可靠的数据中心环境里。其次，类似 Filecoin，通过抵押机制，采用扣减抵押 Token 的方式，极大减少矿工退出的意愿。再次，可以设计一种按需动态调整全球存储池大小及单 TB 价格的激励机制。

可以考虑预留一部分（例如 5%）Token 作为跨全球存储池的“保险基金”。这个保险基金并非是只出不进的，会随着供需关系的变化有所增减。全网存储空间供过于求的时候，一段时间后，单 TB 价格需要自动降低，促使矿工自主有序地退出，避免浪费社会资源；此时可能因矿工退出导致用户数据不可用，需要从保险基金支出作为补偿，基金池变小。随着矿工的逐渐退出，全网存储空间逐渐呈现供不应求的态势，单 TB 价格需要自动升高，额外收益可纳入保险基金，基金池变大。

如果不是因为用户自身的原因导致数据丢失，或者不可访问，区块链存储运营系统则从保险基金池里进行赔付。早期的实现可以按照一个绝对数进行赔付；迭代多次的话，结合实际运营经验，可通过算法能力的增强，根据数据的读写频次、数字资产的标价等情况进行综合考虑，采用相对于市场在某个时间段内单 TB 价格的某个比例进行赔付。

3. 建设模式

除了类似 IPFS Filecoin 这种跨越全球的存储池 + Token 激励机制这种建设模式之外，结合中国实际，或许还有如下两种可能：

（1）政府先行 + 集资建设

为了把数据主权把握在国家手里，或许可以由央企、国企，或者各部门、省地市政府立项，完成初始阶段一定规模（如 100PB）的早期建设，然后再由多家企业共同建设和获取收益，如同已有的区块链“国家队”：

- BSN：Blockchain-based Service Network，基于区块链的服务网络，由国家信息中心、中国移动、中国银联、红枣科技在2019年10月发起。
- 星火・链网：中国信通院于2020年8月推出。
- 长安链：科学技术部、工业和信息化部、国务院国有资产监督管理委员会等各部门及北京市政府在2021年1月发布。

（2）云厂商先行 + 三权分置

做好架构设计及部署后，以自己的品牌和实力作为初始信用背书，吸引不少需求端的加入，继而愿意放弃自己的中心化控制权。这点很难做到，需要学习中本聪、维塔利克·布特林（Vitalik Buterin）的观点和实践，将所有权和运营权一步步剥离，或者允许资源池中自己所有权的占比逐步下降，换取更多供给端（甚至包括竞争友商）和需求端的加入，以及用户的信任，从而壮大分布式云存储的生态。

4. 演化步骤

受限于使用习惯，To B 接受新存储会非常谨慎，尤其是当数据上升为数字资产的情况下。另外，当下区块链链下数据大多还是围绕着非结构化数据，需要以保护隐私的方式做长期存储；而且受限于网络等硬件条件，预期区块链存储服务的用户会先从 To C，再到 To C 和 To B 并存。

（1）先 To C

区块链存储最终是要为更多的个体和组织（包括企业、政府等机构）服务的。刚开始，为 To C，即消费者提供存储服务。例如目前的区块链存储明星 IPFS Filecoin，当下适合存放个人消费者的非结构化数据，如文档、图像、音频、视频等。IPFS 系统并未主动实现数据的冗余备份，只有当上次数据的用户主动将数据的哈希值（可以理解为数据存放位置的钥匙）分享给他人，并且他人真正访问了这份数据后，才会在他人机器上缓存这份数据；而且如果该用户和其朋友同时离线，这份数据很可能会丢失。新版本的 Filecoin 会解决这个问题。

在非中心化云存储 StorJ 和 IPFS 目前的设计机制中，都没有将企业级存储高度关注的可靠性、可用性、稳定性、时延、性能等指标考虑到区块链的共识机制当中。从其奖励数字货币的激励机制也能看出端倪，激励机制针对检索、存储空间和时间；因此当下作为矿工节点的设备主要关注的是单 TB 的成本，尚未考虑单 IOPS（每秒输入输出个数，即性能）。由于对可靠性要求不高，存储服务器就能满足要求。

（2）再 To B

我相信未来有一天，区块链存储除了承载非结构化数据之外，也能承载类似数据库对应的结构化数据，即能用于 To B 用户。To B 用户首要考虑的是数据的安全性，通常愿意为数据的隐私额外付费；其次，用户会对 SLA（存储服务等级）提出一定要求，例如可靠性、性能、时延等。这就意味着，存储区块链的共识机制中，必须还考虑这些因素，安排奖惩机制，例如设备离线不但不积累 Token，可能还会受到严厉惩罚；时延在 1 毫秒以内的，比在 10 毫秒以内的能获取更多的 Token。这样，作为矿工节点的设备，要提供高性能并且低时延，配置 SSD 是不错的选择。当硬盘故障可能招致 Token 被扣除时，具有高可靠性（使用硬盘的冗余技术、副本或纠删码等方法）的存储系统（双控制器甚至多控制器）可能会成为必须。

第五章

网络技术：连接元宇宙的一切*

网络技术的发展一直助推着各类新业态、新应用的发展。元宇宙这一数字新世界，也被很多人视为第三代互联网，依托网络而生：一方面，元宇宙和所有的互联网服务一样，都需要用户通过网络进入和交互；另一方面，元宇宙可以让用户分享或交换创意、思想、意识，使得底层网络的高效承载成为刚需。元宇宙的终极形态是万物和万灵的互联，为了实现“连接一切”，网络必将发挥出重要的作用。

从网络技术的角度分析，元宇宙具有共创、共享、去中心化等特点，这导致网络创新在当前开放、灵活的发展趋势下，需要重点关注超连接、广覆盖、强边缘、高智能等方面，并由此推动元宇宙网络技术的完善。

第一节　元宇宙对网络提出了新的挑战

连接现实与虚拟的元宇宙自身是一个超连接的环境。所谓超连接，是指元宇宙的接入者对网络连接有着高服务质量的需求，一个物理人

* 本章主要撰写者为王涛，中国联通数字化转型专家，元宇宙产业委常务委员。

需要持续在线才能更加沉浸到数字人的世界中。在数字孪生过程中，需要持续在线，物理场景才能实时同步到元宇宙中，这意味着网络需要覆盖更大的范围并具备时空连续性。为了支持用户访问高质量的元宇宙内容，具有高带宽特性的超连接网络能力备受关注；同时，元宇宙的去中心化特征使得其业务场景的产生和应用都比以往更加需要网络的低时延支持；最后，元宇宙内容的真实与丰富有赖于“人机物”的三元融合，因此除了传统的基于TCP/IP协议的互联网之外，更多类型的异构网络需要被充分融合，实现万物互联、人机共生。

一、元宇宙的内容体验需要网络高带宽

网络的带宽指标体现的是网络传输的速度，其本质是在一个单位时间内能够传输多大的数据量。在元宇宙中，海量的数据内容将在云端保存和生成，这些数据可能来自对人类行为的动态捕捉，也可能来自对物理环境的实时采集，其极高的仿真程度必然导致海量的数据规模。以美国微软公司推出的《飞行模拟器》游戏为例，为了让用户可以享受到逼真的飞行体验，游戏的仿真场景中拥有2万亿棵独立渲染的树木、15亿栋建筑以及全球范围内几乎所有的山脉、城市和机场，而这些事物都是经由高质量的扫描而获得，让用户感觉很真实。受到终端（例如VR眼镜）的计算、存储等能力的限制，用户访问的内容需要首先在云端渲染再经由网络传送到用户终端，这就对网络的带宽提出了极高的要求。当前，4K分辨率的视频流传输就已经需要数十兆网络的支持；以此类推，千兆网络必然会成为用户实现元宇宙顺畅访问的最基本需求。

当前谈及的网络带宽速率通常是指用户在终端侧进行网络内容下载的带宽指标。而在元宇宙时代，创作者驱动的内容生成将成为常态，每个人或家庭、企业、组织和国家都可以为元宇宙贡献内容，如果用

户们不能快速上传或下载内容，就难以有身临其境的体验，这就使得从用户侧通过网络向云端发送内容的上传带宽成为大家更为关注的网络指标。当前，随着5G网络、Wi-Fi技术以及光传输等技术的发展，网络带宽瓶颈被不断突破，例如5G网络的“超级上行”技术，就可以大幅提升5G网络的上行带宽（数百兆）并降低时延（缩短到1~2毫秒），已经在超高清视频回传、视频监控等业务中发挥重要作用。

二、元宇宙的实时交互需要网络低时延

在元宇宙中，沉浸式VR世界中的图像元素需要被快速更新，以满足用户顺畅交互、环境及时响应的需求，并由此衍生出了低时延敏感型的应用，例如VR头显的使用需要10毫秒以下的时延。

网络的时延通常是指数据从网络中的源节点到目的节点再返回源节点所需的时间，它决定了用户接收信息的速度，及其回复其他用户的速度。元宇宙与生俱来的社交属性意味着它需要更低的时延，因为实时的面部表情等信息会对用户间的交互效果产生重要的影响。同时，元宇宙中的社交空间并不能够被限定在一个短距离的范围以内，这使得元宇宙中的内容变化必须在最短的时间内传递给所有用户。虽然这些需求已然非常迫切，但是时延却始终是元宇宙“端到端”网络通路中最难优化的指标，这是因为物理极限的约束，即便选用速度最快的光网络来传输数据，地理距离导致的时延始终是无法逾越的瓶颈；另外，当前所谓的互联网本质上是一个松散的网络联盟，路由协议等机制会导致用户之间的联网距离可能远远大于其地理距离。

当前，业界在积极探索创新的固定网络和移动网络技术，在向高带宽发展的同时也同样关注减少用户接入网络服务的时延，例如5G网络就具有低时延的特性。另外，业界还在关注如何将元宇宙的内容服务尽可能贴近用户，例如，当前备受关注的边缘计算就支持在位于

网络边缘、更加贴近用户的计算节点上进行内容渲染，有效减少时延；当前已经在互联网服务中大放异彩的CDN，在提供网络连接的高带宽和可靠性基础上，也面向元宇宙低时延应用进行着优化。

三、“人机物”互联需要异构网络融合

当前，很多元宇宙的布局和实践聚焦在教育、社交、游戏等场景，未来一定会扩展到更多领域，如智慧城市、智能制造、军事国防等。在这一背景下，“人机物”三元融合必须深度综合互联网、物联网等网络通信技术，使物与物、物与人之间实现互联，将智能融入万物，实现无缝对接、协同计算。

在此前的发展中，“人机物”领域的网络技术呈现的是各自独立发展的态势，就以人们最经常访问的互联网和工业制造等领域深度应用的物联网为例，因为业务场景、网络条件、管理需求等方面的差异，它们并不具备统一的技术架构、通信协议等，这使得两种类型网络之间的互联互通存在障碍。其实，更进一步来说，即便是互联网自身，虽然以TCP/IP为核心的网络架构成为主流，但在实际应用中也还有其他网络技术并存，类似的情况在物联网领域更加突出。这成为异构网络间实现数据共享、实时交互的巨大挑战，也是元宇宙发展需要跨域的重大障碍。

虽然“人机物”三元融合并非元宇宙提出的新需求，但是元宇宙确实已经成为加速其发展和应用的重要推动力。从业务的角度看，元宇宙需要此前分属“人机物”各自领域的网络彼此开放通信接口并进行优化，甚至实现一定程度上的统一，才能更好地实现数据的互通与共享；从管理的角度看，为了提升网络运行效率，除了打通数据层面，元宇宙还期待各种类型的异构网络在未来能够灵活地实现按需组网。

第二节　承载元宇宙的网络架构

元宇宙的到来，使得互联网从20世纪六七十年代的计算机组网工具，发展到了网络空间的新时代，使现实世界数字化、网络化、智能化，也将成为人类社会的重要基础设施。支撑网络空间的互联网基础设施依赖于电信运营商的骨干网、城域网以及相应的网络服务，特别是面向元宇宙用户的“最后一千米”的数据传输尤为重要。

一、网络总体架构

网络架构的论述通常需要从两个方面展开：一个是网络基础设施的构建方式，它将构成从用户到云再到用户的“端到端”数据通路；另一个是网络的协议，它是一组数据通信的约定和规则，确保数据传递的准确性。另外，对于元宇宙而言，更重要的是元宇宙中内容的及时、高效的传递，因此构架于基础网络之上的CDN也是需要被重点关注的内容。

1．网络架构

运营商的网络伴随着电信业务的不断丰富和发展。总体来看，运营商的业务主要包括：（1）互联网接入类业务，例如移动互联网接入、家庭宽带等；（2）专线和专网类业务，例如为企业客户不同办公地点间建立有网络质量和安全性保证的物理或虚拟的专线和专网互联等；（3）语音和多媒体类业务，例如语音通话、互联网电视等。随着云计算日益渗透到社会生产生活的方方面面，运营商的网络在云IDC相关的数据中心网络也进行了积极的规划和布局。

从网络数据的传输角度来看，当前支撑包括元宇宙在内的各互联网业务运行与发展的运营商网络架构如图 5-1 所示。

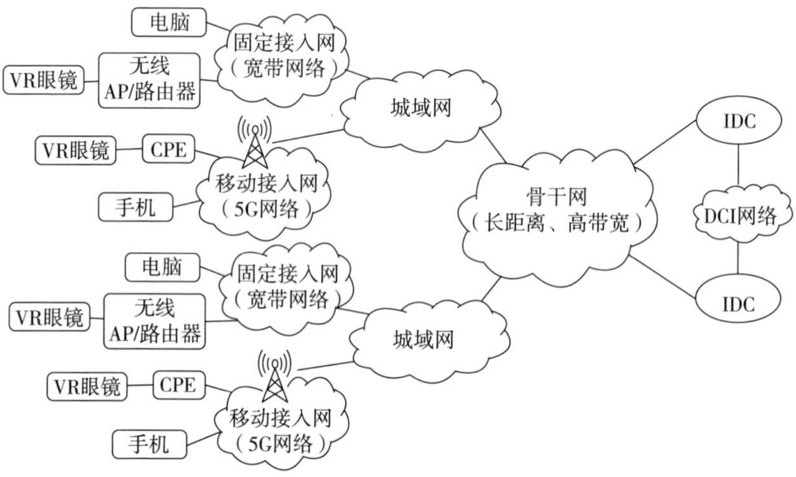

图 5-1 承载互联网运行与发展的运营商网络架构

运营商网络通常分为骨干网、城域网、接入网三个层级。顾名思义，骨干网主要用于城市间的高速网络传输，传输的范围从几十千米到几千千米，具有极大的带宽和很高的可靠性。城域网主要用于将一个城市（或者一个区域）范围内的网络节点都连接起来，使得本地的流量可以在城域网内部传输，跨城的流量再向上传递到骨干网中。根据业务和管理的需求，国内运营商通常会在城域网和骨干网之间设立一个额外的名为省域网的层级。接入网就是支持用户终端如手机、电脑等接入到城域网的网络，当前主要有宽带有线接入和无线接入两大类别。当前，为了满足云 IDC 之间的数据传输需求，运营商还重点建设了数据中心间的 DCI（数据中心间互联网络）高速传输网络，DCI 有可能是依托于骨干网上的虚拟专网，也有可能就是物理的光纤网络。不同的运营商会建设各自的网络，在骨干网层面会设置互联网骨干直联点或者互联网交换中心，支持跨运营商网络的数据传输。

对于元宇宙而言，用户利用终端（手机、电脑乃至脑机接口设备等）通过 5G、Wi-Fi 或者网线连入运营商网络，将其个人相关的数据通过城域网或者骨干网进行传播。元宇宙的平台通常构架在云平台上，因此众多用户的信息会在云端汇合并进行实时高性能的处理，进而相关的处理结果会根据用户的交互需求再通过骨干网、城域网、接入网送到用户交互的对端。类似地，在物理世界中种类丰富、数量众多的数据采集装置，它们配合元宇宙中仿真的虚拟环境的需求，采集用户所处环境的海量数据，同样是通过网络传递到云平台上保存和处理，再进而通过在线渲染、实时展现等手段将环境信息传递给用户，使得用户产生身临其境的感受。

2．网络协议

基于图 5-1 展现的网络架构，网络提供了对元宇宙通信的支持，无论是用户行为数据还是场景环境数据，都通过网络从源端（例如发起交互的用户或者是环境数据采集装置）传递到云平台做处理后，再发送到目的端，实现了用户与用户之间或者用户与环境之间的交互。在网络数据传递的过程中，除了必须确保网络的物理基础设施连通外，还必须建立数据传递过程中的标准，也就是网络的传输协议。这就好比在丝绸之路上，河西走廊作为必要的地理通道必须保持通畅，但如果要达成多方的贸易，还必须有相对统一的语言并且有翻译可以协助进行沟通。这里提到的“河西走廊”就是运营商网络物理连接，它们必须确保提供端到端的连接；同时，“相对统一的语言”就是协议要发挥的作用，而“翻译”则是类似协议网关之类的机制。

之所以无论身处什么地区、使用什么样的软硬件联网设备的用户，都可以访问到互联网上相同的内容并基于互联网进行社交，就是因为互联网采用了 TCP/IP 协议作为其通信的统一约定和规则。TCP/IP

协议作为当前互联网的事实标准，本身是 ISO（国际标准化组织）于 1985 年制定的网络互联参考模型 OSI（Open System Interconnect，开放式系统互联通信）的简化版，它不仅仅指的是 TCP 和 IP 两个协议，而是一系列协议构成的协议簇，这些协议分布在五层的体系结构中，如图 5-2 所示。

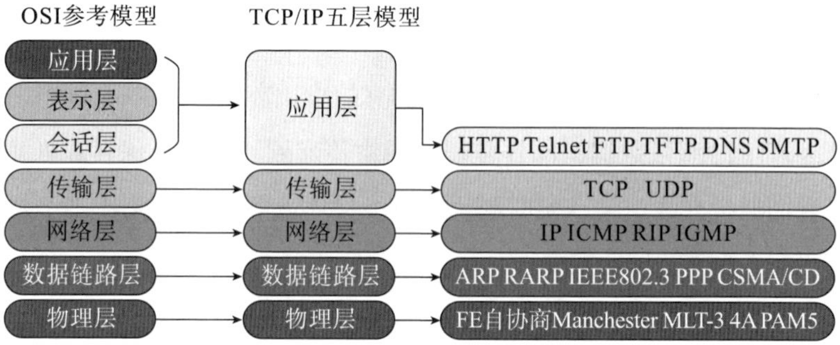

图 5-2　TCP/IP 协议簇

TCP/IP 协议簇将互联网中传输的数据进行层层封装和解封装。在网络通信的过程中，发出数据的计算机被称为源主机，接收数据的计算机被称为目的主机。源主机发出数据后，数据会在源主机中从上层向下层传递，历经应用层、传输层、网络层，最终在数据链路层以比特流的形式传给网卡，进而数据离开源主机并将通过网络物理介质传递到目的主机。在数据被层层封装传递的过程中，图 5-2 中不同层次的协议具有明确的分工：

（1）最底层的是物理层，负责最终实现网络数据信号的传输，它通过物理介质传输比特流，规定了电平、速度、电缆针脚等规范。

（2）第二层是数据链路层，为待传送的数据加入一个包括主机网卡物理地址的以太网协议报头，并进行循环冗余校验编码，进而对电信号进行分组并形成具有特定意义的数据帧，然后以广播的形式通过物理介质发送给接收方。

（3）第三层是网络层，最重要的就是 IP 协议，它制定了一套 IP 地址用于区分网络上不同主机的身份，并对数据加上 IP 地址等信息以确定传输目标，其中 IP 地址分为两部分：前面部分表示网络地址，后面部分表示该主机在局域网中的地址；与之相配套，网络层还包括用于实现 IP 地址和主机网卡物理地址转换的 ARP（地址解析协议），以及一系列用于对发送到不同网络地址的数据包进行路由的路由协议。

（4）第四层是传输层，著名的 TCP 和 UDP（用户数据报协议）协议属于这个层次，它们的作用是以定义端口的方式为主机上可能同时运行的多个应用程序进行标识，不同应用程序将从对应的端口接收和发送数据，例如 Web 服务器 Apache 提供的网页服务对应的默认端口号是 80；其中，TCP 协议可以保证数据传输的可靠性。

（5）最上面是应用层，包括 HTTP、FTP、SSH 等耳熟能详的支持互联网应用的协议，它们主要是根据协议自身定义的格式，对下面三层传递而来的字节流数据进行解析和识别，并将识别出的结果提供给应用程序进行相应的处理和反馈。

之所以要选择 TCP 和 IP 两个协议作为整个协议簇的代表，是因为它们为支持网络数据的准确传输提供了格外重要的支持，特别是 IP 协议。IP 协议所处的网络层负责网络地址的统一分配，通过地址中网络地址和主机地址的划分，方便数据在网络中的路由传递并最终送达指定目的地，这是确保互联网数据高效、准确传输的最重要前提，因此协议簇中的 TCP、UDP、IMCP、IGMP 等协议的数据都封装在 IP 数据报中进行传输。

需要注意的是，IP 协议是面向无连接、不可靠的协议。其中，无连接是指 IP 协议的数据报中并不维护任何关于其后续数据报的状态信息，即每个数据报的处理是相互独立的；不可靠是指 IP 协议不能保证数据报能够成功到达目的地。这主要是与互联网的设计初衷就是提供一种“尽力而为（Best-effort）”的传输服务相关。正是这样的设计，才使得互联网更加灵活、便宜，能够大规模渗透到社会的方方面面。当然，可靠的网络服务可以在网络层以上的层次实现，例如传输层的TCP协议就是一种面向连接的、可靠的、基于字节流的通信协议。IP协议的这一特点在满足元宇宙的网络需求时会产生一些问题，由此也就引发了确定性网络等新技术的发展。

IP协议的设计与实现中还有一个问题与元宇宙息息相关，那就是IP地址的数量。理想的情况下，物理世界中的人员、物品等都在元宇宙中有其镜像，IP地址会成为元宇宙身份系统的重要参考信息，有助于建立通信连接或识别物理特征。相较IPv4，IPv6可以“为地球上的每一粒沙子分配一个地址”，而且它在QoS保障、安全机制等方面也有超出IPv4的优点。此前，受限于业务需求不强烈、技术架构不兼容等问题，IPv6的推广进度并不理想。元宇宙有望推动IPv6大规模普及，助力物理世界中更多的信息经由网络映射到元宇宙中，促进元宇宙的繁荣发展。

3．CDN

基于由骨干网、城域网、接入网以及DCI网络组成的网络基础设施以及支持网络数据通信的TCP/IP协议簇，各种网络应用层出不穷。在具备基本的网络服务能力后，如何提升用户的网络访问体验开始成为关注焦点。然而，总还有一些客观存在的物理因素影响着用户对网络服务的顺畅访问，最典型的就是地理距离导致的网络传输时延，无法通过底层物理基础设施的优化和提升得到改善。另外，在很多时候跨运营商网络的数据传输也会成为瓶颈，这主要是因为运营商骨干网间的互联网直联点较少且带宽有限。

针对上述问题，CDN应运而生。CDN是构建在物理网络基础设施之上的互联网服务，可视作一张虚拟的网络。它将大量缓存服务器分布到距离用户更近的网络边缘，当用户访问互联网站点时，利用负载均衡技术将用户的访问指向距离其最近的缓存服务器上，由缓存服务器就近直接响应用户请求，避免骨干网络的拥塞，提高用户访问响应速度，其典型架构和工作流程如图 5–3 所示。CDN 主要包括以负责域名解析的 DNS 服务器为代表的全局负载均衡器、区域负载均衡系统以及分布广泛的内容缓存服务器。

用户通过 CDN 访问网站内容的流程主要包括以下步骤：

（1）用户点击网站页面上的内容 URL 后，首先要经过本地 DNS（域名系统）将 URL 解析成 IP 地址；此时经过配置的 DNS 会将域名的解析权交给 CDN 专用的 DNS 服务器。

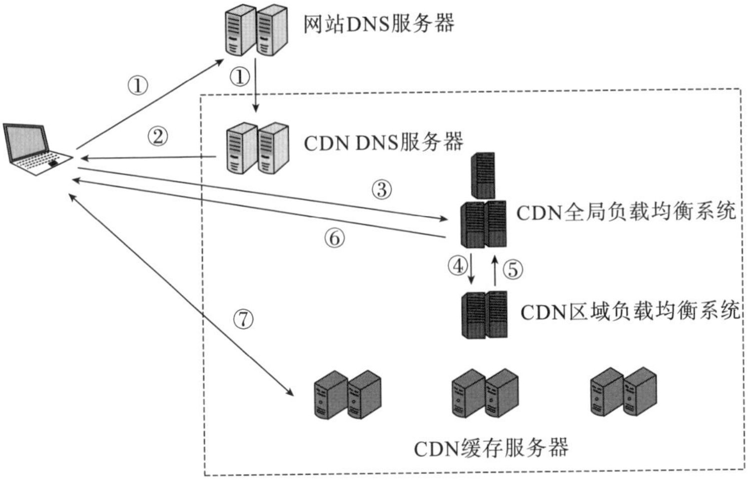

图 5–3　CDN 典型架构和工作流程

（2）CDN 的 DNS 服务器将 CDN 的全局负载均衡设备 IP 地址返回给用户。

（3）用户向 CDN 的全局负载均衡设备发起内容 URL 访问请求。

（4）CDN 全局负载均衡设备根据用户 IP 地址，以及用户请求的内容 URL，选择一台用户所属区域的区域负载均衡设备，告诉用户向这台设备发起请求。

（5）区域负载均衡设备会为用户选择一台合适的缓存服务器提供服务，选择的依据包括根据用户 IP 地址判断哪一台服务器距用户最近、根据用户所请求的 URL 中携带的内容名称判断哪一台服务器上有用户所需内容、通过查询各台服务器当前负载情况判断哪台服务器尚有服务能力，等等，然后区域负载均衡设备会向全局负载均衡设备返回一台缓存服务器的 IP 地址。

（6）全局负载均衡设备把服务器的 IP 地址返回给用户。

（7）用户向缓存服务器发起请求，缓存服务器响应用户请求，将用户所需内容传送到用户终端；如果这台缓存服务器上并没有用户想要的内容，而区域均衡设备依然将它分配给了用户，那么这台服务器就要向它的上一级缓存服务器请求内容，直至追溯到网站的源服务器，将内容拉到本地。

在上述流程中，DNS 服务器根据用户 IP 地址，将域名解析成相应节点的缓存服务器 IP 地址，实现用户就近访问。使用 CDN 服务的网站，只需将其域名解析权交给 CDN 的全局负载均衡设备，将需要分发的内容注入 CDN，就可以实现网站内容加速。

CDN 通过智能化的算法选择贴近用户本地、服务速度最快的缓存节点用于加速用户访问，提高了互联网内容的访问速度，也有助于减少骨干网络的流量压力、减轻源站点的访问负载。CDN 还可以通过 DNS 作为全局负载均衡器，为用户选定和其属于同一运营商网络的缓存节点提供服务，消除不同运营商网络互联的瓶颈。另外，广泛分布的 CDN 缓存节点加上节点之间的智能冗余机制，可以有效地预防黑客入侵以及降低 DDoS（分布式拒绝服务攻击）对源网站的影响。

鉴于 CDN 具有的技术优势，它已经被广泛应用在视频网站的内容访问加速上并取得巨大成功。但是元宇宙与传统的视频服务相比，更加强调实时性和交互性。因此，CDN 中贴近客户的边缘节点需要发挥新的作用，主要有以下可行的方案：

（1）利用 CDN 缓存服务器实现提升边缘计算能力。该方案以此前主要用于网站静态内容缓存的 CDN 缓存服务器作为边缘计算节点，充分利用 CDN 缓存服务器的存储能力并强化其计算能力的建设，重点针对那些动态内容多、交互需求高的网络内容进行专项分析和处理，提升实时响应能力，例如：对用户访问内容进行分析，然后在边缘计算节点就近获得静态内容，并通过动态加速技术智能选择最佳路由返回源站点获取动态内容，最终实现网站访问的整体加速与实时优化。值得业界关注的是，在 5G 网络时代，边缘计算有了长足发展，以移动网络通信基站为代表的数量更多、分布更广、更贴近用户的站点可被用作边缘计算节点，为元宇宙用户提供更实时的体验。

（2）通过 CDN 与 P2P 融合满足大流量、超低时延需求，该方案也被称为 P2P CDN。它在 CDN 的边缘节点引入 P2P 自治域，自治域中的 CDN 边缘节点设备及其覆盖的最终用户可作为对等实体在域内利用 P2P 机制进行资源共享，而自治域间则不发生流量交换。这种融合模式一方面通过 P2P 支持用户利用自身资源的空闲时间分发数据，提升视频直播、点播等流式互联网服务的实时性和容错性，避免拥塞；另一方面利用 CDN 管理下的分布式架构，将 P2P 流量限制在同一 CDN 边缘节点的区域内，增强了网络的可管理性和服务的高可靠性。因此，融合了 P2P 机制的 CDN 成为业界关注的重点，阿里云的 PCDN、腾讯云的 X-P2P 就是非常好的案例。另外，P2P 也是元宇宙建立互信网的底层技术之一，P2P CDN 在国内的典型案例是 2017 年迅雷公司推出的玩客云，可惜昙花一现，相关细节前文已叙述。

二、网络发展方向

元宇宙时代的网络，必须要能够提供稳定的、持久的实时连接，满足具有高带宽、低时延、高稳定性、去中心化等特点的数据传输要求。为了满足用户在 VR 中的沉浸式体验需求，本文提供了如图 5–4 所示的典型的网络指标。

衡量方式		初级沉浸	部分沉浸	深度沉浸	完全沉浸
无线接入		4G/WIFI	5G/R15	5G R16/R17	B5G/6G
渲染方式		本地渲染、云渲染	云渲染、异构渲染	实时光线追踪渲染、混合云渲染	深度学习渲染、光场渲染、混合渲染
感知交互		4G/WIFI+小型GPU	5G+中大型GPU	5G+中大型GPU	B5G/6G+大型GPU
		手柄、命令手势、语音指令	虚拟移动、姿态捕捉、沉浸声场	眼球追踪、语音交互、自然手势交互	触觉反馈、随机交互
内容制作		2K/4K	4K/8K	8K/12K	16K/24K
下行体验带宽		20Mbps	100Mbps-1Gbps	1Gbps-4Gbps	>4Gbps
端到端延时	总时延	>40ms	30ms	13ms	8ms
	终端时延	>40ms	5ms	3ms	3ms
	网络时延	>40ms	10ms	4ms	2ms
	云端处理时延	>40ms	15ms	6ms	3ms
网络架构	中心云	应用服务器、云渲染服务器	应用服务器、云渲染服务器	应用服务器、云渲染服务器	应用服务器、云渲染服务器
	边缘云		MEC边缘渲染、边缘服务	MEC边缘渲染、边缘服务	MEC边缘渲染、边缘服务
	接入控制			网络切片、5GQoS 自动化运维、主动拥塞控制	网络切片、5GQoS 云网协同、智能运维、应用为中心的拥塞控制

图 5–4　元宇宙中 VR 体验的网络指标需求

资料来源：VR 陀螺，招商证券，VR 系列报告一（2021），https://mp.weixin.qq.com/s/-6wfDJcO3JOhPsGnivkhLA

元宇宙业务的刚性网络需求，促使网络技术必须随之演进甚至变革。清华大学的李丹在其撰写的《元宇宙对网络技术的挑战》一文中指出，元宇宙时代的网络技术发展要重点关注终端节点接入、异构网络互联、自治网络组网等方面的变化。

（1）终端节点接入方面，重点考虑的是何种终端以何种方式接入元宇宙。当前的元宇宙体验中，具有三维显示和交互功能的 VR 眼镜成为接入元宇宙必需的终端设备。作为“通信型”终端，它们的端到端带宽需求在几十兆到几百兆、端到端时延需求在几十毫秒到几百毫秒之间，并对安全性也有较高要求。除了“通信型”终端，接入元宇宙的还有类似服务器等主要用于数据计算的“计算型”终端和类似智能汽车、工控终端、物联网终端的“功能型”终端。其中，“计算型”终端通常部署在数据中心内部，端到端带宽需求往往在几 Gbps 到几百 Gbps 之间，端到端时延需求则在微秒级别，但是安全要求相对较低；支持“功能型”终端的车联网和工控网络，端到端带宽往往并不高，但时延要求确定性保障，而且要求信息安全与功能安全融合。因此，如何设计和实现终端接入网络是元宇宙时代的网络面临的首要关键，也是当前最为迫切的问题。

（2）异构网络互联方面，重点考虑的是网络的扩展性。元宇宙时代，每个个体、组织或国家都可以打造自己的元宇宙，这些元宇宙可能彼此独立，承载在不同运营商的网络上、运行在不同云服务提供商的云资源上甚至采用不同的协议体系。当不同的元宇宙需要彼此交互乃至彼此融合时，必须要有网络负责把它们连通，虽然在应用层面也可以开展一些用户业务和数据的翻译和转换工作，但是如果能够在底层网络实现贯通必然会更加高效，就好比互联网架构中的网络层。但在元宇宙中，这项工作可能会非常复杂。以物联网为例，它的通信环境有 Ethernet、Wi-Fi、RFID（射频识别）、NFC（近距离无线通信）、Zigbee、Bluetooth、NB-IoT（窄带物联网）、3G/4G 网络，等等，其中既有类似 AMQP（高级消息队列协议）、JMS（Java Message Service，Java 消息服务）、HTTP 等可以工作在以太网的协议，也有类似 CoAP（受限应用协议）等专门为资源受限设备开发的协议。因此，如何实现各类物联网与元宇宙网络的高效打通，支持元宇宙实现更加丰富和更加真实的场景，需要得到特别的关注。

（3）自治网络组网方面，重点考虑的是网络的灵活性和可管理性。自治网络是一种新型的网络结构，它能够接收用户使用自然语言直接描述的“业务意图”，进而将其自动转译为网络可执行的策略及操作，这有效地降低了网络管理的复杂性，大幅提高了运维效率。SDN（Software Defined Networking，软件定义网络）是实现自治网络的重要基础，它通过将网络的数据平面与控制平面进行分离实现对网络的集中控制，可通过控制器修改在其南向的网络设备的转发策略，并在其北向提供 API 接口实现应用程序与控制器的交互。自治网络中，SDN 控制器可以基于在其北向接收到的自治网络策略及操作，实时地对网络进行控制，灵活满足去中心化的元宇宙网络空间的弹性扩展、异构融合等需求。自治网络的本质是智能化，如何利用海量场景数据、数字化的专家经验以及 AI 算法模型形成网络的智能化控制策略是必须关注的问题。

可以预见的是，随着 VR 的快速成熟以及元宇宙标杆案例的打造，距离用户最近的终端节点接入技术的迭代升级将最快，而距离用户最远的异构网络互联技术的迭代升级将最慢，自治网络组网技术则介于两者之间。而随着元宇宙相关技术和业务的不断成熟，承载元宇宙的网络和云资源必将发挥越来越重要的作用，乃至最终承载元宇宙的基础设施一定是云网融合的形态。

习近平总书记在主持中共中央政治局第三十四次集体学习时指出，我国“要加快新型基础设施建设，加强战略布局，加快建设高速泛在、天地一体、云网融合、智能敏捷、绿色低碳、安全可控的智能化综合性数字信息基础设施”。云网融合一方面强调以云为核心规划和建设网络，使得用户通过网络访问云资源以及云内和云间的组网更加灵活；另一方面要求网络的建设引入云所具有的开放共享、弹性扩展等理念，变得更加弹性、敏捷。在面向元宇宙的承载需求时，云网融合能够实现三个一体化能力：（1）一体化供给，对网络资源和云资源统一定义、封装和编排，形成统一、敏捷、弹性的资源供给体系；（2）一体化运营，实现云网全域资源感知、一致质量保障、一体化规划和运维管理；（3）一体化服务，云网业务可以统一受理、统一交付、统一呈现。在云网融合的加持下，承载元宇宙的云将更加强调灵活定制和快速交付，网络则具有更强的敏捷性、可用性、智能性、安全性和适配能力；同时，元宇宙运行所需的云资源备份和多线接入、云网能力的服务化提供以及云原生开发和云网内生安全等也将被给予全面充分的考虑。因此，随着云网融合正式成为我国数字信息基础设施建设的重要内容，上文提及的终端节点接入、异构网络互联、自治网络组网等问题都将在云网融合的推进中得到解决，并最终为以元宇宙为代表的新兴技术产业的蓬勃发展提供最强有力的支撑。

第三节 元宇宙网络的关键技术

随着数字化、网联化日益成为生产生活的主流方式，网络对人们的影响越来越深刻。特别是在元宇宙的理念日渐深入人心的时候，一系列网络创新更是彰显了它们的价值，其中既有当前已经可以体验到的解决用户访问元宇宙的网络带宽、时延等问题的移动 / 无线网络接入技术，正在逐步实现中的支持元宇宙资源的按需组织和自治管理的 SDN 技术，又有在未来能够为元宇宙带来更广阔场景的确定性网络技术。

一、5G/6G 和 Wi-Fi6/7：让现实和虚拟无缝地超连接

用户访问元宇宙，第一步动作就是要通过 PC、手机、平板电脑、VR 眼镜等终端接入到网络中。为了满足用户接入越来越高的网络带宽的需求，百兆甚至千兆的光纤宽带已经成为家庭、企业固定网络宽带业务的主流；而随着网络用户的移动性不断增强，以 5G/6G 为代表的蜂窝移动通信技术以及以 Wi-Fi6/7 为代表的无线局域网络技术更是有了长足进展，并在当前以及未来很长一段时间为用户提供进入元宇宙的重要网络通道。

蜂窝移动通信采用蜂窝无线组网方式，通过无线通道将移动终端和后端连接有线网络的基站设备相连接，实现了用户在移动状态下也可相互通信。众所周知，蜂窝移动通信当前已经经历了从 1G 到 5G 的演进。这里提到的 G（Generation），就是“一代”的意思，从最早的 1G 到现在正在规模推广的 5G，每一代蜂窝移动通信的升级，都给人们的生产生活带来了新的变化：1G 网络只能够提供基于模拟信号的语音服务；2G 网络能够提供基于数字信号的语音服务，以及短信等个人通信服务；3G 网络能够同时提供语音和手机报等数据服务；4G 网络能够支持数据的快速传输，包括高质量音频、视频和图像等；5G 网络则可以支持“万物互联”的实现，可以改变我们的社会。

5G 网络的特点主要体现为高带宽、低时延、广覆盖：5G 网络峰值速率可以达到 Gbps 量级，足以支持高清视频、VR 等大数据量的传输；5G 终端与基站间的时延可控制在 1 毫秒左右，满足自动驾驶、远程医疗、联网无人机等实时应用的需求；5G 网络可提供千亿量级的设备连接能力，实现物联网通信；5G 网络在连续广域覆盖和高移动性的条件下，用户体验速率还可达到 100Mbps。业界普遍认为，5G 网络技术的日益成熟和规模应用促使 VR 再次获得生机。与此同时，5G 网络还有两项技术与元宇宙息息相关：一项是网络切片，这类似于在 5G 网络中通过预留资源开启一条专门的网络通道，使得专网用户与公共用户的业务隔离，互不影响，确保用户访问元宇宙的网络质量和安全隔离；另一项是边缘计算，为了减少元宇宙服务时延，很多计算和存储任务可以在贴近用户的边缘节点完成，5G 网络技术体系中的 MEC（移动边缘计算）则把低时延的网络与之结合，从而获得更好的效果。当前，MEC 的概念已经泛化为 Multi-access Edge Computing（多接入边缘计算），例如前文提及的 CDN 也可以纳入到边缘计算的范畴。

6G 网络作为下一代蜂窝移动通信技术的演进版本，已经引起了研究界的关注。与 5G 网络相比，6G 网络有望提供更高的传输速率（Tbps

量级）、10 倍以上的更低时延、100 倍以上的连接数密度、全自动的更高智能化水平以及包括空天地海的接近 100% 的覆盖率。与此前各代蜂窝移动通信技术不同，6G 网络终端将不再仅仅作为通信的端点，而是会发挥出更大的作用。6G 网络终端将具有更多的形态，包括但不限于手机、平板电脑、VR 眼镜 / 头盔、可穿戴设备、机器人、各种类型传感器，等等。它们会具有更全面的感知、更智能的计算、更便捷的交互、更绿色的能耗、更安全的保障。在 6G 网络时代，包括人在内的任何物体都可以在任何时间任何地点无缝接入互联网，进行身临其境般的沉浸式通信，实现物理世界与元宇宙的交互与增强，并最终完成物理世界的数字化表达、控制与改善。虽然 6G 网络的研究当前尚处于起步阶段，但是可以预见的是，元宇宙一定会成为 6G 网络的关键场景。

作为移动蜂窝网络的补充和扩展，Wi-Fi 的应用在当前似乎更为普遍，以至于有漫画把 Wi-Fi 作为马斯洛需求理论中的人类的最基本需求。Wi-Fi 设备通过在后端接入百兆甚至千兆的固定宽带网络或者通过 CPE（客户端设备）将 5G 网络信号转换为 Wi-Fi 信号，以开启热点的方式供用户接入网络。因为运营商并不会收取 Wi-Fi 网络的费用，所以 Wi-Fi 给人们带来的最大的感受应该是“便宜”甚至“免费”。Wi-Fi 既可以以固定网络为基础增强用户的移动性，又可以消除 5G 网络信号覆盖不足产生的通信障碍，并在网络带宽、通信安全等方面提供一定保障。但是，Wi-Fi 毕竟是一项局域网技术，如果用户移动范围过大会出现“掉线”的情况，热点的切换也会导致通信的暂时中断；同时，因为工作频率的原因，Wi-Fi 信号的穿透性存在短板，墙壁等遮挡物对信号强度影响较大。和蜂窝移动网络技术一样，Wi-Fi 也是在持续的演进中。当前主流的 Wi-Fi 技术是第 6 代，即 Wi-Fi6。与此前的 Wi-Fi 技术相比，Wi-Fi6 在传输速率、接入设备数量、能耗等方面都有着更好的表现，它可以支持多达 8 个设备通信，最高速率可达 9.6 Gbps。

同时，新一代的 Wi-Fi7 技术也进入了研发阶段，有数据表明 Wi-Fi7 的数据传输速率可高达 30Gbps，是 Wi-Fi6 最高速率的三倍之多，而高带宽正是支持用户顺畅接入元宇宙的关键基础。需要注意的是，当前的 Wi-Fi 也有 5G 一说，但是这里的 5G 并不是蜂窝移动通信网络的 5G，而是 Wi-Fi 信号工作在 5G 赫兹频段。到 Wi-Fi7 被规模应用时，6G 赫兹的频段也会被启用。

5G/6G、Wi-Fi6/7 探讨的是以人作为用户的视角如何接入元宇宙网络，而构成人们所处环境的数据在进入到元宇宙时也还有各自的网络技术，例如物联网。正如前文所述，异构网络的互联一定是元宇宙时代的网络必须能够支持的能力。而在当前，业界也已经在探索将物联网等异构网络领域的协议、标准和 5G 网络标准等进行融合，例如在物联网中被广泛应用的 NB-IoT 技术就已经被纳入到 5G 标准体系中，这使得智慧井盖、智慧路灯等 NB-IoT 设备及应用可以直接通过运营商的 5G 网络向后端云平台进行数据传输，使得元宇宙中相关环境的构建更加实时、快捷。

二、SD-WAN：助力元宇宙的按需扩展和融合

元宇宙每时每刻都可能进行着扩展和融合，这是因为数字人在元宇宙中所处场景的切换就意味着必须要进行数据来源的更替；相应地，底层网络数据的流量流向乃至网络连接的创建消除都需要进行相应的调整。这就需要智能化、自动化的组网技术支持，SDN 正好可以担此重任。

SD-WAN（软件定义广域网）是当前 SDN 实践中最为成功的技术方案之一，它的初衷是为了解决企业分支机构间的广域网互联问题。在 SD-WAN 出现前，企业通常会租用运营商的专线服务或者直接利用因特网实现分支机构间的网络通信，但是前者价格较高而且带宽受限，

后者的时延、丢包等情况并不理想。当前，企业的数字化和云化导致更多设备接入、用户的移动范围更广、音视频应用广泛，使得企业网络流量快速增加，特别是穿越广域网的流量显著增加。SD–WAN 可以在灵活满足业务需求的同时不中断业务并支持更高网络流量的提供，它通过软件定义技术有效支持广域网的部署、配置和运维的自动化，同时融合压缩、缓存、协议优化等技术提升广域网的传输效率。SD–WAN 的技术架构和工作原理如图 5–5 所示。

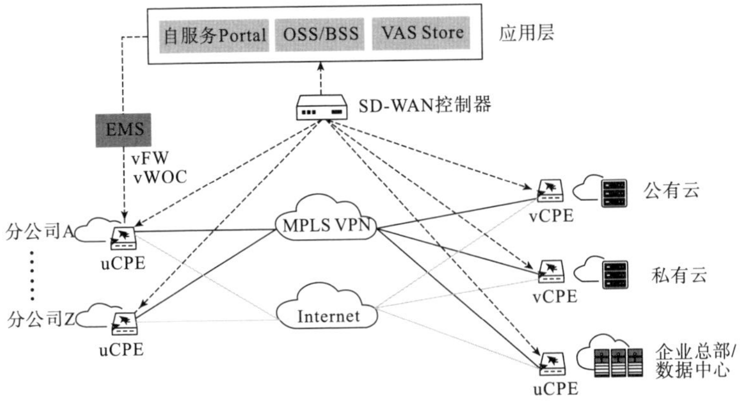

图 5–5　SD–WAN 的技术架构和工作原理

SD–WAN 引入了 SDN 的理念，将对广域网组网的控制机制集中到了控制器中，由控制器统一负责设备管理、业务下发以及根据企业业务通信需求和底层网络资源情况智能地建立具有一定 QoS 保障的网络通道。网络通道两端的 CPE 设备在控制器的管控下，利用隧道技术动态、按需地建立承载在专线网络（例如企业 MPLS VPN）或者公共互联网之上的虚拟通道。这里的 CPE 不同于本章第二节中提及的将 5G 信号转成 Wi-Fi 信号的 5G CPE，在 SD–WAN 中的 CPE 是企业客户连入网络的接口设备（可以理解为是一个小型路由器），CPE 有硬件的 uCPE（通用客户端设备）和软件的 vCPE（虚拟客户端设备）等形态。

同时，网络通道管理员通过应用层接口对 SD-WAN 控制器进行配置，即可下发 vFW（虚拟防火墙）、vWOC（虚拟广域网优化控制器）功能到 CPE，以满足广域网组网所需的安全防护、性能优化等需求。在 SD-WAN 的支持下，企业客户可以根据自身通信需求向控制器发起建立网络连接的申请，控制器会对申请进行智能分析并确定网络通道的链路配置策略，进而将策略发送给通道相关的 CPE 设备并由其发起建立叠加在底层专线网络或者公共互联网之上的虚拟通道。SD-WAN 的优势主要体现在以下几个方面。

（1）灵活接入、优化成本。SD-WAN 可以支持混合链路组网，无论是 4G/5G、光纤宽带、MPLS 专线等均可以任意组合，智能定义业务流路径，并可根据业务需求弹性开通、快速切换，构建专线级的品质体验，并显著降低成本。

（2）快速部署、集中管控。网络的开通无须专业人员到现场安装，网络配置甚至可以以邮件的方式发送给企业员工，再由员工自行通过链接完成部署；网络运行的所有情况可通过控制器统一呈现，方便“一站式”运维和在线升级。

（3）开放接口、云网融合。SD-WAN 控制器提供丰富的 API 接口，方便流量控制、应用加速等应用场景和业务逻辑的加载；充分整合企业的局域网、广域网、数据中心网络、云网络等基础设施，增强网络、云、应用的整体协同。

基于成熟软件技术与传统广域网资源精准融合的 SD-WAN，不但能够在企业分支机构互联的组网场景中发挥巨大作用，而且可以被广泛应用到 DCI 以及云间互联网络的场景中。其中，软件定义的 DCI 网络能够为企业的多个数据中心，或者为企业办公机构与数据中心之间建立基于 SDN 的解决方案；软件定义的云间互联网络则更多关注网络应用侧的 WAN 连接，能够为公有云、私有云以及越来越丰富的混合云应用提供高效的基于 SDN 的解决方案。

对于未来由云资源为主承载的元宇宙而言，SD-WAN 技术所具有的智能化、自动化的组网能力可以动态、按需地建立元宇宙之间的网络通路，为元宇宙网络的异构网络互联和自治网络组网提供强有力的支持，并最终使得数据可以在物理世界与元宇宙以及不同元宇宙之间顺畅流动，及时满足数字人的环境体验和实时交互需求。

三、确定性网络是满足元宇宙网络需求的利器

如前文所述，时延是元宇宙时代的网络面临的最大挑战。很多客观原因导致时延不可能完全消除，因此业界关注的是如何确保时延在一个确定的范围内，并进而以此来指导和优化互联网业务的设计与实现。确定性网络有可能解决这一关键难点问题，它的目标是帮助实现 IP 网络从“尽力而为”到“准时、准确、快速”，控制并降低“端到端”时延。为此，IETF（国际互联网工程任务组）在 2015 年专门成立 DetNet 工作组，专注于实现确定的传输路径，并且这些路径可以提供时延、丢包和抖动等指标的最坏情况界限，以此提供确定性的时延。当前，该工作组的工作重心是如何将确定性网络技术应用到广域网上，这正与元宇宙的需求不谋而合。

确定性网络的提出与蓬勃发展的互联网视频业务和工业机器应用相关，这些业务和应用导致了网络出现了大量的拥塞崩溃和数据分组时延。同时，许多网络应用，例如工业互联网中的数据上传和控制指令下发、远程机器人手术、无人驾驶、VR 游戏等，需要将端到端时延控制在 1 毫米至 10 毫米，将时延抖动控制在微秒级。但是，因为传统的网络缺乏时钟同步、带宽预留、数据分组优先级过滤等机制，无法为应用提供时延和抖动的 QoS 保障，所以只能将端到端的时延减少到几十毫秒。

为了解决上述问题，业界进行了很多努力。成立于 2000 年的

IEEE 1588（网络测量和控制系统的精密时钟同步协议标准）委员会在2002年发布了第一个标准，该标准支持企业级网络的时间同步，实现高于1微秒的精度；IEEE 802.1协议于2007年创建了AVB（音频视频桥接）任务组并获得工业界和汽车界的关注；AVB任务组于2012年更名为TSN（Time Sensitive Network，时间敏感网络）任务组，TSN标准扩展了AVB的技术，成为以以太网为基础的新一代网络标准，具有时间同步、时延保证等确保实时性的功能。TSN任务组产生了很多标准，但是大部分都局限在数据链路层，从而不能做跨网络的应用，无法用于广域网。也正是这一背景，促成了前文提及的DetNet工作组的出现。在DetNet工作组的规划中，确定性网络具有以下特点：

（1）时钟同步。所有网络设备和主机都可以使用IEEE 1588将其内部时钟同步到1微秒至10纳秒的精度，这是因为大多数（不是全部）确定性网络应用程序都要求终端站及时同步，一些队列算法还要求网络节点同步。

（2）零拥塞丢失。拥塞丢失是网络节点中输出缓冲区的统计溢出，是"尽力而为"网络中丢包的主要原因，因此通过调整数据包的传送并为临界流分配足够的缓冲区空间，可以消除拥塞。

（3）超可靠的数据包交付。通过多个路径发送序列数据流的多个副本，并消除目的地处或附近的副本，同时不存在故障检测和恢复周期，这是因为每个数据包都被复制并被带到或接近其目的地，因此单个随机事件或单个设备故障不会导致丢失任何一个数据包。

（4）与"尽力而为"的网络服务共存。除非临界流的需求消耗了过多的特定资源（例如特定链路的带宽），否则是可以调节临界流的速度的。因此"尽力而为"的服务质量实践（例如优先级调度、分层QoS、加权公平队列等）仍然可按照其惯常的方式运行。

确定性网络更加稳定可靠，最终形成确定的网络QoS水平，为元宇宙的发展消除了网络时延不可控等关键障碍。设想在未来，数字人的《堡垒之夜》演唱会可能是元宇宙中的常态，在演唱会上不间断地用流播放、同步播放、消除回声等功能的实现以及为通过移动 / 无线网络接入的海量观众提供身临其境的体验保障方面，确定性网络技术都将在其中扮演非常重要的角色。

第六章

系统安全技术：元宇宙的定海神针*

元宇宙在给人类带来巨大的想象空间和极大的应用前景的同时，其本身面临的安全问题绝对不容忽视。构成元宇宙系统的地基和支柱本身就存在相应的安全问题，地基和支柱各个部件之间的连接也面临着同样严峻的安全考验。传统上基于边界防护的防火墙、入侵检测和病毒查杀系统，在已经没有边界概念的元宇宙系统中将难以发挥作用。可信计算、拟态防御、零信任网络等新技术将发挥一定的作用，但其中心化配置和部署与元宇宙多方参与且互不信任的实际情况还是存在一定的不匹配。区块链系统的去信任解决方案给元宇宙系统的安全建设带来了新的启发，但也存在一定的局限性。元宇宙系统在更高的层面呼唤新的安全哲学的诞生。

第一节　需要进一步加固的元宇宙

元宇宙是数字技术发展到相当程度之后，在整合并融合各种数字技术及其他技术的基础上，由人类绘制的通向未来的一幅蓝图。但无

---

* 本章主要撰写者为高承实，上海散列信息创始合伙人，元宇宙产业委常务委员。

论是构成数字技术的最底层技术基础，还是在技术基础之上构筑出来的各种数字化应用和工具，无一不存在各种各样的安全问题，这就注定了元宇宙大厦需要进一步加固。

一、并不牢固的元宇宙产业地基

元宇宙中的各种应用均是建立在计算的基础之上，而安全问题是与计算相伴始终的。最开始的计算设备只是一个计算工具，不仅与他人利益无关，计算过程也与他人无关，因此无须防止他人攻击破坏。但随着计算技术和网络技术的发展，互联网、移动互联网、区块链等新型计算模式不断涌现，并渗入国民经济生活的整个层面，现在的网络空间已经是资产财富的聚集地，也是各种基础设施和国家主权的重要载体，黑客利用系统漏洞和病毒盗取金钱，敌对势力以 APT① 实施暴恐，霸权国家通过网络发动新型战争，这些都会对网络空间构成重大安全威胁。

中国工程院院士沈昌祥认为，传统的计算设备在设计上缺少攻防理念，在体系结构上缺失防护部件，在工程实现和应用上没有安全服务。这三个方面的天生缺陷在计算机及网络的发展历史上从来都没有得到彻底解决，并且这三个根本性的问题在后来计算设备的每一次重大更新迭代过程中几乎都被保留了下来。

当前绝大多数计算都需要依托网络环境进行。但由于计算和网络连接组合逻辑越来越复杂，而人类对 IT 认知逻辑具有天然局限性，人们没有办法穷尽所有逻辑组合，只能就计算任务设计 IT 系统，因此必定存在逻辑不完全的缺陷，难免有人会利用各种缺陷对网络进行攻击。

① APT 攻击，Advanced Persistent Threat，即高级可持续威胁攻击，也称为定向威胁攻击，指某组织对特定对象展开的持续有效的攻击活动。这种攻击活动具有极强的隐蔽性和针对性，通常会运用受感染的各种介质、供应链和社会工程学等多种手段实施先进、持久且有效的威胁和攻击。

这也是信息安全和网络安全的永恒主题。

1. 元宇宙系统面临的物理安全问题

现代社会的建立和运行是基于能源基础之上的。电力，几乎成为现代社会能源的代名词。元宇宙系统自然也是建立在现代能源基础之上的，因此，元宇宙系统具有天然的脆弱性。如果因人为或非人为因素导致电力系统出现故障，那么因电力故障而受影响的那部分元宇宙系统自然就没有办法运行。这是元宇宙系统在物理层面面临的安全问题。

当然，元宇宙系统还面临着其他物理层面的安全问题，比如地震、海啸、山洪等自然灾难，以及战争、核爆炸等人为灾难。元宇宙系统本身如果在计算、存储和网络等任一系统最底层的技术部件上出现物理层面的故障，都会影响到元宇宙系统的安全和有效运行。如果出现故障的部件是单一部件，则会导致元宇宙系统宕机。如果相应的部件在系统设计上有一定的冗余，但冗余程度不足或负载均衡设计不合理，也会对元宇宙系统运行的有效性带来影响。

2. 元宇宙系统面临的系统安全问题

从技术层面来讲，元宇宙是由各种各样的应用链接起来的。没有应用，元宇宙最多就是一块荒芜的土地，而各种各样的应用，才是元宇宙土地上的高楼大厦和车水马龙，但这些应用都需要建立在相应的地基之上。这个地基，既包括硬件层面的 CPU 和各种计算器件，也包括软件层面的操作系统、数据库、编译系统等系统软件。

CPU 是最底层的计算执行终端，其存在的漏洞隐蔽性很强，CPU 内部结构对上层又是透明的，因此非专业人员难以追踪和捕捉到其设计上存在的漏洞。同时，CPU 具有最高级别权限，其权限级别比操作系统还要高，因此利用 CPU 漏洞就可以获得比操作系统更高的权限，从而给上层的系统软件和应用软件带来更大的危害。利用 CPU 漏洞还可以帮助软件或应用突破虚拟机隔离，在更大范围内给主机和网络系统带来危害。IOT 设备、PC、服务器、嵌入式设备等各类计算设备都需要 CPU 组件，因此 CPU 存在的漏洞会波及大量设备，甚至直接击穿元宇宙系统。2017 年 6 月 1 日，谷歌的安全团队就向英特尔、AMD、ARM 报告了一个硬件级漏洞，该漏洞会导致内核数据泄露。

操作系统是与计算机硬件紧密相连的系统软件。对于计算机用户来说，操作系统体现在为用户提供的各项服务；从程序员角度，操作系统主要是指用户登录的界面或者接口；从设计人员的角度，操作系统就是各式各样模块和单元之间的联系。除了操作系统，还有编译系统、数据库系统等系统软件，这都是计算机和网络应用不可或缺的基础。元宇宙中各种各样的应用，无一不是建立在这些系统软件基础之上。云服务、区块链，也有可能成为元宇宙中基础的系统组成。

但这些系统软件也存在安全漏洞。我们必须经常性地为操作系统打补丁并进行系统升级。同时由于编译系统存在漏洞而导致应用崩溃的案例也屡见不鲜。此外，类似情形在数据库系统中也经常出现，截至 2019 年 12 月，CVE（通用漏洞披露）发布的被确认的国际主流数据库漏洞共计 140 个，其中 Oracle 12 个、MySQL 有 107 个、PostgreSQL 有 4 个、IBM DB2 有 14 个。其中 Oracle 被发现的 12 个漏洞中含有 1 个超危漏洞、4 个高危漏洞；MySQL 数据库的 107 个漏洞中含有 4 个高危漏洞、97 个中危漏洞；PostgreSQL 数据库中有 2 个高危漏洞；DB2 数据库中发现了 11 个高危漏洞。系统软件是应用软件的底层和基础。系统软件一旦出现安全问题，不仅影响系统软件本身，还影响构建在其上的所有应用软件。

二、纸浆糊怎能糊出元宇宙的高楼大厦

元宇宙是建立在各种数字技术的广泛连接和融合基础之上的。我们

前面分析了构成元宇宙的各种底层技术和中间层技术可能存在的安全问题。即使构成元宇宙的这些底层技术和中间层技术都是安全的，元宇宙这栋高楼大厦也不必然是坚固的。因为元宇宙不可能是由各个底层技术和中间层技术以及上层应用直接焊接并做到严丝合缝的，这些技术和应用必然存在横向及纵向的各种交互和连接。这种数据和功能方面的交互和连接如果出现安全问题，元宇宙这个高楼大厦就仍然是不安全的。

最近，以太坊联合创始人维塔利克·布特林发表观点，称区块链的“未来将是‘多链’而非‘跨链’”，[①] 依据是“跨链桥存在基本安全限制”。他进一步解释称，如果单一区块链系统存在安全问题，那么这种安全问题就会通过跨链桥传播到整个区块链世界。我们知道，区块链本身是多种技术以特定结构实现的组合，这种技术的特定组合方式保证了区块链系统的安全和稳固。但即使区块链系统耗费了这么多资源，组合了这么多技术来确保其系统的安全、可靠、可信，也仍然无法完全保证自身的安全，以及不同区块链间通过跨链桥连接的安全。因此，其他技术之间的交互和连接方式，其安全性也必须要经过进一步的检验和验证。

此外，元宇宙系统中的用户也必然要面临更多的数据方面和应用方面的安全问题。

传统意义上的数据安全更多是指数据本身的机密性、完整性和可用性，但这更多是对小数据、关键数据和核心数据而言。在大数据时代，数据安全已经拓展到了极为宽泛的领域，很多本身没有价值或价值很低的数据，一旦汇集为大数据，通常都能产生极大的价值，并对其他数据、信息以及人的安全带来威胁。目前基于大数据和人工智能技术，已经能够实现对用户的精准画像，但这种精准画像更多是被用于精准营销。如果基于海量无价值或低价值数据，从中挖掘出更多的

---

① 参考自 https://www.jinse.com/blockchain/1176055.html

关键信息甚至机密信息，那必将对个人、机构甚至国家主权带来广泛的影响和危害。因此，最新颁布的《中华人民共和国数据安全法》，将“数据安全”定义为“通过采取必要措施，确保数据处于有效保护和合法利用的状态，以及具备保障持续安全状态的能力。”

在元宇宙系统中，各种应用无论是种类还是数量只会越来越多，因此系统面临的安全威胁和威胁样式也必然会越来越多。

此外，在不断变化的系统环境中，人类迫切需要一种能够对未知攻击和潜在攻击行为进行高速、准确提取和智能分析的能力，并能对数据分析结果进行实时聚合展现，从而实现对安全威胁的实时发现、阻拦、应急的能力。如果没有这种安全能力，就不可能构建起安全、可用、可靠并且敢于开放互连的元宇宙系统，也不可能在元宇宙系统上展开各种应用，服务于人类越来越丰富的想象和产业化应用。

第二节　传统安全手段难以支撑元宇宙迈向星辰大海

随着新型计算模式出现，在发展出传统计算模式所不具备的很多功能的同时，也带来了新的安全风险。

一、新型计算模式下，传统安全手段更捉襟见肘

基于传统安全工具组合，试图解决新型计算模式的安全解决方案虽然也纷纷出笼，但面向层出不穷的安全隐患，大多数安全解决方案都捉襟见肘。

1. 云计算平台面临多重严重安全威胁

相对于传统网络架构，云在技术架构、管理架构、服务架构以及安全边界方面都有很大的变化，对安全监管也提出了新的要求和挑战。云安全联盟于 2018 年 1 月发布了《12 大顶级云安全威胁：行业见解报告》[①]。如图 6–1 所示，该报告重点聚焦了 12 个最严重的涉及云计算共享和按需特性方面的安全威胁。

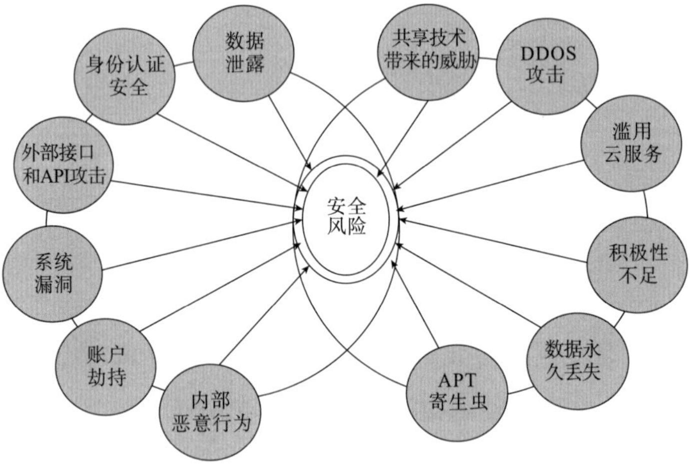

图 6–1　云计算共享和按需特性方面的 12 大顶级云安全威胁

资料来源：云安全联盟

除了以上 12 个方面的安全威胁，在云环境的建设和使用过程中，每个环节都可能带来安全风险。业界一般将云计算共享和按需特性方面可能导致的安全风险归结为如图 6–2 所示的传统信息安全风险、云计算平台安全风险、用户访问安全风险以及管理安全风险 4 个方面的内容。

① 参考自 https://downloads.cloudsecurityalliance.org/assets/research/top-threats/treacherous-12-top-threats.pdf

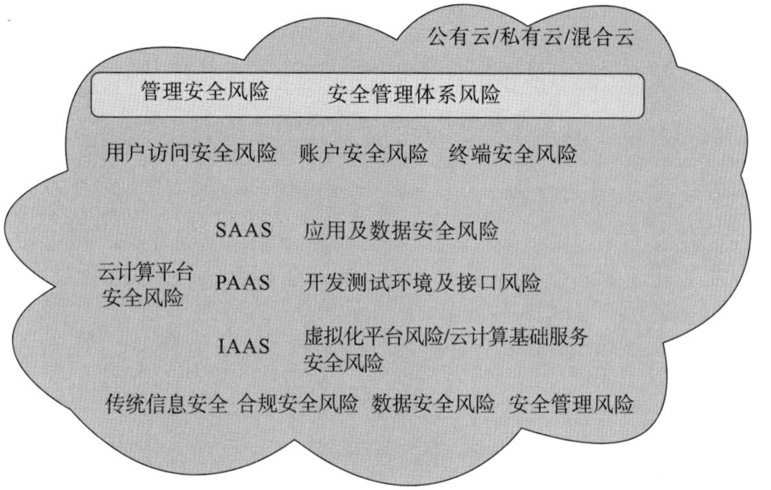

图 6-2　云计算共享和按需特性方面面临的安全风险分类

资料来源：云安全联盟

在具体技术层面，虚拟化是目前云计算供应商使用最广泛的技术之一。但在主流虚拟化技术中，漏洞广泛存在，安全风险大，并且这些漏洞不仅危及虚拟机本身，还会影响虚拟化的宿主机。如果这些虚拟化管理软件中存在的漏洞被利用，租户的安全就无法得到有效保障。

在虚拟化环境下，单台物理服务器上的各虚拟机之间可能存在二层流量交换，而这部分流量对于管理员是不可见的。在这种情况下，管理员需要判断虚拟机之间的访问是否符合预定的安全策略，或者需要考虑如何设置策略以便实现对虚拟机之间流量的访问控制。

此外，服务提供商通过接口或者 API 让客户与云平台进行交互，一些第三方组织基于这些接口为客户提供增值服务，远程访问机制以及 Web 浏览器的使用也增加了这些接口的漏洞存在并被利用的可能性。

在云环境中，各个云应用属于不同的安全管理域，每个安全管理域都管理着本地的资源和用户。攻击者还有可能假冒合法用户进行如窃取用户数据、篡改用户数据等非法活动。云中存储的大量的用户业务数据、隐私信息或其他有价值信息，很容易受到攻击。当遇到严重攻击时，云计算系统有可能面临崩溃的危险，甚至无法提供相应的服务。

面对云计算带来的更加复杂的安全威胁，安全厂商基本都会从组织、制度、管理、人员、架构、服务、边界、工具、租户等维度，系统性地提供解决方案。但网络安全机构 Sophos 公司的《2020 年云安全状况》报告显示，在 2020 年，近 3/4 的企业遭受了云安全威胁事件，其中恶意软件、勒索软件、数据和账户泄露以及加密劫持是比较大的威胁，运行多云环境的企业也受到了云安全威胁事件的影响。

2. 大数据系统数据泄露问题层出不穷

大数据系统具有分布式、组件多、接口多、类型多、数据量大等特点，这些特点使得其安全与传统数据安全存在明显差异，而这些差异使得大数据的安全维护更加困难。目前，主流的开源大数据组件至少有几十款，还有大量第三方封装的组件，不同组件使用的交互接口又不同，因此，安全产品在监控、防护、溯源的方案设计和技术实现上都存在相当大的难度。

大数据平台涉及的安全问题也比较广泛，在安全管理、平台安全、数据安全、运维安全、业务安全等 5 个方面，大数据平台都存在安全隐患。

- 安全管理是指大数据平台在管理方面的安全要求，包括管理制度、管理机构和人员、系统建设、运维等内容方面的管理和配套管理。
- 平台安全指主机、系统、组件自身的安全和身份鉴别、访问控制、接口安全、多租户管理等方面的安全。平台安全是对大数据平台传输、存储、运算等资源的基本安全防护要求。
- 数据安全。数据的生命周期一般分为采集、传输、存储、处理、交换和销毁6个阶段，数据安全贯穿其全生命周期。具体包括数据采集阶段的分类分级、清洗比对、质量监控；数据传输阶段的安全管理；数据存储阶段的安全存储、访问控制、数据副本、数据归档、数据时效性；数据处理阶段的分布式处理安全、数据加密、数据脱敏、数据溯源；数据交换阶段的数据导入导出、共享、发布、交换监控；数据销毁阶段的介质使用管理、数据销毁、介质销毁。

- 运维方面的安全则包括内部人员的误操作导致的数据丢失或不可用，或运维人员蓄谋恶意行为导致的数据泄露。
- 业务安全跟业务强相关，跟应用场景和业务流量特征有关，一般的防护手段很难发现。业务安全包括缓慢少量攻击、共谋、在噪音中隐身、持续渗漏尝试、长期潜伏者等。

目前大多数大数据安全系统给出的综合性的解决方案，都会从安全平台能力、运维安全管控、监控与评估、管控与处理、审计与分析等方面出发，设计出一套大数据安全防护方案，覆盖平台安全、数据安全、运维安全、业务安全，提供数据发现、分类、分级、评估、监控、保护、审计、溯源、态势感知等方面的安全防护方案。但即使如此，包括谷歌、微软在内的大公司数据泄露事件仍然时有发生，更多的小公司数据泄露事件更是层出不穷。

3. 人工智能系统安全风险凸显

人工智能技术在元宇宙中几乎无处不在。元宇宙不仅是对目前现实物理世界的数字映射或数字孪生，更要基于数字世界的内在逻辑实现对现实物理世界以及数字世界的优化和重构。而这种优化和重构，需要人工智能的深度参与。人工智能能够比人类智能触及更加深层的数字逻辑，并基于海量计算能够发现更加隐蔽的要素之间的关联关系。

中国信通院于2020年编撰的《人工智能安全框架》引述了ISO基于“人工智能系统生命周期过程”，从初始、设计研发、检验验证、部署、运行监控、持续验证、重新评估和废弃8个阶段，描述的人工智能全生命周期的安全风险地图。

自2014年谷歌研究人员首次证实深度神经网络面临对抗样本攻击威胁以后，人工智能风险防御领域的论文数量迅速增长。当前，人工智能安全风险日益凸显，并不断向物理世界和人类社会蔓延。但现阶段企业主要聚焦于人工智能技术研发和产品运营，在人工智能安全方面投入较少，也尚未形成成熟安全的产品和服务。同时，现有网络安全框架并不适用于人工智能应用。

张小松等人在其2021年出版的《人工智能算法安全与安全应用》中，围绕人工智能网络安全应用以及对人工智能算法自身安全性的分析，给出了如图6-3所示的人工智能算法安全与安全应用的框架结构。

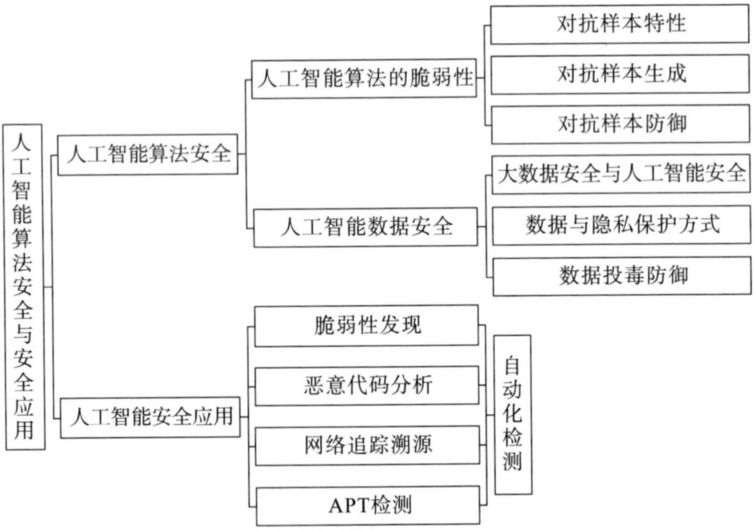

图6-3 人工智能算法安全与安全应用的框架结构

4. 区块链系统安全问题频发

区块链系统使用了复杂的密码学技术，且其主要应用于虚拟数字货币领域，使得其安全性在开放环境下得到了比较充分的检验，但区块链系统仍然面临一系列安全问题。即使是经过大范围长时间检验的比特币系统，也不例外。2010 年 8 月，比特币系统就曾因整数溢出漏洞，出现被人凭空造出了 1 844 亿枚比特币的事件。[①]

在以太坊引入智能合约以后，由于智能合约编写者水平参差不齐，业务逻辑又与以往中心化系统逻辑不同，因此，新的系统漏洞和安全性问题也层出不穷。同时，智能合约在以太坊上是以链上数据的形式存在，因此即使发现智能合约存在漏洞，作为去中心化系统的公有链以及智能合约编写者和发布者也都没有办法让合约停止运行，更不能像传统中心化系统那样通过打补丁和系统升级的办法更正合约。表 6–1 总结了 3 个层面 15 个不同类别的以太坊智能合约漏洞[②]。

区块链系统存在和面临的安全问题并没有得到有效解决。目前只能基于安全层面对系统设计进行反复论证，以及在代码上线前进行多轮审计，尽可能早地发现安全隐患，让问题消灭在萌芽状态。

表 6–1　以太坊智能合约安全威胁与安全漏洞

威胁层面	安全漏洞	备注
高级语言层面	变量覆盖	高级语言层面引入，与高级语言设计模式、用户程序编写等有关
	整数溢出	
	未校验返回值	
	任意地址写入	

① 参考自 https://www.elecfans.com/blockchain/922931.html

② 倪远东，张超，殷婷婷．智能合约安全漏洞研究综述 [J]. 信息安全学报，2020(3).

续表

威胁层面	安全漏洞	备注
高级语言层面	拒绝服务	高级语言层面引入，与高级语言设计模式、用户程序编写等有关
	资产冻结	
	未初始化变量	
	影子变量	
虚拟机层面	重入	虚拟机层面引入，与虚拟机及其字节码设计规范、虚拟机实现有关
	代码注入	
	短地址攻击	
	不一致性攻击	
区块链层面	时间戳依赖	区块链层面引入，主要与区块链本身的特性有关
	条件竞争	
	随机性不足	

三、系统级安全解决方案群雄纷争

尽管各主流安全厂商针对新型计算给出了各具特色的安全解决方案，但实施效果差强人意。除了防火墙、入侵检测系统和病毒查杀软件等基本工具，各种安全解决方案还综合运用了访问控制策略等不同的系统功能组件。相对各种新型计算，这些安全解决方案还停留在通用化阶段，并没有深入到系统的底层和应用逻辑层面，提出的方案也基本上是基于已有技术的碎片化组合。

在这种背景下，根植于计算机体系结构改造，或面向网络应用，或面向无边界网络的系统级安全解决方案开始涌现。

1. 可信计算

TCG（可信计算组织）从行为的角度对实体可信进行了定义，认为当一个实体的行为总是按照预期的方式达到预期的目标时，它就是可信的。

可信计算的技术路线为可信根、信任度量模型与信任链，以及可信计算平台。其一般思路是，首先建立一个可信根作为信任的基础和出发点；然后再建立一条信任链，以可信根为起点，一级度量一级，一级信任一级，把这种信任扩展到整个系统，从而保证整个计算环境的可信。可信计算一方面需要建立报告机制，实时通告系统自身的属性，另一方面也需要对报告机制和报告内容提供必要的保证功能。

可信计算经历了从 1.0 到 3.0 三个主要发展阶段。可信 1.0 主要以故障排除和冗余备份为手段，是基于容错方法的安全防护措施，主要是对计算机可靠性的保证。可信 2.0 以 TCG 出台的 TPM 1.0 为标志，以硬件芯片作为可信根，以可信度量、可信存储、可信报告等为手段，以实现计算机的单机保护，未能从计算机体系结构层面考虑安全问题，很难实现主动防御。可信 3.0 战略基于“主动免疫计算模式”，主要包括可信计算密码模块平台、可信平台控制模块、可信度量节点、可信基础支撑软件框架和可信连接框架。

在此基础上，可信计算 3.0 进而提出“以主动免疫的可信计算为基础，访问控制为核心，构建可信安全管理中心支持下的积极主动三重防护框架”的主动防御策略。主动免疫可信计算技术是核心，安全计算环境、安全区域边界和安全通信网络共同组成了纵深积极防御体系，围绕安全管理中心对防御体系的各个层面进行保护机制、响应机制和审计机制之间的策略联动。

可信计算需要有一个先验的可信根，如何动态度量软件安全也存在一定技术上的难度。可信计算是一个开放的体系，发展空间非常大，发展速度也非常快。国际上一些可信计算的反对者认为可信计算背后的公司并不值得信任，可信计算给系统和软件设计者过多的权利和控制。他们还认为可信计算会潜在地迫使用户的在线交互过程失去匿名性，并强制推行一些不必要的技术。

中国政府对可信计算给予了极大的关注。中国国家密码管理委员会组织了可信密码模块的标准制定，并在其官方网站上提供了部分标准。中国科学技术部“863 计划”开展了可信计算技术的项目专题研究，自然基金委开展了“可信软件”重大专项研究计划支持。中国工程院沈昌祥院士、中国科学院冯登国院士、武汉大学张焕国教授在可信计算的理论与技术推广方面做出了卓越贡献。

2. 拟态防御

拟态本是指一种生物在色彩、纹理和形状等特征上模拟另一种生物或环境，从而使一方或双方受益的生态适应现象。如果这种生物伪装不仅限于色彩、纹理和形状，而且在行为和形态上也能模拟另一种生物或环境，则称之为“拟态防御”。

研究者将这种主动防御理念引入到网络空间中，在基于内生安全机理的动态异构冗余构造中引入拟态伪装的策略或机制，使得构造产生时空不一致的测不准效应。导入拟态伪装策略，可以更好地隐蔽或伪装目标对象的防御场景和防御行为，使得目标对象在应对持续性的、隐蔽的、高烈度的人机攻防博弈中获得更为可靠的优势地位，尤其是面对未知漏洞后门、病毒木马等不确定威胁时，具有更加显著的效果。

现有的网络空间防御基本上是基于已有特征感知的精确防御。建立在“已知风险”或者是“已知的未知风险”前提条件上，需要攻击来源、攻击特征、攻击途径、攻击行为等先验知识的支撑，在防御机理上属于“后天获得性免疫”，通常需要加密或认证功能作为“底线防御”，在应对基于未知漏洞后门或病毒木马等未知攻击时存在防御体制和机制上的脆弱性。

网络安全领域的拟态防御在目标对象给定服务功能和性能不变的前提下，通过对其内部架构、冗余资源、运行机制、核心算法、异常表现等环境因素，以及可能附着其上的未知漏洞后门或木马病毒等做策略性的时空变化，从而呈现出“似是而非”的场景，以扰乱攻击链的构造和生效过程，使攻击成功的代价倍增。

拟态防御在技术上融合了多种主动防御要素，以异构性、多样或多元性改变目标系统的相似性、单一性；以动态性、随机性改变目标系统的静态性、确定性；以异构冗余多模裁决机制识别和屏蔽未知缺陷与未明威胁；以高可靠性架构增强目标系统服务功能的柔韧性或弹性；以系统的不确定属性防御或拒绝针对目标系统的不确定性威胁。

拟态界面所定义功能的完整性、有效性和安全性是拟态防御有效性的前提条件。如果攻击行动未能使拟态界上的输出矢量表现不一致，拟态防御机制是不会做出任何反应的。因此，合理设置、划分或选择拟态防御界在工程实现上非常关键。

基于不同任务、时段、负载、效能要求、资源占用等条件或参数，拟态计算动态地选择构成与之相适应的解算环境，以基于主动认知的动态变结构计算提升系统的处理效能，充分挖掘变结构计算中机理上的内生抗攻击属性。在攻击者眼中，拟态计算系统以规律不定的方式在多样化环境间实施基于时空维度上的主动跳变或快速迁移，表现出很强的动态性、异构性和随机性等不确定性特点，难以观察和预测，从而增大了构建基于漏洞和后门的攻击链的难度与代价。

2018 年 4 月 12 日，全球首套拟态防御网络设备在郑州投入互联网线上服务。此次上线的拟态防御网络设备包括拟态域名服务器、拟态路由器、拟态 Web 虚拟机、拟态云服务器和拟态防火墙等多种类型的设备与装置，可为网络服务提供一体化解决方案，应用范围也进一步扩大。

拟态计算建立在大量资源冗余和异构基础之上，而且拟态系统在运行时，需要首先确保自身系统以及相关的软件系统是安全的，但也难以避免先验安全的问题。

3. 零信任网络

近年来，远程办公、业务协同、分支互联等业务需求快速发展，企业原有的网络边界逐渐泛化，原来基于边界的防火墙、入侵检测等传统安全工具不再有效。于是，持续不间断地对用户身份进行验证并进行风险评估，构建以身份为关键的零信任安全网络就应运而生了。

中国信息安全研究院副院长左晓栋表示，零信任的产生有客观必然性，源于网络安全风险加大，传统信任模型受到挑战；零信任的实质是对访问控制的新要求，不是网络安全的全部。①

零信任网络模型是约翰·金德维格（John Kindervag）在 2010 年提出的，其核心思想是企业不应自动信任内部或外部的任何人、事或物，而应在对人、事或物授权前对任何试图接入企业系统的人、事或物进行验证。由此，零信任架构意味着每个用户、设备、服务或应用程序都是不可信任的，必须经历身份和访问管理过程才能获得最低级别的信任和关联访问特权。因此，零信任网络的原则是“从不信任，总是验证”。

这一假设得到了数据上的支持。加利福尼亚州旧金山计算机安全研究所称，60% 到 80% 的网络滥用事件来自内部网络。而防火墙和入侵检测系统主要防御网络外部发起的攻击，对内部网络攻击是无效的。

多位专家认为，零信任是框架而不是具体技术，是技术组合而不是单一技术，可由多种方法实现而不是唯一固化的方式。需要针对系统的安全保护相关要求及访问控制应用情况，建立起物理设备、信息系统、数据等在内的资源清单并加强标识化管理，对资源实施细粒度访问控制，开展持续的面向信任的监测和分析。

零信任网络仍然是建立在已知身份和访问权限基础上的，面对一

---

① 参考自 https://news.gmw.cn/2021-12/20/content_35393732.htm

个开放和匿名的系统，如何确保弱访问控制下的零信任网络安全，还是一个比较难的问题。目前零信任网络在工程实现上还存在很多不足，比如边界网关协议、身份和访问管理服务等路由协议之间缺乏集成。

第三节　系统安全如何成为元宇宙的定海神针

元宇宙系统与传统系统的最大不同是，元宇宙是由不同国家和机构分别建设并需要他们高度配合和协同才能够投入运营的跨机构、跨地域系统。目前使用的部件或系统，如硬件、操作系统、数据库以及各种应用软件，虽然也是由不同国家和机构建设的，但基本上各成体系，这些部件或系统只有纵向的寄生或承载关系，而极少有横向的交互与关联，因此一些大众化应用，比如微信，就不得不针对不同的操作系统开发不同的版本，并在后台数据库中完成数据的整合及汇总。

一、元宇宙在系统安全方面提出的新要求

大数据的出现，使得数据隐私和数据价值成为迫切的现实问题。元宇宙的出现，则使得安全问题变得更加迫切。

360 公司创始人周鸿祎认为，“在元宇宙的强大需求下，网络安全也应该随之而升级”。[①]

周鸿祎指出，数字时代的安全问题已升级为大数据安全、云安全、物联网安全、新终端安全、网络通信安全、供应链安全、应用安全、区块链安全这八大挑战，元宇宙和数字化用到的基础技术都将面临新

① 参考自 https://view.inews.qq.com/a/20211228A0D2H000

的安全问题。同时，安全威胁与现实世界交织融合，安全风险遍布关键基础设施、工业互联网、车联网、能源互联网、数字金融、智慧医疗、数字政府、智慧城市这八大场景，影响国家、国防、经济、社会乃至人身安全，上升为大安全挑战。

周鸿祎注意到了元宇宙时代每类新型计算及应用自身面临的安全问题，以及这些安全威胁与现实世界交织可能带来的安全风险，此外，还存在着不同计算系统由于数据、功能和业务上的交织融合而可能带来的更加多元的安全风险。

如果说在传统的 IT 系统中，每个业务系统的安全仅是单一业务系统所面临和要解决的问题，那么在元宇宙时代，安全问题牵一发而动全身，一个环节出现问题，这个问题就有可能在整个系统中扩散，甚至直到整个元宇宙系统崩塌。但到目前为止，传统的业务单元都还存在相当多的没有解决的安全问题，如果我们将这些带有安全问题的业务单元直接带入元宇宙系统，那么元宇宙系统在建设之初就是千疮百孔的，而不是像人类建筑的高楼大厦一样地基坚实、支柱稳固。

二、元宇宙建设呼唤更新的安全哲学

元宇宙是数字技术和数字工具在多个层面、多个维度的超复杂组合，元宇宙系统以数据作为各种功能和内容的载体，将体系内外部连通在一起，从底层的物理基础，到系统构成，再到上层应用。

元宇宙系统的高楼大厦，不仅要求部件和系统要有纵向的寄生和承载关系，更要求它们之间要有横向密切的关联和协同，甚至不同层级间的应用也需要建立紧密的合作和协作。但不是所有国家和机构都能建立起百分之百的信任关系，更不用说分别隶属于不同国家和机构的用户跨越国家和机构之间的合作了。因此，和原来基于可信第三方，或由系统或应用自己提供安全和信任解决方案不同，元宇宙必须要有一个为大家所公认并经过检验的跨越国家和机构的安全与信任解决方案。

元宇宙概念的提出和元系统的建设对网络和系统的安全提出了更复杂的要求。元宇宙系统架构上的复杂性、功能上的丰富性、对数字技术利用的全面性，都急迫需要一种去中心化的、更加顶层的安全哲学，否则难以从整体上确保元宇宙系统的安全。这种新的去中心化的安全哲学和方法论，需要渗透到元宇宙的每个组件、功能和环节中。为了满足安全方面的要求，需要抓住元宇宙系统的体系结构特点和主要矛盾，从计算最基本的体系结构入手，重新思考计算在不同环境下所需要的安全对策和安全解决方案，充分利用政治、经济和社会学研究成果，充分利用人体免疫等医学研究成果，以及计算系统层次化和模块化思维，将总的安全需求和具体解决方案的实现进行必要的分解，并分别实施。

另外，还需要结合具体的业务内容，从具象层面提出针对不同业务场景的安全解决方案，而不是像传统安全解决方案一样，用一套方案来应对所有业务场景。

三、全新解决方案

通常，我们在讨论网络和信息系统安全时很少进一步讨论物理安全，因为物理安全不在安全从业者的业务范围以内，而且一般情况下，物理安全和系统安全、数据安全和应用安全也不在一个层面上。

但元宇宙系统的物理安全与传统信息系统的物理安全需求不完全一致。在传统信息系统中，如果发生物理安全问题，可能会导致当前的系统无法使用，但不会带来更大的（负）外部性问题。比如证券交易所的交易通常都是面向全球的，为了确保不因物理安全而影响交易，证券交易所往往对系统和数据实施两地三备份，以保证系统在发生大规模的物理性安全危机时仍然能正常运转。但即使真的发生大规模的物理性安全危机，影响的也仅仅是证券的交易系统以及与交易相关的事情，而不可能会影响到诸如医院等其他系统。

但当元宇宙成为人类社会的最主要栖息地时，如果某个区域的网络或信息系统发生物理安全问题造成系统宕机，则可能会使某一个局域的元宇宙系统停止运行，也还可能进一步造成其他区域的元宇宙系统也无法运行，由此带来较大的（负）外部性。就算此时其他区域的元宇宙系统能够继续运行，也会导致元宇宙系统在使用上的区域不均衡。因此，在物理层面，如何确保元宇宙系统不发生大规模的物理安全问题，也是元宇宙系统在建设时需要充分考虑的问题。

为确保信息系统的安全，人们曾试图在计算体系结构上对传统的计算模式进行改造，可信计算就是直接对计算机的体系结构进行改造，并取得了较为理想效果的典型案例；拟态防御则是在网络层面，在计算外部通过对资源进行冗余动态配置的方式来防御外部入侵；零信任网络则将一切安全内容都聚焦在身份上，但对于身份如何确认、身份所属的权限如何授予，却并没有充分的讨论。以上这些方案，在元宇宙的安全体系中也都会有其用武之地。

元宇宙系统需要更多面向新的安全需求的具体解决方案。比如针对大数据背景下的人工智能应用，为了确保各方数据安全和隐私问题而发展出了零知识证明、安全多方计算、隐私计算、联邦学习以及同态加密等新型技术。这些技术也都会在元宇宙系统中发挥其应有的作用。

同时，区块链的出现为解决元宇宙系统的安全问题提供了新的思路。尽管区块链系统自身也存在着严重的安全问题，但区块链通过多种技术的组合和大量资源的消耗，在不安全的网络环境、无可信第三方的情况下，在非信任主体甚至陌生主体间建立和维护了信任关系。虽然这种方案目前还仅仅是建立在链上数据不可篡改、不可伪造，以及智能合约基础之上，但是否可以在非区块链系统上，通过系统改造和代码移植，也实现这种无信任主体间的信任关系建立和维护，到目前还是一个有待理论界和工程界回答的问题。

另外，区块链提供的信任，更多是基于数字领域对虚拟加密货币交易的信任，而没有拓展到更通用的信任维度上。这一点，也有待在元宇宙的大背景下，对其进行进一步的发展。

也许在现有安全框架之下，以及现有安全解决方案之外，针对元宇宙系统的安全需求，还会有某一种或几种新的安全哲学和范式，以及新的解决方案产生，进而可以进一步形成更新、更全面、更系统的安全哲学和范式，成为元宇宙时代的安全主导。但有一点可以确定，元宇宙系统不是一套安全体系贯穿始终，而是多个安全系统、不同安全结构、多个安全指导思想和安全哲学、不同安全范式交互，并在不同层面、不同维度、不同环节，分别发挥不同的作用，并因其相互影响和关联，进而构造成一个覆盖元宇宙系统各个层面和应用的坚固的安全保障网！

第七章

AI 技术：端到端的智能*

当前，AI 已成为新一轮科技革命和产业变革的重要驱动力量。在元宇宙的世界里，AI 也将扮演重要角色，为元宇宙赋予创新的内容和智能的“大脑”。其中，AI 辅助的内容生产和完全的 AI 内容生产，弥补了仅凭纯人工生产内容的低效、不够丰富的短板，满足了元宇宙迅猛增长的内容需求（具体我们还会在本书内容创作技术那一章详细分析）；而 AI 对元宇宙内的数字人角色赋智，使得不论是虚拟人还是托管人（物理人的数字化身），它们的行为控制都不是一段简单的自动化游戏脚本，而是在 AI 的加持下逐步获得了接近甚至超出物理人的行为能力。

对于元宇宙而言，它的构建和发展就是虚拟世界和物理世界之间的持续互动过程，这个过程可以包括三个方面：由实化虚、虚实交融、由虚返实。而对于每一个方面，AI 都是最关键的驱动力量之一：在“由实化虚”过程中，AI 助力元宇宙生成更加丰富、更加接近物理世界的内容；在“虚实交融”过程中，AI 使得虚拟人、托管人的思想举止更加贴合真实人类；在“由虚返实”过程中，AI 帮助那些在元宇宙中汇总凝练的经验回馈到物理世界，使得物理世界更加美好。

---

* 本章主要撰写者为王峰，中国电信研究院人工智能研发中心主任，元宇宙产业委常务委员。

第一节　由实化虚：AI 赋能元宇宙内容生成

“由实化虚”是指将人们所处的物理世界中的现实情况向元宇宙映射的过程，它使得元宇宙中的内容不断丰富并且越来越接近真实的场景。无论元宇宙中的内容是凭空创造的还是从现实中复制而来的，AI 都能够发挥巨大的辅助作用，大幅提升内容的创作效率，最典型的 AI 技术就是 GAN 和 CV（计算机视觉）中的 2D 转 3D 技术，比如 GANverse3D。GAN 是用于图像生成的技术，在元宇宙的虚拟世界建立时，它既可以被用于环境的物品或场景的生成，又可以被用于数字人的形象合成。通过 GANverse3D，即使没有 3D 建模方面的知识，建筑师、创作者、游戏开发人员和设计师也能轻松地将平面设计转换成立体模型，满足元宇宙内的虚拟场景 3D 化的需求。

一、GAN 助力元宇宙内容创造

GAN 属于 AI 模型中的生成式模型，它能够自动化生成内容或进行内容增强，使得 AIGC 成为元宇宙时代的重要内容来源。GAN 分为生成模型（Generative Model）和判别模型（Discriminative Model）两种。其中，生成模型的任务是生成看起来自然真实、和原始数据相似的实例；判别模型的任务是判断给定的实例看上去像自然真实的还是更像人为制造的（真实实例来源于数据集，人为制造的实例来源于生成模型）。在实际工作中，这两种模型就像武林高手左右互搏，即生成器（Generator）试图欺骗判别器（Discriminator），而判别器则要努力不被生成器所欺骗。在这种情形下，经过交替的优化训练，两种模型都能得到提升。对于元宇宙的设计者而言，最终需要的还是呈现效果被提升到很高水平的生成模型，因为这个模型所生成的数字化内容能够达到真假难辨的地步。

以生成元宇宙中的图片为例。GAN 在最初始会建立生成器 G 和判别器 D 两个网络。G 作为负责生成图片的网络，会接收一个随机噪声 z，并通过这个噪声生成图片，记作 G（z）；D 作为判别网络，负责判别一张图片是不是“真实的”，它会针对输入的图片 x 输出 D（x），即 x 为真实图片的概率。如果 D（x）为 1，就说明图片 x 是真实图片；如果 D（x）为 0，就说明图片 x 不是真实图片。GAN 理论上对 G 和 D 的结构没有强制要求，只需要它们能够拟合相应生成和判别的函数即可。但是在应用中，G 和 D 通常都采用深度神经网络实现，应用 GAN 的重点在于良好的训练方法，否则可能输出不理想。

G 和 D 构成了一个动态的“博弈过程”，在最后的博弈结果中，在理想的状态下，G 可以生成足以“以假乱真”的图片 G（z），而此时对于 D 则意味着它难以判定 G 生成的图片究竟是否真实，因此 D［G（z）］=1。截至此时，GAN 的目的得以达成，它训练出了一个生成式的模型 G，这个模型可以用来生成图片。也许人们会担心这里的 G 和 D 的博弈过程是能够终止的吗？GAN 的训练过程一定可以得到一个理想的 G 吗？为此，GAN 的提出者古德费洛（Goodfellow）证明了博弈过程中算法具有收敛性，同时在模型收敛时生成数据具有和真实数据相同的分布，从而保证了模型效果，这夯实了 GAN 的理论基础，使其应用具有充分的可行性和有效性。

当前，基于 GAN 的元宇宙中数字人的生成已经有了很多案例。泰罗・卡拉斯（Tero Karras）等人利用 GAN 网络制作了效果非常逼真的人脸照片，并尝试以名人的脸作为输入，导致生成的照片具有名人的脸部特征，这些特征看上去让人感觉很熟悉却并不认识，这就相当于对人脸做了一次风格转换。这个尝试在元宇宙中拥有很多应用场景，例如，对于接入元宇宙的用户，可以用 GAN 以其真实形象为基础进而扩展出多个保留其本人特点的数字人形象。GAN 还可以为数字人生成表情和动作。Liqian Ma 等人论述了基于 GAN 生成人体模型新体态的案例。另外，GAN 还也可以被用于语音风格的转换，这使得用户的音色等特征都可以在元宇宙的虚拟世界中得到保留。

除了数字人的生成，GAN 同样可用于元宇宙中的物品和场景的生成，还产生了很多有趣的使用方式，比较典型的是基于 GAN 对同一场景进行日夜时间的转换。GAN 甚至可以将文字描述转化成实际的物品和场景，例如：Han Zhang 等人研究了如何运用 StackGAN 将对简单物体（如花、鸟）的文字描述转化为现实图片的方法，Ting-Chun Wang 等人研究了根据语义图像或素描，使用条件性 GAN 生成现实图片的方法。另外，GAN 还支持将不同的场景组合成新的场景。例如 Huikai Wu 等人展示了 GAN 在混合照片特别是混合风景及大型物品照片中的应用。依托该能力，GAN 可以组合现实场景，构造虚拟世界场景，甚至根据用户需求在元宇宙的虚拟场景上构建组合的虚拟场景。

近年来，以 GAN 为代表的生成模型技术在 AI 领域取得了显著进步。例如，GAN 可被用在元宇宙中对现实世界进行模拟，创造出逼真的虚拟世界场景，具有广阔的应用前景。论文《级联优化网络生成逼真图像》（*Photographic Image Synthesis with Cascaded Refinement Networks*）研究了采用级联优化网络生成照片，其成果被康奈尔大学计算机系的诺亚·斯纳利（Noah Snavely）副教授看到，他认为这是他见过的最大、最详细的人工场景。GAN 可以让人们描述一个世界，然后让 AI 在虚拟现实中将其打造出来，甚至“仅凭大声描述就能像魔法一样召唤出逼真的场景”。而这正是 AI 技术在元宇宙内容创造中可以发挥的重大作用。

需要特别注意的是，GAN 也是一把双刃剑，例如基于 GAN 的深度伪造（Deep Fake）可以轻松实现 AI 换脸、语音模拟、人脸合成、视频生成等工作。这些技术的出现使得篡改或生成高度逼真且难以甄别的音视频内容成为可能，并最终导致人们难以明辨真伪，为违法犯罪提供了温床。为了避免GAN等生成模型技术被滥用，当前已有一系列规范被提出并对其进行管控，相关的详细论述可以参见本书第十二章治理技术。

二、CV加速3D视觉内容生成

CV是AI技术领域的热点，也是元宇宙的基石技术之一。这主要是因为“实现视觉等感知上的真实性”是元宇宙最先要解决的几个核心问题之一，而CV就是追求视觉感知上的真实性和精确性，甚至其终极目标不只是达到而是要超越人类的视觉水平。因此，求真务实的CV可以让元宇宙更早到来。CV在当前现实生活中的很多应用，例如图像检测、识别、分割等，在元宇宙中都会发挥重要作用。而在“由实化虚”的过程中，基于CV的2D向3D转换是需要引起业界关注的技术。

3D视觉是人类的本能，虚拟场景的3D化是打造元宇宙内容的基本需求。和当前被广泛使用的2D数据相比较，3D数据具有更丰富的尺度和几何信息，但同时它的可用性相对较低，而且采集需要依托非常专业的设备和环境，导致成本高昂。为此，近年来AI领域提出了很多基于深度学习的CV方法，它们可以不依赖3D传感器即可从可用的2D数据中合成3D数据。

在3D人脸重建方面，当前比较成熟的算法有沃克·布朗茨（Volker Blanz）和托马斯·维特尔（Thomas Vetter）提出的3DMM（三维形变模型），它可以从几何和纹理的角度捕捉到面部的变化，而格瑞西（Gerig）等人的研究工作进一步将表情作为单独的空间对该模型做了扩展并取得更好的效果。在3D人体重建方面，有很多轻量级的算法被提出，它们可以只通过几幅 RGB 图像就恢复出人体的形状和位姿（航天科学技术专有名词）。这些算法有的采用了基于体积表示的方法，有的采用了基于模板或参数表示的算法，还有的在人体模型重建基础上重建出了衣服。其中，基于参数的算法应用较为广泛，它主要是把问题转化成不同的统计模型，进而将三维人体模型估计变为了模型参数估计，典型的模型有 SCAPE（形体还原及人物动画）和 SMPL（蒙皮多人线性模型）等。

3D 场景的重建与人脸、人体的 3D 重建会稍有不同。场景的三维化，除了单独的物体重建，更难的问题在于场景解析。这主要是因为场景中出现的遮挡等因素会造成三维场景的不确定性，需要设计者进一步对场景的实际布局进行估计。该问题的解决方案涉及三维物体的检测和识别、位姿估计和三维重建等，业界典型的研究成果包括哈米德・伊萨迪尼亚（Hamid Izadinia）等人提出的自动场景生成系统，可以根据输入的单张室内场景图片以及室内设施的 CAD（计算机辅助设计）数据，重建出精确的室内 3D 场景，还可以根据输入的 CAD 数据库加入新的设施和家具，生成不同的新场景；S. Tulsiani 等人为了从 2D 图片重建 3D 室内场景，利用基于卷积神经网络模型估算各类室内物体的形状、位姿等信息，进而用结构分解的方法获得整个室内场景的 3D 结构。

当前，基于 AI 的 3D 视觉合成领域的成功案例来自 Facebook。它使用 3D 照片卷积神经网络，能够将几乎任何标准的 2D 照片转换为 3D 照片。为了实现这一目的，Facebook 重点通过训练卷积神经网络，在数百万的 3D 图像中学习其附带的图像深度。当有 2D 图像被输入时，系统会自动进行深度估计，进而实现 2D 到 3D 的实时转换，整个过程仅需花费几秒钟。同时，3D 照片卷积神经网络还融合了纹理修补能力，可以对输入的 2D 图像进行几何捕捉，以使得它在被转换为 3D 图像时更加生动逼真。

除了上文提到的 2D 素材向 3D 模型的加速转换之外，比人脸、人体的 3D 重建更为复杂的实时捕捉人体动作表情并投射到元宇宙中进行动态内容呈现的技术也已经被 AI 有效解决。例如，卡内基梅隆大学发起的开源项目 OpenPose，就是业界首个基于深度学习的实时多人二维姿态估计应用。OpenPose 基于卷积神经网络和监督学习并以 Caffe 作为框架进行学习，以 2D 图像为基础，只需利用廉价的普通摄像头就可以实现多人的、实时的、鲁棒性很好的人体骨骼关节点、手部关键点乃至人脸关键点的提取与检测，从而得到人体姿态、手部动作乃至面部表情的实时信息，进而将其作为元宇宙内人物角色的输入。

第二节　虚实交融：AI 弥补数字人和物理人之间的鸿沟

“虚实交融”是指物理人进入元宇宙后与元宇宙中的虚拟世界更加真实地互动。元宇宙体验真实性的提升，并不能靠几行控制代码即可一蹴而就，它需要参照物理人和物理世界对虚拟世界内智能体的行为进行训练。虚拟世界内的智能体可以统称为数字人，根据不同的控制来源可以将其分为三类：第一类是化身人，它是由真实世界中的物理人实时操作的角色；第二类是虚拟人，它是仅仅在元宇宙中诞生和存活的数字人，类似游戏中的 NPC；第三类是托管人，它是在物理人离开元宇宙后仍保持其角色在线的数字人，此时其行为需要由元宇宙系统来控制。显然，从控制上来说，化身人的行为控制最为简单，只需要导入物理人的操作即可，而在利用了前文提及的人体、动作、表情的内容补充技术之后，这种导入更加自然、简单；而虚拟人和托管人的行为控制则相对复杂，它们的智能化能力需要通过 AI 的训练来实现，训练中使用的基础数据来自物理人在物理世界的行为，训练中常用的技术则是 AI 领域的强化学习；同时，如果将物理人的行为记录作为训练数据，会产生数据隐私保护的需求，支持隐私计算的联邦学习成为关键。在虚实交融的过程中，对于更为复杂的多智能体的训练，还需要引入前文提及的 GAN 网络、博弈论等，对强化学习进行辅助。

一、强化学习：让虚拟人更像物理人

强化学习是机器学习家族中的分支，它与深度学习的融合促使 AI 领域取得新的突破，也使得它自身被进一步运用，比如 AlphaStar 在游戏《星际争霸 2》中大比分击败人类顶级职业玩家就是因为强化学习在幕后作为推手。同时，强化学习也是使虚拟人在元宇宙中的行为逐渐理性，从而能够和物理人共同推进元宇宙运行。

1．强化学习基本理论

众所周知，常见的机器学习的训练过程包括监督学习和非监督学习两种模式：监督学习是通过有标签的数据学习规则，适用于解决回归、分类等问题；非监督学习则是在无标签的数据中找到其中的隐藏模式。强化学习与监督学习和非监督学习存在不同，虽然它并不需要采用特殊的模型或者算法，但是它的特殊之处在于它是一种通过与运行环境交互的目标导向学习方法。在强化学习的过程中，智能体以“试错”的方式进行学习，通过与环境进行交互获得的奖赏来指导行为，其目标是使智能体获得最大的奖赏。强化学习过程中由环境提供的强化信号是对产生动作的好坏做一种评价，而不是告诉强化学习系统如何去产生正确的动作。因为外部环境提供的信息很少，所以强化学习系统必须靠自身的经历进行学习。通过这种方式，强化学习系统在“行动－评价”的环境中获得知识，改进行动方案以适应环境。

强化学习是从动物学习、参数扰动自适应控制等理论发展而来的，其基本原理是：如果智能体的某个行为策略导致环境正的奖赏（强化信号），那么智能体以后产生这个行为策略的趋势便会加强，最终智能体的目标是在每个离散状态发现最优策略以使期望的累积奖赏最大。每一个智能体由两个神经网络模块组成，即行动网络和评估网络。行动网络是根据当前的状态而决定下一个时刻施加到环境上的最好动作。对于行动网络，强化学习算法允许它的输出结点进行随机搜索，有了来自评估网络的内部强化信号后，行动网络的输出结点即可有效地完成随机搜索并且大大地提高选择好的动作的可能性，同时可以在线训练整个行动网络。同时，强化学习引入一个辅助网络来为环境建模，评估网络根据当前的状态和模拟环境来预测智能体行动后所产生的外部强化信号，可单步和多步预报当前由行动网络施加到环境上的动作强化信号，可以提前向动作网络提供有关候选动作的强化信号，以及更多的奖惩信息（内部强化信号），以减少不确定性并提高学习速度。

强化学习的网络运算主要分为前向信号计算和遗传强化计算两个部分。其中，在前向信号计算过程中，评估网络采用时序差分预测方法，由评估网络对环境建模并进行外部强化信号的多步预测，进而由评估网络为行动网络提供更有效的内部强化信号，使行动网络产生更恰当的行动；内部强化信号使行动网络、评估网络在每一步都可以进行学习，而不必等待外部强化信号的到来，从而大大地加速了两个网络的学习。当前，强化学习除了在人机对抗的游戏领域大放异彩之外，在机器人平衡控制、对话策略学习、用户兴趣发现等领域也得到应用并取得良好成效。

2．元宇宙虚拟人的智能类别

在强化学习的加持下，元宇宙中的虚拟人的能力可以得到极大的提升，为元宇宙用户提供等同甚至超出真实世界的交互体验。元宇宙中虚拟人的行为无疑是需要智能控制的，但这种智能既不是来自游戏里的脚本 AI，也不是类似 AlphaStar 那种基于神经网络驱动的游戏 AI。这主要是因为元宇宙并不像一场游戏那么简单，它是长期持续运行并且内容不断迭代更新的，相应的虚拟人的运行智能也必须要持续进化。总体而言，元宇宙中的虚拟人的智能可以分为单主体模拟类智能、单主体目标性智能和多主体目标性智能三个类别。

（1）单主体模拟类智能一方面是指对物理人行为的持续模拟，元宇宙玩家或者用户在虚拟世界中的数字人载体不可能永远由物理人直接控制，而且如果数字人希望在元宇宙中持续发挥影响也就不能下线休眠了事。因此，数字人应该按照物理人的行事历史记录提炼出相应的行事规则和风格，以托管人的形式持续地在元宇宙中存在和发挥作用；同时，单体模拟类智能的另一方面事关虚拟人的自主行为，因为元宇宙中除了与物理人相对应的化身人之外，一定还存在大量无主的虚拟人，这些虚拟人的行为不应该是无序自发的，它们既需要满足元宇宙中所映射的人类社会的行为准则，不能和化身人、托管人的行为格格不入，同时又应该具有各自的特色，不能够千篇一律。因此虚拟人的自觉行为不能仅依靠单一的规则（例如机器人三定律）设计完成，也不能够像化身人那样只能依赖于对某个物理人行为的单纯模仿，它需要对多个模仿目标的行为进行综合。

（2）单主体目标性智能更像是游戏类智能，即针对某个目标的虚拟人或者托管人，能够根据目标的历史数据去自主决策，采取合适的行为达成目标。类似 AlphaZero 需要找出一系列制胜的棋路，这种智能要输出一条行为路径，其中就包括了单体的目标智能和群体的目标智能，分别对应控制单个虚拟人和虚拟人群体。

（3）多主体目标性智能是指在多个数字人行为主体（可能同时包括化身人、虚拟人、托管人）互动的情况下，虚拟人、托管人的行为都应该体现出针对完成各自目标的智能行为特征。

如上所述的三类虚拟人的智能水平逐渐升高，仅凭强化学习还不足以满足元宇宙的需求。GAN 网络以及博弈论的引入，将能够有效辅助强化学习实现不同类别的虚拟人智能。

3．强化学习 +GAN：培养模拟类智能

强化学习是一种训练方式，理论上可以使用任何一种网络模型。在模拟类智能的输入输出中，输入是元宇宙中数字人面临的各种外界环境输入，输出则是数字人的一系列应对动作。从中可以看出，不论是输入还是输出，都是高维的数据。如前文所述，处理这种多维数据到高维数据的转换，GAN 是最合适的模型之一。但是，在当前的场景中，GAN 的任务不再是生成真假难辨的图像，而是要生成和物理人相似的虚拟人动作。

一旦强化学习和 GAN 结合的思路确定，后续的实现就非常直观了。首先学习系统对物理人在元宇宙要展现的行为进行录制，包括传输给物理人的环境信息及其相应的反应；然后将这些录制好的数据作为 GAN 的训练数据；待初步训练好 GAN，就可以用对应的模型指导虚拟人的行动。不过需要注意的是，这种训练更加适用于虚拟人行为的离线训练，而在虚拟人进入到元宇宙后，这种离线大批量训练的方式就不够及时了。为此，强化学习的在线训练能力将发挥重要作用，虚拟人和物理人的行为被定期采样作对比，得到的相似性被打分并作为对虚拟人的奖励，以此得到强化学习训练中的动作价值函数，再进一步对 GAN 模型进行优化，即可逐渐得到吻合物理人行为的虚拟人行为决策模型。

4．强化学习 + 博弈论：培养目标类智能

单主体的目标类智能培养相对直观，学习系统只需要事先定义好目标奖励和策略集合，就可以利用在线强化学习的方法训练单主体的行为模型。与之相比，多主体系统如何使每个主体作为独立的智能体，通过与环境进行交互获取奖励的方式学习和改善自己的策略并最终获得该环境下的最优策略，具有非常高的难度。这主要是因为，在单智能体强化学习过程中，智能体所在的环境稳定不变，因此处于固定环境的智能体试图通过奖励 / 惩罚机制学习到最优策略，这已经被证明是收敛的；而在多智能体强化学习过程中，智能体所处的环境是复杂的、动态的，因此给学习过程带来很大的困难。例如，假设多个智能体同时学习到了最优策略，但此时每个智能体的决策都会影响到其他智能体的表现，因此智能体和智能体之间可能会发生冲突，最终造成寻找最优决策的过程很难收敛。

为了解决上述在多智能体系统中存在的智能体之间会影响彼此的合作与竞争的问题，博弈论的理念被引入并与强化学习相结合形成了行之有效的方法。智能体之间可能是竞争关系，也可能是合作关系，还可能是既合作又竞争的关系，这些关系的存在使得多智能体强化学习变得极其复杂。在博弈论被引入后，建模过程会轻松一些，这是因为每个智能体获得的奖励会与多智能体系统的联结动作相关，而在这种情况下，寻找群体最优策略的问题就变成了博弈论中寻找平衡点的问题。通过这样把强化学习和博弈论联系起来，人们可以利用博弈论的方法来求解强化学习问题。例如，如果在矩阵博弈中多个智能体的策略达到了纳什平衡，就可以被视作找到了多智能体强化学习的最优策略。

以 AlphaStar 为例。《星际争霸》系列作为一个多方参与的大型游戏，具有环境多变的特点，很难得到一个单一化的最佳方案。在有人

胜出前，游戏永远是在博弈之中，因此 AlphaStar 就要对当下已有的策略进行学习，并选择最好的那个。AlphaStar 使用的双 Oracle 算法就是把游戏的目标定义为寻找游戏的纳什均衡，它使用了深度神经网络进行函数逼近，迭代计算当前的收益矩阵，并在每个时间点都会计算出符合纳什均衡的回报，并得到最优策略，然后添加新的策略来扩展策略集，重复上述过程直至收敛。

“博弈机器学习”在当前成为 AI 领域的热点之一，率先提出这一概念的微软亚洲研究院刘铁岩博士曾说，博弈论的引入让智能体在过去与环境打交道的基础上又学会了如何与其他智能体打交道以及如何与人打交道。元宇宙的环境复杂度远远超出过去训练一个机器人或者一个游戏智能体的场景的复杂度，因此博弈论和强化学习的结合才能让元宇宙中的虚拟人群体能够更像真实社会的人类一样从事各项活动。

二、联邦学习：数字人的隐私保护

物理人的行为是用于训练数字人行为模型的最重要的数据。物理人产生这类数据后，其训练过程会在元宇宙的后端完成。考虑元宇宙的运营方具有多元化的可能性，向元宇宙上传物理人数据时，并不能够确保数据隐私得到很好的保护。因此，物理人的数据隐私如何得到有效的保护是元宇宙发展必须解决的一个重要问题，它直接影响到用户对元宇宙的信任和体验。

隐私计算就是一类能够有效处理上述问题的技术方案，它能够确保在处理和分析计算数据的过程中保持数据的不透明、不泄露、无法被计算方以及其他非授权方获取[①]。隐私保护计算的目标是在完成计算

① 数据方是指为执行隐私保护计算过程提供数据的组织或个人；计算方是指为执行隐私保护计算过程而提供算力的组织或个人；结果方是指接收隐私保护计算结果的组织或个人。

任务的基础上，实现数据计算过程和数据计算结果的隐私保护[①]。隐私计算是一个技术体系，包括安全多方计算、联邦学习等关键技术，其中联邦学习属于 AI 技术的范畴，它在元宇宙中数字人的隐私保护中具有非常重要的地位。

联邦学习的本质是分布式机器学习框架，它以一个中央服务器为中心节点，通过与多个参与训练的本地服务器（以下简称“参与方”）交换网络信息来实现 AI 模型的更新迭代。在联邦学习的架构中，两个或两个以上的联邦学习参与方会协作构建一个共享的机器学习模型，每一个参与方都拥有若干能够用来训练模型的训练数据。联邦学习的运行过程中，中央服务器将首先生成一个通用的神经网络模型，然后各个参与方将这个通用模型下载至本地，并利用本地数据训练模型将训练后的模型所更新的内容上传至中央服务器，中央服务器进而将多个参与方的更新内容进行融合均分，对初始通用模型进行优化，进而再由各个参与方下载更新后的通用模型进行上述处理。这个过程将不断重复，直至达到某一个既定的标准。

在联邦学习模型的训练过程中，每一个参与方拥有的数据都不会离开该参与方，即数据不离开数据拥有者。联邦学习模型相关的信息能够以加密方式在各方之间进行传输和交换，并且需要保证任何一个参与方都不能推测出其他各方的原始数据。相对于集中式学习，联邦学习能够更好地保护参与方的数据私密性。在此前以云计算形式为代表的集中式学习过程中，来自不同数据方的数据被上传至计算方，这使得数据很容易被用于其他目的或者是未经用户知情同意便传达给第三方；而在联邦学习的过程中，每一个参与方都使用自己的本地数据来训练机器学习模型，只是将模型的权重更新和梯度等信息与其他参

---

① 计算过程的隐私保护指参与方在整个计算过程中难以得到除计算结果以外的额外信息；计算结果的隐私保护指参与方难以基于计算结果逆推原始输入数据和隐私信息。

与方共享，防止了数据外泄。不过需要注意的是，如果数据结构是已知的，那么梯度信息也有可能也会被利用，从而导致关于训练数据的额外信息被泄露。因此，中间信息等数据也需要被保护，这也就是为什么隐私计算的体系中还需要有安全多方计算、同态加密技术，因为它们可以被用来保护中间计算结果。

在元宇宙的场景下，如果联邦学习被用来解决物理人隐私保护的问题，那么接入元宇宙中的每个物理人无疑就是联邦学习系统的数据方，同时他也可能利用终端设备进行数据处理，从而成为联邦学习的计算方。虽然理论上任何元宇宙的接入设备都可以承载分布式机器学习训练，但是终端设备的计算性能与云计算相比一定会有较大差距。因此，标准的联邦学习中的多方计算方案并不能够被直接应用到元宇宙个人计算参与者的场景中，它需要做一些改变和优化以实现在保护隐私的前提下提升计算效率，可行的方案如下：

（1）模型改造。因为同态加密并不支持任意形式的计算，因此在全同态加密情况下，需要对模型计算式近似转换为加法和乘法。例如，通过泰勒展开公式将运算转化为多项式相加的形式。在模型经过如此改造后，物理人接入元宇宙后遇到的环境输入和行为输出，都可以在接入设备上被提取记录，并被作为行为模型的输入输出在加密后发送给元宇宙行为模型训练方；训练方在同态友好改造后的模型上用密文进行迭代训练，最终得到一个适用于加密数据的行为模型，并使得该模型在被用于推理时，其输入输出的加密解密仍由用户接入设备完成。这种情况下，用户侧设备需要承担的算力任务就是输入输出的加密和解密，虽然具有一定的计算量，但是尚在可承受范围之内。这种方式非常适用于没有安全第三方的情况应用。

（2）运营方监控。考虑到用户在接入元宇宙时，通常会受到来自元宇宙运营方的行为监控，如果在信任运营方数据隐私保护承诺的前提下，运营方作为公正第三方，可以完全消除接入设备的算力负担，更大的优点是模型不需要做同态加密友好化改造。对于任意深度模型，面向输入的第一层特征提取层，以及负责输出的输出层，这两层由公正第三方负责计算和更新，中间的模型主干部分由模型训练方负责，这相当于主干模型训练方和输入输出层训练方采用了模型分布的训练方法，不过这种方案在训练中需要两者密集通信，可能会带来时延的影响。其好处是模型自由，用户客户端解负。在实际应用中，可以根据具体场景选择方案。

第三节　由虚返实：AI 让元宇宙梦想照进现实

物理人进入元宇宙，在元宇宙中的行为会对元宇宙的运行产生影响。相应地，元宇宙中发生的一切同样可以反作用于现实世界。它所产生的影响体现在三个方面：第一个方面是元宇宙结合数字孪生的提升效应；第二个方面是在元宇宙这个最佳的虚拟测试环境中，现实世界自动设备的智能训练被更好地试炼；第三个方面则是超越了元宇宙对现实世界的智能反馈，提升到智慧的层次。其中，第三个方面的影响带来的意义尤其深远，在以知识图谱技术为基础的知识发现技术的支持下，AI 可以从元宇宙的运行中学习和提取现实世界相关的知识经验。

一、元宇宙结合数字孪生后的提升效应

元宇宙把人和数字孪生的内容融合在一起。不论是工业领域，还是城市治理，在加入了人、社会等复杂变量之后，会导致随机性、突变性呈指数级放大，这会给试图发现规律和预测未来的数学模型带来无法承受的挑战。当前还无法在数字系统中模仿人脑对于复杂系统的

认知和判断能力，这就需要在处理复杂系统问题时，运用数字技术的连接能力，让人与数字系统协同解决问题，同时发挥二者的优势。

元宇宙就是这样一个平台。在元宇宙中，机器智能和人类智能将协同工作、相互支持、平行执行。不论是波音公司在虚拟空间工作系统中创建和模拟飞机的三维计算机图形模型，还是数字化转型的城市系统通过与人的连接让民众以多种方式参与到城市运行的决策过程，都是元宇宙虚拟了人与环境的孪生系统后，反馈现实的表现。

关于元宇宙与数字孪生的关系，在本书的第九章中有更为详尽的论述。

二、元宇宙为 AI 提供最佳试炼场

元宇宙在数字空间中建设了完整的“人 + 物”系统，可以模拟和仿真各种物理真实场景对应的虚拟测试环境，这为现实世界中诸如机器人、自动驾驶等智能化设备及算法的训练和提升提供了最好的平台。

以自动驾驶为例，在元宇宙虚拟空间中开展的自动驾驶测试能够有效降低自动驾驶测试的成本，进而改善自动驾驶最为核心的安全问题。兰德智库早在 2016 年就指出为了确保安全性，一套自动驾驶系统至少需要测试 110 亿英里（约 180 亿千米）才能达到量产应用条件，而这个测试距离相当于绕地球 44 万圈。无论是从测试成本考虑，还是从时间成本考虑，现实生活中的 110 亿英里测试数据都是不可能完成的任务，即便自动驾驶企业可以通过增加测试车辆积累里程。所以这其实极大地影响了自动驾驶技术的安全落地和规模应用。

但在元宇宙中进行自动驾驶技术的测试，将会有效地降低成本，甚至能够超提供越现实世界的测试能力，主要是因为：（1）元宇宙中的测试不需要实体化的车辆，这使得用于测试的车辆成本得以降低，特别是在当前以激光雷达为代表的数据感知设备价格较高的背景下，

物理设备的节省有助于测试车辆规模的扩大；（2）元宇宙中的测试场景更加丰富，也许自动驾驶的测试看上去会像一场赛车游戏，但是元宇宙提供的车、路、人测试环境的真实性和复杂度会远远超出游戏的设计，特别是一些事关人身安全的场景可以反复重现，这是物理世界的测试很难做到的；（3）元宇宙中开展的测试可以加快仿真时间的流速，这相当于为自动驾驶测试提供了最强的刷里程外挂；（4）元宇宙是数字化的，这使得与测试相关的数据采集、汇总和分析都将更加高效。

元宇宙作为试炼场，除了在技术层面能够帮助自动驾驶等 AI 技术的提升，在道德伦理方面也能够做更多的探索。出于安全考虑，当前对自动驾驶上路的要求非常严格，这限制了自动驾驶技术的实地评测。而在元宇宙中，自动驾驶企业只需要专注研发技术，不用过于担心自动驾驶测试带来的生命安全以及随之而来的一些社会问题；同时，在元宇宙中探索和确立的一些规则和约束，也许可以输出和应用到现实世界中。

三、元宇宙新生智慧反哺现实

元宇宙对现实的影响主要体现为从智能的层次到智慧的层次的跃升。元宇宙从物理人的行为中学习智能，反之，物理人也能从元宇宙中汲取智慧。站在元宇宙的视角，人们能够观察到的并不仅仅是某一个特定子系统的模拟运行状况，而是涵盖了源自人类社会真实映射的整个元宇宙的演变，并进而获取关于人类社会运行发展的新知识。对于社会学者来说，元宇宙远比真实的人类社会更适合去了解和分析人类社会，主要有两方面原因：一方面是元宇宙中的关于社会的所有信息都是天生数字化的，更容易被收集和整理；另一方面是通过虚拟人的加入，更多的社会学试验可以更便捷地开展。人们从元宇宙中得到的信息将是海量的、复杂的，仅凭人工是没有能力可以对其进行分析和处理的，这就需要 AI 技术作为辅助，最典型的就是知识发现技术。

AI 领域的知识发现技术可以帮助人类从元宇宙中汲取智慧。在谈及知识发现之前，首先需要说清楚如何来表示知识。语义网络（Semantic Networks）是最早的知识表示方法，它是一种用图来表示知识的结构化方式。在一个语义网络中，信息被表达为一组结点，结点通过一组带标记的有向直线彼此相连，用于表示结点间的关系。随着语义网络技术的提出，早在 1998 年，业界就出现了以其为基础的语义网（The Semantic Web），语义网可以实现互联网从超文本链接到语义链接的转变。在互联网诞生之初，网络上的内容只是人类可读，而计算机无法理解和处理。语义网的出现则使得网络上的数据变得能够机器可读并理解其含义。2012 年，谷歌发布了其基于知识图谱的搜索引擎产品。所谓图谱，就是用图的形式来表示某种事物的关系结构。因此，知识图谱就是表示知识关系结构的图，它由代表知识的节点和代表知识之间关系的连线组成。知识图谱本质上是一种大规模的语义网络，包含概念、实体、属性，以及概念、实体之间的各种语义关系。其中，概念是有层级的，概念和概念之间、概念和实体之间以及实体和实体之间都存在语义关系。

与传统的语义网络相比，知识图谱最主要的提升在于其规模性。知识图谱是大数据时代的产物，可以支撑庞大的实体、关系数量，而且可以包含非常丰富的语义。构建知识图谱的本质就是把知识从不同的数据源中抽取出来，其间需要借助大数据、AI 技术来进行实体识别、关系抽取等操作。以文本数据的处理为例，自然语言处理等 AI 技术可以将文本内容转化为结构化信息，与之相关的自然语言处理技术包括但不限于实体命名识别（Name Entity Recognition）、关系抽取（Relation Extraction）、实体统一（Entity Resolution）、指代消解（Coreference Resolution），等等。利用这些技术，人们就可以将当前信息中的蕴含的实体关系知识提取出来作为知识图谱的组成部分。

经由上述操作获得的知识还比较初级，通常被称作是已知事实或者是表面知识。但在这些知识进入知识图谱后，知识图谱内部的复杂连接关系则蕴含着更多的未知知识。基于知识图谱，人们可以充分运用逻辑思维能力，从已有的知识出发，得出未知的、隐性的知识。其中，知识的推理过程主要围绕关系的维度展开，即基于图谱中已有的事实或关系推断出未知的事实或关系，利用图谱中现有的由实体、属性、关系三元组构成的知识，得到一些新的实体间的关系或者实体的属性。基于知识图谱进行知识推理的主要方法包含基于逻辑规则的推理、基于图结构的推理、基于分布式表示学习的推理、基于神经网络的推理以及混合推理，等等。

知识图谱能够帮助物理人从元宇宙中提取知识和经验，反哺现实世界。与物理世界的知识图谱推理主要围绕自然文本内容展开不同，在元宇宙中构建知识图谱时的实体识别相对直观。这是因为元宇宙中的任何元素都不是凭空自然存在的，它的出现可以伴随着知识图谱中的实体发现过程，例如一栋房子就是一个属性为建筑的地点；同样的情况也适用于虚拟人的加入，虽然它们的物理人身份未知，但它们具有的元宇宙 ID 天生就是一个实体。与此同时，元宇宙中的知识图谱关系的构建则比文本处理更为复杂，主要是关系的定义，例如元宇宙中同时空的两个实体本身就存在关系，同时这两个实体发生交互也会产生新的关系，这就要求人们在试图理解这些关系本身含义之前，需要做好关系的分类。在最终形成的元宇宙范围的知识图谱中，可能会存在其中的实体集到现实社会的物理映射并不全面具备、关系集中部分关系的含义尚不清晰等问题，这时需要引入一些外部的甚至是人工的分析来处理这些初级的知识，例如在不侵犯隐私的情况下获取实体的物理世界的属性和类型，这将有助于人们根据物理世界的已有知识图谱去理解元宇宙知识图谱中的关系。

当元宇宙的初级知识图谱建立并且和现实世界建立联系后，元宇宙中的知识就可以被用来影响现实世界了。首先，那些在元宇宙初级知识图谱中存在但在现实世界知识图谱中不存在的节点或连线，可以被用来检查现实世界知识图谱的完备性。这是因为元宇宙的命名实体的收集来源于宇宙的创造过程，而现实世界则是去发掘现有知识，因此前者必然拥有更完备的信息和更庞大的规模，在关系的收集方面亦是如此。其次，元宇宙知识图谱来源于天生的数字化，更容易将多场景整合成一张图，也就是知识融合。它将有助于形成更丰富的知识库，而以其为基础的推理所取得的收获必然远远大于现实世界知识图谱的推理，从而使得源自元宇宙的新图谱、新知识反哺现实世界的知识图谱。

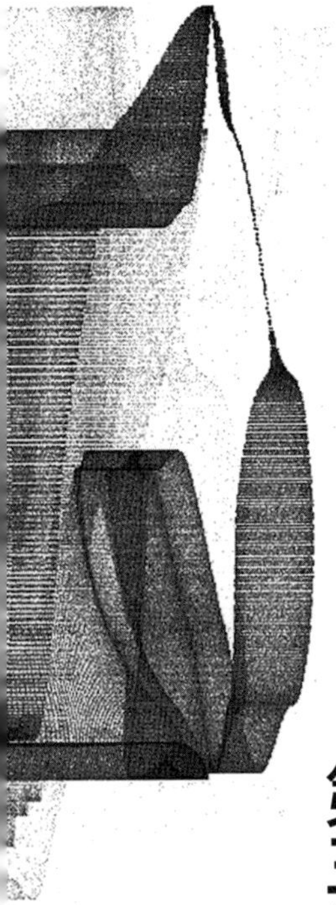

第三篇

元宇宙五大支柱性技术

本篇介绍了元宇宙的五大支柱性技术：交互与展示的技术、数字孪生与数字原生的技术、创建身份系统和经济系统的技术、内容创作技术、治理技术。全篇呈现了数字人在元宇宙世界如何生活、发展，以及如何逐渐形成虚拟社会的治理规则等方方面面。

第八章

交互与展示的技术：元宇宙的出入口*

人们到底如何感知、享用和进入元宇宙的空间？元宇宙的出入口是构建在何种技术之上的？相信看完本章内容的读者，会豁然开朗。

第一节　感知虚拟世界：从二维到三维

元宇宙是为人类创造的一个数字新世界，让人在这个世界中进行生活、娱乐和工作。不过，在没有“元宇宙”概念和意识、技术不够成熟的时候，人类就没有过类似的体验吗？其实从人类社会出现以来，几乎每个时代，人们都一直在做着各种类似元宇宙相关理念和技术的尝试，也正是人类这种探求精神和野心，使得今天元宇宙的实践可能触及每个人的生活。而具体的技术是如何诞生、发展和演进至今的，可能还要从人类刚刚走出非洲、拥有最基本的社会意识和沟通认知说起。

---

* 本章主要撰写者为迟小羽，歌尔集团技术总监，元宇宙产业委常务委员。

一、从画家和射影几何说起

《人类简史》的作者尤瓦尔·赫拉利有一个非常新颖和犀利的观点，认为人类区别于其他低等级物种的最核心的特点不是使用和制造工具，也不是拥有语言能力，而是拥有虚构故事的能力。无论是部落、民族、国家等人群形态，还是公司、货币、文化等社会学、经济学认知，甚至是宇宙、登月、科幻这种先锋概念，皆需要人类想象力的认同和信息交流。从上古人类社会开始，描述、传达真实世界以及想象力的尝试和探索逐步构建起了整个人类社会发展的脉络。

现存最古老的人类描述世界和拓展想象空间的技术手段，是上古原始人类在山洞中所留下的岩画和雕刻，它们广泛分布在距今 32 000 年到 4 000 年的古人类遗迹中。不仅能够描述猛犸、狮子、熊、鹿、牛等动物和人类形象，还描述了想象中丰衣足食、牛羊遍地的理想生活状态。虽然远古人类的技术手段极其有限，但是不妨碍他们想象美好世界，并将美好世界表达出来、留存下来，并与别人交流。这说明在古人类时期，人们就开始尝试在物理世界构建虚拟空间。

随着人类社会的发展，岩画、文字等最初的原始艺术形态，逐渐演变成了人类八大艺术中的绘画、雕刻、文学和戏剧。这几种艺术形式既能描述真实世界，又能构造虚拟的空间、场景和故事，满足人类的想象力。相信每位小说和戏剧的观众，都是沉浸在作家和艺术家所虚构的，但现实中不一定存在的故事之中。而今天人们能够把虚拟空间进行可视化呈现，其技术就源于古代画家们用来描述世界的工具：射影几何。

从原理上理解，画家们的创作平台不同于三维世界中进行创作的雕塑家和建筑设计师，画家只能在画纸上创作二维内容，如果想要受众感受到三维世界。就得借助人类观察物理世界的方式，即人眼的工作原理：三维世界的光线通过眼角膜和晶状体之后，投射到眼球后部视网膜上，形成一个二维图像。然后人类通过判断物体的大小、远近遮挡、光照明暗、左右眼视差等隐性线索，来获取和判断人类所在空间的三维信息。

当然，受限于人类手部能力和工具的局限，再好的画家也只能近似描述静态的景物，而不能呈现真实动态的世界，可以说，彼时的人类离“元宇宙”还非常遥远。

二、照相技术和动态影像技术

随着 19 世纪照相技术和 20 世纪动态影像技术的发明，人类描述三维空间和世界的能力往前推进了一大步，也让人们有了更多的可能去构建虚拟的元宇宙。

虽然从春秋战国时期的墨子、韩非子到古希腊的亚里士多德，再到宋代的沈括，都曾描述和记录过小孔成像原理。但是受限于光化学技术的落后，古代人类一直没有发明出能真实记录世界在平面上投影的影像技术。

直到 1826 年，法国发明家尼埃普斯在房子顶楼的工作室里，拍摄了世界上第一张能永久保存的照片。他当时的制作工艺是在白蜡板上敷上一层薄沥青，然后利用阳光和原始镜头，拍摄下窗外的景色，曝光时间长达八小时，再经过熏衣草油的冲洗，才获得了人类拍摄的第一张照片。

在同一年代，另外一位法国发明家、艺术家和化学家路易·雅克·曼德·达盖尔与约瑟夫·尼塞福尔·涅普斯合作，于 1837 年发明了一种实用的摄影技术，被后人称为达盖尔摄影术（也叫银版摄影术），并申请了专利。1839 年，法国政府买下了该发明专利权，并于当年 8 月 19 日正式公布，后世将这一天定为摄影技术的诞生日。

与传统绘画技术依赖于画家个人技艺不同，影像技术能够通过设备近乎完全真实地再现物理世界中的场景和物体。绘画和摄影技术的基本思想和实现方式就如同今天元宇宙三维世界中的数字原生和数字孪生技术，分别有人为了创造虚拟空间而去扫描、复现及再现真实世界中已有的物体和样机。

数百年后的今天，数字原生用到的大多数物体、场景也都还是三维美术工作者使用各种建模工具，进行的人为建模；而数字孪生的样机几乎也都是使用三维重建技术对真实世界中的物理样机进行的复现或重建所得。可以说在历史上，这两个构建虚拟世界的手段都有着很强的延续性。

同样，中国古代的皮影戏和1650年欧洲发明的魔法灯笼，也都是古代人类利用动态影像技术来描述世界的尝试，虽然原始的技术并不能精确、真实地再现世界，但是魔法灯笼这种互动性很强的艺术品在19世纪上半叶的欧洲仍然流行开来，它使用了机械幻灯片、背投、移动、叠加、溶解视图等技术，还包含了烟雾、气味、声音等元素。你会发现，即使受限于原始的技术，但其显示和表现的维度跟今天人类期望的高沉浸感的元宇宙系统所追求的视觉、听觉、触觉、味觉等感官体验几乎是高度重合的。

随着技术的不断进步，1894年，美国著名发明家爱迪生根据“视觉暂留”原理制成了“活动电影视镜”，它仅仅是一个木头箱子，每次只能供一个人观看50英尺[①]长的胶片，没有银幕，所以它还不能被称为真正的电影。一年后，即1895年，法国人路易·卢米埃尔兄弟创造出一种能将影像放映在白色幕布上的电影机，影像清晰，可供很多人观看。1895年12月28日，卢米埃尔兄弟在法国巴黎卡普辛大街14号大咖啡馆中，正式放映了他们拍摄的影片，其中有《工厂大门》《火车进站》等，并获得了成功。这一天，便被各国电影史学家公认为

① 1英尺＝0.3048米。

电影的发明日，标志着电影时代的开始。

至此，人类不仅可以描述和再现真实世界，而且可以动态地在时间轴上进行复现和展示。这也就给了人们创作空间，并为展示另一个时空系统中的故事、景物、角色等提供了最基础的技术支持。电影逐渐成为人类历史上几乎是影响最广、受众最多的第八大艺术，而其间的各种艺术表现手法，如镜头语言、光影运用等，都重塑着人类使用视听媒介体验虚拟空间的各种方法和手段，也就是今天元宇宙显示、表现和交互的大量相关技术基础和艺术表现手段。

同时，随着布景技术的发展，从 20 世纪 20 年代开始，电影行业也开始创作科幻主题影片，试图构建虚拟时空中的场景和故事，如 1902 年的法国电影《月球旅行记》和 1936 年的苏联电影《宇宙旅行记》等。但由于真实感不足，经常能让观众看出是模型，有时候体验还不如看科幻小说或者漫画。20 世纪 60 年代之后，计算机的数字计算、存储、显示等技术的发展，让二维的图像、视频信号，甚至是三维世界中的几何、材质、光照等信息，都可以使用数字化和数据化的方式进行描述，从而也赋予了人类完全精确创作和描述真实世界中不存在的多维时空的技术能力，随着 1980 年前后《星球大战》系列上映，人们开始真正尝试创作计算机数字技术加持的虚拟世界。

三、电影特效的进一步推动

区别于小说、文学作品依靠文字描述让读者自己去想象，影视作为一种以图像和视觉这种可观看的媒介表达的艺术作品，必须尽可能接近真实、可视化地展现出虚拟的世界，才能得到受众的认可。20 世纪 80 年代开始，CG（计算机图形）技术的加持，让人们可以更加逼真地建模和描述现实中不存在的世界。如图 8–1 所示，人们已经能够生成各种光照下的真实感图像，注意玻璃球的折射和阴影，是由计算机的光线追踪算法生成，这张图由计算机科学家吉姆·卡吉雅（Jim Kajiya）于1986年绘制。

图8–1　20世纪80年代的计算机图形技术——光线追踪算法绘制图

资料来源：Kajiya. The rendering equation. Computer Graphics（Proceedings of SIGGRAPH 86), 20(4): 143~150, August 1986.

1978年的电影《星球大战》的特效大师John Dykstra和他的团队发明了电脑控制的摄像机设备，还创造出了光剑、全息图、宇宙飞船等完全虚拟的数字化模型，并结合到道具辅助的科幻电影特效之中。而在1982年的电影《星际迷航2：可汗怒吼》中，创世装置（Genesis Device）把一个石头传回创世星的场景里面有一个6秒钟的画面，完全是由卢卡斯影业的一个CG部门通过计算机电脑动画制作完成的。虽然以现在的标准来看，这个近40年前的电脑动画特效还很初级，但是这个后来离开卢卡斯影业的团队，成了家喻户晓的计算机图形影视传奇——皮克斯公司。

随着计算机的算力和存储能力的不断提高，20世纪80年代后期的电影中开始有完全由CG构建的角色出演的虚拟世界，如1992年的

《终结者 2：审判日》，以及完全由 CG 构建的虚拟场景，如 1993 年的《侏罗纪公园》。

受限于彼时的技术，无论是计算机的算力和存储能力，还是三维建模能力，即使达到数百万美元经费投入的电影特效制作，三维虚拟的电影动画仅能满足一两个核心角色，比如《终结者 2：审判日》中的正反两派机器人，或相对较为局限的小规模场景，比如《侏罗纪公园》中的恐龙海岛的构建和绘制。

直到 2000 年开始，计算机各方面能力呈现摩尔定律式的发展，电影导演和特效大师们终于可以有较强的能力，为各种影片注入宏大的虚拟世界场景，如 2000 年的电影《角斗士》中三维重建的古罗马城市和其中数以万计的百姓形象；2001—2003 年《指环王》三部曲中奇幻的中土世界和战争场面中数以千计的角色的活动。随后一系列科幻和奇幻电影，如 2001 年的《最终幻想》、2008 年的《蝙蝠侠：黑暗骑士》、2009 年全球爆火的《阿凡达》、2010 年的《盗梦空间》、2012 年的《少年派的奇幻漂流》、2013 年的《地心引力》等，无论是全由计算机图形生成，还是将真人真景与虚拟场景相互结合，都表明了虚拟场景创建和绘制能力的显著提升。而这些创建和显示虚拟世界的技术、模型和数据，当时虽然主要用在影视场景中，但是后续无不可以成为构建虚拟宇宙的素材和基础。

近些年来，好莱坞在每一部电影中都倾向于将更多预算投入到视觉和动画特效之中，而压缩导演、明星等的片酬。显而易见，当技术发展到一定程度，特效提供的稳定可靠的视觉享受所带来的投资性价比，让其越来越重要，甚至超过顶尖艺术家们在影片中的地位。因为明星和导演的创作有可能会在某部影片中被观众认可并使票房热卖，也有可能在续集中遭遇滑铁卢。而虚拟时空的炫酷特效和宏大场景，永远是影视观众们津津乐道和走进电影院的核心动因。这种演变也说明了元宇宙底层构建和描述虚拟世界的技术和能力，相对于三四十年前，越来越受到观众们的认可，就像汽车替代马车、摄影替代绘画、视频替代照相一样。

电影属于单向的展示形式，受众只能观看和体验虚拟世界中导演们已经创建好的场景，不能交互和改变电影里的世界。但正是这些跟随影视产业成长起来的底层技术，催生了元宇宙的各种底层数字模型和真实感显示的技术。

伴随着计算机图形和影视特效技术的发展，如果将同样三维空间中的场景、角色模型进行实时的互动渲染，并与体验者进行交互，就可以实现物理人与元宇宙中的场景、角色进行实时交互，如同让人进入并操控另一个世界。而上述功能的技术实现，跟随着 20 世纪 90 年代开始的三维电脑游戏逐渐成熟起来，也更加接近我们今天所期望的元宇宙形态。

四、实时互动——三维游戏带来的革命

游戏设计包括核心玩法设计、场景设计、操作设计、美术设计等内容，本章介绍与美术设计相关的，即交互与展示层面的元宇宙技术，如三维游戏图形渲染技术等，而我们将在本书第六章内容创作的技术中，专门介绍核心玩法设计等内容方向的技术。

既然电影特效技术在 21 世纪初就可以很好地构建和再现一个宏大的虚拟世界，那为什么直到近两年，元宇宙概念才被大家关注和重视呢？其中很关键的一点，就是电影三维特效技术是属于无须交互的预先生成技术，不需要电影观众进行互动和反馈，在影视制作的中前期完成，并存储成为视频流，观影的时候在影院中顺序播放就行了。而元宇宙对于体验的用户来说，必须是可以实时互动的，用户可根据自己的意愿浏览、互动及改变虚拟世界。这个特点更加接近元宇宙的另外一个技术源头——三维电脑游戏。

虽然同样依赖于计算机存储和运算能力，但影视作品每个场景中的每一秒、每一帧都可以在影片拍摄和制作的中前期，使用大量的时间和含有成百上千个 CPU 的超级计算机渲染农场进行特效制作。而服务于个人的三维电脑游戏却只有个人终端上的一个 CPU 加上一个 GPU 进行运算生成，且为了保证实时性和互动性，要有非常快的运算交互响应，每秒钟都要至少生成 60 帧的图像。对于同样一个场景，在同一年代，电影动画特效所能投入的存储空间、算力规模都要超过个人三维游戏所需算力的多个数量级（几千到几万倍差距）。因此，即便满足摩尔定律，计算机运算能力每 18 个月都能翻一倍，要想让三维游戏达到接近同时期电影动画特效的显示效果，至少要等待 IT 行业 10~15 年，才能让个人终端算力达到要求。这正是三维游戏的发展往往要比三维电影特效滞后 10~15 年的原因。

从 20 世纪 80 年代开始，电子游戏就替代弹珠台、棋牌类等传统实物游戏，成为青年人的主要娱乐手段，但受限于计算机实时运算处理能力，1995 年之前的电子游戏都是由非常简单的点、线、面和低分辨率的图标、符号组成的。20 世纪 80 年代的经典游戏《打砖块》《俄罗斯方块》，以及后来一些动作类游戏如《魂斗罗》《超级玛丽》等，都是用低分辨率的图标表现人物和场景中的建筑、白云等，这些早期的电子游戏的图形和显示都很“简陋”。同时，受限于显示能力，交互方式也仅限于上下左右四个方向，和一些 A、B 键等简单的确定、取消的操作输入。

1994 年创立的显示芯片公司 3Dfx，一直到 21 世纪初都是个人电脑相关产业的领导者。3Dfx 率先将用在专业航空航天和工业仿真显示等领域的三维渲染图形接口程序 OpenGL 进行了简化，推出了民用级别的应用编程接口 API——Glide，同时结合其开发的 3D 加速图形加速卡 Voodoo 系列，让很多初创游戏公司可以在个人电脑上开发效果媲美飞行员训练和工业 CAD 效果的三维互动游戏，革命性地开创了三维游戏引领欧美游戏发展的新时代，也由此催生了像“雷神之锤”“古墓丽影”“极品飞车”等一系列传奇游戏。

而随着三维游戏市场的发展，后续的软硬件厂商如显卡公司 S3、ATI、英伟达、DirectX 和微软等，都前赴后继地进入这个巨大的增量市场中，该产业在 1995 年至 2010 年飞速发展。与此同时，主机游戏行业，如索尼的 Play Station 游戏机和微软的 Xbox 游戏机的生态，也都把三维运算能力，以及是否拥有主打的三维互动游戏作为自身生态的核心竞争力和增加用户黏性的主要手段。

不同于电影院和电视前的观众，通过个人电脑和图形加速卡，或者游戏主机构建的三维虚拟世界里的玩家可以深度地与虚拟世界中的场景、角色进行互动交互，通过操作和行为，达成目标并影响游戏的进程、结局，即在一个较小范围内影响和改变虚拟空间。在三维游戏领域的商业化扩张中，游戏玩家所体验的虚拟世界非常接近今天元宇宙的虚拟空间与真实世界交互的形态，只不过游戏所设计的虚拟空间较为固定，交互选择和改变相对较少。每个不同的游戏，甚至是每个不同的单机游戏的用户，都是被割裂地分布在不同的元宇宙之中。

从 21 世纪头十年开始的一系列新的游戏方式，如 *MMORPG*（大型多人再现角色扮演游戏）中的社交、工会、团队任务系统，解决了大量不同用户如何处于同一元宇宙的问题。《虚拟人生》等模拟类游戏，提升了用户在虚拟空间交互的自由度，让用户能够更多地定制、编辑和设计自己在虚拟空间的环境。而底层技术，尤其是其中的场景构建和渲染技术，类似于电影中的动画特效，支撑了这种拥有互动功能的元宇宙，并被每个人实时享用。

对于被称作人类世界第九艺术的游戏而言，其核心是能够创造引人入胜的游戏情节和与众不同的玩法体验，而交互与显示这部分，承担了让玩家从视觉和互动性上直观感受并沉浸于游戏虚拟世界中的最主要的功能。为了实现这部分功能，也如前文中所述，人们利用了超过 40 年的时间研究了各种游戏的绘制、显示、交互的技术手段、软件平台、硬件基础。尤其是进入 21 世纪之后，伴随着游戏三维化的发展，诞生了诸如 Unity 3D（Unity 是公司名，也是全球应用非常广泛的实时内容开发平台）、Unreal（Epic 公司的 3D 创作引擎）、CryEngine（德国 Crytek 公司的游戏引擎）等一系列三维游戏引擎，以及更加底层的三维建模工具，如 3DS Max 等。今天，Omniverse（英伟达 3D 公司的协作和真实模拟平台）不仅可以用于各种虚拟现实和元宇宙底层内容的构建，也可用于游戏三维场景的搭建。

今天，每个人都可以通过主流的终端设备享受高清影视带来的故事满足感，体验互动游戏带来的刺激感。然而，每个人都会感知到，“OK，我只是在玩游戏，我只是在看影视”，没有一个人会真正认为，我们会像《阿凡达》的主角杰克·萨利一样，从真实世界穿透到另一个躯体和世界之中。那么到底是什么样的技术，能够让人类真正穿越或者沉浸到元宇宙之中，而察觉不到我们所处的物理空间呢？这就要从同样是欺骗我们视听感官的高沉浸感显示技术及专用硬件说起。

第二节　进入虚拟世界：高沉浸感显示硬件

最近几十年来，科技和产业工作者们用很多新奇的思路和开创性的研究探索，尝试着制造能够让人类在视听感官上完全沉浸于虚拟世界中的设备，催生了今天的 VR 技术和设备。

VR 技术就是采用以计算机技术为核心的现代高科技技术生成逼真的视、听、触觉一体化的特定范围内虚拟的环境。用户使用必要的特定装备，如数字化服装、数据手套、数据鞋以及头盔、立体眼镜等，就可以自然地和虚拟环境中的个体进行交互，相互影响，从而产生亲临现场的感受和体验。

VR 技术具备以下核心特点：

- 实时交互性（Interactivity）。指用户对模拟环境内物体的可操作程度和从环境得到反馈的自然程度，包括实时性。例如，用户可以用手去直接抓取模拟环境中虚拟的物体，这时手有握着东西的感觉，并可以感觉物体的重量，视野中被抓的物体也能立刻随着手的移动而移动。这一特点是VR技术里最为核心的特点和体验要求。
- 沉浸感（Immersion）。又称临场感，指用户感到作为主角存在于模拟环境中的真实程度。理想的模拟环境应该使用户难以分辨真假，使用户全身心地投入到计算机创建的三维虚拟环境中，该环境中的一切看上去是真的，听上去是真的，动起来是真的，甚至闻起来、尝起来等一切感觉都是真的，如同在真实世界中的感觉一样。
- 创造力（Imagination）。强调VR技术应具有广阔的可想象空间，可拓宽人类认知范围，不仅可再现真实存在的环境，也可以创造客观不存在的甚至是不可能发生的环境。

一、高难度仿真训练

从 20 世纪 60 年代开始，军用领域的强烈需求推动了相关技术的持续进步，最终带动了不仅仅是三维渲染的算法软件技术的提升、普及和民用化，也促成了高沉浸感硬件的技术演进。其中最重要的一个需求就是高难度仿真训练。

20 世纪 60 年代，计算机图形学和 VR 之父伊凡·苏泽兰（Ivan Sutherland）发明的计算机交互三维工具 SketchPad、图形学的各种算法 Sutherland 以及头盔式显示设备 Head Mounted Dispaly 都成了后来VR 头显和三维渲染显示的标准原理及配置来源。而当年真正推动这些计算机科学家们进行研究的主要单位，正是鼎鼎大名的美国国防部高级研究计划局（DARPA）。

在整个第二次世界大战及冷战期间，美国空军和海军的飞行员培训一直是一个投入经费巨大，并且十分危险的领域。据不完全统计，冷战期间美国海军飞行员仅在训练中死亡的人数超过 5 000 人。相对于培养成本超过其同体重的黄金价格的飞行员来说，无疑是天价的投入及巨大的生命损失。随着各国之间载人航天技术的竞赛，更大的挑战在于对宇航员的训练，因为在正式进入外太空之前，宇航员不可能有机会在完全真实的场景中进行训练。因此，如何在地面上及限定空间内模拟飞行员驾驶战机，或者复现宇航员在外太空甚至月球轨道上面临的环境并开展训练成为刚需。正是在这个需求的推动下，20 世纪 60 年代，以伊凡·苏泽兰为代表的计算机图形学科学家们，在DARPA、犹他大学等的资金支持下，研究出了一系列算法和设备，来供给美国军方进行飞行员，乃至宇航员的模拟训练。1966 年，军事工程师和先驱托马斯·费内斯（Thomas Furness）创建了有史以来第一台空军飞行模拟器。

通过一个覆盖受训者环视超过 180° 视角的投影屏幕显示系统，及模拟真实机舱的各种操纵设备和按钮，让受训者以为自己处在真实的飞机驾驶舱之中。这背后所提供的高沉浸感在视觉方面的核心点，就是提供覆盖全视角的高沉浸感实时三维互动显示。同时，模拟座舱所在的平台，通过六自由度液压或电驱系统，提供每个方向的运动能力，模拟真实飞行在空中的各种加速度，让体验者有接近真实的触觉和受力感知，也提供模拟真实飞机流体噪声的立体声效果。这样依托于技术之上全方位的感官欺骗，营造出了高沉浸感环境，实现了飞行员的训练，虽然还不能完全取代飞行员真机飞行训练，但现在全球绝大部分飞行员训练体系，已经将最大比例的训练量和各种危险科目尽可能放到模拟器中进行训练。这样不仅节省了大量的飞机起落和维护成本，也极大地提高了安全性。当年伊凡·苏泽兰和犹他大学计算机教授大卫·埃文斯（David C. Evans）组建的Evans&Sutherland公司，后续几十年一直提供着最前沿的计算机三维图形渲染软硬件和高沉浸感模拟仿真设备，在被并入罗克韦尔·科林斯（Rockwell Collins）公司之后，仍然是美军和NASA的很多航空航天设备模拟的主要供应商。而熟悉航空航天领域的读者一定知道，罗克韦尔·科林斯公司正是实现美国登月目标的“阿波罗计划”的主供应商。

20世纪70年代，在高难度仿真训练这个领域的探索和尝试，奠定了后来所有高沉浸感硬件系统的三维标准：（1）视觉上提供全视角覆盖的虚拟环境；（2）触觉、重力等感官上也提供相应的环境模拟；（3）提供接近真实场景的高响应速度的实时交互和反馈。而同时具备这三个特性的系统才能很好地把体验者带入另一个时空去感受。这也奠定了今天元宇宙的感知指导和沉浸感设备的基础。

随着技术的发展和进步，模拟训练进入20世纪90年代之后，不仅其整个运算能力带来的显示真实感大幅度提升，综合成本也随着摩尔定律的发展逐年下降，从最开始只针对安全性要求极高、成本不敏感的航空航天领域，慢慢普及到各种成本敏感的领域，比如游戏型模拟娱乐系统、一般行业训练等，这也为后续该技术大规模民用化普及提供了可能。逐渐地，其简化型产品也变得普及，比如我们可以在游戏娱乐厅、展览馆等地看到这类产品。

二、走进工业的数字样机及数字评审

除了航空航天训练等对高沉浸感的需求带来的元宇宙底层技术探索之外，另外一个跟人们生活息息相关的领域——工业设计和制造业，在计算机辅助技术的加持之下，也从 20 世纪 60 年代开始，进行着一系列技术探索和尝试，并由最开始的数字化设计、仿真领域，一路成长为给元宇宙高沉浸感显示入口提供核心渲染和交互技术设备的基础领域——高沉浸感工业评审系统。

从 20 世纪 40 年代，人类发明第一台电子计算机埃尼亚克（源于美国陆军在宾夕法尼亚大学设立的“弹道研究实验室”），用于第二次世界大战中的密码破解、弹道计算、气候模拟等高算力需求之后，电子计算机便成为人们生产、生活中的重要工具。

1962 年，法国数学家和工程师皮埃尔·贝塞尔（Pierre Bézier）发明了贝塞尔曲线，可以通过四个点的坐标位置，绘制出一条光滑的曲线，并且随着这些所谓的控制点有规律地移动，曲线将会产生皮筋伸引一样的变换。这种可以编辑的、控制的“智能化”的矢量线条，为艺术家提供了一种理想的图形编辑与创造的工具。从这以后，计算机辅助的图形化系统，被大量地用在工业领域，并诞生了 CAD、CAE（计算机辅助工程）、CAM（计算机辅助制造）这几个学科，出现了大量的相关软件系统，如 AutoCAD、SolidWorks、UG、Catia 等，以及计算机辅助的方法论，让建筑师、工程师和艺术家通过电脑，代替以往的图纸，更加快捷、高效地设计、编辑、改造工业设计和进行生产辅助制造，形成无纸化设计。

与此同时，人们还发现，通过上述软件系统，还可以在实体产品被制造出来之前，进行数值仿真计算和数据模拟。因此，工业品的原型样机和验证过程大幅简化。尤其是特别复杂的系统，如飞行器、航空发动机、大规模超级建筑，都会在虚拟的数据空间有其数字化的映射品，这就是今天工业元宇宙的核心之一“数字孪生”。从中可以引出本节的一个很有意思的问题，就是这些虚拟的数字世界的高复杂度产品，难道仅仅是一堆空洞的数据吗？它们是怎么被显示出来的？是否能让设计师们像看图纸一样可视化地观察审视，甚至是众多专业人员一起协作，对它们的内部结构进行浏览、漫游、分解、研讨、评审？其实从人类一开始使用计算机进行辅助工业和辅助设计来代替图纸时，就一直伴随着数字设计和仿真工作，它也推动了我们今天非常重要的工业评审系统，即高沉浸感交互系统的发展和应用。

为了能够让更多的专业工程技术人员，即用户，更加直观和深入地观看数字样机和工业设计品，VR 开发人员使用了三维显示软硬件技术，将三维的数字样机数据放在一个屏幕上显示出来，即将虚拟空间中的三维点、线、面、体通过光照计算和显示计算投影到屏幕上。其投影原理与绘画、摄影、电影中的三维空间到平面的投影相同，而其背后的数据空间和实时显示模式（每秒钟至少 30 帧），催生了今天非常流行的三维电脑和手机游戏。当然，仅仅在一个显示器上进行实时的三维交互显示还不够，类似于高难度飞行训练领域的需求，工业上进行大型产品内部设计评审，也需要全沉浸到产品和环境中，尤其是汽车、飞机、核电站这类产品还需要多人参与。因此工业仿真领域，诞生了一系列大规模高沉浸感显示设备，如 CAD Wall（单面大屏幕墙体）、环幕投影系统（弧形投影显示墙）、Cave 系统（多面环绕式投影墙体）等。

区别于飞行模拟设备中人在座舱中相对固定不变的坐姿所带来的固定视角和固定观看点；也为了保证显示的三维内容，能够跟随观看者视角的运动，随时进行移动和变化，以保证能够从各个角度，甚至是设计品内部的物理不可达死角去审视工业设计品，VR 开发人员设计了不计成本的沉浸系统，在头部安装动态视点追踪设备，用以追踪体验者视点，并以高速的方式，指导大屏幕的绘制，每帧都重新生成与新位置对应的立体内容，并同时使用双目立体视觉为体验者提供与真实物理空间相同的双目视差显示。通过上述“运动视差”和“双目视差”叠加的高沉浸感显示，工业仿真评审系统可以更加真实。这些追踪技术，也用于今天的手术导航、计算机图形人体动作采集等方面。

时至今日，高端工业品，无论是汽车、飞机、高铁，还是大型水库、核电站，无一例外，都是通过这种连接虚拟与现实的高沉浸感现实系统进行最终数字评审的。只不过这样的系统，动辄几百万美元甚至是上千万美元一套，平民百姓很难消费得起，也顶多容纳十多名专家使用。到底设计什么样的设备，才能让更多人享受到虚拟世界的精彩和快乐呢？接下来我们将详细介绍。

三、走进娱乐的特种影视与浸式展览

高端的工业设计评审设备能够在视觉和交互上提供超过飞行员模拟培训更加真实和互动的沉浸感，但是与高端模拟培训设备一样，极高的研发和部署成本，和太少的可体验人数让其在被发明的20世纪60年代到今天，都始终停留在高端应用和科研象牙塔之中，普通人没有用过甚至没有见过。只有降低成本，才有可能实现大规模应用。类似音乐、戏剧及电影工业领域，通过大规模观众共同体验的剧场和电影院，建造能够同时容纳众多观众的高沉浸感体验系统和设备，这就是在当年设备小型化和轻量化尚未实现技术突破的时候，最为有效地降低成本和普及应用的手段。从20世纪80年代开始，这种尝试率先从主题娱乐行业中的高沉浸感特种影院和展览展示行业开展起来。

主题乐园和科普科教领域，既需要让观众和体验者有区别于家中观看电视和影院观看电影的体验，又要考虑面向公众需要的低成本，因此需要尝试高沉浸特种影院，如球幕电影、动感电影、交互电影等。

通过技术供应商们，如Evans&Sutherland、Sky-skan、IMAX等公

司的多年努力，率先将球幕电影应用到天文科普领域，替代传统的天象仪（行星仪），能够形成 360° 的全沉浸感动画影视。随后，一些使用鱼眼镜头和 75 毫米胶片航拍的影片，也随着 IMAX 影院的推广，让更多人体验到全沉浸感飞行体验的乐趣。尤其是在迪士尼主题乐园中，其“飞跃加州”系列引领了第一代的全沉浸互动球幕系统，可以同时提供视觉的高沉浸感覆盖和运动平台带来的加速度等一系列虚拟空间感觉。后续在环球影城、迪士尼、韩国乐天乐园、中国长隆、融创乐园等一系列主题公园的发展过程中，演进出独特的多人高沉浸感娱乐模式“黑暗乘骑”系统。它其实就是一个放弃交互性，增加故事性和娱乐性的 VR 沉浸系统。可多人体验的模式有效降低了成本和入场门槛，让更多的人拥有了体验机会。今天，迪士尼、环球影城的小黄人系列、加勒比海盗、变形金刚等项目也成了家喻户晓的文化符号和娱乐方式。

参观了解过近二十年世界博览会的人会发现，如今跟几十年前相比，最大的差别就是世博会的展览手段更多地变成了声光电投影系统，给参观者带来了更多的临场沉浸感和想象空间。另外，近二十年来，所有开工建设的博物馆、展览馆、规划馆、文化馆，其声光电设备和沉浸感观影项目的比例越来越大，在全球都培养出能够仅凭展览展示行业就获得上市的企业，如新加坡的笔克，中国的水晶石、风语筑等。

2000 年前后，个人高沉浸感技术成本仍旧高昂，一般人只能体验到交互性能受到限制的高沉浸感影院或者“黑暗乘骑”，即半互动的 VR 设备（可以对观众输入动态内容，但不能响应观众的输入）。这种单向的体验显然不能支撑人们对于元宇宙构想中的交互行为。2010 年前后，智能手机逐渐成熟和市场化、民用化，催生了一系列小型的运算、交互、显示器件。同时，这些技术的成熟和普及激活了一款个人高沉浸感显示硬件的普及，相当于打开了另一扇让大众通往虚拟世界的交互之门。这是什么设备呢？我们在下一节详细介绍。

第三节　个人元宇宙交互设备：头戴式近眼显示

近十年来，借助移动互联网硬件设备普及的东风，头戴式 VR、AR 显示技术不断迭代，带来了相关产业的巨大机会和变迁。

一、最早的头戴式显示设备（HMD）

最早的头戴式显示设备是源于 1968 年伊凡·苏泽兰的一篇论文所设计的原型产品。这篇论文中写道："……将向用户提供一种你移动，他也变化的透视图景。"其实这就是我们今天提到的所谓提供虚拟显示场景高沉浸感的"运动视差"，来尽可能地对人眼进行欺骗，达到以假乱真的目的。

然而，当时这种头戴式显示器的重量超出了大多数人的承受能力（据说当时总重量超过 100 公斤），用来跟踪用户的视线以反馈给计算机的设备（功能相当于今天 VR 的头部追踪设备）也太重了，需要在墙上或天花板上安装一套装置，用来吊挂着使用。Evans & Sutherland 公司生产的第一台头戴式显示器很快就赢得了一个绰号"达摩克利斯之剑"。它通过一个巨大的、看起来很危险的吊臂悬挂在天花板上，当用户改变他们的头的位置时，吊臂关节的移动就传输到计算机中，计算机则相应地更新屏幕显示，如图 8-2 所示。

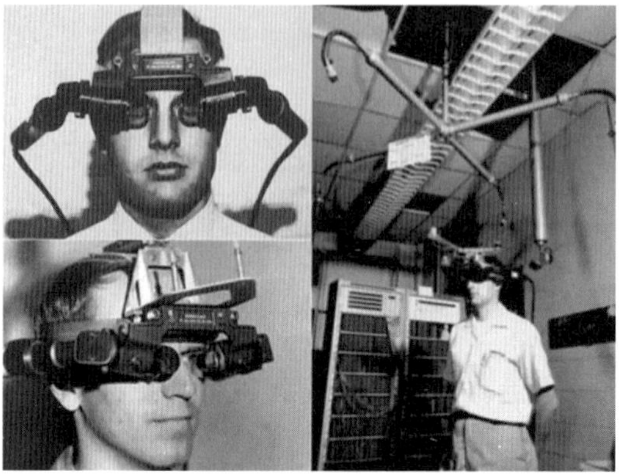

图 8–2　世界上第一款头戴式显示设备的体积和重量都非常大

资料来源：www.tomshardware.com/picturestory/704-history-of-virtual-reality.html

首先，Evans & Sutherland 的头戴式显示器中的双目显示器提供了一个三维情景，下一步要做的就是实现显示图形的实时化。为此，苏译兰和他的助手开发了几种其他系统，如剪辑驱动、矩阵乘法器和向量生成器。这些元素与头盔显示器结合起来，形成了一个集成的系统，就可以提供一个虚拟的无缝世界。熟悉计算机图形学算法的读者会发现，绘制一个矩形像素系统所用到的绘制算法，包含大量的 Sutherland 算法，其实就是由苏译兰那时所开创的方法。而今天，每一个在体验二维、三维游戏，或者沉浸于元宇宙里面的用户，所看到的每一个像素，也都是由 Sutherland 算法所绘制出来的。

之后的几十年，头戴式虚拟显示设备在 VR 领域一直是比较小众的存在，这是因为在当时的技术条件下，其重量、可靠性、安全性、易用性等方面，都并不能很好地满足模拟训练和仿真评审等方面的需求。但是，进入 20 世纪 90 年代后，大众娱乐风潮在欧美的风行，使得北美和日本诞生了很多先驱者，尝试着向大众推广和展示虚拟世界及 VR 技术的魅力。

二、第一次 B2C 尝试：20 世纪 90 年代的 VR 头显产品

杰伦·拉尼尔（Jaron Lanier）在《虚拟现实：万象的新开端》这本书里，为 VR 总结出 52 种定义，其中不乏技术、哲学、社会学，甚至诗意的探讨。

1984 年，拉尼尔成立了最早售卖头戴式显示器和配件的首家 VR 公司 VPL Research，即 VRL 实验室。作为数字化时代的缔造人之一，20 岁的拉尼尔提出 VR 的概念：利用电脑模拟产生一个三维虚拟世界，提供使用者关于视觉、听觉、触觉等感官的模拟。

经过先驱者们的探索和尝试，在 1990 年，VRL 实验室推出了一款面向公众的 VR 设备。同时，公众第一次了解到了该实验室创造的 Virtual Reality 这个词汇，在当时公众的认知和想象中，这是指用立体眼镜和传感手套等一系列传感辅助设施来实现的一种三维现实。只不过以 20 世纪 90 年代的人类技术手段，虽然它的目标是民用产品，但价格仍然昂贵到 5 万美元一台。

20 世纪 90 年代，电子游戏和电子娱乐，借助于计算机技术和电视技术的普及和发展，代替了传统的棋牌、书籍等，逐渐成为青少年娱乐的主流。电子娱乐非常强调交互性和实时性，而作为娱乐产品，其对音乐、美术、图形等方面的需求，也都和 VR 技术最核心的技术点和终极诉求拥有极高的共同点和重叠性。因此，从 20 世纪 80 年代开始，引领全球电子娱乐的日本厂商，如世嘉公司（SEGA）、任天堂（Netendo）、索尼（Sony）等，都尝试着推出各种更高沉浸感和娱乐性的 VR 设备。头戴式显示设备成了各家游戏公司尝试 VR 产品化的唯一技术方向。头戴式显示设备及个人 VR 这个强绑定的概念，从诞生那天起，就已经被其个人化、小型化、交互性的技术特点所确定了。

世嘉公司在 1993 年推出了 SEGA VR 进行尝试，而这其中最为著名的、被业界公认为第一款真正面向消费者端的 VR 产品，是任天堂

公司在 1995 年推出的 Virtual Boy。由于技术复杂度、成本、可靠性、开发周期等方面的拖延，当时的任天堂社长（相当于首席执行官），为了赶在 1995 年 7 月 15 日将新产品投放市场，不得不把 Virtual Boy 原计划的头罩眼镜式的设计，改为三角支架平置于桌面的设计作为妥协。

在竞争异常激烈的游戏机市场，任天堂当时面临着索尼和世嘉公司各自的拳头产品——第一代 Play Station 和世嘉土星游戏机的强劲竞争。任天堂公司急于推出 Virtual Boy 这种划时代的游戏机产品，延续其上一代产品 Game Boy 的成功。他们寄希望于在第一财年内卖出 500 万台，并带来 800 亿日元的利润。但是，受限于当时技术的局限性，一台分辨率为 384 × 224 的单色显示器（今天的手机分辨率在 2 048 × 1 080，即 2K 以上），再加上没有头部追踪功能（也就不能提供运动视差）的游戏设备，是不可能提供革命性体验的。Virtual Boy 第一批 70 万台上市后，后续两周仅仅卖出了 14 万台。销量的失败证明了当时的 VR 技术还远未达到让游戏用户满意和接受的程度。不过，Virtual Boy 成为人类历史上被铭记的第一代真正推向公众的 VR 游戏设备，每一个当年亲身体验过 Virtual Boy 的玩家，获得的视觉冲击都是前所未有的。

三、移动智能终端带来 VR 产品的革命

2007 年，iPhone 将全球的消费者们带入了移动互联网时代。随后，作为个体消费者拥有的手持终端，它的数据通信能力计算机（依赖 3G、4G 等网络技术）有了很大提高，而且其运算能力也超过几十年前计算机大型工作站的图形计算能力。同样，高分辨率小尺寸平板设备、视觉技术和微机电系统惯性传感器所支持的空间定位技术等在智能手机和移动互联网时代的长足发展，也让人们再一次看到将虚拟世界带入每个人的生活的可能性。至此，又一波 VR 大潮来到了所有人的面前。

2012年，Oculus Rift问世。这是一款在Kickstarter上众筹到250万美元 的VR眼镜设备，它将人们的视野重新拉回到了VR领域。创始人帕尔默·洛基（Palmer Luckey）本身是一个VR收集控，他用遍了20世纪的各种VR产品，感到体验都不尽如人意，2010年，再也无法容忍市面上所有VR头显产品的他，决定干一番大事业，地点在他爸妈的车库里，于是便有了Oculus Rift。

洛基狂热地在各种VR的论坛上发帖，引起了约翰·卡马克（John Carmack）的注意，彼时卡马克还是游戏界大牛，供职于Id软件公司。随着原型机的不断完善，洛基从VR爱好者变成了VR天才，他把自己的设备命名为Rift（裂缝），用以指代VR虚拟空间对真实世界的割裂。公司名Oculus在拉丁语中是“眼镜”的意思。他把自己的项目放到了Kickstarter上，寻求众筹的资金总额是25万美元。最终，他得到了250万美元，推出了Oculus开发者版本（DK1）。而卡马克在2013年离开Id软件，加入了Oculus，成为首席技术官。这也标志着整个三维游戏行业，经历之前几年的算力过剩和缺乏创新的煎熬后，终于认可VR这种手段和方式是高沉浸感三维游戏的下一个革命性改变。

通过Oculus Rift的尝试，人们惊讶地发现，VR所需要的技术，尤其是显卡、显示器、图形处理能力、轻量化面板、空间跟踪能力等，随着智能手机行业的发展，近年来已经默默地取得了重大的突破。公众对VR的兴趣被重新燃起，也让企业看到了新的发展机遇。

这也就有了后来一直为青少年用户流失所焦虑的互联网巨头Facebook公司创始人扎克伯格在2014年豪掷20亿美元，天价收购Oculus的故事。

从2012年开始到2016年，全球有众多厂商尝试加入这一次的VR大潮之中，这其中既包括已经是互联网巨头的谷歌、Facebook、微软，也包括游戏机厂商索尼，还包括手机厂商三星、苹果、HTC、华为等，以及数以百计的硅谷和全球创业企业，如Magic Leap等，甚至还包括传统的光学系统公司爱普生、卡尔蔡司等。这些公司都推出了自己的原型产品，从功能上，既包括 VR 头显，也包括 AR（如 Google Glass）和 MR（如 Hololens、Magic Leap One）等头戴式设备，品类涵盖非常广；从设备形式上，既包括最为简单的“手机 + 盒子”方式的 Cardboard 方案 VR 头显，如 Google Cardboard、暴风魔镜、三星 Gear VR 等系列，也包括需要有线连接电脑主机的主机 VR，如 Play Station VR、Oculus Rift、HTC Vive 等系列，甚至还包括代表着未来趋势的 Stand alone 这种一体机模式的 VR 设备，如 Oculus Go 等。

这种百花齐放的市场繁荣，以及资本市场一致看好之下每年超过百亿美元的投融资注入，让业界一般都把 2016 年或 2017 年称作 VR 元年，代表着这项技术真正意义上再次回归了公众视线并成为消费类电子产品的又一次可能。

然而，在 2016 年之后的两三年中，一些性能和个人体验较差的设备，如仅仅有三自由度交互的 Cardboard 方案 VR 头显和早期的 Stand alone 一体机率先被市场淘汰，算力强劲和渲染效果优势明显的主机 VR，也因为部署简易性、体验舒适性等一系列问题，并没有真正受到全球用户的完全接受和认可，例如 PSVR、Oculus、HTC 三大主要品牌的全球年销售量总和，仅徘徊在 200 万～300 万副。不过，几十年前 VR 领域的发明者们所设想的拥有最基本的与虚拟世界交互的功能，都已经在这一代 VR 硬件设备上得到了初步的实现，主要体现在：

- 视觉上提供全视角覆盖的虚拟环境。可提供100°以上的FOV（可视距离），以达到更加接近人类自然观察的可感知视场角，从而提供全沉浸的现实环境。
- 触觉、重力等感官上也提供相应的环境模拟。通过三维交互手柄、VR跑步机、立体声音频设备等一系列设备实现了除视觉之外的感官沉浸。

- 提供接近真实场景的高响应速度的实时交互和反馈。超过90赫兹刷新率的OLED或LCD显示设备，结合对于头部和手部的三维追踪，提供接近于三维图形绘制刷新率和实际头部定位精度的三维交互和虚拟信息显示的更新反馈，形成真正实时的、对虚拟世界的交互和体验。

伴随着市场的火热和全社会期望的提高，第一次 VR 元年的主要产品还不能很好地满足消费者对于高沉浸感空间三维游戏的需求。还需要想办法在以下几个方面大幅提高 VR 产品的性能：

- 近眼显示分辨率还达不到人眼需求：单眼分辨率当时大概只能达到1 000×1 000左右，折合到人眼观看的角分辨率，相对较低，还远远不能达到人眼分辨率极限的1弧分，仍需持续提高分辨率（约5弧分左右），以改善视觉效果。
- 三维交互设备笨重且不宜部署，用户友好度有待提高：基于当时的由外向内的跟踪系统，需要在用户体验的空间中部署外置的摄像头或标定设备（如后文会详细讲到的“光塔”、外置追踪Camera），使用非常不便，需要更加简易、低时延和易于部署的空间交互技术方案。
- 运算能力和渲染的真实感：在移动互联网时代，以手机CPU为基础的芯片，算力不足以支撑大场景真实感的三维渲染，而主机系统又需要一根显示线缆连接VR设备。需要开发更好的运算/显示传输框架，满足未来的需要。
- 运动眩晕问题还未得到很好的解决，需要更深入的人体工程学体验研究，改善用户在体验虚拟世界时候的眩晕和不适等问题。

从 2017 年年底之后的第一次 VR 寒冬开始，很多厂商开始静下心来，逐步提高相关的技术性能。并且，这次由于有了巨大的目标和市场预期，很多核心技术，如三维交互空间技术、高分辨率显示屏幕、无线通信等，都开始独立于全球智能手机市场，获得资本的注入，进行了迭代和提高，这也就预示着，将出现由技术成熟所带来产品性能的质变和销售量的爆发。

伴随着 2020 年新冠肺炎疫情席卷全球所带来的民众居家生活方式的改变，Facebook 公司推出的第二代一体机产品 Oculus Quest 2 在全球大卖。截至 2021 年年底，其全球保有量接近 1 000 万台，为 VR 产品真正被公众接受并构建生态平台奠定了基础。

然而，如果仅仅是 VR 设备，其极高的沉浸感在今天可能更适合用来进行游戏体验。无论是连接和操控真实世界，还是体验完全真实到以假乱真的虚拟世界，从今天来看，通过 VR 产品都不能很好地做到。连接并显示世界的话，手机和物联网设备往往是更加成熟和更好的选择。如果仅仅是作为三维体感游戏机，或者是游戏设备的替代者，VR 显示设备预计全球的年销量也就是 5 000 万台~1 亿台的规模，这也远远不可能取代当年个人电脑，或者今天智能手机的体量和规模。而最近三四年，由于智能手机设备的逐渐成熟和普及，其技术更新和增长乏力，已经带给全球电子厂商和国际资本越来越多的压力和危机感。是否有一种技术或者产品将来能够替代今天的智能手机，成为未来 10 年或 15 年内，主导人们生活且人手一部的必需品呢？让我们来从 AR 技术做进一步的了解和展望。

四、AR、MR 穿透式显示技术

电脑、手机、VR 头显，从产品形态、使用方式、连接方式等维度上来区分，都有不同的物理形态和硬件、软件的定义。而对于体验者或者消费者来说，这些形态本质上的区别是什么呢？这就要从一幅学术界区分应用的抽象图说起。

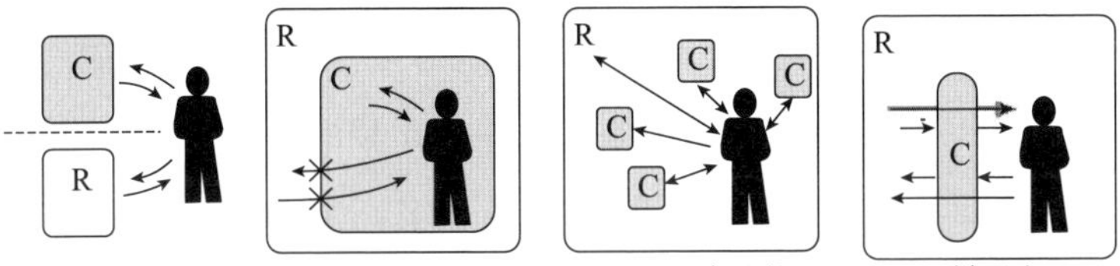

A. 传统 GUI　B. 虚拟现实　C. 无处不在的接口（移动互联网）　D. 增强交互（模糊接口）

图 8–3　从信息传递和用户的关系看 IT 各领域或产品的区别

注：图中 R 代表真实世界，即 Real World，C 代表计算机系统，即 Computer。

资料来源：ctld.nthu.edu.tw/bookclub/blog/?update_id=415&location=bookclub

在图 8–3 中，如 A 情况所示，2000 年之前，电脑端对于任何用户而言只是一种工具，使用者既可以跟电脑系统进行交互输入、输出，也可以在真实世界中交互，二者是并行不悖的；而 B 情况中，大家发现，VR 领域的应用，是将体验者与真实世界进行隔绝，从而让体验者能完全沉浸在计算机所营造出来的虚拟世界之中。经过近十几年移动互联网通信、计算、物联网等技术的发展，C 情况更符合今天人们的生活形态，即个人可以跟众多设备连接交互，又不影响其在真实世界中的生活；而 D 情况所描述的，就是我们将要介绍的 AR/MR 系统，即虽然计算机系统能够给人类提供高沉浸感的信息、计算、显示等，但同时不仅不隔绝真实世界的信息，反而通过各种“穿透式”的信息交流和融合方式，将虚拟世界与真实世界相互融合，而这两者之间信息与显示的融合，正是 AR、MR 设备开发者们所要追求的目标，其本质是两个世界的连接。D 情况会是在 B 情况（VR）和 C 情况（移动互联网）两项技术和应用形态大幅发展之后，人类追求的下一个产品形态或者生活状态的目标。

如何利用设备达成 AR 或 MR 这种连接两个世界的能力呢？

在智能手机时代，甚至更之前的个人电脑时代，计算机科学家们一直尝试将虚拟世界与真实世界相互结合。只不过当时采集真实世界的摄像设备相对分辨率、精度较低，PC 或智能手机的显示效果也相当有限。但从 2010 年开始，已经有大量的运行于电脑或智能手机上的 AR 底层库能够支持相关的功能，如 Total Immersion、Metiao（后在 2015 年 5 月被苹果公司收购，成为 ARKit）等早期公司开始进行各种应用尝试。2015 年之后，主流手机品牌和上游芯片厂商已想到先在智能手机产品上进行 AR 算法应用尝试，积累技术后再回到头戴式设备之上。由于当时的运算和显示设备都不具备光学穿透式显示能力（Optical See Through），技术上的实现手段是将虚拟世界绘制生成的景物，通过匹配算法叠加到摄像设备拍摄到的实景之中，今天我们称之为数字式或者视频式穿透显示（Digital See Through or Video See Through）。现在的 VR 显示器结合外置的采集摄像头，也可以实现这种 AR 或 MR，只不过时延和匹配度还不够理想。

人们是否需要更加简便、易用、友好的设备来实现这些功能，将来代替智能手机呢？

2012 年 4 月，谷歌推出第一款量产的 AR 设备，AR 技术开始由个人电脑和智能手机时代进入穿戴式设备时代，也就是我们今天所说的 AR 眼镜或者 AR/MR 头戴式设备。虽然受限于轻量化和算力的限制，Google Glass 还不能运行实时三维标定算法，进行虚拟景物和真实场景的匹配融合，但是其率先实现光学式穿透显示的实景与虚拟物体的融合，引领了后续绝大部分 AR 与 MR 设备的发展路线。

整个 21 世纪的头十年，与 Google Glass 同时代的很多智能眼镜 /AR 眼镜公司，如 Vuzix、ODG、Intel Vaunt、Epson 等，都在同一时期推出了类似产品。但受限于那个时代轻量化限制下薄弱的计算、存储和通信传输能力，这类 AR 眼镜的用户体验和市场认可度都相当有限，只有 Google Glass 总计卖出了约 80 万副左右，很难形成对 C 端市场的影响力或建立相关内容和开发者生态。

微软于 2015 年 1 月发布了面世的头戴式显示器 Hololens，在一定程度上改变了这个现状，虽然以牺牲重量和便携性为代价，但是有着多年经验积累的微软，在 Hololens 上集成了众多空间感知传感器和相对高性能的运算芯片，从而可以真正达到对于使用者空间位姿的实时精确计算，并能够对周围的三维空间进行简单的场景三维重建和物体识别。从而，微软 Hololens 成为第一个真正实现实时精确、虚实融合的 AR/MR 设备，人类才真正从桌面或手持时代进入了可穿戴时代。后续的 Magic Leap 公司推出的 Magic Leap One 头显也达到了相应的技术能力和水准，并且集成了双焦面显示能力。不过，由于各方面技术还在初期探索，尤其是轻薄的穿透式显示光学系统属于相对比较新的技术，Hololens 和 Magic Leap One 这类产品的定价一般都要到 3 000 美元以上。有待于技术进步来拉低成本进行普及，才能发挥 AR 技术最大的威力，使其成为产业界和资本界真正所预期的下一代移动互联网。

五、展望未来——元宇宙显示终端的可能形态

AR 和 MR 技术的成熟和量产仍然有很长的路要走。但幸运的是，除了光学技术和轻量化技术之外，AR 和 MR 在绝大部分底层技术，如运算芯片、空间感知标定、图形渲染、通信传输、供电等方面，都可以与 VR 头显设备进行共享。总体技术共享率可能达到或超过 60%~70%。因此，业界一般预测，在 VR 头显成熟及应用生态建立之后的很短时间内（可能 3~4 年），AR 技术和设备就可以大面积普及。通过这种无须切断体验者与真实世界的穿透式交互能力，未来可以形成一类戴在头上能够解放双手的交互设备，不仅仅能够实现今天我们智能手机上所有 App 的功能，同时能够提供让所有数字世界和虚拟世界的信息与真实世界场景叠加和交互的能力，类似今天的百度地图 AR

导游。人类社会将从移动互联网，转向可穿戴互联网时代。

头戴式三维显示技术（也可以称作近眼显示技术），作为高沉浸感显示技术中比较特殊的一个细分领域，一直关注单个体验者。30 年来，真实世界采集技术、光学技术等的发展，也催生了能够更好结合虚拟世界与真实世界的 AR/MR 技术和相应的产品，并逐渐拓展和丰富着人类个人计算终端和移动互联网能力的边界，使其更便捷有效地服务人类生活。在进入下一个人类信息技术大爆发时代之前，即脑机接口、视网膜显示、量子计算等技术成熟之前，最有可能成为未来元宇宙入口的终端产品，将会是在现在的 MR 设备上发展起来的——它是既可以在室外连接虚拟世界与真实世界，又可以在封闭空间单独当作 VR 头显体验的全能穿戴式 MR 头戴式设备。很有可能在 10 年内，我们就可以通过资本和产业的主推，看到这种产品逐渐成熟并进入大众的生活。

今天的头显设备是如何做到对体验者所观看到的虚拟世界掌控自如，用几块小屏幕来呈现一个无限可能的虚拟世界的呢？这背后除了两个已经成长近 70 年的传统技术领域——“三维图形渲染”和“近眼显示光学”之外，还有一个近十年来迅猛发展起来的、对个人元宇宙体验起到决定性作用的“个人空间感知技术”。而这个技术到底源于何处，是如何发展起来的呢？我们会在下一节详细剖析这个技术。

第四节　对另一个空间进行操作：三维空间交互

同时拥有覆盖全视场角的三维真实感并建立完全等同于人在真实世界交互能得到的“双目视差”和“运动视差”，才能让人真正认为自己是在虚拟的那个世界之中。简言之，就是这个虚拟世界是拥有真实世界完全相同的视觉特性的，能够跟着你的头部和眼部全面地动起来。而只有能够精确获取观察者头部的位姿和位姿变化，才能以此作为输入，让显示设备和系统生成对应的动态渲染内容，营造提供动态真实感的两种“视差”。而今天，进入元宇宙的时代，我们的头戴式显示设备，区别于之前的电脑显示器、手机屏幕等，是人类历史上针对消费者端的设备中第一次拥有此种功能的。而具有革命性的这种输入和交互技术，是如何获取到体验者的头部数据的呢？这条技术路线又是从何而来的呢？这就要从三四十年前，电影开始 CG 化和动画特效化的时代讲起。

一、源自电影动画动作捕捉的追踪技术

所有玩过早期三维游戏的读者，或者体验过比较粗制滥造 VR 内容的读者，可能都很好奇，为什么这些游戏或者 VR 场景中的人的动作都那么僵硬和奇怪，不像真人的运动呢？难道虚拟空间中的人物运动，不应该是像好莱坞大片里面一样，拥有极其真实的肢体动作和面部表情吗？其实这些都是由技术和成本限制导致的。

众所周知，人类是由 206 块骨骼和大量的肌肉、韧带组成的一个运动系统，很多时候，一个简单的动作，都会调动人体内成百上千的肌肉群去完成，也就造成了人类动作巨大的复杂性和差异化。而无论是早期的三维游戏，还是今天的很多小成本制作的 VR 内容，都受限于成本，很难做到非常精细和拟真。现实中，如果仅仅用三维建模工具软件或者三维美术人员徒手去编辑角色动作，其真实感和拟真度，必定与真实世界中的人物、动物等的肢体运动有巨大的差距，这也就是为什么我们看到这些小制作内容的动画和动作很假、很僵硬的原因。而那好莱坞大片里面的虚拟角色是怎么做到形如真人的高拟真度的呢？

仿真界的一个最重要的原则就是：“你永远不可能比真实世界更像

真实世界！”直接从真人身上获取数据就行了。所以，为了保证高保真度，对于动作真实感要求很高的影视工业，一直不计成本地使用专业的多点动作捕捉系统，采集真人的运动数据，并映射到动画特效里面的虚拟角色身上。而采集这种真实数据，结合高真实感的形象绘制，也让好莱坞大片中的角色一个个看起来栩栩如生，如同拥有真实世界中的生命一样。

影视行业通过在拍摄场内布置大量的高速、高精度摄像设备，并在动作演员身上关键骨骼节点布置反光标记点，来进行真人或者动物的骨骼动画采集，并由此生成虚拟角色的动作，让虚拟世界中的人物动作无限接近真实世界。如今，为了保证影片中角色的真实感，很多虚拟角色的面部表情，也使用这种高精度和高速的采集设备进行面部动画采集。而由于需要非常高的采集速度，一般时延小于 5 毫秒，及非常高的精度，即在典型室内空间达到毫米级，因此影视行业一套动作捕捉系统，往往需要数十个高精度摄像头和一个算力较强的数据处理服务器。即使成本高达上百万元，也不能够做到实时输出，需要大量的后期处理、编辑等工作。

前面章节中提到的，工业仿真中所使用的头部追踪交互技术，最开始的主要技术流派，就是相当于本节所提到的虚拟影视动作采集系统的一个功能简化版本。它只需要简单地追踪两个关键节点，即头部 / 眼部，以及交互用手柄的位姿即可。通过减少采集点数量，达到了能够支持实时交互采集的运算速度。但是，由于工业和影视领域整体需求量的限制，在之前整个三四十年的发展历程中，无论是流行的高速红外摄像头的 Camera Based Tracking 方案，还是其他一些诸如电磁式追踪（如 Seventh Sense）、超声波追踪、惯性式追踪的设备，其价格都仍然处在十几万元到几十万元不等。除去电脑动画、医疗手术导航、工业仿真等个别领域，很难普及到给普罗大众提供元宇宙方案的水平。而进入 2010 年，随着智能手机相关的一系列技术的成熟和大众化，VR 领域的从业者们又一次燃起了将高沉浸感交互设备大众化的希望。下面就要讲到，今天我们每个人都能够体验到的高沉浸感 VR 交互到底是由哪些技术支持和提供的，它们到底是如何研发演进的，又能给今天的元宇宙从业者们提供哪些工作机会？

二、元宇宙时代的三维空间定位技术

为了既能像影视动画捕捉一样精确地获取 VR 使用者头部和手柄的位置，又能将设备的成本降低到普通消费者能够接受的水平，即整体成本在几百美元，科研界和产业界尝试了各种各样的方法。

第一种方法最简单。近十年来智能手机端的产业红利，使得微型的惯性传感器（IMU）的体积、功耗和价格都迅速降低。尤其是为了保证智能手机的应用，微电机系统（MEMS）技术加持的微型惯性传感器，不仅成本能做到 1 美元的量级，其体积和功耗都小到能够装到智能手机上。

而借助如此便宜和轻量化的硬件，2015 年、2016 年前后，诸如 Google Cardboard、三星 Gear VR、暴风魔镜、Google DayDream 等第一代盒子 VR 和第一代一体机 VR，都能够用极低的成本、功耗和算力实现三自由度的空间交互。但是由于小型 MEMS IMU 方案的技术局限性，其在感知角速度的时候非常准确，但是对位移加速度的测量经常会有不可控的漂移和误差，导致微型 IMU 无法进行单独而精准的六自由度测量。这种不完全的三维空间交互能力，以及其带来的眩晕感和舒适度问题，让第一代单纯使用 IMU 的 VR 空间交互方案直接被用户淘汰。

第二种方法，就是 HTC Vive 在 2016 年推出的“光塔”定位技术（Lighthouse）。这是一种十分巧妙的技术，之前是由全球著名的游戏平台商 Valve 开发，可以说在整个 21 世纪头十年，无论是从时延还是精度，该技术都是体验最好的 VR 光学追踪和定位方案。“光塔”系统的外置部件由两个基站构成，每个基站里都有一个红外 LED 阵列和两个转轴互相垂直的旋转的红外激光发射器，其转速为 10 毫秒一圈。基站的工作状态是这样的：20 毫秒为一个循环，在循环开始的时候红外 LED 闪光，前 10 毫秒内 X 轴的旋转激光扫过整个空间，Y 轴不发光；后 10 毫秒内 Y 轴的旋转激光扫过整个空间，X 轴不发光。而在 VR 头盔和手柄端上安装了很多光敏传感器，LED 闪光之后就会同步信号，然后光敏传感器可以测量出 X 轴激光和 Y 轴激光分别到达传感器的时间。这个时间正好是 X 轴和 Y 轴激光转到对应位置给定的到达传感器的角度的时间，于是传感器相对于基站的 X 轴和 Y 轴角度也就可以计算出来。分布在头显和控制器上的光敏传感器的位置也是已知的，于是通过各个传感器的位置差，就可以计算出头显的位置和运动轨迹。

在当时，“光塔”系统拥有几个主要技术优势：第一个优势是其需要的计算能力非常小。在传统的多摄像头光学追踪定位系统中，一个光学系统需要进行成像，然后程序就需要通过图像处理的方法来将成像中的标记点（Marker）分辨出来。成像的细节越丰富，需要的图像处理计算能力就越高。所以红外摄像头比单色摄像头简单，单色摄像头比彩色摄像头简单。“光塔”技术使用的仅仅是时间参数，那么它就不涉及图像处理，对于位置的计算在设备本地就可以完成。第二个优势是其时延也很短，计算能力需求高就意味着时延会长：图形处理的大量数据要从摄像头传输到电脑中，再从电脑传输到头显上，就会增加时延。而“光塔”技术可以直接将位置数据传输到电脑上，省略了从摄像头到电脑的高数据传输的步骤。第三个优势是系统中追踪物体的数量理论上没有上限。如果是光学摄像头的话，系统内的跟踪标记点数量就有一个上限，数量多了无法处理。类似地，北京冬季奥运会上追踪数百名手持和平鸽的少年所用到的追踪系统，需要英特尔中国研究院专门的研究人员开发，用服务器级别的算力处理，这些都可以用来作为科技亮点来宣传，因此不难估计它的高成本和高难度。“光塔”技术基站本身不处理任何信息，所有数据由跟踪传感器从本地获取，这是一个天然的分布式系统。这套系统可以很方便地支持两个甚至更多玩家轻松地在一个场地里同时体验和互动。

2016 年，“光塔”技术跟随 HTC Vive 推出的时候，由于其需求算力非常小、时延短、追踪物体无上限、追踪精度高等众多优点，在之后的 4~5 年中，一直是主机类 VR 最佳的头部和手柄定位方案，在性能、可靠性、精度、体验上都碾压其他厂家的各种头部交互方案。[①] 当时整个系统售价大概是 699~999 美元，这种革命性的技术也把高沉浸感的头戴式 VR 交互真正第一次引入到消费类电子产品中。

虽然“光塔”方案也有很多无关紧要的小缺点，如手柄尺寸问题、多系统干扰和扩展性问题等。但是它还有一个对于消费类电子产品最致命的缺陷，就是其系统部署需要在环境中安装两个独立配置的“光塔”设备。这种复杂的操作导致用户很难做到像看电视、用手机一样简单地使用它。这也就限制其技术仅仅能够用在主机 PC VR 领域，而且是小众发烧友的玩乐工具。这导致在后面的移动 VR 和 AR 时代，这种灵光闪现的技术没有办法再发展。后来的事实也证明了，每年几十万台的销售量既撑不起生态，也不可能给企业带来足够的盈利和竞争优势，从而难以吸收更多资本和研发力量迭代改进并完善产品。

第三种方法是在计算机视觉中使用图像处理，虽然能够依托于现有智能手机普及所带来的图像摄像头的大规模普及和低成本化，但它也是算法复杂度最高的一种方法。第一代主机 VR 中的另外两个主要产品，也是在 2016 年前后发布的 Oculus DK2、CV1 系列，以及索尼的 PSVR 一代，都使用了这种方法——当时被命名为 Constellation（星

---

① “光塔”原理动态图可参考 https://blog.csdn.net/liulong1567/article/details/50833265

座）定位系统。顾名思义，就是在需要被追踪定位的头显外部和手柄上，布满红外发光二极管，并以一个固定的模式进行发光闪烁，形如夜空中闪烁的“星座”。而系统外部，通过简化布置一组摄像头，达到大幅降低系统成本和算力需求的目标。

在 2016 年前后，“星座”方式的空间定位系统，虽然在刷新率 / 时延（2.7 毫秒 VS 16.7 毫秒），以及定位精度和适用范围上，都不如 Valve 研发的“光塔”系统，导致当时的 Oculus VR 和索尼 PSVR 的用户体验和眩晕感等各方面都不如使用“光塔”系统的 HTC Vive。但是，这种方案仍然获得了市场中更大的销量，例如 PSVR 第一代当时年销量达到 200 万台。

另外，由于当时 PC 和主机系统的算力限制，以及人们对于视觉定位系统的探索还在初级阶段，当时 Oculus 摄像头初代的分辨率只有 752×480，且为了降低运算量，其处理内容为不带 RGB 颜色的新的 Y8 灰度图。在今天看来，这种系统的追踪定位精度是跟不上用户体验需求的。

“星座”方法整个系统的简单、方便，适合大规模量产，让其成本显著低于“光塔”系统。也让 PSVR 和 Oculus CV1 等的售价，显著低于 HTC Vive，也正是因为如此，获得了更多的销量和用户。通过充分使用智能手机时代的一些技术红利，如更加廉价的摄像头模组和 LED 光源系统等，大幅度助力了 VR 领域技术发展和到 C 端用户的普及。而且伴随着手机 AR 技术所使用的图像处理和识别技术的发展，相比于“灯塔”系统，原本各方面性能落后的“星座”技术这种基于摄像头的追踪交互技术路线，在接下来几年的一体机 VR 和 AR 时代，逐渐成为更加主流的方向，并促成了整个元宇宙领域第一个千万级别销量产品的诞生。而到底是何种原因导致原本性能劣势的技术有了更大的发展和应用呢？这就要从追踪方式的由内而外和由外而内说起。

三、“由内而外”还是“由外而内”

游戏必然变得更加移动化。所以，在 2015 年左右，VR 领域中真正的有识之士就已经预测到，未来能够引领 VR 发展的是类似于智能手机、不需要连接主机和电源的 VR 设备，也就是我们前面所说的 VR 一体机。它自带移动计算芯片、存储、交互设备，而无须连接主机和外接电源，能够像智能手机和移动游戏机一样，跟着玩家各处移动。

对比 VR 一体机，去架设在外部房间中或桌面上的“光塔”和摄像头，将会是非常不方便的一种体验。在移动时代，个人穿戴系统的移动化，逼迫着各路 VR 厂商想办法去把头部定位和追踪设备尽可能做得更小、更集成，才能提高易用性。

正因如此，原本不太成熟的、精度也不够好的由内而外的追踪技术，在消费类电子用户需求的牵引和大厂资本的主推之下，走上了技术开发和成熟的快车道。

从 2019 年开始，各个大厂，尤其是以当时的 Facebook 为代表的互联网厂商，开始将更多的精力投入到由内而外的追踪定位技术之上。据报道，Facebook 平台相对于一些更为年轻的社交平台，如 Tik-Tok 或 Snap，已经明显失去 15~25 岁人群的兴趣和关注。如果要布局下一代青年人日常使用的硬件，那必然是某种今天个人移动设备的延伸，也就是将来替代智能手机的产品。如果 AR 眼镜还太遥远的话，至少应该是可能独立携行，不依赖外部电源和数据的 VR 一体机。而一体机时代的由内向外的追踪定位技术，除轻量化之外，其与将来的 AR 眼镜所使用的视觉计算原理、硬件配置等，都具有高度的同源性和相似性。

以今天热销的，全球销量刚刚达到 1 000 万台的 Meta Quest 2 这款 VR 一体机头显为例，在硬件上，为了能够覆盖更大的角度，保证对空间追踪定位和手柄追踪的稳定性，Meta Quest 2 使用了覆盖角度更分散的 4 个对外的摄像头，来代替前几年行业主流 VR/AR 头显的双摄像头方案。这样就能保证，即使在玩家手部大幅度极限运动的时候，仍然保证对手柄跟踪不丢失。而且，加大感知摄像头视场角 FOV 的方案，让玩家即使在面对若干白墙的这种低纹理特征的难识别空间，都能很好地计算出头部所在位置，来支持精确的实时交互。同时，虽然受限于今天惯性传感器的位移漂移特性，以及移动芯片视觉处理算力的不足，今天针对 VR/AR 系统的空间定位 SLAM 方案，使用了同时结合视觉和惯性两方面传感器输入的 VI-SLAM（视觉惯性的即时定位与地图构建）技术手段。两种传感器的输入相互辅助和补充，利用了惯性传感器刷新速度快、算力依赖度低的优势，以及视觉传感器数据鲁棒性好和精度高的优势，也同时利用于 VR 一体机主芯片中的高速 DSP 进行图像和视觉处理的硬件能力。截至 2022 年 3 月上旬，由内而外的追踪定位系统的精度，尤其是几家头部厂商的产品，如 Meta Quest2、微软 Hololens 2 等，已经能够达到不亚于上一代由外而内追踪定位技术的精度和响应速度。用了仅仅 4~5 年，VR、AR 系统交互技术的便携性就被提升了一大截，让人们距离实现真正的元宇宙中所期待的自由交互又进了一步。

通过十余年的发展，追踪交互技术由昂贵的影视专用到低成本普及，由需要复杂的大空间部署到简单的能够集成到头显上，在用户的需求和产业资本的推动下，一步步走到了类似智能手机人手一台的水平。其单品销量也在 2021 年年底达到了 1 000 万台，已经非常接近黑莓手机面世初期的销量。那既然对于元宇宙三维体验最核心的交互定位技术已经如此成熟了，我们是否今天就可以进入元宇宙时代生活了呢？恐怕问题并没有那么简单。

通过分析 Meta Quest 2 产品被购买后的使用时长和使用频率，不难发现，其实绝大部分用户更多是在疫情期间，被封在家中需要一个新奇的设备而进行的尝试，其使用时长和使用频次都距离智能手机甚至是主机游戏机相差甚远。那到底是什么原因阻碍了今天 VR 头显的普及和高频使用呢？这就要从人们体验沉浸空间时的一个由来已久的问题来展开分析和研究，这个问题就是“运动眩晕症”（Motion Sickness，后文简称晕动症）。

四、运动眩晕：制约进一步发展的瓶颈

今天，虽然 VR 硬件已经大规模装机售卖，但是仍然存在一些问题，尤其是随着虚拟环境沉浸感的提升，用户在使用 VR 设备时遇到的这类问题愈发明显和严重。以目前主流的 VR 设备应用为例，长期使用会带来类似晕车、晕船的眩晕症状，例如恶心、头痛、眼花、方向错乱等。这些症状使得 VR 设备无法长期稳定地使用，大大地限制了 VR 设备体验感的提升。

近年来国内外学者针对 VR 设备产生晕动症的现象开展了大量的研究工作，主要集中在三个方面：（1）VR 晕动症产生原因；（2）VR 晕动症评测方法；（3）VR 晕动症评测系统搭建。

通过大量的研究和应用实践，人们发现虚拟场景的运动会对 VR 晕动症产生影响，旋转的虚拟场景比静止的场景造成的晕动症更加严重。同时人们还发现，个人因素对 VR 晕动症的影响低于虚拟场景对 VR 晕动症的影响。然而造成眩晕的原因是多种多样的，不仅仅是由旋转和个体差异造成的。

讲到这里，大家可能会想到，当初使用立体眼镜在影院观看的 3D 电影的年代。虽然我们可以在特殊影院（如立体环幕影院、球幕影院等）获得更高的临场感和立体视觉效果，甚至达到景物、角色从屏幕中跃然眼前的体验。但是，总有一部分人会在观看时感觉眩晕和恶心，就像晕车一样。包括后来的裸眼 3D 显示屏，在不合适的角度或长时间观看，也会造成一定程度的眩晕感。这些 VR 时代之前的眩晕问题，其实

从最根本的原理上，跟今天 VR/AR 领域所遇到的眩晕问题非常相似。

从本质上说，人体的感官系统是一套经验学习式的神经网络系统，我们的大脑和神经系统通过各种感官，包括视觉、触觉、力觉、加速度（耳蜗前庭），采集外界的信息，并综合处理这些符合自然世界中的输入规律的信号，用来指导我们的行动，进行对外界的反馈。而作为已经经过多年人生“训练”的人体的感知和神经系统，我们的身体已经习惯了符合人体所处物理空间的自然规律带来的信息输入。一旦处在另外的运动状态，如高速乘车或乘船，导致信息输入跟人体经验不符合，就会让经验神经系统给人体发出信号，告知身体处于不正常状态，从而引发一系列身体自我保护机制的应激反应，如眩晕、呕吐等。这本质上是身体的自我保护机制。

大家仔细对比一下生活中的一些场景，比如晕车、晕船、飞行员选拔时的各种旋转测试等，这些场景都是因为我们视觉的输入和耳蜗内前庭传感的加速度产生了信息不匹配，不符合我们已经成型的神经系统的规律，身体才会出现应激反应。同样，很多人在聚精会神观看立体画的时候，也会产生眩晕，这是因为当视觉输入和我们大脑处理视觉的经验相悖情况下，也会导致我们身体的应激反应。

为什么在家玩手机的时候不容易眩晕，而观看 IMAX 影院或者乘坐环球影城的黑暗乘骑、沉浸式过山车的时候就更容易眩晕呢？这里还涉及一个因素，就是当你周围的环境越大比例地处于真实世界之中，即你的神经系统所习惯的环境的时候，输入到人体感官的信号与真实物理世界经验不一致的地方就越少。而你越大比例地将感官沉浸到虚拟世界中的时候，所有输入给你感官的信号相对而言越有可能更多地出现与真实世界不一样的特性，而让你的感官输入不同于平日生活的经验，就会导致这种不适和眩晕。

很不幸的是，头戴式显示设备几乎完全覆盖了人的视觉输入，而产生人类 80% 以上信息输入的视觉系统，任何与真实世界微小的差别和不同，都可能刺激人类敏感的神经系统，其眩晕问题比盯着显示器或者手机的游戏玩家要严重得多，毕竟盯着显示器的玩家用余光就能看到真实的世界。因此，沉浸感越高，反而越难以精确地模拟真实世界，越容易造成眩晕。

从 2015 年第一代 VR 产品投入市场开始，用户反馈的眩晕和舒适性问题就驱动了全球所有厂商的研发力量，包括增大屏幕分辨率、降低运算和显示时延等，这些肉眼可见的物理指标在这几年随着资本的投入、产品的迭代不停地前进和提升。在 2020 年已经能够实现单眼 2 048 × 2 048 的线分辨率和 90～120 赫兹的显示刷新率，硬件和显示层面导致的眩晕和不适已经较之前大幅减弱了。

然而，对于很多运动学导致的深层次眩晕，仅仅通过提升硬件参数，比如空间交互的准确性与实时性，并不能很好地得到缓解。在第一代消费级 VR 头显面世和应用的过程中，当时使用“光塔”的 HTC Vive 在用户体验上明显好于使用“星座”视觉定位的 Oculus CV1 和索尼 PSVR，相对的眩晕感也要轻得多。在显示刷新率、运算能力、分辨率、视场角等方面差别不大的情况下，其核心原因就是“光塔”系统在精度、响应速度和准确度上都更好，从而带来交互效率和显示内容更加接近真实世界的物理规律。而意识到这个问题之后，Facebook 等大厂持续不断地研发投入，终于在 2020 年推出的一体机 Quest 2 中，通过 IMU 和 Camera 混合的 VI-SLAM 技术，达到了不亚于当年“光塔”技术的交互精度和响应速度。很可能在不久的将来，只有“加速度感知”这个问题会是体验和眩晕层面的最后一只拦路虎了。

最近几年，大量体验 VR 游戏和内容的玩家们一定会发现一个规律，从 2011 年、2012 年 Oculus 初代开始发布时，有大量的过山车、奔跑射击类游戏；发展到今天，主流游戏更多地以节奏光剑或者射箭、塔防类游戏为主。通过这些年的变化，大家会发现一个规律，就是越来越多的 VR 游戏在想办法躲避玩家在空间上的位置移动，而这也是今天人类想尽办法且使用了各种技术手段都暂时还未能得到很好的解决的一个问题。所以今天，面对技术更加超前和复杂的元宇宙，相信需要更多的研发投入和尝试，才能逐步解决这个问题。

所幸的是，整个科研界和产业界都已经意识到技术瓶颈所在，从2017年开始，国际相关领域顶级学术会议，如IEEE VR、SIGGRAPH等，都有大量的研究尝试解决眩晕和用户体验的问题。头部的硬件和平台企业如Facebook、微软、苹果、谷歌等，也召集了大量的顶尖产业科学家进行相关的研究和产品化。生态链上的关键企业，如高通、英伟达、Epic Game等，也分别在自己擅长的芯片、通信、渲染等领域有针对性地加大投入力度，从各个角度解决各种时延、视差和运动问题，带来更好的VR产品层面的体验。相信不久的将来，当用户体验和眩晕问题得到解决的时候，元宇宙的生活就会跟着人手一台的硬件，带领大家走入线上那个美丽纷繁的虚拟世界了。而那个时候，我们肯定也会有更进一步的高要求：不仅希望能够观看并与虚拟世界互动，更希望能够用在真实世界中生活的方式去体验虚拟世界、进行实物感的触摸等，甚至是用思想和意识来交流和分享，并自主控制虚拟世界中的生活。接下来，我们将介绍一系列探索发现这一切新奇的感知、建模、显示和交互技术。

第五节　下一代感知交互技术：真三维显示、触觉嗅觉味觉交互

一、视网膜投影技术

视网膜投影技术，顾名思义，就是跳过外部空间放置物理显示屏

幕或在眼前设置虚拟的近眼显示虚像这样的方式，直接将需要人眼视网膜接收到的影像，通过一定的光路投影技术，投射到人眼的视网膜之上。这样做可以让用户同时聚焦在不同图像平面或焦深上，有可能大大减轻用户的疲劳和视觉眩晕。

当然，由于视网膜投影技术还在科研界探索的阶段，其技术稳定性、可靠性、精确度、安全性等还有待于持续探索和提升，尤其是需要在处于开发和产品化中的眼动追踪技术成熟稳定后，才能给视网膜投影设备一个眼球位置输入，以进行准确的视网膜和眼球主光轴定位。其技术成熟还需要比较长的时间和一些支撑技术，但是相信在不久的将来，这种大幅减少光学设备体积、功耗，并能解决“辐辏”视觉问题的技术，一定会在元宇宙显示技术中成为主导。

二、光场显示技术

如前所述，我们今天看到的所有显示内容，都只是显示在二维平面上，如电视、电脑、手机显示屏，即使 VR、AR 所使用的近眼显示光学所成的虚像，也是以二维图像的形式进入人眼之中的。其根本原因是，人类观看世界所用的双眼是二维的光学成像系统，视网膜上的视觉感知细胞本身是以一个“面”的方式排列分布并进行感光工作的。而真实世界却是一个三维世界，我们从任何一个角度观看场景或物体，其展现出来的光照效果都是根据不同的观看位置和视角而不同的，而人类大脑和神经系统也只有观察到这种跟随不同视角变化的显示，才会认为这是一个真实的世界。那么到底如何才能让人类在虚拟世界中看到的内容真正达到真实世界的效果，让人完全沉浸在虚拟的元宇宙之中呢？这就要提到从 20 世纪 90 年代末期发展至今的“光场”技术。

物理学里面对于“场”（Field）的定义是指在某种空间区域，其中有一定性质的物体能对与之不相接触的类似物体施加一种力。比如引力场里面的大质量的地球会向我们施加引力，电场里面会有电荷的引力和斥力，磁场中会有磁力，等等。

回到人类观看物体，或者观看世界的光照和显示模型中，我们会发现，其实人眼所感知的光线，就是物体朝着周围发出的光线对观看者的影响，只不过这种施加的“力”不是引力，而是照射过去的光亮度。不同于引力或者斥力，数学上测量的光场也不是各个方向都相同，而是每个角度看起来有可能各不相同。如果能把这个光照的“场”记录下来，并重现给观看者，就可以完全还原和再现一个与真实世界一模一样的观看效果。这样的多维记录并再现真实世界的“光场”技术便应运而生。

针对现阶段各种显示模型的二维属性，光场显示模型将体验和效果拓展到了三维空间中所有跟观看者有关的光线传播之中。虽然观看的时候还受限于现有硬件技术，需要使用二维的显示设备加上动态的图像序列来让体验者观看光场的环境，但是其数据记录和显示模型可以记录整个可观看空间，已经非常接近完全真实的世界。而且利用光场技术结合现有的显示设备，不需要在空气中做投影，也可以得到几乎完全相同的显示效果。

虽然光场技术早期的一些产品化的尝试，如斯坦福大学计算机科学家吴仪仁（Ng Ren，新加坡裔）发起组建的创业企业 Lytro 所推出的光场相机等产品，受到当前数据处理能力的限制，并没有达到很好的销量和市场认可度，光场技术也经历了最近十来年的不断沉浮。但是，随着近几年 VR、AR 领域的重新火热和元宇宙概念的兴起，光场这种高真实感还原真实世界的显示技术，又一次成为各大厂商关注的焦点。

谷歌在近期推出了著名的 Starline 项目，用来提供全沉浸感的视频会议系统，其本质上是一种实时的双向交流系统，可以让两个人即使在远距离交互，也能体验到面对面的对话体验。通过采集参与者评分（如呈现度、注意力、交互性、参与感等方面）、会议参与感和观察到的非语言行为表达（如点头、眉毛运动等神态动作）等各种数据，其立体视觉和沉浸感远优于现有的 2D 视频会议的远程呈现系统。这套系统的所有设计元素都围绕最大化实现音视频的保真度和真实感观体验，包括物理布局、照明、人脸跟踪、多摄像头采集、麦克风阵列、多媒体流压缩编码、扬声器输出和透镜显示。它可以实现关键的 3D 视听维度，包括立体视觉、运动视差和空间化音频，并能实现全方位的交流体验，如眼神接触、手势和肢体语言，使用者不需要佩戴特殊的眼镜、麦克风、耳机。系统由头部跟踪自动立体显示、高分辨率三维采集、播放系统，以及网络传输组成。另外，其技术点中也包括一个新的基于图像的几何融合算法，在空间中计算出使用者定位并采集需要显示的形态。

通过科研论文中对于 Starline 项目的简单功能介绍和布局描述，以及系统布局示意图，可以看到，虽然它今天还没有连接 VR、AR 头戴式显示设备一起使用，但是作为光场技术最新的实践者和实现系统，它的很多诸如表情动作采集、多视角光场采样等，很快都会运用到谷歌之后将推出的一系列元宇宙产品和硬件之中，能够迅速提升未来元宇宙空间体验的真实感和拟真度。

有兴趣的小伙伴，可以进一步去网上搜索计算机图形科学家 Pat Hanrahan 和 Marc Levoy 在 1996 年计算机图形国际会议上发表这种技术的初创论文进行研究和学习。相信深度了解和掌握光场技术的小伙伴，能够在未来元宇宙产业落地和爆发过程中，轻松找到一流企业中高薪的岗位。

三、其他感官交互技术：力觉、触觉、嗅觉、味觉等交互

类似于视网膜投射、光场显示技术等，人类在元宇宙时代，不仅

仅从视觉、听觉这两个最主要感官方向提供和接入元宇宙的交互入口，研究了一系列显示设备，如屏幕、VR 头显、AR 头显等，用语音声学设备来满足人们在虚拟世界的需要，同时也在不停地尝试着从其他人类感官方向，如触觉，甚至是嗅觉和味觉来提供虚拟世界的真实感官。

前文提到的模拟驾驶时的飞行座舱底部的六自由度平台，其作用就是通过模拟重力和各个方向的加速度，欺骗座舱内的学员，让其产生飞机起降、爬升、转弯等方面的力学错觉，而误以为自己处在真实的飞行之中。后续的主题乐园中的各种飞行影院、黑暗乘骑过山车里面的乘骑设备的运动，其实提供的也是这种力觉和运动反馈的一个简化版本，用更低的成本让更多人体验到失重、超重等。

近十来年，随着 VR、AR 技术的市场化和普及，为了适配个人头戴式显示设备带来的个人元宇宙体验，市场上又大量涌现了一批新一代的 VR 动感座椅。其本质也是通过相对简化的三自由度或四自由度平台，提供接近大型飞行模拟器的空间加速和运动体验效果。相应地，由于针对个人进行优化设计和低成本的产品设计趋向，现在的 VR 运动座椅可以让每一名体验元宇宙游戏中飞行体验的用户，仅以接近发烧级电竞系统的价格，实现重力、加速度等虚拟世界的力学感官体验。相信在不久的将来，产业进步很有可能将这种个人力学体验设备的价格降低到类似于 VR 头显或 AR 眼镜的水平，“飞入寻常百姓家”。

另外，除了给人体提供运动学感官体验之外，如在医疗手术模拟、康复训练和高端工业仿真训练中非常普及的力反馈设备 Haption、Haptics 等，还可以通过给予操作者与真实操作几乎相同的动态反馈力，来模拟在真实的手术操作、精密部件装卸操作中的同等力学效果，再结合高沉浸感的显示系统，完全可以在模拟训练中以假乱真。只不过，由于在技术实现上还不能真实做到实体上模拟被触碰物体的硬度和物理结构，所以只能通过高频传感器采集（大约 1 000 赫兹速度），高速刷新采集使用者输入的力度，再根据虚拟世界中计算出来反馈力，给操作者一个反方向的力，来模拟触碰、操作等反馈力学特征。

相对于触控模拟的力觉特性，很多国外研究机构研究电磁方式模拟物体表面的光滑度，模拟物体表面温度变化等，来提供模拟虚拟世界的“肤触觉”，也就是皮肤触感。虽然现阶段的“肤触觉”研究还很初级，但相信在不久的将来，我们就可以看到相关品类的产品投放市场。

同样，大家在主题乐园黑暗乘骑里面体验的喷水和烟雾效果，也是 VR 领域对味觉和嗅觉模拟的尝试。例如，在迪士尼的“飞跃加州”项目中，从加州的树冠和果园上空飞过时，位于座位附近的气味设备会准时喷射相应味道香型的气味剂。国内融创乐园的项目如“飞跃江西”，在飞跃鲜花烂漫的山顶和山谷时，也会根据对应的植物香型进行气味模拟。但是由于每次模拟都需要消耗特定量的化学物质，而不能像今天的计算机运算和现实一样仅仅消耗电能即可完成。因此除了在一些有运营能力的乐园或者主题娱乐场所，有气味仿真设备商业化应用之外，现阶段的 C 端用户层面还没有能够普及的气味仿真产品形态。但随着 VR 技术在视觉、听觉、触觉等方面逐渐成熟后，作为元宇宙感官交互刚需之一的嗅觉、味觉系统，应该也会像电子烟一样，成为每个人都可以体验的交互形态。

第六节　终极目标：脑机接口

1999 年 3 月 31 日，全球同步上映了一部商业影片《黑客帝国》，影片中描述了一名年轻的网络黑客尼奥发现看似正常的真实世界实际上是由一个名为“矩阵”的计算机人工智能系统控制的，尼奥在一名神秘女郎崔妮蒂的引导下见到了黑客组织的首领墨菲斯，三人走上了抗争“矩阵”征途的故事。

影片中，人类既不是通过 VR 头显被接入虚拟世界，也不是被任何物理的枷锁限制了人身自由，而是通过一些插接到大脑和脊柱上的电极和管子，接入到了虚拟世界中。也正是这些直达大脑和神经中枢的接入设备，隔绝了人类对真实世界的感受，成为生活在人工智能“矩阵”所创造的虚拟世界中的奴隶，用身体为机器们提供能源。

当然，科幻影片为了营造感官刺激和冲击力，有意编造比较恐怖和阴暗的未来。但是真实世界中，所有的感官输入最终都是通过神经电信号输入给人类的大脑及神经中枢。如果真的如影片中所设想，有一种设备或者技术能够直达我们的大脑及神经中枢的话，其实是可以做到影片中所描述的沉浸状态的。而这种技术，就是我们人类已经研究了超过 40 年的脑机接口技术。只不过这种技术的研究和进步，主要是为了帮助人类解决一些疾病和仿生学等问题，而不是为了限制和控制人类。这节就让我们简单了解一下，如今被全球顶尖科技资本高度关注的这种前沿技术到底是什么样的，以及有哪些特点和用户。

脑机接口技术（BCI）是指在人或动物大脑与外部设备之间创建的直接连接，实现脑与设备的信息交换。这一概念其实早已有之，但直到 20 世纪 90 年代后，才开始有阶段性成果出现。在学术界眼中，有时候脑机接口也被称作直接神经端口（DNI）。如果按照 DNI 的定义，其实很多跟神经信号输入输出相关的领域，也都是脑机接口研究的范畴。事实上，大部分研究方法和使用的技术、设备也都是非常相似的。例如，前面提到的肌电信号采集和交互技术，就属于利用人类神经信号给计算机进行输入；而人工耳蜗、人造视网膜等神经修复类技术，都是通过人造机器系统生成输出信号传到人类的神经系统，解决人体感知的局限性。

今天，我们经常会看到很多关于脑机接口的热点新闻，比如 2008

年匹兹堡大学神经生物学家宣称利用脑机接口，猴子能操纵机械臂给自己喂食；又如 2020 年 8 月 29 日，埃隆·马斯克的脑机接口公司找来“三只小猪”向全世界展示了可实际运作的脑机接口芯片和自动植入手术设备。

其实研究可以回溯到 20 世纪 70 年代甚至更早。当时，科学家施密特（Schmidt）、费茨（Fetz）和贝克（Baker）领导的小组证实了猴子可以在闭环的操作性条件作用后快速学会自由地控制初级运动皮层中单个神经元的放电频率。在 20 世纪 80 年代，约翰斯·霍普金斯大学的阿波斯托洛斯·乔治普洛斯（Apostolos Georgopuolos）找到了猕猴的上肢运动的方向和运动皮层中单个神经元放电模式的关系。他同时也发现，一组分散的神经元也能够编码肢体运动。进入 20 世纪 90 年代之后，随着飞速发展的计算机技术和生物神经技术，脑机接口技术得到了长足的发展。全世界有大量的相关领域高校和研究群体已经能够使用神经集群记录技术实时捕捉运动皮层中的复杂神经信号，并用来控制外部设备。

在真实世界中，每年的世界机器人大赛上都会有 BCI 控制类比赛。赛事所使用的脑机接口技术属于非侵入式。选手们使用一种叫作“脑电帽”的设备，这种帽子呈网状结构，帽子上布满采集脑电波信号的传感装置。比赛之前，选手们会戴好脑电帽，为了保证脑电帽更好地采集到脑电波信号，工作人员会拿着类似注射器的装置，向脑电电极内一一注入导电胶。据说脑机比赛项目表现最好的选手可达到 0.4 秒钟输出一个字符的速度，已经比很多人用手打字要快。

虽然今天脑机接口技术还不够成熟和稳定，我们能够看到的 BCI 控制类比赛比的也还不是脑机接口技术本身，更多是比选手使用脑机接口技术的技能。但如果将来有一天，类似的技术足够廉价和稳定的话，每一个通过脑机接口接入计算机或虚拟世界的用户无须动手，就能够在手机上操纵软件、输入文字、与朋友聊天。或者用户甚至也可以仅仅使用意念，就能在虚拟世界进行真实世界人类所有的行为和操作。再往后，元宇宙就真的要成为创意、思想、意识的协作网络了。

除了上述利用人类脑电波输出方式，控制“人对机”的交互之外，还有很多非常成功的利用“机对人”的输入来修复和增强残障人士感官的技术。例如，人工耳蜗是迄今为止最成功、临床应用最普及的脑机接口。截至 2006 年，世界上已有大约十万人植入了人工耳蜗，从而在一定程度上恢复和改善了被损失或原本不健全的听力。另外，今天也有很多科学家在尝试进行视觉重建的研究，原理就是把光转变为电信号直接刺激视网膜，进而产生视觉。当然，这种利用光电信号刺激视觉神经的技术，还需要患者自己的大脑中有视觉这个概念。也就是说，科学家们今天还只是试图让非自然失明的盲人重新看见世界，而对于先天性的、没有见过真实世界的盲人，还没有太好的办法。

无论是在听觉上的努力，还是在视觉系统上的努力，这些今天用来服务残障人士的科研技术，当其发展到一定程度之后，也都可以用来服务于正常健康的人类，用来输入增强的虚拟世界，也就是元宇宙的视听信号，从而把人类的主要感官都隔绝于真实世界，并放入虚拟世界中。这一路径非常类似于智能硬件和 VR 领域中曾经一路发展过来的其他技术，如无线通信、眼动追踪、近眼显示等，它们最开始在技术昂贵和不成熟的时候，先去服务一些对于成本承受度高的残障人士或特定人群，随着技术的成熟和普及，再慢慢推广到一些公众场景，直到最后集成到人手一台的消费类电子产品中。

相信未来，人们在体验元宇宙时所使用的终极技术形态分别会是：人类通过神经信号对计算机的输入——“运动功能”的脑机接口，以及向人类神经系统输出虚拟世界信号——“感官功能”的脑机接口。而同时拥有这种双向的输入与输出后，人类自然能够畅游在虚拟的元宇宙中，也可以通过每个人自己的行动来影响、改变和创造自己的那个元宇宙。

第九章

数字孪生与数字原生的技术：元宇宙的数字底座*

数字孪生与数字原生是元宇宙的技术栈中不可或缺的组成部分，构成了元宇宙中除了“真人”以外的虚拟数字人、物、场等主要内容，也是元宇宙中知识的主要来源。因此它们一起组成了元宇宙的数字底座。

第一节　数字孪生是什么

随着近两年数字经济的快速发展，尤其是元宇宙概念在2021年的爆发，一个原本比较偏工业领域的专业概念——数字孪生，得到了前所未有的重视，受到了广泛关注和热议。数字孪生，通俗的理解就是物理世界中的物体通过数字化的手段在数字世界里生成镜像，借此实现对现实物体的状态变化完整的映射，对包含该物体的生产或者运行过程进行记录、分析和预测，从而实现完整地溯源该物体生产、演化的流程，合理规划该物体的生产或者运行过程，在问题发生之前预见

* 本章主要撰写者为梁栋，原语科技首席运营官，元宇宙产业委常务委员。

到问题并给出相应的解决方案等功能。下面我们从数字孪生的诞生开始梳理一下数字孪生的过去、现在和将来。

一、数字孪生的起源与发展

在智能制造领域最先使用数字孪生概念的是 NASA。NASA 在阿波罗整改项目中制造了两个完全一样的空间飞行器，留在地球上的飞行器被称为“孪生体”。在飞行准备阶段，该“孪生体”被用来进行宇航员的训练任务，在任务执行阶段用来对飞行中的空间飞行器进行仿真分析，监测和预测空间飞行器的飞行状态，辅助地面控制人员做出正确的决策。从 NASA 对数字孪生的应用来看，数字孪生主要是要创建和物理实体等价的虚拟体或数字模型。虚拟体能够对物理实体进行仿真分析，能够根据物理实体运行的实时反馈信息对物理实体的运行状态进行监控，能够依据采集的物理实体的运行数据完善虚拟体的仿真分析算法，从而对物理实体的后续运行和改进提供更加精确的决策。

密歇根大学的迈克尔·格里夫斯教授于 2003 年提出了“物理产品的数字表达”的概念，并指出物理产品的数字表达应能够抽象地表达物理产品，能够基于数字表达对物理产品进行真实条件或模拟条件下的测试。这个概念虽然没有被称作数字孪生，但是它具备数字孪生所具有的特质和功能，因此被广泛认可为数字孪生的雏形。后来一直到 2010 年，NASA 首次在报告中正式提出了“Digital twin”（数字孪生）一词。

美国国家标准与技术研究院于 2012 年提出了 MBD（基于模型的定义）和 MBE（基于模型的企业）的概念，其核心思想是要创建企业和产品的数字孪生模型，数字孪生模型的仿真分析要贯穿产品设计、产品设计仿真、加工工艺仿真、生产过程仿真、产品的维修维护等整个产品的生命周期。MBD 和 MBE 的概念将数字孪生的内涵扩展到了整个产品的制造过程。此后在工业生产领域，数字孪生概念广泛开花结果。例如从 2012 年起，NASA 和美国空军在其飞行器设计、生产、使用中广泛使用了数字孪生相关技术，显著地提高了生产效率，降低了使用成本。美国的工业巨头通用电气推出基于数字孪生理念的资产预计管理系统，德国工业巨头西门子也研发了通过数字孪生开发的全新平台 Simcenter——一个灵活、开放和可扩展的仿真及测试解决方案组合，支持用户在数字化转型中的各类创新活动。涵盖了工程开发中的系统、结构、流体、电磁和电子设备仿真以及物理测试等全过程。

近些年来，随着物联网、AI、3D 重建、生命科学等技术的发展，数字孪生概念正被其他行业广泛地吸收借鉴，比如融合了建筑信息系统、城市信息系统以及地理信息系统的数字孪生城市。此外，它还被广泛应用于自动驾驶模拟、城市规划治理、智慧城市大脑等应用领域；医学研究学者基于数字孪生思想构建的“虚拟婴儿”可以排查家族遗传病，追踪人体健康发育状况等。

近年来，数字孪生的研究和应用越来越热门，得到了业界广泛的关注和研究，但其概念和内涵上却并没有一个统一的定义。随着数字孪生研究和实践的不断推进，学术界、工业界不断赋予数字孪生各种定义，从众说纷纭的数字孪生定义中我们可以得出这样一些共性的描述：

- 数字孪生是一种虚拟空间中的数字模型；
- 数字孪生模型对应的是物理空间实体；
- 数字孪生模型的生成方式是利用传感器采集实时的以及历史的数据，然后通过数字化的方法抽象出来；
- 数字孪生在时间轴上是覆盖对应实体的全生命周期的；
- 数字孪生在功能上是映射、模拟和仿真；

综合上面这些共性描述，我们可以给出一个比较完整的、博采众长的数字孪生定义：针对物理世界中的实体，通过采集其实时数据并综合其历史数据，利用数字化的方法抽象出来的能够对该实体进行全生命周期映射、模拟和仿真的虚拟世界中的数字模型。

需要注意的是，对实体进行全生命周期映射，不仅构建了元宇宙的部分物、场（场景，类似环境），还参与构建了元宇宙的部分事件。

二、数字孪生的理想形态

数字孪生的未来会走向何方？我们从时间、空间、数据、连接以及应用等几个维度去畅想一下数字孪生的未来：

- 时间维度：数字孪生将从物理实体的规划、设计、生产、运行直到消亡，覆盖整个物理实体的全生命周期。
- 空间维度：从单个实体孪生到完整产线孪生，再到数字孪生工厂、数字孪生城市，实现多粒度全覆盖与不同粒度、不同应用场景的数字孪生互联、互通。
- 数据维度：数字孪生的数据不仅包括贯穿产品全生命周期的全要素、全流程、全业务的相关数据，还强调数据的融合，如信息物理虚实融合、多源异构融合等。此外，数字孪生在数据维度上还应具备实时动态更新、实时交互、及时响应等特征。
- 连接维度：指从物理世界到虚拟世界的感知接入、可靠传输和智能服务。从满足信息物理全面连接映射与实时交互的角度和需求出发，理想的数字孪生不仅要支持跨接口、跨协议、跨平台的互联互通，还强调数字孪生不同维度（物理实体、虚拟实体、孪生数据、服务/应用）间的双向连接、双向交互、双向驱动，并且强调实时性，从而形成信息物理闭环系统。
- 应用维度：数字孪生不仅在仿真、虚拟验证和可视化等方面体现其应用价值，还可针对不同的对象和需求，在产品设计规划、运行监测、碳中和与碳溯源、智能管控、故障预测与诊断、设备健康管理等领域一展身手。

第二节　数字孪生与元宇宙

中国工程院李德仁院士谈道："随着元宇宙的火爆，数字孪生概念也随之被热捧。但不应将二者混为一谈，数字孪生是通过网络空间的模拟、仿真等还原真实世界并影响现实生活，是要对地球负责的。"数字孪生是一个在元宇宙之前就诞生了的有其独特含义的概念，与元宇宙的概念有本质上的区别，然而二者又有千丝万缕的联系。本节将着重剖析一下数字孪生与元宇宙之间的区别和联系，并畅想一下二者的未来。

一、求同存异：数字孪生与元宇宙的焦点分析

数字孪生与元宇宙的共同点是，它们都以数字技术为基础，再造高仿真的数字对象和事件，以进行可视化、沉浸式的感知交互和运行，其底层支撑技术可通用。二者不同的是，元宇宙可以显示物理世界为数字框架，也可以完全塑造全新的理念数字世界（数字原生），终极形态是虚实相生的数字社会。其中每个元宇宙公民拥有数字身份和数字化身，可共同在线社交甚至建设文明，由此可知，元宇宙的根本焦点是在于"人"。而数字孪生则是以信息世界严格、精确映射物理世界和事件过程为框架和基础的，无论是工业制造，还是城市管理，都是基于实时客观数据的动态进程，与AI结合的挖掘分析和深度学习，并进一步模拟情境和决策，以改进现实或更好地适应现实，最终实现自动

控制或自主决策控制。由此可见，数字孪生的根本焦点在于“物”。

二、站在巨人的肩膀上：数字孪生对元宇宙发展的促进作用

可以看到，数字孪生的应用更加倾向于对行业效率的改进和技术创新，而元宇宙的应用更倾向于构建公共娱乐社交的理想数字社会。但这并不妨碍两者的结合。基于各种 3D 模型扫描重建技术，例如激光雷达扫描、无人机倾斜摄影、卫星遥感等产生的高精地图、点云模型等数据，再融合遥感时空、传感器、物联网、定位轨迹、业务专题、社交内容、文字文档等时空动态数据，通过游戏级引擎的渲染和可视化与沉浸式体验技术，可以构建元宇宙的高保真、高聚合的数字时空场景。同时，在数字孪生应用中得到锤炼的各种 IT 技术，发展成为“元宇宙”的技术支撑。可以说元宇宙赢得如此多的关注和重视，一部分原因是站在了数字孪生这个巨人的肩膀上。在中国，数字孪生对于赋能实体经济、建设有中国特色的元宇宙，意义非常重大。

三、大胆的猜想：工业元宇宙“吞噬”数字孪生

通过前面两小节对元宇宙与数字孪生的异同分析，我们可以得出如图 9–1 所示的现阶段元宇宙概念与数字孪生概念之间的关系，即数字孪生的部分核心技术是组成元宇宙技术地基的重要部分。同时，在数字孪生中和工业生产以及城市运行规划等，与决策辅助息息相关的仿真与模拟、预测与调优等技术在并不在元宇宙概念当下的讨论范围之内，然而随着产业元宇宙概念尤其是工业元宇宙相关的探讨逐步深入，相关的产品逐渐浮现，我们可以大胆地猜想，在不远的将来，数

字孪生的应用场景会被工业元宇宙所覆盖，数字孪生的核心技术会被工业元宇宙所继承并得以发扬光大，最终数字孪生会被工业元宇宙概念吞噬，成为元宇宙的一个子集。

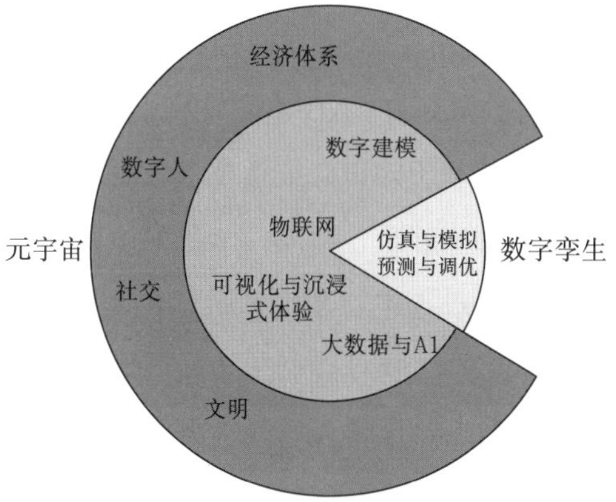

图 9-1　现阶段元宇宙与数字孪生的关系

第三节　数字孪生技术剖析

数字孪生是一个复杂且完整的技术体系，依赖于诸多新技术的发展和高度融合，为了使读者对数字孪生技术能有一个由浅入深的了解，本章节将从介绍与其相关的技术开始，过渡到分层次地剖析数字孪生技术栈，最后着重分析数字孪生的核心技术。

一、触类旁通：数字孪生的相关技术

数字孪生概念的历史虽然不长，但是数字孪生技术内涵的探索与实践早在多年前就已开始，并取得了相当多的成果。例如虚拟样机、信息物理系统、数字线程（Digital Thread）等相近或者相关概念，这些概念或是对数字孪生技术的一种先行实践，一种技术上的孕育和孵化，或是与数字孪生技术齐头并进、相辅相成。

1. 虚拟样机

虚拟样机技术是20世纪80年代逐渐兴起、基于计算机技术的一个新概念。虚拟样机技术是将CAD建模技术、计算机支持的协同工作技术、用户界面设计、基于知识的推理技术、设计过程管理和文档化技术、虚拟现实技术集成起来，形成一个基于计算机、桌面化的分布式环境以支持产品设计过程中的并行工程方法。虚拟样机技术就是在建立第一台物理样机之前，设计师利用计算机技术建立机械系统的数学模型，进行仿真分析并从图形方式显示该系统在真实工程条件下的各种特性，从而修改并得到最优设计方案的技术。虚拟样机是一种计算机模型，它能够反映实际产品的特性，包括外观、空间关系以及运动学和动力学特性。借助于这项技术，设计师可以在计算机上建立机械系统模型，伴之以三维可视化处理，模拟在真实环境下系统的运动和动力特性并根据仿真结果精简和优化系统。

虚拟样机可以视为数字孪生的基础和雏形，它们的相似之处在于：（1）都构建了三维虚拟模型来替换或者映射对应的物理实体，从而在虚拟的数字世界中进行物理空间中需要进行的活动，例如测试、仿真、评估、验证等，从而减少时间和经济成本；（2）不同设计者甚至最终用户可以通过与虚拟的数字模型交互参与到设计中来，提升产品设计的效率和用户满意度。

但是虚拟样机与数字孪生的不同点更多，其中最根本的区别在于：（1）虚拟样机只覆盖了产品设计阶段，而数字孪生覆盖了产品的整个生命周期；（2）虚拟样机与实体之间没有联系，而数字孪生与实体直接保持着密切联系，实时反映着实体在全生命周期中的状态变化。

2. 信息物理系统（CPS）

信息物理系统源自嵌入式系统的广泛应用，源头可以追溯到2006年。美国国家科学基金会的Helen Gill最先用这个词来描述传统的IT术语无法有效说明的日益复杂的系统。信息物理系统随后被列为美国研究投资的重点项目，从而进入了研究机构与工业界的视野。

信息物理系统作为计算进程和物理进程的统一体，是集合计算、通信与控制于一体的下一代智能系统。信息物理系统通过人机交互接口实现和物理进程的交互，使用网络化空间以远程的、可靠的、实时的、安全的、协作的方式操控一个物理实体。信息物理系统包含了将来无处不在的环境感知、嵌入式计算、网络通信和网络控制等系统工程，使物理系统具有计算、通信、精确控制、远程协作和自治功能。它注重计算资源与物理资源的紧密结合与协调，主要用于一些智能系统上，如设备互联、物联传感、智能家居、机器人、智能导航等。

信息物理系统赋予了人类和自然界一种新关系。在现实物理世界中，各项物理进程本是自然发生的，但信息物理系统是一种人为物理系统或者说是一种将人类和物理世界相结合的更为复杂的系统。信息物理系统将计算、网络和物理进程结合在一起，物理进程受到网络的控制和监督，计算机收到它所控制物理进程的反馈信息。在信息物理系统中，物理进程和其他进程紧密联系、相互关联，充分利用不同系统间结构的特点。信息物理系统意味着监测各项物理进程并且执行相应的命令来改变它。换句话说，物理进程被计算系统所监视着。该系统和很多小设备相关联，拥有无线通信、感知存储和计算功能。

从广义上看，信息物理系统和数字孪生具有类似的功能，并且都描述了信息（数据）与物理的融合，涉及的传感器、物联网、嵌入式等技术也都可以通用。但是信息物理系统和数字孪生还是有很多明显的区别。例如从要解决的问题的范畴来看，信息物理系统偏向于解决科学问题，而数字孪生专注于解决工程问题。从信息（数据）与物理实体的映射关系来看，信息物理系统是1对多映射，而数字孪生是1对1映射。从强调的核心来看，信息物理系统更重视传感器和执行器，数字孪生更重视数据与模型。

3. 数字线程

数字线程的概念可以追溯到2003年，它在美国空军和洛克希德·马丁公司合作的F-35战斗机项目里首次被提及。数字线程当时其实是指F-35的3D数字化的设计，它取代了传统的飞机制造中使用的纸上蓝图，使得整个飞机的设计和制造过程更加有效率和准确，否则F-35的造价会更为昂贵。通用电气的石油和天然气业务集团对数字线程的具体定义为：数字线程贯穿了整个产品的开发过程，从产品概念、最初的设计和3D原型，到测试和设计验证，再到完整合理的产品设计，最后到在我们在智能工厂里生产的产品。它还承载供应链，使产品能交付、安装、运行上线。数字线程还负责产品的监测和管控，还有产品全生命周期的健康把控以及运行性能数据的传送。

在一个公司的数字化转型的项目里，数字线程和数字孪生是两个非常关键和核心的概念。其中数字线程使真正的数字孪生成为可能，或是按IBM（国际商业机器公司）的说法就是“Digital Threads Make Better Digital Twins”（数字线程成就更好的数字孪生）。

二、技术架构：数字孪生的四个层次

数字孪生技术的实现依赖于诸多先进技术的发展和应用，其分层技术架构如图9–2所示，从数据到应用的顺序可以分为数据层、建模计算层、功能层和体验层。从建模计算层开始每一层的实现都是在前面各层的基础支撑之上，是对前面各层功能的进一步丰富和扩展。

1. 数据层

数据层是整个数字孪生技术体系的地基，支撑了整个上层结构的运作，主要包含了物联网技术、全生命周期数据管理技术以及高速数据传输技术三个部分。

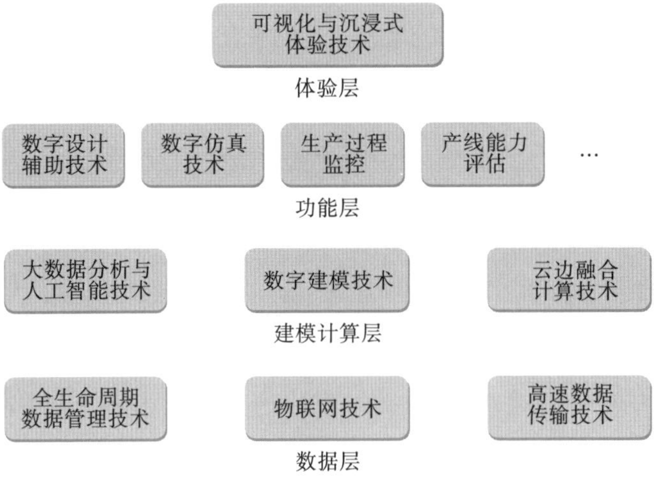

图 9-2　数字孪生分层技术架构

物联网技术尤其是其涵盖的先进传感器技术以及分布式传感技术，使得数据孪生技术体系能够获取更加准确、充分、全面的实体状态数据。而完整、全面、准确的数据是整个数字孪生技术体系的基础，是构建上层数字孪生模型，开发相关功能，给出用户基于数字孪生的应用体验的核心。因此，物联网技术是整个数据层的重中之重，是数字孪生技术体现中最关键的技术之一。

海量传感数据实时地在实体与数字孪生体之间的传输，是保障数字孪生系统的实时性，为用户提供及时准确的数据与反馈的关键技术。尤其是近年来随着工业 5G、Wi-Fi6 等高速、高可靠性以及多连接终端的无线传输技术的发展，高速数据传输技术也正向摆脱“线缆”的束缚的方向大踏步前进，这为终端用户方便快捷地获取直观的显示体验打下了坚实的基础。

全生命周期数据管理尤其是高效率、高可靠性的海量数据存储与检索技术，是大数据分析、数字建模、高效率云边融合计算技术以及数字仿真模拟等相关功能实现的技术保障，是整个数字孪生系统性能提升的关键因素。分布式云存储技术的发展为全生命周期数据管理提供了高性能、高可靠性和可动态扩展的平台保障，为数字孪生完整技术栈的发展铺平了道路。

2. 建模计算层

建模计算层是数字孪生技术体系中最核心的一层，是数字孪生解决方案中上层功能和应用的前提和基础。这一层包含的数字建模、大数据与AI，以及云边融合计算等相关技术，均为构建数字孪生技术体系的中坚力量，在后文的数字孪生核心技术剖析小节会给出详细的介绍与分析。

3. 功能层

功能层面向实际的系统设计、生产、使用和维护需求，提供相应的功能，包含但不仅限于数字设计辅助、数字仿真模拟、生产过程监控以及产线评估等功能。这些功能组合成数字孪生相应的解决方案，用以提升复杂系统在设计和使用过程中的生产效率以及生产过程的优化，预见到即将发生的故障并给出相应的处置建议。

作为数字孪生技术体系的直接价值体现，功能层可以根据实际系统需要进行定制，在建模计算层提供的强大信息接口的基础上，功能层可以满足高可靠性、高准确度、高实时性及智能辅助设计、决策等多性能指标，提升整个数字孪生产品在全生命周期内的表现。

本层中的数字仿真与模拟技术是数字孪生技术体系中不可或缺的一环，在下个小节中对此会有更详细的介绍。

4. 体验层

体验层主要是为数字孪生解决方案使用者提供良好的人机交互使用环境，让使用者能够获得身临其境的技术体验，从而迅速了解和掌握复杂系统的特性和功能，并能够便捷地通过图形界面化操作甚至语音和肢体动作等方式访问功能层提供的功能。

本层主要包含可视化渲染技术以及沉浸式体验技术。随着 GPU 硬件技术的迅猛发展，可视化渲染技术近年来有了日新月异的变化，使用户可以完整地得到工厂级甚至城市级的 3D 模型可视化与交互体验。与沉浸式体验相关的 AR、VR、MR 以及 XR 的技术进步同样对用户体验的提升起到了至关重要的作用，让用户能够获得接近真实的体验。

体验层这种新展示方式是在最近的一二十年发展起来的，早期的展示界面是非常原始的命令行，例如大约 50 年前，NASA 地面控制中心需要有经验丰富的专家才能操作模拟器内各系统的参数。20 世纪 90 年代后，开始有了仿真、设计等三维图形界面这种立体的展示和交互方式。进入 21 世纪后，才逐渐开始出现使用 VR 技术进行工业品的评审的情况，而且刚开始也只是在最高端、最复杂的系统上进行，如前面提到的飞行器、航空发动机等。

三、五脏六腑：数字孪生的核心技术

下面我们重点分析数字孪生技术栈中最核心的数字建模、数字仿真与模拟、物联网、大数据与 AI、云计算与边缘计算等技术。

1. 数字建模技术

数字建模是创建数字孪生的核心技术，也是基于数字孪生技术体系的解决方案向上层提供功能与应用的基础。建模不仅包括利用激光雷达、倾斜摄影等技术对物理实体的几何结构和外形进行三维重建，还包括对物理实体本身的运行机理、内外部接口、软件与控制算法等信息进行全数字化建模。数字孪生建模具有较强的专用特性，即不同物理实体的数字孪生模型千差万别。

目前，不同领域的数字孪生建模主要借助 Unity、Unreal、CAD、Matlab、Revit、CATIA 等软件实现，Unity 和 Unreal 主要面向体验层建模，CAD 和 Matlab 主要面向数字孪生基础模块和数学建模，Revit 主要面向建筑信息模型建模，CATIA 则是面向更高层次的产品生命周期管理建模。

2. 数字仿真与模拟技术

数字仿真与模拟是数字孪生模型验证的关键方法。仿真模拟和建模是一对伴生体，如果说建模是对物理实体理解的模型化，那仿真模拟就是验证和确认这种理解的正确性和有效性的工具。仿真模拟是将具备确定性规律和完整机理的模型以软件的方式来模拟预测物理实体在不同输入情况下状态变化的一种技术。在建模正确且感知数据完整的前提下，仿真可以准确地反映物理实体过去、现在以及将来一定时段内的状态。

仿真模拟技术起源于工业领域，在研发设计、生产制造、试验运维等各环节发挥了重要的作用，近年来，随着数字孪生城市、自动驾驶等技术的发展，数字仿真模拟也被广泛应用于城市应急响应、自动驾驶模拟等领域。

顶级的仿真与模拟技术包含计算流体动力学 、多体系统或有限元分析技术，它们也是工业软件技术栈中的核心技术，同时也是我国软件业发展的短板之一。

3. 物联网技术

物联网是承载数字孪生体数据流的重要工具。物联网通过各类信息感知技术及设备，实时采集监控对象的位置、声、光、电、热等数据并通过网络进行回传，实现物与物、物与人的泛在连接，完成对监控对象的智能化识别、感知与管控。

物联网能够为数字孪生体和物理实体之间的数据交互提供连接，即通过物联网中部署在物理实体关键点上的传感器感知必要信息，并通过各类短距无线通信技术传输给数据存储和运算系统。

4. 大数据与 AI 技术

大数据与 AI 是数字孪生体实现认知、诊断、预测、决策等各项功能的主要技术支撑。大数据的特征是数据体量庞大，数据类型繁多，数据实时在线，数据价值密度低但商业价值高，传统的大数据相关技术主要围绕数据的采集、整理、传输、存储、分析、呈现、应用等，但是随着近年来各行业领域数据的爆发式增长，大数据开始寻求更高性能的算法支撑对其进行分析处理，而正是这些需求促成了 AI 技术的诸多突破式发展，二者可以说是相伴而生，AI 需要大量的数据作为预测与决策的基础，大数据需要 AI 技术进行数据的价值化操作。目前，AI 已经发展出更高层级的强化学习、深度学习等技术，能够满足大规模数据相关的训练、预测及推理工作需求。

在数字孪生系统中，数字孪生体会感知大量来自物理实体的实时数据，借助各类 AI 算法，数字孪生体可以训练出面向不同需求场景的模型，完成后续的诊断、预测及决策任务，甚至在物理机理不明确、输入数据不完善的情况下也能够实现对未来状态的预测，使得数字孪生体具备“先知先觉”的能力。

5. 云计算与边缘计算技术

云计算为数字孪生提供重要的计算基础设施。云计算采用分布式计算等技术，集成强大的硬件、软件、网络等资源，为用户提供便捷的网络访问，用户使用按需计费的、可配置的计算资源共享池，借助各类应用及服务完成目标功能的实现，且无须关心功能实现方式，显著提升了用户开展各类业务的效率。云计算根据网络结构可分为私有云、公有云、混合云和专有云等，根据服务层次可分为基础设施即服务（IaaS）、平台即服务（PaaS）和软件即服务（SaaS）。

边缘计算是将云计算的各类计算资源配置到更贴近用户侧的边缘，即计算可以在如智能手机等移动设备、边缘服务器、智能家居、摄像头等靠近数据源的终端上完成，从而减少与云端之间的传输，降低服务时延，节省网络带宽，减少安全和隐私问题。

云计算和边缘计算通过以云边端协同的形式为数字孪生提供分布式计算基础。在终端采集数据后，将一些小规模局部数据留在边缘端进行轻量的机器学习及仿真，只将大规模整体数据回传到中心云端进行大数据分析及深度学习训练。对于高层次的数字孪生系统来说，这种云边端协同的形式更能够满足系统的时效、容量和算力的需求，即将各个数字孪生体靠近对应的物理实体进行部署，完成一些具有时效性或轻度的功能，同时将所有边缘侧的数据及计算结果回传至数字孪生总控中心，进行整个数字孪生系统的统一存储、管理及调度。

第四节　数字孪生的应用场景

得益于各种信息技术的发展，数字孪生的应用已逐渐进入各行各业。现阶段，除了工业领域，其还被广泛应用于城市管理、农业、建筑、健康医疗、环境保护等行业。特别是在数字城市领域，数字孪生被认为是一种实现数字化转型的重要手段而得到各级政府的大力支持。下面我们将从数字孪生主要应用领域以及相关的典型应用案例来探究数字孪生对社会及经济发展的重要作用。

一、数字孪生主要应用领域

数字孪生作为数字化转型的重要手段，近年来在各行各业中都得到了广泛的关注和应用，但有实际落地项目且充分验证过的还是数字孪生概念的诞生地——工业领域以及数字孪生城市领域。在这两个领域内，数字孪生概念充分地展示了其对经济发展的促进作用，给数字孪生在其他领域的应用树立了标杆。

1. 发家之地——工业应用领域

在工业生产活动的过程中，数字孪生技术可以说是贯穿始终，覆盖了产品设计、生产制造、产品使用和服务、产品报废回收的全生命周期。

在产品设计阶段，传统工业生产模式中，完成设计后必须先制造出实体零部件，才能对设计方案的质量和可制造性进行评估，这意味着成本和风险的增加。而通过建立数字孪生模型，任何零部件在被实际制造出来之前，都可以预测其成品质量，识别其是否存在设计缺陷，比如零部件之间的干扰、设计是否符合规格等。还能找到产生设计缺陷的原因，在数字孪生模型中直接修改设计，并重新进行制造仿真，查看问题是否得到解决。

在生产制造阶段，传统方式是只有当所有流程都准确无误时，才能顺利进行生产，而一般的流程验证方法是获得配置好的生产设备之后再进行试用、判断设备是否运行正常，但是到这个时候再发现问题为时已晚，有可能导致生产延误，并且此时解决问题所需要的花费将远远高于流程早期。

基于数字孪生生产线的解决方案可以建立包含所有制造过程细节

的数字产线模型，在虚拟环境中验证制造过程。发现问题后只需要在模型中进行修正即可，比如机器人发生干涉时，改变工作台的高度、输送带的位置、反转装配台等，确保机器人能正确执行任务。借助数字产线模型在产品设计阶段预见其性能并加以改进，可以帮助在制造流程初期就掌握准确信息并预见制造过程，保证所有细节都准确无误。

随着产品制造过程越来越复杂，制造中所发生的一切需要进行完善的规划。而一般的过程规划是设计人员和制造人员基于不同的系统独立工作：设计人员将产品创意提交给制造部门，由他们去思考如何制造，有时信息传递会失真，制造人员较难看到全部状况，增加出错的概率。一旦设计发生变更，制造过程很难实现同步更新。而在数字孪生模型中，所需要制造的产品、制造的方式、资源以及地点等各个方面可以得到系统地规划，将各方面关联起来，实现设计人员和制造人员的协同。一旦发生设计变更，可以在数字孪生模型中方便地更新制造过程，包括更新面向制造的物料清单，创建新的工序，为工序分配新的操作人员，在此基础上进一步将完成各项任务所需的时间以及所有不同的工序整合在一起，进行分析和规划，直到产生满意的制造过程方案。

在产品使用和服务阶段，从大型装备到消费级产品，都大量采用了传感器来采集产品运行阶段的自身状态以及周边环境数据。通过对这些数据的分析以及对产品的实时反馈、调整与优化，实现一个完整的产品使用闭环，从而达到减少甚至避免产品故障，提升用户体验的作用。现阶段落地的应用主要有：（1）预测性维护，尤其是针对重要工业设备，通过传感器对设备和周边数据的采集以及大数据分析，来预测该设备的运行状态，在设备故障来临之前及时预见并给出建议解决方案。例如 2021 年，某汽车生产厂商的进口压铸机核心控制器利用数字孪生的预测性维护技术，提前两周预测到可能发生故障，及时向国外厂商定货并预约空运，几乎在核心控制器坏掉的同时，备件运抵工厂，使得产线没有因为这个故障而停工两周，避免了数亿元的损失。

（2）协助产线型企业用户优化生产指标，通过对企业用户产线完整的数据监控与分析，结合数字仿真与模拟技术和行业经验模型，帮助用户优化产线参数配置，改善用户的产品质量和生产效率。（3）获得产品使用反馈，通过采集用户使用产品时的真实数据，洞悉用户的真实需求，改善产品，提升用户的使用体验。

在产品报废回收的阶段，可以根据产品数字孪生系统中记录的使用履历、维修物料清单和更换备品备件的记录，以及数字仿真和模拟技术，判断各个零件的健康状态，确定不同的拆解回收方案，实现最优的回收价值，减少浪费。

2. 后起之秀——城市应用领域

数字孪生在智慧城市相关领域，积极地吸收和采纳工业数字孪生的经验，提出了数字孪生城市的概念，并成为智慧城市的升级版和必选项。它赋予实体城市新的互联网基因，通过信息技术的深度应用，给城市一个数字镜像，使不可见的城市隐形秩序显性化，城市肌体每个毛细血管的一举一动尽在掌握中。随着概念培育、科研布局的持续推进，借助新基建的提速加持，数字孪生城市风生水起，进入国家决策视野，纳入“十四五”规划，多地已纷纷开始试水。业内人士把2020年称为数字孪生城市元年。

数字孪生城市具有精准映射、虚实交互、软件定义和智能干预四大特点。精确映射是指通过在城市的各个组件中部署传感器，再结合地理信息系统、城市信息系统、楼宇信息系统以及倾斜摄影、激光雷达扫描等技术构建出映射实体城市全貌的数字孪生城市。虚实交互意味着在实现了数字孪生的城市中，城市规划、建设，及市民的各类活动，不仅在实体空间内，也在虚拟空间内得以体现。虚实融合、虚实协同将定义城市未来发展的新模式。软件定义是指数字孪生城市针对物理城市建立相对应的虚拟数字模型，并以软件方式模拟城市的人、地、事物、组织在真实情况下的行为，可以用来优化城市规划、建设，提升城市应急相应水平等。智能干预特点则是通过在“数字孪生城市”上的规划设计、模拟仿真，对城市可能产生的状况提前智能预警，并给出处置建议，赋予城市真正的“智慧”。

二、数字孪生典型应用案例

数字孪生最早是在工业生产制造中得到应用。现阶段各工业巨头公司如西门子、通用电气，达索等都有完整的数字孪生解决方案，应用在工业生产的完整生命周期之中。下面我们就先举几个典型的工业领域的案例，然后再介绍一下近期得到迅猛发展的数字孪生城市应用领域的具体案例，以便读者可以具体了解数字孪生如何应用在生产与生活之中。

1. 西门子基于数字孪生的预测性维护案例

在过程工业中，设备的正常运行是保障工厂高效、可靠和安全生产的关键。如何使工厂在提升产能的同时降低维护成本，提高关键设备的可用性，减少非计划性停产，成为越来越重要的课题。为保证设备长期稳定运行，如今大部分工厂采用定期的预防性维修维护策略，然而这种方法极易导致“过度维护”，却仍然无法有效避免“非计划停产”，甚至可能意外造成“维修性故障”的发生。西门子就推出了基于工业大数据分析的预测性维护软件 SiePA，以历史运行数据的深入分析为基础，相应的机器学习和自然语言处理等 AI 算法为工具，从而建立起一个预测性维护系统。

西门子建立了产线的数字孪生，将工厂的历史数据充分利用起来，结合实时状态和大数据分析的预测性维护模式，基于设备正常运行时所采集的海量实时传感器数据训练模型，这个模型综合考虑了工厂中大量传感器数据之间的关联关系，生成人类难以考虑完全的判断规则，进而在实际数据出现偏差时快速预警。当有了这个预测结果，企业将大大节约设备管理与维护上的人力成本，提高管理效率。此外，从生产安全的角度，如此实现的智能预警机制比传统报警系统可提前数小时甚至数天发现异常征兆，而这为用户应对潜在故障或风险争取到了宝贵的时间，从而使用户可以及时采取相应措施，避免非计划停产的发生。

2. 生产 F-35 战机的案例

在进行飞行器各部件的实际生产制造时，建立飞行器及其相应生产线的数字孪生体，可以跟踪其加工状态，并通过合理配置资源减少停机时间，从而提高生产效率，降低生产成本。洛克希德・马丁公司将数字孪生应用于 F-35 战斗机的制造过程中，期望通过生产制造数据的实时反馈，进一步提升 F-35 的生产速度，预计可由目前每架 22 个月的生产周期缩短至 17 个月，同时，在 2020 年之前，将每架 9 460 万美元的生产成本降低至 8 500 万美元。此外，诺斯罗普・格鲁曼公司利用数字孪生改进了 F-35 机身生产中的劣品处理流程，将处理 F-35 进气道加工缺陷的决策时间缩短了 33%。

3. 基于数字孪生城市 51World 的自动驾驶模拟案例

距离 2009 年谷歌开始研究自动驾驶技术已经过去了十几年，但是由于车辆行驶过程中环境的复杂性与不确定性，自动驾驶技术始终未能完全落地，自动驾驶车辆造成人员伤亡的事故接连发生。因此，自动驾驶车辆的路测里程一直是企业投入和运营能力的重要指标，而采用真实道路测试所耗费的时间和成本成了自动驾驶商业化应用的“拦路虎”，于是，基于数字孪生城市场景的自动驾驶虚拟仿真测试应运而生。

51World 推出的 51Sim-One 自动驾驶仿真测试平台可应用于各类自动驾驶系统共性技术的研发，为智能决策控制、复杂环境感知、人机交互与共驾、车路协同与网络通信等提供安全可控的全要素、多层级的测试与评价技术支撑。该平台具备多传感器虚拟标注数据集功能，可进行自动驾驶感知、决策、控制算法训练，以及真实直观地感知自动驾驶技术，支持虚拟仿真场景库建设和自动驾驶数字孪生评价测试，以及硬件在环与传感器仿真和测试功能等。并且支持大规模并行仿真，能够在保障安全的前提下，显著提高自动驾驶技术的研发速度，降低测试成本。

第五节　数字原生：从数字中来，到数字中去

数字原生包含人、物、场和知识。数字原生的人即“虚拟数字人”，是基于大数据和 AI 技术以及 3D 渲染技术生成的只存在于数字世界的“人”。有别于数字孪生物有现实世界中一一对应的实体，数字原生的物是现实中不存在的、只存在于虚拟的数字世界中的“物”，无数的数字原生“物”在虚拟世界里可以构造成无数个与现实世界环境完全不同的数字原生的场，无数的场又可以构建出数字原生世界。数字原生的知识核心是面向答案求解而不限定求解过程，不受人类固有经验束缚，从海量数据中推演生产。就像 AlphaGo 从黑白落子的行为数据中，面向答案（输赢）学习中间不确定性的过程，生产出超越人类已知的围棋常识之外新的知识。再如，知识图谱是从知识资源及其载体出发，挖掘、分析、构建、绘制和显示知识及它们之间的相互联系，通过这种关系推理出新的知识，从而让机器能够认知、理解

世界。

一、数字原生和数字孪生的区别

数字孪生是从现实世界的实体中来，经过数字世界的处理、分析、包装、使用，最终又回到现实世界中反作用于物理实体。它是我们试图用已有的认知和知识，去解决虚拟数字世界里的问题，用我们的知识白盒构建一个模型，通过高性能计算去推理。数字原生是从虚拟的数字世界中产生并在数字世界中被使用、被拥有、被展现，从而产生其价值，即数字原生是生产人类物理世界存在之外的数字虚拟世界中的新场景、新物体、新“人类”（虚拟数字人）。

二、数字原生的相关技术剖析

1. 数字原生的人（虚拟数字人）

虚拟数字人的生成有两条技术路径：CG 建模、AI 驱动。在视觉表现层面，用 3D 建模、CG 技术做出从外形、表情到动作都 1∶1 还原的人，让虚拟数字人更像人，但通过 CG 等传统技术手段生成的虚拟数字人所耗费的成本高昂。另一条路径 AI 驱动细分为两种方式，一是在最初，以 3D 建模或 CG 技术将数字人尽可能逼真地绘画出来，后续虚拟数字人的语音表达、面部表情、动作都由 AI 深度学习模型的算法进行驱动；二是建模与驱动均基于 AI 算法。在虚拟数字人的创作中，AI 大幅降低了制作成本、简化了制作流程。同时，一些用于生成虚拟数字人的工具化平台已经出现，让创作者与普通用户都能快速生成自己的虚拟形象，如英伟达公司的 Omniverse Avatar、Epic 公司的 MetaHuman Creator 等。

2. 数字原生的物和场

数字原生物，是不包含数字人的其他数字虚拟物体，只存在于数字空间中而且可以被人创建或者由数据自我构建来出来。大量的数字原生物可以构建出数字原生场。数字原生的物和场用以支撑虚拟数字空间的环境，再结合数字人，就可以构成完整的虚拟数字世界。其中由人来创造的数字原生的物和场需要用到 CAD、Unity、Unreal 等物体、场景建模和渲染工具。而由数据构建的数字原生的物和场需要用到深度学习、无监督学习、3D 场景渲染等核心技术。

3. 数字原生的知识

数字原生的知识实现的关键技术包含深度强化学习、生成式对抗神经网络、多模态学习、自动化机器学习、GPU 和 DPU 等硬件加速技术等 AI 领域的核心前沿技术。近年随着 AI 技术的迅猛发展，数字原生知识也得到长足进步，大有超越人类智慧之势。例如 2016 年，谷歌旗下 DeepMind 开发的 Alpha Go 是第一个击败人类职业围棋选手、第一个战胜围棋世界冠军的 AI 机器人，随后 DeepMind 又推出了 AlphaGo Zero，从空白状态学起，在无任何人类输入的条件下，AlphaGo Zero 能够迅速自学围棋，并以 100：0 的战绩击败“前辈”AlphaGo。2019 年，DeepMind 开发的全新 AI 程序 AlphaStar，在《星际争霸 2》人机大战中，以 10：1 的战绩全面击溃人类职业高手。AlphaStar 仅仅被训练了两周的时间，却已经积累了相当于 200 年的游戏经验。DeepMind 在一系列下棋和游戏类 AI 研发之后又推出了自动编程 AI-AlphaCode，并于 2021 年和 2022 年使用编程竞赛平台 Codeforces 上托管的 10 个现有竞赛来测试 AlphaCode，总体排名位于前 54.3%，也就是说它击败了 46% 左右的参赛者，这标志着数字原生知识向产业化迈出了一大步。

三、数字原生对元宇宙的价值

元宇宙的发展会经历数字孪生、数字原生，最终到虚实相生；数字原生是元宇宙的数字底座之一。数字原生的物和场将会是元宇宙中虚拟环境的主要构成，虚拟数字人会是元宇宙中的公民，与现实世界中人的化身共同组成元宇宙中的人类社会与文明。数字原生知识则可能给元宇宙乃至人类社会带来更深远的影响。

第十章

创建身份系统与经济系统的技术：区块链*

无论是物理人的数字化身，还是虚拟人，甚至将来的NPC，在元宇宙里生活、娱乐、发展，都需要有“钱包”和“身份证”才能行走并参与各项活动。这意味着构建这个数字新世界的架构师们需要提前创建身份系统与经济系统，而创建它们所需的技术中包含了区块链技术。

第一节　区块链与元宇宙的关系

一、从信息互联网向价值互联网的进化

区块链的价值来源于其不可篡改以及去中心化和去信任化的特征，价值信息的真实性无须一个中心化或者权威化的第三方信用背书，参与者之间无须互相信任。仅仅十余年间，作为最基础的“去中心化分布式账本”应用，区块链就创造了比特币的奇迹，也拉响了信息互联网向价值互联网进化的号角。

* 本章主要撰写者为甄琦，天神娱乐前首席技术官，元宇宙产业委常务委员。

价值互联网与信息互联网之间不是更替关系，而是迭代和延展。区块链在信息互联网基础上增加了价值属性，实现了价值的传递。

二、区块链技术是价值互联网的基础

如果我们将互联网技术看成是互联网时代的基础设施，那么，区块链则是元宇宙时代的基础设施之一。互联网的基础协议是 TCP/IP 协议，它一般包括四部分：应用层、传输层、网络层、链路层。而区块链技术带来的变化是什么呢？在互联网的基础协议 TCP/IP 上抽象出一个"价值层"，即构建一组用于价值衡量和转移的新协议：区块链价值层协议。得益于比特币创新性地解决了互联网信息复制遇到的问题：同样一笔钱（数字资产）被花掉两次或多次；使得价值能够在互联网上以点对点的方式进行转移，并能做到方便快捷、安全可靠、低成本地转移。

三、区块链技术在元宇宙中的基础应用

我们站在区块链技术的角度来观察 Facebook 进军元宇宙，就会感觉到扎克伯格早有预谋。早在 2019 年左右，Facebook 就开始布局区块链，并且发布了加密货币项目 Libra（后改名为 Diem）。也许正是有了这些前期的布局，Facebook 才会如此决绝地拥抱元宇宙，甚至不惜将名字都改成了"Meta"。虽然在 2022 年 1 月，因为监管原因，Meta 关闭了 Diem 项目，但它构建元宇宙经济系统的野心和努力不会停止。据报道，Meta 计划通过即时通信工具 WhatsApp 允许"有限数量"的美国用户在聊天时使用数字加密货币汇款和收款，并继续推进加密钱包 Novi；扎克伯格也曾表示用 NFT 来支持元宇宙的数字商品交易。

当 Facebook 用区块链技术建构了元宇宙的基础之后，它就可以将 VR/AR、AI 和物联网等技术囊括进来，打造一个被称作元宇宙的全新

时代。

曾有人描述“AI是生产力的革命，区块链是生产关系的革命”。从元宇宙的角度来看，区块链是重要基础，因为区块链定义了整个元宇宙的信任支柱：身份、资产、交易等，并提供了强大、灵活和可扩展的智能合约体系。从区块链的共识机制出发，到基础的资产和交易，再到无所不包的智能合约体系，区块链从生产关系的高度出发，去实现身份（人）、资产（资本）、计算（劳动）、数据和技术等生产要素的整合，构建元宇宙的互信网。

第二节　数字身份

一、什么是数字人

数字人狭义的定义就是在区块链上的一个地址。从这个地址引申出的资产、行为、交易就是对数字人最基本的描述。从广义的角度来说，数字人是按照元宇宙规则，对其资产进行解析的元宇宙公民。例如数字人的外表，是其外表资产的解析，可以是游戏中捏脸（数字人脸部形象的塑造）后不可改变的拟人/非拟人外表，也可以是能够改变的类似衣服的“皮肤”，还可以是赋予人物外观改变和属性改变的“装备”。数字人的“经历”就是元宇宙中相关的、按照元宇宙规则发生的行为，无论是“交易”“投票”“战斗”“成长”等。

二、数字身份在元宇宙中的意义

数字人重要的特征包括数字身份和形象。什么是数字身份？我们用一个几乎所有早期中国网民都知道的案例来说明。在互联网早期的蛮荒阶段，网络社交的原始形态是网络论坛（BBS）和电子邮件，尽管网络邮箱和 BBS 比其他社交媒介来得早，但是在中国，人们似乎都没有频繁读写邮件的习惯，以及异步沟通的不便利性导致其始终停留在一个小众人群范围内，但直到即时通信工具出现，特别是腾讯 QQ 出现，网络社交才真正普及起来。一个 QQ 号成了大部分人的“互联网身份证”，而 QQ 秀、QQ 空间，以及腾讯在当年推出的一系列衍生服务，则是基于 QQ 号这个“互联网身份证”所衍生出来的增值服务和个性展示空间。

2002 年以前，在 QQ 上拥有一个太阳的等级就是很多人炫耀的资本。更因为腾讯设定了等级在 18 级以上的用户可以用自定义头像而不是系统自带的头像，因此很多 QQ 用户即使不用 QQ，也持续挂机很长时间，甚至使用挂机软件，而这只是为了升级，换一个自己觉得更酷的头像；或者花几个小时给自己挑选 QQ 秀衣服，为此不惜血本去买一个红钻会员；或者装扮 QQ 空间，使用极具个性的空间模板。每月 10 块钱的黄钻会员能让一个学生废寝忘食地设计 QQ 空间，反复更换模板，甚至偷偷去观摩他人的风格。而上述的这一切对应用户在互联网上所展示出来的身份，由以下几点构成：

- 等级：一眼可识别的新老用户差别。
- 头像：个性的第一次展示以及等级的第二次展示。
- QQ秀：个性的第二次展示以及审美的第一次展示。
- QQ空间：审美的第二次展示以及个性的第三次展示。

QQ 用这样层层递进的方式在给予用户充分的展示自由、让用户发展自身社交关系的过程中，在用户不知不觉中，有意识地将社交关系转变为用户对自身的认知和彰显，即线上的数字身份。

我们在讨论元宇宙的构建过程中，回顾腾讯在过去20年内所做的社交产品和服务，目的是借鉴和思考数字人和数字身份在互联网中形成、发展的过程和未来的愿景。

元宇宙的根本在于设定基本规则，而且也仅仅应该设定基本规则，在这些基本规则确定后，数字人将从零开始建设元宇宙。元宇宙是否变得丰富，除了基本规则的约束以外，还受制于数字人的创造力。元宇宙的发展可以漫长，也可以短暂；参与的数字人可以多，也可以少；元宇宙可以复杂如人类社会，也可以简单如黑洞；元宇宙就是一个“上帝”创造世界，并让“数字人”去发展这个世界的过程。数字人是元宇宙的基本单元，对应的数字身份意义重大，如同物理人行走物理世界，需要身份证才能住宿、乘坐交通工具、进出娱乐场所一样。

三、如何构建数字身份

在社会主义核心价值观的指导下，数字身份的构建应该是从社会公民身份和数字人民币进行映射的一个过程。每一个数字人都可以看作是一个物理人在元宇宙的一个数字化身，一个物理人可能有多个数字化身。物理人到数字化身的投射有两个维度，类似于工作（挣钱）和生活（花钱）。比如在一个元宇宙中，数字化身是一名画家，它通过创作获取收入；而在另一个元宇宙中，数字化身可能变成一个为了一场虚拟演唱会一掷千金的粉丝。在一个元宇宙中，数字化身是社区的维护者，对元宇宙的代码质量进行审查，而在另一个元宇宙中，数字化身却是神出鬼没的破坏者，通过代码的漏洞对元宇宙进行持续的破坏。

因此，数字身份应该被定义为基础身份（Base ID）和衍生身份（Derivative ID）两个部分。原则上，从基础身份到衍生身份的过程是不可逆的，也就是说，只有基础身份的拥有者可以知道对应的衍生身份。在技术实现上，BIP44（一个名为44的比特币改进提案，它指定了一种从主密钥来派生公钥和私钥的特殊方法）通过密码学的密钥衍生算法，已经给出了完美的解决方案。对于用户来说，只需要控制自己的基础身份，就可以方便地在各个元宇宙用不同的衍生身份进行活动而不用担心暴露自己的基础身份。

按照我们的假设，在每个元宇宙中有自己的基本规则、共识、一般等价物和交易方法，因此衍生身份能够更加灵活地适应各个元宇宙中的不同要求，甚至在同一个元宇宙中使用不同的衍生身份，理论上元宇宙系统自身无法感知。

比特币虽然是匿名的，但是通过公钥地址、交易记录，尤其是和现实世界相关的交易记录，如交易所的KYC（Know Your Customer，了解你的客户，有时意味着完全暴露）信息、线下使用数字货币购买一杯咖啡等行为，能够暴露实际持有人的部分信息。中本聪曾说过“不要使用相同的公钥地址两次”，即在阐明这个道理。在数字身份的实际操作中，如果假设使用法定数字身份作为基础身份，使用法定数字货币作为链接各个元宇宙的基础一般等价物，那么通过分析行为、交易、资金和资产的流向，基础身份仍然存在较高的泄露的可能性。

从行为的角度来说，基础身份不参与任何交易是一个有效的防范方法，在这一点上中本聪做得比较彻底，他没有任何交易能够与现实生活关联，当然从实际操作的角度来说，通过密钥衍生的精细控制也确实可以做到对基础身份的保护。

从技术方法层面来讲，环签名（Ring Signature）和零知识证明（Zero Knowledge Proof）技术在稍微损失效率的情况下能够对基础身份进行完美的保护。从理论上讲，无论是环签名还是零知识证明，都能够实现交易双方的匿名和交易金额的隐藏（只对关联方可见）。零知识证明分为交互式和非交互式两种，交互式零知识证明在密码学领域已经广泛应用，比如挑战应答；而非交互式零知识证明，在一种加密货币 zCash 区块链项目中得以发扬光大。zCash 和 Monero（另一加密货币区块链项目）也分别作为非交互零知识证明和环签名的代表性项目在区块链世界找到了自己坚实的立足点。

四、数字身份衍生应用和安全性

数字身份的构建从技术上来说是密码学的范畴。区块链的身份是由非对称加密算法保证的，通过密钥衍生、多重签名、环签名、零知识证明等多种手段，能够完成社会公民身份和财富（数字人民币）到各个元宇宙的映射，并通过这个基础实现不同元宇宙之间财富的流动、交换以及现实生活中财富的增减。但无论如何，无法反向追踪出用户真实的身份和财富。

每一个元宇宙都可以在真实世界映射，因此数字身份的衍生类似于“会员制”，甚至是“股东大会”，其想象空间非常大。

得益于真实身份的单向不可逆映射关系，任何一个元宇宙身份的暴露，并不会影响其他元宇宙的数字身份，因为元宇宙数字身份的安全性由密码学保证。我们可以通过第三方帮助的方式，弱中心化地管理数字身份，从而符合绝大多数人的使用习惯，也可以采用比较硬核的方式管理自身私钥，满足完全去中心化的私钥管理，即身份管理，做到自主控制和更高的安全性。

现在区块链的身份管理往往走向两个极端：完全去中心化和完全的中心化。

在原教旨主义区块链份子眼中，私钥必须是自己生成的，最好是通过密码学硬件生成，最多通过助记词进行物理备份或者完全记忆备份。而对于绝大多数的中心化数字资产交易所用户来说，其在交易所的资产并不属于他自己，而是属于交易所。用户需要向交易所证明自己是自己，即鉴权，然后才能支取交易所内的资产。这种完全中心化的模式，将用户完全暴露，用户还需要承担交易所的风险，比如日本 Mt. Gox 交易所倒闭、加拿大 QuadrigaCX 首席执行官去世而私钥无法恢复、币安交易所被盗损失数以千计的比特币等。

因此在元宇宙的身份保护上，更加推荐多签的方式来进行保护。假设用户的账户由 3 把私钥控制，3 把私钥中的两把可以对账户进行操作。用户自身掌握一把私钥，托管金融机构掌握一把私钥，政府监管部门掌握一把私钥。由此形成“用户 + 机构”“用户 + 政府”“机构 + 政府”三种签名情况：

（1）用户日常操作，机构配合；

（2）机构出问题，用户在政府的帮助下安全转移资产；

（3）用户出问题（查封、冻结、丢失私钥），政府在机构的配合下转移用户资产。

第三节　元宇宙的经济系统

一、从 Roblox 和 QQ 看元宇宙的经济系统雏形

作为元宇宙第一股，Roblox 在 2021 年被媒体热炒，公司市值屡创新高。它发布了一个多人在线的沙盒游戏，但和一般游戏不同，Roblox 既向玩家提供游戏，也提供让玩家自己创作游戏的工具，即开发者编辑器。Roblox 平台的专有货币 Robux 可以与真实货币转换（1 美元兑换 80R 币），将“沙盒”高度自由的创造性发挥到了极致，Roblox 具备了元宇宙的经济系统、社交、内容创造、开放性的特征。

在经济系统构建上，Roblox 构建了以 Robux 为核心的双向经济体系，因其游戏内健康的经济生态，被认为是元宇宙经济系统的雏形和试验田。下面我们从生产力和生产关系的角度来介绍。

- 身份：在Roblox或者其他元宇宙体系中，生产者和消费者是浑然一体的。如果我们以元宇宙内一个音乐内容创作者的数字人为例，他需要文字、图片、音视频等内容，即其他创作者分享的素材。从生产关系的角度来说，他和其他创作者的关系，与一万年前一个用食物换取石器的原始人差别不大。因此，在区块链世界中用密码学构建的身份和以NFT为基础的数字化交易品，从本质上来说就是类似原始人进行商品交换的方式：数字人交换音乐或漫画的NFT。
- 货币：无论是原始人使用的贝壳，古人使用的贵金属、铜钱，抑或在现今几乎在淘汰边缘的纸币，兴起不过15年的电子支付，抛开形态、技术和发行方式不谈，其本质仍是价值衡量的一般等价物。在元宇宙中，以区块链方式保证的交易方式和数字货币是物理货币的映射。
- 技术：内容的创造可以依赖不同的技术。以音乐为例，乐谱的发明让内容可以传播，留声机的发明让表演可以传播，视频技术的引进让表演的影像可以传播，然而传播也带来了复制和盗版的风险。从区块链的角度，任何资产，包括创作，均能够在元宇宙中进行确权，并利用密码学技术确保其数据的安全性，这就确保了元宇宙的经济系统运行的安全性。

对比 Roblox，中国互联网早在 2000 年就诞生了一个化石级别的产品，给世界贡献了一个元宇宙经济系统的雏形，这就是腾讯的 QQ 秀和 QQ 空间，这也是“70 后”至“90 后”的专属回忆。在即时通信软件混战的时候，QQ 能够从众多即时通信软件中脱颖而出，其中一个重要的因素就是 QQ 是唯一可以自定义头像的软件，这一条还写进了腾讯入职培训的材料。因此，当 2000 年 QQ 秀横空出世的时候，其传播和受欢迎的程度是以几何级数上升的，迅速成为腾讯的现金流。那个时候要是只穿一身系统默认的服装聊天，可能被歧视或被忽略。

再往后腾讯又推出了 QQ 空间，允许用户装扮自己的个人空间。真正彰显个性化的功能也是从这个时候开始的。其实 QQ 秀和 QQ 空间最早就是两个增值服务，各种服饰、背景、装饰道具和背景音乐等虚拟物品对用户的吸引，使得包月会员用户数不断增加，并给腾讯带来了持续的收入。这款 10 多年的老产品至今屹立不倒，据最新的数据显示还有不少“95 后”更加喜爱 QQ 空间而非微博，可能的原因就是 QQ 提供了灵活、高度的定制化功能，用户有机会在网上打造独特的个人形象或人设。

腾讯通过 QQ 用户的众多社交关系，把 QQ 号转化成用户在互联网空间生存和生活的基本需求，就像十年前物理世界的人离不开手机号，当下大家离不开微信号一样。当用户逐渐将 QQ 号视为其网上重要身份后，QQ 的身份形象和个人空间的美化逐渐转化为用户付费的动力。受此经验或理念启发，腾讯公司又接连推出了超级会员、点亮图标等各种服务，QQ 用户为此投入了更多的时间和金钱。腾讯在发展自身社交关系闭环的过程中有意识地将社交关系的概念在用户不知不觉中变为了用户自身的认知概念，即互联网基本需求，并且把用户的认知转化成他们付费的动力。这个理念可以成为元宇宙经济系统的基础理论：元宇宙内的各种用户是全新的社交关系，当弱关系变为强关系，形成固定或依赖的社交连接后，用户会为了新关系在这个虚拟世界里能够留存更长时间，自然就有可能会付费。

元宇宙早期的应用涉及社交和游戏，而在这两个领域，腾讯有深厚的技术和丰富的经验，打造游戏内的经济内循环，并利用社交服务将用户牢牢地绑定于各项业务。建议有志于元宇宙内容和服务开发的厂商或组织，仔细研究腾讯的过往案例，或能借鉴出适合元宇宙的全新商业模式。

二、区块链技术能否支撑元宇宙经济体系

以太坊联合创始人维塔利克·布特林早在 2017 年就提出了区块链的“不可能三角”，即分布式（去中心化）、性能和安全性三者无法同时兼顾。但是我们也要注意到区块链读写的速度差异和事务处理中业务分层处理的原则。

首先，就读写的速度差异而言，区块链是一个分布式系统，写入的完成需要一个全网同步交易区块的过程，这是区块链性能的主要瓶颈。而读的过程得益于分布式的部署，并不亚于任何传统的 IT 架构，在安全性和可用性上反而有优势。

其次，就业务分层处理原则而言，需要写入区块链的数据到底有哪些？元数据相较于数据，其主要特点就是数据量小，因为元数据是对数据的描述。在最理想的情况下，一个 32 字节的哈希值可以代表一个不限制大小的数据 / 数据集，可以把哈希值视为数据集的索引。一个默克尔树 / 哈希表可以提高原始数据的管理效率，但需要将数据分成多份非常小的数据片段。同样，区块链全网同步的数据，其性能的计数单位并不是数据量的大小，而是每秒事务交易数（TPS），这说明数据 / 数据集的大小并非区块链性能首要关心的问题。

从 TPS 的角度来说，比特币系统仅仅支持 7TPS，也就是每秒 7 笔交易，对区块大小限制为 1 兆，并强制限制出块时间为 10 分钟。即便如此，时至今日，比特币网络仍然足以应付日常的需求，其价值的攀升使得转账的交易费高昂，也遏制了频繁转账的需求，当然也有侧链、闪电网络等手段来协助的原因。可以作为对比的是比特币现金

（BCH），其采用改变比特币协议的方式，比如缩短出块时间，增加区块大小来试图对比特币网络进行扩容。尽管有意见领袖如吴忌寒和矿机厂商的全力支持，BCH 也只是不温不火，因为改变比特币的共识协议而分裂社区的代价是巨大的。

让我们计算一下，7 TPS 我们能做什么。2021 年，中国新生人口数量为 1 000 万人左右，我们假设给这 1 000 万人在区块链上创造一个身份，每人需要 3 个交易（医院 + 政府 + 家长），则需要在一年的时间内处理 3 000 万个交易，平均每秒约 1 TPS。这个身份一旦建立，在区块链消亡前，可以永久使用，身份的验证可以在链下进行，不占用 TPS。这表明，有些注重可信交易的场景，即使古老的比特币系统网络，也有可能承载，更不用说以太坊公链了。

同时，无论是侧链、分片等技术为代表的 Layer2（第二层解决方案）技术层，将区块链的整体性能和安全性做了平衡，以波卡为代表的跨链技术，则在整体保证了跨链的原子性的同时，也保证了跨链的安全性。

三、国内元宇宙经济系统发展路线的探索

不同于加密世界开放、自由、无序的发展现状，立足于国内的元宇宙经济系统，需要从根本上解决创新与监管、合规的矛盾。纵观区块链的发展历史，我们可以得到一些启迪。比特币网络专注于数字货币领域，目前看来比特币在加密世界的基石地位已经无法撼动，比特币就是加密世界的金本位。同时我们可以观察到，自以太坊创立以来，几乎所有加密世界的技术和商业模式创新均基于以太坊。以太坊及其智能合约体系赋予了加密世界操作系统，成了应用创新的大本营。无论是以 ERC20（ERC 指 Ethereum Request for Comment，即征求修正意见；20 是编号；ERC20 是以太坊网络的一种合约标准）为代表的首

次代币发行（ICO）狂潮（2017年），还是基于智能合约的区块链游戏（2018年），或是去中心化交易所Uniswap（2020年，属于DeFi的一种，DeFi即Decentralized Finance，意为去中心化金融），再加上基于NFT技术方兴未艾的元宇宙（2021年），以太坊拥有繁荣的技术社区，将在很长一段时间内通过技术引领商业模式的创新。

回到国内元宇宙经济系统，那么一定离不开中央银行数字货币（CDBC）的概念，中国央行发行了法定数字货币DCEP（数字货币和电子支付工具）。

首先，DCEP必然是中国元宇宙经济体系的基石。在国家严格管控虚拟货币交易的大背景下，通过DCEP构建元宇宙是势在必行的，这就类似美元是美股的进出通道、人民币是A股的进出通道、港币是港股的进出通道、比特币/USDT是加密世界的进出通道一样。

其次，DCEP是衡量元宇宙的一个标准，它应该能够衡量不同元宇宙的物品的价值。一首歌曲的版权NFT和一幅油画的版权NFT可以进行比较和衡量，一个游戏道具的NFT也可以和全聚德烤鸭的价格进行比较，DCEP与生俱来的法定地位能够赋予国内元宇宙世界相较于加密世界更坚实的基础。作为全球最大的生产制造国，强大的实体经济与元宇宙的结合是元宇宙发展的保障。

再次，DCEP能够显著降低成本。相比于现有的金融体系、外汇体系，DCEP被定义为M0（流通中现金，指银行体系以外各个单位的库存现金和居民的手持现金之和），因此DCEP交易具有极高的安全性保障。

最后，DCEP将助力“元宇宙中国”在全球的发展，离岸的DCEP具有极高的自由度，是人民币国际化的重要支撑工具。目前世界绝大多数国家，主权货币影响力较小，能够拥有稳定货币的国家屈指可数。当人民币的国际化随着DCEP在全球范围内得到承认后，基于DCEP的元宇宙也就自然而然地完成了国际化。

无论各个元宇宙内部的发展如何，连接多个元宇宙的DCEP始终是基石。展望未来，当 DCEP 能通过编程接口开放给更多业务应用，包括去中心化应用（DApp）时，NFT 或数字藏品有望在中国迅速普及，如果流动性进一步增加，将有助于实现 2022 年《政府工作报告》中提出的“要丰富人民群众精神文化生活，扩大优质文化产品和服务供给”目标，并借助中国经济的发展，国力的提升，将中国的影响力沿着一带一路，在全球扩展开来。

第四节　数字资产

一、什么是数字资产

数字资产要分为几个维度来理解。

第一个维度是数字化。原生的数字化产品有很多，当艺术家使用 iPad 和智能触控笔 Apple Pensil 创作了一幅画的时候，这幅画就是原生的数字化作品。这幅作品的哈希值就是这个作品的指纹。相反，如果是现实世界中的一幅画，尽管我们可以通过各种各样的方式，比如拍照、扫描去生成一个数字化的版本，但我们每一次进行模拟 / 数字转化的时候，我们都能得到一个不尽相同的数字化版本。因此在此种情况下，我们更多地要从第二个维度入手。

第二个维度就是权利。《蒙娜丽莎》可以被扫描和拍摄无数次，可以被打印、印刷或者通过网络任意传播，但是其版权、著作权、所有权是受到保护的。因此从权利的维度，现实世界的任何权利都是可以数字化的，权利同样适用于原生的数字化作品。

第三个维度是交易。数字资产必须是可以交易的，并且交易的方式不同于现在的任何交易模式。区块链和智能合约赋予了数字资产的可无限交易属性。数字资产的所有权可以安全、迅速、不受任何阻碍地转移，这是区块链赋予的特性。而使用的授权、除权、任意模式的所有权和授权管理，可以借由智能合约实现。

在区块链上，一般意义上我们认为有两种资产：FT（同质化代币）和 NFT。FT 即同质化，比如虽然钱的编号不同，但是一张 100 元的钞票和另一张 100 元的钞票是同质化的，可以交换，类似的例子还包括不记名债券、股票、高纯度黄金、通常意义上的数字货币等。NFT 即非同质化的，但是同类的 Token，类似电影票，哪怕其票价是一样的，但是场次、剧目、座位是不同的，互相之间无法简单互换。同样，保险单据、记名债券、数字藏品等也是如此。

表 10–1 FT 与 NFT 的区别

FT	NFT
每个 Token 是同质化的	每个 Token 是唯一的
Token 可以分割和组合	每个 Token 都是不可分割的，也无法用数量简单表达
无属性，无法区分	有相同的属性结构，但属性不同

在以太坊上，ERC20 是首个基于智能合约的 FT 技术规范，ERC721 是首个基于智能合约的 NFT 技术规范。ERC1155 则在 ERC721 的基础上进行了扩展，能够同时处理 FT、NFT、Semi-FT（半 FT）等。NFT 的使用场景是非常广泛的，一切有价值和可以交易的东西，都可以用 NFT 来解决，例如：

- 知识产权NFT：交易NFT意味着交易知识产权，改变知识产权的所有权仅仅需要一条区块链上的交易即可实现，并且知识产权的归属时间线清晰。
- 电子票据NFT：无论是发票、门票、电影票，均可使用NFT作为载体，NFT甚至赋予了“票根”的概念，能够将使用的记录保存，比如可以证明一个人确实看了某场演唱会。

- 商品NFT：针对每一件商品发行一个NFT，可以作为商品的身份证对商品进行溯源、防伪、售后等辅助应用。
- 游戏：加密猫（CryptoKitty）是以太坊上一个杰出的NFT游戏应用。每一只加密猫均是一个独立的NFT，两只性别不同的加密猫可以交配生下新的加密猫，新的加密猫的“遗传性状”，取决于其“父母”的“属性”，并遵守算法。
- 数字藏品：无聊猿猴游艇俱乐部（BAYC）、加密朋克（CryptoPunks）、NBA Top Shot（NBA的NFT卡牌收集的游戏）等项目是Crypto World的代表。其中无聊猿猴游艇俱乐部已经成为现象级应用，受到许多名人热捧，创造了极高的收藏价值，甚至促使Meta和Twitter主动与其合作，对使用无聊猿猴作为头像的用户进行认证，这是Meta和Twitter罕见的合作。
- 游戏资产：比较有代表性的项目有Decentraland、The Sandbox、Aavegotchi等。其中Decentraland是完全由NFT构建的虚拟世界，里面的土地、装备等都以NFT的形式出现。2022年2月16日，摩根大通宣布在Decentraland中开设了一个名为Onyx Lounge的虚拟休息室，成为第一家进入元宇宙的华尔街银行。The Sandbox是一款构建在以太坊上的沙盒游戏，与《我的世界》相似。Aavegotchi是一个融合了DeFi、NFT、游戏、DAO（非中心化自治组织）的Gamefi的项目。
- 加密艺术品：比较有代表性的项目有：OpenSea和Merge等。OpenSea是全球最大的NFT交易平台，第一章提到的艺术家Beeple的NFT作品《每一天：前5 000天》就是在OpenSea上交易的。这一纪录直到2021年12月，由Pak的作品Merge以超过9 000万美元打破。

- 其他应用场景：以太坊域名服务（简称 ENS）是一个基于以太坊的“域名”交易平台，用户可以申请以太坊的“域名”，并将此域名以NFT的形式进行交易。

WAX 和 Flow 则是另外两个比较成功的 NFT 技术平台。WAX 一度在交易额和作品丰富程度上引领全球。而 FLOW 则是由著名的 CryptoKittie 团队维护的区块链，2022 年 2 月，北京冬奥会官方授权的冰墩墩和多人手游就是在 Flow 链上发行的。

除此之外，在波卡生态的 Substrate（一个开源、通用的区块链开发框架）也有专门的 NFT Pallet 框架可以让开发者更快速地开发和使用 NFT 功能的平行链。目前，波卡生态也有不少 NFT 项目都拿到了 W3F 许可，如 RareLink、Usetech、Perpetual Altruism Ltd、NFTStore、DNFT Protocol 等。其中 RareLink 致力于动态 NFT，通过预言机使得 NFT 对物理世界做出动态响应。

二、数字资产如何构建、管理和交易

中国证监会科技监管局局长姚前发表的《数字资产和数字金融》主题演讲里说道，如果说数字经济是躯体，数字金融就是血脉，而数字资产则是核心。资产数字化是金融科技的基石，而金融科技由于区块链技术的加入，成就了一个面向未来的全新的技术体系，必将对传统金融运行模式、服务和整个生态产生革命性的影响。

从逻辑上来讲，交易是因，资产是果。构建数字资产的目的是为了进行交易，这是核心的原则。当一个原始人用兽皮去交换另一个原始人的浆果的时候，仅仅涉及实物资产。人类社会发明了货币的概念，作为一般等价物，终于一个原始人可以用兽皮去换贝壳，然后再用贝壳去换工具，而交易工具的人，可以用贝壳去换浆果，交易变得间接，但是却更方便了。货币这个工具被沿用至今。但人类并不满足于仅仅进行钱货贸易，在法律的帮助下，借贷关系被确立了，借条变成了债券，债券也可以交易。股份（有限）公司的发明，让所有权可以被分割和交易了。著作权、版权让使用权可以被交易，期货让未来可以被交易。

“货币是罩在实物经济上的一层面纱”。任何金融工具，如货币、证券等均是罩在底层资产上的一层面纱。证券就是人为了让资产流动而创造的金融工具。股票是所有权权益的证券化，债券是债权的证券化，电子黄金是黄金的证券化，抵押贷款证券是银行信贷的证券化……证券为资产创造了流动性，而资产数字化后的数字资产，将极大地改变游戏规则。数字资产有着天然的流动性，数字资产在很多时候可以直接被视为证券，其真实性、安全性和便利性远远超过了证券。从技术的角度来说，证券所依赖的庞大法律体系、监管体系将失去其存在的意义，从证券到区块链的 Token，除了流通性外，可以视为是马匹和汽车的区别了。ICO 在过去造成了巨大的负面印象，其根本原因当然是沦为了诈骗的工具，但是从另一个角度来说，也是因为其颠覆了传统证券的概念，使得监管体系无从下手，而对毫无防范的公众造成了恶意的伤害。

当任意资产均可被数字化、标准化，可以被分割、具有流动性、具有真实不可篡改性，尤其是摆脱了传统的第三方权威确权、担保等时，区块链技术就像“点石成金”一般，颠覆了传统意义上对货币、证券、期货等的定义，赋予了资产无与伦比的流动性。数字货币的出现模糊了传统银行 M0（流通中的现金）、M1（狭义货币）、M2（广义货币）等货币层次，数字资产同样模糊了证券的属性。或许更准确的说法是，数字资产不仅包含了证券的属性，还包含了证券的整个内涵和外延，就像光的波粒二象性一样，数字资产既是证券，也是商品，更是货币。在此基础上，新的金融、经济、生产关系的模式，呼之欲出。

真正意义上的数字资产应该是原生的，完全以数字形式展现和流通。理解这个问题必须搞明白赋值、赋能的问题。以传统观念的电子票据为例，电子票据也是可以自由流转的，但其本质仍然只是纸质票据披上了电子化的外衣。因为票据的价值不是内生的，不是通过公开交易赋予的，而是通过金融机构的“背书”而产生的。反过来说，以比特币为代表的数字货币，其交易规则、生成规则是不以任何人和机构的意志为转移的，其价值是通过公平的交易体现的，如果互助宝是基于区块链和智能合约实现的，那么除非区块链消亡，它就是一直有效的。

图灵奖获得者，Pascal之父——尼古拉斯·沃斯曾提出一个著名的公式：“程序 = 算法 + 数据结构”。如果将其扩展至更为广泛的业务流程，该公式完全可以修正为“金融科技 = 算法 + 数据”。算法及其背后的商业逻辑和共识，是元宇宙领域的基石。算法和逻辑决定了元宇宙的走向和未来。

在区块链为代表的数字金融时代，由密码学公私钥体系构建的用户身份 / 账户体系，彻底颠覆了基于商业银行账户 / 用户的传统体系。当每一家商业银行投入巨大的人力物力去建立和维护自己的账户体系，并将这个体系努力融入中国银联（UnionPay）、Visa/Master，支付宝等结算体系中时，中本聪却探索出了一种新的可能。更惘论数字资产这一全新概念在产生、流通、确权所依赖的全新的价值交换技术，资产的数字形态既可是一串二进制的加密信息，也可以以中心化或分布式账本的形式来表达，未来还可以是以量子比特的形式存储的量子信息。在价值转移方面，既可采用Token模式，也可采用账户（Account）模式，各种模式可相互转化。

互联网发展至今，已初步完成其阶段性使命：连接人和信息。当下即便是个人直播这样的高消耗、低效用场景也能获得充分的技术支撑，足以说明互联网能量之巨大。但因电子数据易删、易改、易复制等特性，现有网络安全技术难以保障互联网上高价值数据的高效安全、广泛有序流转，因此互联网上的价值交换依然依赖于金融专网完成最终的价值转移。此外，因为数据产权的原因，数据仍以国家或者机构为界，形成孤岛，数据之间难以形成协同效应。

区块链由于其天然的信任机器属性，创造了一种新的范式，连接金融服务所涉及的各参与方，能够打破数据孤岛，提高数据安全性，降低交易成本，增强风险控制能力，这也是区块链技术备受关注的原因。可以说区块链承载了太多的理想，获得了资本和产业的热捧。然而现实中，似乎除了比特币、以太坊等少数例子以外，并未有大获成功的其他项目。这其实非常容易解释和理解。比特币是自成体系的数字账本 / 货币类应用，以太坊已经事实上打造了一个分布式的操作系统，从以太坊上线以来，依托于智能合约系统，ICO、DApp、DeFi、NFT 等均出自其体系，其创新能力和适应性在短短的几年内爆发。比较其他单一功能的应用尝试，或者违背区块链精神的中心化应用尝试，它们无不铩羽而归。原因很简单，区块链内，任何问题都非常容易解决，但是一旦需要链外介入，就非常复杂了。Oracle（预言机）是解决链上到链下（O2O）的重要机制，但迄今为止缺乏成熟可用的方案。

中国是互联网大国，特别是进入移动互联网阶段后，一跃成为世界上移动互联网应用最发达的国家之一。作为互联网大国，也是数据大国，怎样在巨量的数量优势上提升品质，把数据资源转化为有价值的数字资产，从中产生信用并为实体经济服务，最终促进社会经济的发展，无疑是我国金融科技领域面临的难题和挑战，而这恰恰是资产数字化的关键所在。

在《资本的秘密》中，赫尔南多·德·索托曾这样描绘资本的创造过程："正规的所有权制度提供了使我们可以把资产体现为活跃的资本所需的过程、形式和法律……把资产加工成资本所采用的方法是，仔细描述资产在经济和社会中最有利用价值的方面，使它们在记录系统中得到确认，然后极富成效地对其进行组织，并收录在所有权凭证中。”

区块链作为一项可信技术，由多方认可、多方背书，是新一代金融基础设施的技术雏形，可以为现有金融机构未能触及的底层实体“加持”信用，增进相互协作，降低交易成本，这对于信用和贷款资源一直不能很好渗透到的中小企业及边缘群体而言，有可能创造一个全新局面，而这对于国家的经济发展和金融监管，意义非同一般。

第五节 数字资产的商业机会在哪里

数字资产的商业机会在数字金融。

数字金融的发展将模糊场内与场外之间的边界。传统意义上，我们需要一个权威的第三方来保证交易。当人类社会从以物易物的交易方式进化到使用货币作为一般等价物，从面对面的“一手交钱，一手交货”到现在的网络购物，人类已经建立了一个庞大而繁杂的体系。从银行到各种金融机构，从审计到会计到税务，从法币到票据，从电子化到信息化，人类竭尽所能地提高交易安全性，降低交易成本。但随着区块链等现代数字金融科技的发展，“the code is law”（代码即法律）成了新的趋势。也许未来的律师就是程序员，因为未来的合约是由代码构成的，是在图灵框架下的逻辑，而不再是“讼棍”们随意曲解的自然语言了。正是因为区块链和智能合约的原子性（Atomic）、不可篡改性、前置的逻辑性，使得智能合约的执行不再需要事后的任何动作，比如争议、诉讼等，在理想情况下，不需要除了交易双方以外的任何第三方的介入。

那么，从数字资产的角度来看，未来发展的特点是什么？

首先，NFT 可以将现实世界中的非标准化资产进行表达，从而数字资产化非标准资产，并在智能合约体系下实现交易，从而赋予了此类资产全新的“流通性”。从保险单据到艺术品版权，从门票到游戏道具，彻底打破传统意义上的边界，进入一个完全按照供需调节的自由世界。

其次，人类社会的行为进一步金融化。“选择比努力更重要”，人的每一个选择都将被赋予金融意义，例如，你买了一件李宁的球鞋，就会在你购买的那一瞬间对你持有的李宁 Token 的价格产生影响。这种高效、低成本、安全的金融技术，必将深刻改变人类社会。

第十一章

内容创作技术：元宇宙的繁华景象*

元宇宙的地基打好后，仍是“荒漠”，除了数字孪生和物理人通过交互与展示的技术来构建基本的人、物、场、事件之外，元宇宙公民想要有更丰富的体验和不同的“人生”，就需要事先有大量的内容创作。

第一节　从空荡荡到丰富

元宇宙包含丰富的内容，并且将要承载未来人类消耗在其中的大量的时间、空间，具有无限大的扩展性和可能性。然而，现阶段的元宇宙可能只发展到了其理想阶段的1%~2%，里面还是空空荡荡，到底是什么样的内容会进入这个无限的空间里，最终形成像真实宇宙那样丰富多彩的“宇宙”呢?

一、元宇宙内容的来源

元宇宙的内容核心是围绕解决人类的需求而创造和存续的，这也

* 本章主要撰写者为甄琦。

是创造元宇宙的初衷。我们知道马斯洛的需求层次理论，当人类的生理需求普遍容易满足后，愿意投入更多的时间和金钱满足精神需求，元宇宙作为一个多维共创互信网，不仅能使用户消费内容，还可以很方便地创造内容，逐步吸引更多人参与进来。在元宇宙时代，内容、创意会成为平台的核心竞争力，根据创造者的身份可分为三个来源：PGC、UGC和AIGC。

- PGC：Professional Generated Content，专业生成内容。包括专业的视频网站和专业图片网站、专家生产的内容如专业博客、GitHub等，另外还包括零壹财经、36氪、钛媒体、虎嗅网、深燃等网站上有行业专家提供内容的平台。
- UGC：User Generated Content，用户生成内容，即用户原创内容。UGC的概念最早起源于互联网领域，即用户将自己原创的内容通过互联网平台进行展示或者提供给其他用户。UGC是伴随着以提倡个性化为主要特点的Web2.0概念兴起的，在第一章介绍Web3.0时我们曾提到，UGC包括新浪博客、YouTube等。用户既是网络内容的浏览者，也是网络内容的创造者。
- AIGC：AI Generated Content，人工智能生成内容。根据用户需求，用AI算法自动生成的各种内容和数据。AIGC往往运用在VR、数字拟真、网络游戏、工业互联网等领域。

二、内容创作大有可为

从整体来看，在互联网时代内容创作的门槛很低，每个人都可以成为内容生产者，产品的数量呈井喷式增长。从这个角度看，内容产品供大于求。

从另一个角度看，如果我们剔除掉大量低劣内容，只留下高质量的、具备商业价值的内容产品，那么产品的数量和种类还不能满足市场需求；倘若再进一步按不同人的偏好去细分市场，即通过定制化满足其个性化需求，这么看很多领域还是空白的，市场潜力很大，供不应求。

行业整体的平均水平偏低，对于有才华的创作者来说就是商机，只要你的作品足够好，会很容易跟别人拉开距离，卓越的竞争对手并不多。

第二节　娱乐体验是用户进入元宇宙的主因

一、电子游戏

电子游戏最基本的艺术特点是参与，即游戏者与游戏内容、游戏进程、游戏中的其他角色组成一个整体。游戏的一切都是围绕游戏者及其所扮演的角色进行的。

有一个很有趣的现象，大多数人在第一次听到或者见到元宇宙相关的内容呈现的时候，往往第一反应是元宇宙看起来像游戏的升级版，因为它使用了 VR 或者 AR。这可能也说明了游戏中的虚拟世界符号已经成了社会共识。

点燃元宇宙热潮的一个原因是出现了好莱坞电影《头号玩家》，这部电影向观众们展示了一个美轮美奂的虚拟世界（绿洲）。

在电影开篇的时候有男主角的一段旁白：“这就是绿洲，在这里只有你想不到，没有做不到的 . 你可以做任何事，去任何地方，比如在 50 英尺高的夏威夷浪尖上冲浪，在金字塔上滑雪而下，和蝙蝠侠一起攀登世界最高峰。……人们来绿洲是为了做各种想做的事，但留下来是因为他们可以变成想成为的人，高挑、美丽、不同性别、不同物种、真人或者卡通人物，都任你选择。除了吃饭、睡觉、上厕所，无论想做什么，都可以在绿洲内完成。由于每个人都在这里，所以人们在这里聚会、在这里交友”。在这段旁白中，我们把“绿洲”替换为“元宇宙”，就可以站在用户角度解释什么是元宇宙。

在影片接近尾声的时候，男主角终于破解了三个挑战，获得了彩蛋和“绿洲”的控制权，“绿洲”的创始人詹姆斯·哈利德给男主说的最后一句话是：“Thanks for playing my game”，这句台词很有趣，由于翻译的原因，中国观众多数认为哈利德是感谢男主角完成了三个挑战任务，找到了彩蛋。但英文原台词里使用的是正在进行时“playing my game”。这就和开篇男主角的旁白产生了对应关系：除了吃饭、睡觉、上厕所，用户在“绿洲”里的各种行为是一个游戏，而且从始至终“绿洲”的创造者和继承者都把它当作是一款游戏，即便它已经变得具备了社会和经济的属性。

创始人哈利德一直说自己是一个梦想家，他创造各种世界（内容），讨厌制定规则。制定规则的权限是放给了用户创建，而不是自上而下的创造。对比游戏内容，就像游戏制作者只提供最基础的规则，譬如在中世纪游戏内不会有火箭炮，在荒野大镖客里不会有飞行技能，等等。剩下的游戏内社会形态的形成和经济循环的形成都是用户自行发掘和发展的。

在元宇宙中由谁来创建规则，是一个值得讨论的问题，但一个拥有足够多用户的元宇宙游戏会是好的试验田。

《头号玩家》指出元宇宙发展的很多可能性，特别是当一个游戏能够影响社会和经济的时候，例如电影中一闪而现的报纸中的新闻标题：《绿洲币会是下一个美元吗》。

再来看一下游戏对国内的影响。近些年我国政府逐渐意识到游戏这种文化表现形式对于大众的影响，因此采取了一定措施对产业发展进行了规范。我们对比一下中国大陆地区游戏用户和移动互联网用户的增长数据。

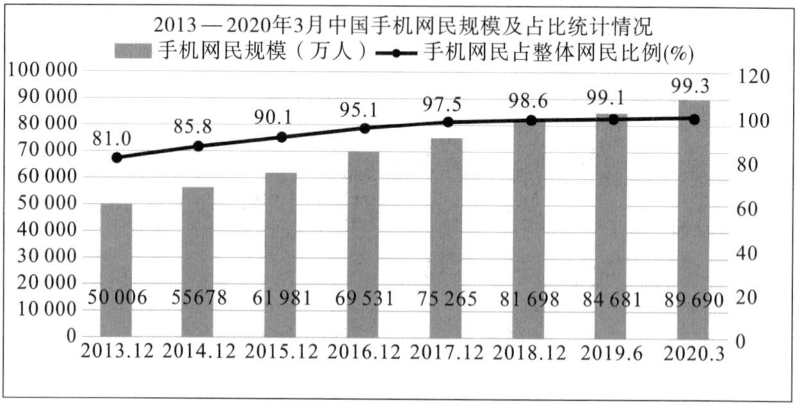

图 11-1 手机网民规模及统计情况

资料来源：中商情报网

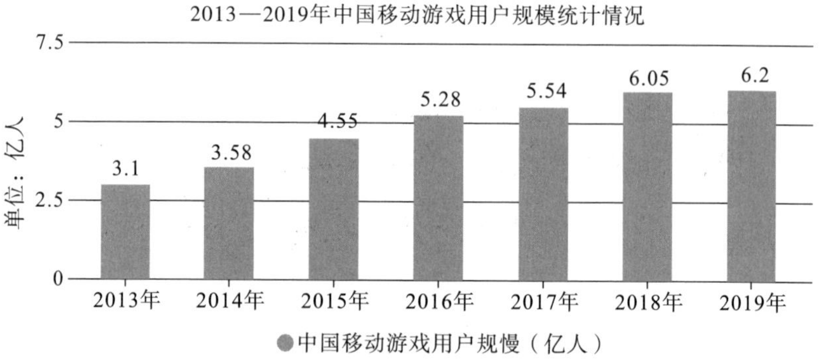

图 11-2 中国移动游戏用户规模统计

资料来源：中国音数协游戏工委、前瞻产业研究院

从这两幅图里可以看到一个有趣的现象，网络游戏的用户增速始终高于互联网用户。

从游戏制作的角度来看，元宇宙中游戏的发展方向会重点朝两个方向发展：

- 带来沉浸式体验的大型多人在线社区游戏，如同《头号玩家》中的“绿洲”一般，将几乎全部的娱乐形式都包含在内，用户在沉浸式社区内不仅仅是体验内容，还能自行创建内容相互分享。未来，UGC大行其道，AIGC维持游戏内生态，PGC牢牢占据头部位置。
- 基于VR或者AR制作的产品，以短时间体验和对战为主要娱乐方式，填充用户的碎片时间。并且如果可能，此类产品产生的成果和收益也能并入大型社区产品的经济循环，生生不息地在虚拟世界里创造价值和内容。

下面我们简单介绍一下游戏的制作，以方便读者了解游戏为什么会成为元宇宙内容创作技术的重要应用。游戏制作是一个多人协作的成果结晶，它涉及以下几个部门的人员协作：

- 策划：负责游戏的玩法设计（包括核心玩法和衍生玩法等）、世界观设定、背景故事设定，以及基于以上的角色人物、怪物、BOSS（非常强大的敌方对手或者NPC怪物）、武器装备和道具等各种玩家在游戏内体验到的内容的设计。
- 产品：产品的核心工作分为两个部分：体验优化和商业化。前者是保障用户在进入游戏后能够得到尽量舒适并能够沉迷的体验，后者是如何调整设计让用户在进入游戏后能够持续付费。
- 美术：玩家在游戏内看到的一切视觉内容都是美术根据策划和产品的设计案制作出来的，一个优秀的游戏美工还能反向影响策划和产品的设计，譬如《剑灵》的制作人金亨泰。
- 程序：工作由四个部分构成：服务器、客户端、渲染和工具链。前两者的核心任务就是实现策划和产品的设计案里的各项功能。渲染程序员主要和美工合作实现美轮美奂的各种美术效果。而工具链程序员则是基于各部门需求制作各类提升游戏制作效率的工具并持续更新维护，比如地图编辑器、特效编辑器、任务编辑器等。

- 测试：测试的工作分为编写测试用例，用于发现版本bug（程序缺陷）和人工测试Debug（程序除错），前者倾向于功能测试，后者倾向于体验测试。

但一切的起点是这款游戏是玩什么的，即核心玩法是什么。电子艺界在制作流程中有一项很重要的工作内容是找到设计的 X 因子。什么是 X 因子？简单来说就是这款即将制作的游戏有什么独特的地方能够吸引玩家。例如，2K Games 在游戏制作的预演阶段要求制作一篇一页纸以内的设计原则，并且要求所有制作人员均知晓并同意；在后续制作过程中一切与设计原则有冲突的设计均会被砍掉。Supercell 要求员工可以自由组合成虚拟项目团队完成最基础的首个可玩版本，例如做内部评审，保证其核心玩法能够得到全公司的认可。

以上这些例子都是为了说明核心玩法在游戏内容制作中的重要性，往往开创出全新玩法的游戏设计师都是名留青史的大师级制作人，例如在 8 位单片机时代创造出超级马里奥的宫本茂、创造出文明系列的席德梅尔、进入 3D 时代后创造出合金装备的小岛秀夫、毁灭战士之父卡马克等。每一代技术的革新都会对游戏的核心玩法设计带来新的可能性。进入元宇宙时代，随着 AR 和 VR 技术的普及，相信全新的游戏内容创作将如雨后春笋般冒出，带给用户全新的体验和感受。

二、影视和戏剧

在元宇宙中，每个人都有自己的化身（根据个人意愿展示在虚拟空间中的形象，可随时改变但有代价），因此传统的戏剧和电影的展现形式和观赏模式都会发生巨大的改变。

由于 VR 和 AR 设备能够提供全景式的沉浸式体验，因此在初级阶段，电影和戏剧与元宇宙的结合点主要体现在以下几方面：

- 不再需要去剧院和电影院，却能够体验更加巨大的屏幕和舞台。
- 演员的表演增加了现实中不可能做到的效果，例如瞬间换装、移动、飞天遁地、各种即时特效等。
- 观众和演员的互动方式升级：即时打赏、全新的喝彩方式（火箭、烟花）、邀请上台即兴合作等。

但以上几点还没有触及艺术形式的升级进化，而在游戏领域有一家法国公司也许给我们探索了新的可能性。Quantic Dream 为法国著名游戏工作室，创立于 1997 年，公司产品主打互动电影游戏品类。它的主要产品为《暴雨》《超凡双生》和《底特律：变人》。除游戏研发的核心业务外，Quantic Dream 还为其他电影或游戏公司提供动作捕捉技术服务。2018 年上线的核心产品《底特律：变人》销售量超过 650 万份，是市场上表现最好的互动电影游戏。

什么是互动电影游戏？互动电影游戏没有标准的定义，通常认为需要包含高质量画面、沉浸感、玩家通过主动选择影响故事发展等要素，以剧情为核心体验。互动电影游戏的优势在于兼具了电影的真实沉浸感与游戏的交互可操控性，为玩家带来了全新的游戏或观影体验，玩家可以通过互动选择将故事带向不同的发展方向，极大增强在剧情中的参与感和代入感。近年市场上主要产品除了《底特律：变人》，还有采用真人拍摄的国产作品《隐形守护者》《遗愿》、奈飞（Netflix）的互动影视作品《黑镜》等。游戏和影视是互动电影主要的产品形态，随着品类发展，这两个产品形态有界限模糊的趋势。

不管是哪种艺术形式，讲述一个故事的目标是与读者培养出一种联系，多数情况这种联系很快就消失了，但有时候联系会变得更牢固。这种联系让读者摆脱旁观者的身份，更多地参与其中。多数戏剧和电影（包括小说和游戏）都旨在营造这种联系，但 Quantic Dream 的成名作《暴雨》则是少数能做到这点的作品之一。虽然玩家不能改变主要情节，但根据不同选择，玩家可以体验到只属于自己的独特旅程。在《暴雨》中，玩家会逐一控制四名角色。玩家需要按照屏幕提示按下一系列按键或将摇杆拨向特定方向，或摇晃手柄来与场景互动。输入难度和任务的重要程度相关联，而当角色感到害怕或紧张的时候，屏幕会弹出震动的信息。这种非传统操作让玩家更能投入到角色的情绪中。玩家的操作转化成他们的行动，提供的短暂反应时间也反映出他们焦急的状况。游戏中有激烈的搏斗、紧张的追逐、致命的枪战，甚至看上去很平常的刷牙或者睡觉摇晃也让人觉得投入感十足。

和典型的多线性游戏不同，《暴雨》不会判定你的行动是成功还是失败。游戏没有绝对的对或错，不论结果如何，游戏都会继续下去，而且会按照你的行动改变流程。你在游戏中的行动会造成可大可小的效果，从一个场景的不同结果，到更大型的变化。你选择不同的对话，就可能导致整个事件都不会发生，甚至连主要人物都可以死亡，这样一来他们就不会在后续剧情里造成任何影响。不论在你的流程中发生了什么事，《暴雨》都会按照你的选择形成只属于你的独特故事体验。

虽然《暴雨》的多线性发展是其优势，但这对于游戏的重玩性来说却是个缺点。因为在你完成了游戏之后，那个只属于你的故事就已经叙述完毕。在你重新开始之后，尽管你选择不同的行动会有不一样的经历，但那种体验再没有第一次那么令人投入了。游戏系统还能让你回到一些重要的选项，让你选择不同的分支。《暴雨》的成功让 Quantic Dream 和世界都看到了互动电影游戏的潜力，但操纵和设计上的一些缺陷也带来了一系列问题。于是在 2013 年，Quantic Dream 推出了全新的原创作品《超凡双生》。由于《暴雨》的成功，《超凡双生》聘请了好莱坞当红的艾伦·佩吉和威廉·达福扮演主角，剧本长达 2 000 页，主要讲述对灵魂的探讨，还有众多对现实社会的映衬，同时以深度内涵和开放的互动让玩家融入剧情。除了少量场景外，几乎没有操作提示，需要自己去探索冒险，也没有游戏结束的概念。所以不会出现当玩家所控制的角色死亡或是任务目标未达到时，只能重新来过这种事情。设计者专注于如何在体现主角死亡的同时又不影响故事的叙述。如女主角要在飞驰的火车上逃避追捕，如果玩家不慎让她从车顶上跌落，游戏不会结束，而是会走上另一条路线：女主角在跌落前被追捕者抓住，接下来她要试图从关押自己的小房间中逃脱。游戏拥有庞大的分支剧情，每一个选项都意味着可能导出不同的剧情结果，游戏包含 35 种结局。

也许《暴雨》的成功给了 Quantic Dream 信心，因此它野心勃勃地在《超凡双生》里塞进了太多的设计和想法，导致选择自由度过高以及剧情散乱晦涩，并且游戏中涉及大量的暴力和大量使用精神药物的情况，所以限制未成年人使用，最终销量只有《暴雨》的五分之一。但是 Quantic Dream 并没有气馁，在 2018 年又推出了集大成而质变的作品《底特律：变人》。当前，几乎没有能和《底特律：变人》媲美的互动电影。而剧情分支数量的大幅增加，最终引发质变，让互动电影展现了游玩层面上的全新可能性，也让《底特律：变人》成为互动电影史上的一个里程碑。

《底特律：变人》创新性地加入剧情流程图这个功能，因此玩家在每完成一个片段后就能够通过剧情流程图看到自己完成的部分和错过的部分进度，从而非常有效地提升了参与度。

《底特律：变人》一共有三位主角，每位主角都大致有 2~3 种不同的结局基本走向；其中每一种大走向的内部，还存在着大约 5~8 种具体的结果。各个主角的这些线索之间还会互相交错、互相影响，而这也就导致了其中一位角色的选择或者故事发展方向，也会在很大程度上影响其他两位的处境。只需用排列组合的知识进行一次简单的估算，你就会意识到详细打磨这些错综复杂的剧情细节是一个多么庞大的工程。决定故事走向的方式在这部作品中同样得到了大幅拓展，塑造最终结局的因素被打散到了整个流程当中。游戏中几乎每个章节都有好几种不同的发展结果，每一种结果都会以某种形式对后续剧情产生影响。游戏前期的许多看似不起眼的小细节，其实都与后续故事走向，甚至是最终结局息息相关。错综复杂的剧情线还让选择和最终结局之间不再是简陋直白的对应关系。各个主角的人际关系、社会舆论的态度不但成为决定许多重要节点的关键，而且其影响还贯穿了整个流程。

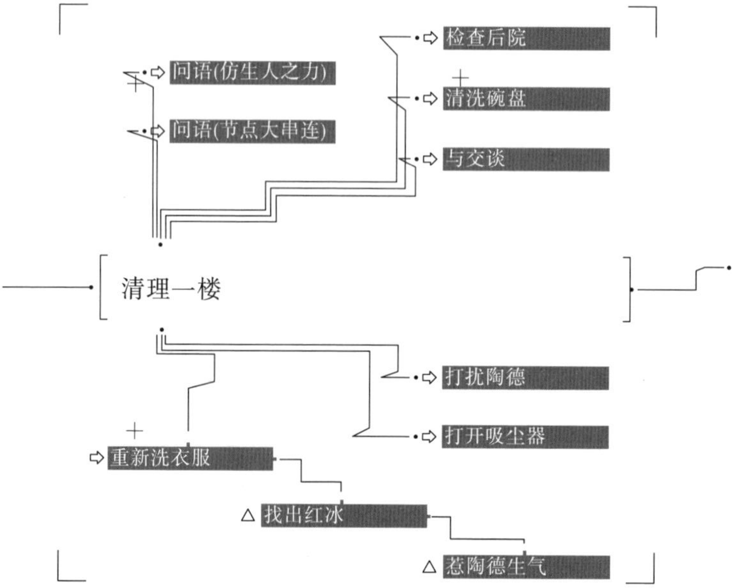

图 11–3 《底特律：变人》剧情流程树

《底特律：变人》最精彩的故事需要你亲手创造，最重要的乐趣在于创造这些故事的过程。

之所以用大量篇幅去介绍 Quantic Dream 的这三款产品，是因为我们认为在元宇宙中的电影和戏剧的形式会和这三款产品，特别是《底特律：变人》这款产品非常类似，用户在沉浸式的观赏过程中，其身份不仅仅是玩家、观众、演员，更是导演。互动电影、戏剧和游戏为用户搭建高度真实的虚拟世界，并提供丰富的场景 / 剧情交互方式，是从内容端向元宇宙靠近的形式之一。

三、数字音乐

音乐是人们感情的语言，在任何时代它都在人类社会的各类行为活动中扮演重要角色。自信息时代以来，以听觉与视觉内容糅合的多媒体信息已经借由市场之手无数次证明了其在传播性与识记性上的“杀伤力”，越来越多的“洗脑神曲”伴随着影视作品、短视频、直播流等一系列视觉体验场景一炮而红，随之而来的自然是数字音乐市场的一片欣欣向荣。而在元宇宙中，音乐领域最令人期待的变革自然是音乐与来自基于不同体验场景的搭配应用和衍生体验。

所谓的搭配应用更像是基于我们对于传统“配乐”的理解，创作者利用音乐为用户在元宇宙中的独特体验附加额外价值。而衍生体验则是反其道而行之，创作者使用现有的音乐作品进行加工，甚至是在元宇宙中创造全新的体验场景。举例来说，它可以是一场让用户亲身体验的元宇宙版的音乐视频。

无论音乐在元宇宙中的内容创新与表现形式将有多么耀眼，在迎接它的到来前，我们都需要对可能出现的商业化问题有所准备，特别是在数字音乐时代中让无数从业者头痛的音乐版权问题。

在元宇宙中，每一份音乐数字版权都可以是独特的 NFT，数字音乐的创作、销售、购买、存储、交易等，可以使用更加符合自然人的“财产”认知的方式，即真正意义上的交易，而不是传统互联网的“复制”。

在新技术的支撑下，对音乐进行二次创作，也会产生唯一的NFT，所有者可以将其分发、出售给其他用户。整个过程全程可以进行追溯，对于原有的创作者、二次创作者，其所有权、应得利益，都会有完成的保证。

更重要的是，NFT的数字算法可以被写入硬件，使得音乐（影视、游戏亦然）的数字版权可以以实体的形式存在，被用户储存、交易，进一步打破了虚拟与现实之间的障壁。在具有特殊意义的时间、事件上，发行方可以以实体物品的形式，向客户销售数字NFT，实体物品和数字内容的组合，使其更具价值。

结合音乐作品在元宇宙中的应用环境，我们认为在可能出现的解决方案中，基于区块链技术的版权管理模式可能会是未来最为可行的办法。它的工作原理是这样的：

整个版权管理体系将由歌曲创作者、表演者、各个制作环节（作词、作曲、编曲、演唱、伴奏、录制等）的参与者结合其作品的数字化“指纹”，形成区块链上独一无二的权益证明（NFT META）。类似第四章所提，把每个NFT的标的物视为一家“虚拟公司”，在权益证明的基础上，通过类似于股份的形式（NFT-DAO，去中心化权益自治组织）形成收益分配机制。NFT-DAO的占比将决定NFT-META授权收益的占比和授权的权利。NFT META保护了作品的著作权与署名权，使其无法被篡改，同时与收益权、决定权脱钩。NFT META衍生出NFT Ticket（即授权），一张NFT Ticket上记录了被授权人的信息、可用次数、使用有效期等，NFT Ticket可以自由转让，但不能增加其可用次数和有效期。NFT Ticket实现了版权的细化管理，具有可追溯性和可管理性。

其实，这种管理模式其实并不局限于音乐版权领域，对于任何涉及大量创作源的开放性内容创作领域，也可能是可行的解决方案。

四、现场表演

2020 年全球新冠肺炎疫情暴发后，话剧、音乐剧、演唱会、脱口秀、相声等需要观众现场观看的演出类型，受到了比较大的冲击。

为应对这一情况，各大平台、演艺公司都纷纷开始尝试“虚拟演唱会”的方式。“初音未来演唱会”即是其中最早、也最著名的一场演唱会，在后面的章节会详细介绍。后来的虚拟人演唱会里，增加了 3D 虚拟偶像和 3D 特效，使得整体表现效果甚至超过传统表演。

在元宇宙的环境下，“现场表演”将是“初音未来演唱会”的进阶版本。表演者将不再局限于“真实艺人”或“虚拟偶像”，还可以是两者之间的结合。元宇宙的现场表演可以不需要后期处理，即能让真人与“数字人”直接进行互动，例如 2022 年年初，江苏卫视跨年晚会上歌手周深与“虚拟邓丽君”隔空对唱；腾讯新闻出品的栏目《未来新世界》中，“邓丽君”与庞博、王昱珩面对面交流时，当王昱珩“刁难”地问道：“说说今天几号？”“邓丽君”维持着惯例的笑容，很柔声地回答说：“我没有时间限制，我也忘记了时间。”令人震惊的是，这样高情商的回答，没有任何停顿和思考，就如同真人直接回复一样。

初音未来在日本爆红以后，国内厂商也开始仿效这样的模式，最出圈的是洛天依和柳夜熙。洛天依是以日本雅马哈公司的 VOCALOID3 语音合成引擎为基础制作的声音库，音源是国内配音演员山新，形象由“MOTH”初稿设计，经 ideolo 改编整合后完成。洛天依是国内最早实现盈利的虚拟歌手，基本商业模式和初音未来类似。柳夜熙是借助社交媒体火起来的虚拟美妆博主，通过以柳夜熙为主角的短视频风靡全网，其真实环境和群众演员均为真人的方式，令人耳目一新，因此在短时间内获得全网播放量过亿、单条视频点赞量超过 360 万的好成绩。但由于其制作团队本身对其爆红准备不足，没有考虑人物个性和小传经历等因素，后续增长稍显乏力。

五、教育和培训

我们曾提到，VR 的出现缘于飞行模拟训练的需求。受限于成本、安全、环境等诸多因素，各行各业已经出现了不少利用元宇宙的一些技术来实现能避免大量人财物损失的训练，例如职业院校的实训教学。除此之外，党建培训、基础教育和高等教育的相关培训或将成为元宇宙率先落地的领域，例如通过沉浸式学习，学生能够印象深刻地学习宇宙、地理、历史、艺术等知识，感受红色文化、航空航天、宇宙星系、大自然、风景名胜、风土人情等。

另外，随着互联网的体验从二维逐渐升级到三维，未来将有大量艺术家直接在元宇宙空间进行内容创作、协作和分享。通过数字化身以立体形式进行教育和培训也逐渐成为可能。

2021 年 12 月，元宇宙教育实验室在北京揭牌成立。在此次会议上，经济学家、横琴数链数字金融研究院学术与技术委员会主席朱嘉明指出，科技进步速度已经超越教育体系的演变速度，新知识技术的诞生、扩散与消亡的周期变短，新信息的生命周期缩短，使得各个教育主体和传统教育范式都面临着新的挑战。过去学习为了创造，现在学习的过程本身就是创造，而元宇宙可以打破教育的时间和空间的边界，实现传统教育模式的升级和教学资源的平衡，最终让终身学习、跨学科学习、循环学习以及人机相互学习成为可能。

细心的读者也许发现，电影、戏剧、音乐、教育等内容在元宇宙中的呈现方式越来越像沉浸式游戏，内容和游戏的融合度越来越高，互动性也越来越强。因此每一个元宇宙的内容产业都变成了社交工具的一部分，用户开始基于各种内容产业而产生不同的社交体验。

第三节　基于内容的社交才是真社交

一、虚拟社交和元宇宙社交的区别

元宇宙时代，我们的关注重心会从现实生活转移到数字生活上，关注重心的转移带来的就是社交形式的转变，社交元宇宙便应运而生。在由虚拟数字技术构建的“社交元宇宙”中，我们可以凭借自身的虚拟形象与自己设置的个人信息参数，在接近现实生活的场景体验中寻找志同道合的朋友，来一场沉浸式的网络冲浪体验。那元宇宙社交与现在的虚拟社交有何区别呢？

当下的虚拟社交，主要指的是人们之间通过互联网软件并借用信息技术来完成人际交流与传播，手机为交际的主要载体。区别于传统实体社交，虚拟社交的交友更加具有广泛性、安全性、隐私性以及便捷性，可以很好地为一些社交恐惧症和渴望广泛交友的年轻人提供一个平台。比如微信、QQ、微博已经成为我们日常生活中必不可少的一部分，从文字、图文到短视频，我们的日常工作、交际、生活都离不开它们，以其为载体的虚拟社交可能是目前使用最为广泛的社交方式了。

虚拟社交突破了时间与空间的限制，扩大了我们的交友范围，但是社交过程中却又缺少了实体社交的真实性与趣味性，隔着手机屏幕始终像是有着一层冰冷的隔阂。下面我们将介绍一下元宇宙社交的不同之处。

二、元宇宙社交的优势

人的一切社会活动都来自社交，但现有的网络社交远远满足不了人们的需求，新的需求便会诞生新的产物，元宇宙社交的出现也就成为必然。

元宇宙社交将线上社交与线下社交的优点进行整合，利用 AR、VR、MR 等技术搭建一个全息的 XR 平台，我们与朋友之间不再只是用简单的语音、文字、图片或视频交流。在这个虚拟世界中我们摆脱了时空的束缚，一起逛街、购物、看演唱会、玩游戏，享受身临其境的沉浸式体验。

同时，元宇宙社交从某一方面来说给了我们第二次生命，现实中我们可能因为面貌而自卑，觉得自己不够高、不够瘦、不够好看，所以很难去完美地展现自己。在元宇宙中，我们每个人都是数字化的分身，可以调整自己的身体参数，并且我们独一无二。

元宇宙社交不仅仅是虚拟社交，它更像是虚拟社交的下一站。它拥有虚拟社交的影子，也拥有实体社交的特性，它更完善、更能满足现代社会的需求。但是元宇宙目前仍处在一个萌芽阶段，它发展的背后需要许多高新技术的支持。

三、基于内容的社交才是真社交

社交在本质上分为两种。一种是功利社交，一种是共情社交。功利社交是指为了达成某一目的，或是从对方身上获得利益而产生的社交行为。共情社交是指为了获得情感联结与情感体验，寻找陪伴，或是有共同的兴趣等而产生的社交行为。而网络上的社交行为，早期是以共情社交为主要目的的，譬如早期的校园 BBS，以及 QQ、Facebook 等各大社交平台软件的设计目的。后期随着网络经济的逐渐发达并且社会价值观对于从网络上获取收益这件事情的接受程度逐渐加大，因此功利社交的比重越来越大。但不管是功利社交还是共情社交，起点都是有价值的内容。正如前面所讲，元宇宙社交与传统虚拟社交的最大差别在于元宇宙社交通过沉浸式技术赋予了部分实体社交的特性，让用户通过看得见、摸得着的内容体验建立不同的社交关系链，无限趋近于线下真实社交体验，更能满足现代社会的需要。

随着一个人年龄的增长，他的共情社交会逐渐减少；并且在同一年龄或同一阶层中，一个人的心智越成熟、能力越强、社会地位越高，他在现实生活中的共情社交就会越少。然而人毕竟是感情的动物，需要被认可、慰藉和欣赏，元宇宙给人提供了第二次生命，因为便捷和安全性的提高，用户在元宇宙中的共情社交比例会提高，从某种意义上来说是回归了网络社交的初始状态。巨头们看好元宇宙社交的主要原因是，这是一个基于全新内容和全新环境的“重启”的新机会。

第十二章

治理技术：元宇宙不是法外之地*

马克思说："每种生产形式都产生出它所特有的法权关系、统治形式，等等。"法律是与相应的生产关系相联系、相依存的，法没有自己独立的历史。考察法的问题自然需要考察与其密切相关的生产力水平和生产方式。

元宇宙自然不是法外之地。但是元宇宙是否构成一种全新的生产力并对生产方式产生革命性影响，导致其相应法律体系、运行方式呈现与以往完全不同的特征？我们的观点是肯定的。众多数字技术融合应用正在迅速地改变着经济与社会发展，这些改变对人类法律体系也将产生持续而深远的影响，越来越多的问题正不断地摆到人们的面前：通往元宇宙未来的过程中，如何构建适应数字经济发展和元宇宙应用的法律体系？

第一节　元宇宙与治理、规则的关系

前文提到，元宇宙是下一代网络——创意、意识的协作网络，以

* 本章主要撰写者为张烽，万商天勤律师事务所合伙人，元宇宙产业委常务委员。

创意内容的生产和消费为核心，形成不同层面的元宇宙治理问题。治理规则包含了以内容生产为核心的所有交易环境的规则，包括交易的主体、对象、方式、过程、体系等。基于交易环境，既有计算设施、数据存储、网络传输、安全防护、人工智能这五大基础层治理问题；也有基于区块链账本的价值层治理问题，即有关身份系统和经济系统的，尤其是针对一些公链去中心化方式的治理；还有基于应用开发、运营、维护和使用的应用层的治理问题，如有关内容生产的。

元宇宙相关规则伴随着内容生产的方式、成本、体系的发展而不断演化，包括法律体系如何适应数字经济发展、在元宇宙应用中如何继续演化。正如朱嘉明所说，元宇宙很可能影响甚至主导21世纪全球性的经济大转型。

数字经济的核心是数字资产，其两大方向是资产数字化和数字资产化，因此数字法治的两大方向是数字法治化和法治数字化，即数字活动需要法治，法治本身需要数字化。

- 数字法治化，即把依法治网运用到数字领域。基于元宇宙时代的一些社区自治的探索和实践，结合现代治理规律和治理体系的基本要求与原则，同时与数字技术本身有机结合，秉持把控风险、鼓励创新、促进发展的原则，让数字经济、数字生活有一个公平、公正、健康的秩序，具体包括技术创新、产业创新、价值再造法治数字化、科技监管与监管科技。
- 法治数字化，即利用技术创新促进法治体系的创新完善。越来越多经济、社会活动会基于元宇宙形态而进行，如证据材料的形成、纠纷处理可能跨技术领域、跨行业、跨国界，争议解决对司法程序的高效、便捷提出了新要求，这一切客观上要求法治体系包括法律服务要不断创新完善以适应数字化的要求。目前这方面有各地不断探索的司法区块链、区块链电子存证等实践。

从内在结构来说，数字法治基本结构包括数字身份与数字合约、数字治理与数字司法。数字司法是数字经济社会的关键性基础设施。

第二节　元宇宙发展对法律体系的影响

区块链技术应用具有开源开放和透明参与的特点，且很多项目具有相当程度的去中心化，客观上已经形成了一定程度的去中心化治理实践。这些实践的治理规则目前尚在模式探索和实践积累阶段，但无疑，开源开放和透明参与的数字经济发展本身必然需要法律来保障，这些新的模式从本质上说构建了可信互联网，已是一种新型经济生产生活方式和新型利益关系，数字经济发展需要法律来保障去中心化社区式的利益关系。

由于数字经济的充分发展与元宇宙应用的充分普及基本上是一体两面，因此在本节讨论中提到的数字经济时代，其概念与元宇宙时代基本同义。

一、元宇宙时代的财富共识本质与形成

韩锋的《区块链国富论》认为，“财富”概念不过是人类认知革命的一部分，是超越具体商品使用价值的抽象，是全球自由市场发展所急需的信用共识。从中国古代的贝币，到后来的铜钱，再到全球通行的金、银，直到现代银行发行纸币，本质都是如此，区别只不过是自由市场的算法不同。

关于财富本质，《区块链国富论》认为，要让自由市场这个计算系统加速运转，市场交易就需要更多的信任、信用资源，财富本质上是市场信用资源，是人类认知革命的延续。通过分析财富概念的本质及其演进的轨迹，我们发现财富不是物，而是全球信用共识。

《区块链国富论》提出财富共识的七大原则，包括财产私有原则、价值锚定原则、大规模交易原则、科学和技术推进原则、信息充分交流原则、分布式计算原则、适应政府监管原则；并进一步认为，追求财富绝不代表贪婪，它是人类文明的起点。因为财富过度集中在少数公司、少数人的手里，一定不利于自由市场的运作，不利于大量信用资源在市场中的循环，不利于大规模协作的发展，整体来说不利于人类文明的进步。未来区块链能让数据私有，并成为每个人的财富。

二、法律体系核心是促进和保护交易以创造财富

在元宇宙时代，数据成为关键生产要素，数据成为权利客体，数据相关权益必然成为法律调整的对象。数据客观上具有人格权属性与财产属性，这已经是不争的事实，另外数据本身是相对确定的，尽管其控制方法多样、涉及主体和场景众多，数据可以成为法律规范的权利对象。

在具体权利设定上，法律可将为特定数据控制权益设定法律专属权益，基于特定的需求和价值判断，法律可以赋予民事主体对数据某种垄断性的专属权利而制造稀缺性；从权利主体上，数据作为权利的客体，使自然人（或其他主体）有权控制个人数据，可更好地使用数据网络服务和防止个人数据被泄露和非法利用。

在具体法律保护上，一种方式是对数据控制者的数据权利进行特别的有效保护，承认数据控制者通过合法收集、存储的数据属于新型财产权利，甚至通过排他性权利或绝对权的方式加以保护。我国《中

华人民共和国民法典》第一百二十七条规定："法律对数据、网络虚拟财产的保护有规定的，依照其规定。"立法者在紧接着人格权、物权、债权和知识产权之后规定，对数据的保护，实际上等于认同了数据权利是一种新型财产权利。《上海市数据条例》第十二条第二款规定："本市依法保护自然人、法人和非法人组织在使用、加工等数据处理活动中形成的法定或者约定的财产权益，以及在数字经济发展中有关数据创新活动取得的合法财产权益。"

在现有法律框架下，也可通过反不正当竞争法对数据控制者的权益加以保护。例如，北京知识产权法院在新浪公司与淘友技术公司侵害数据的纠纷一案中判决认为：淘友技术公司、淘友科技公司违反《开发者协议》，未经用户同意且未经微梦公司授权，获取新浪微博用户的相关信息并展示在脉脉应用的人脉详情中，侵害了微梦公司的商业资源，不正当地获取竞争优势，这种竞争行为已经超出法律所保护的正当竞争行为，构成《反不正当竞争法》意义上的不正当竞争行为，属于一种民事侵权行为。

数据权利的主体保护与数据实际控制者息息相关。在传统互联网条件下，作为互联网应用中数据控制者所收集、存储和加工的数据资产，所享有的权利或利益，是基于中心化的数据控制者包括大型互联网企业或者行政机关，它在提供网络服务的同时，也不断地收集着网络用户的个人数据。而作为数据来源主体的网络用户，由于其对自己使用网络服务时所形成的数据不具有控制的能力，往往无法成为法律关系主体中的数据权利主体。所谓隐私政策或个人信息保护规则等是为保障用户相关权益而设定的，但用户在数据控制中处于被动地位。

在区块链应用场景下，与传统互联网模式不同的是并不存在一个中心式的收集存储数据的数据控制者。由于区块链系统一般采用点对点网络来进行数据验证和记账，而作为维护区块链网络的区块数据广播与监听、接收和验证数据，不同于数据控制者"收集"数据，本质上是对数据的记录，不是对数据的利用。因此，区块链账户使用者拥有了控制自身数据的能力，成了数据权利的主体。

三、元宇宙时代法治形式的特征

在元宇宙时代，生产和交易的主体、形式、对象更多样、更复杂，交易规模、深度和广度呈数量级式跃升，与之相适应，法从价值、原则、规范，直到实施程序等都已经、正在和继续发生根本性变化。基于数字经济财富的新特点，元宇宙时代的法治形式具有三个特征，即个人账户将成为民商事交易的主要法律关系主体；数字资产将成为民商事规范的主要标的；智能算法与合约将成为民商事合同的主要形式。

1. 个人账户将成为民商事交易的主要法律关系主体

在资本主义产生和发展以前，除了有关犯罪的法律规范以外，法的规范对象主要是普通民事交易活动，并无明晰的独立商事主体、商法领域和商法典。随着商品经济发展，商人阶层开始出现，用来调整商事贸易的商人习惯法也逐渐自发形成。商人阶层的出现推动了商法意义上的法人主体慢慢形成。突飞猛进的商品经济客观上也对民商事立法提出了新要求，商事主体出现了很多新的形态，比如有限公司、合伙等。随着近代资产主义的发展，以法国民法典为标志，涌现了大批民法典与商法典。当代以来，商法典在面对现代市场经济的发展方面则积极地应变跟进，对一些新的商事主体形态进行了规范，如形成了股份公司、“柯曼达”式的合伙等。

现代社会中企业是商事活动的中心。商法是调整企业经营活动的规范，包括企业的组织形态、成立及消灭、运营与管理、资金筹措、会计及决算、交易等内容。

而数字经济的发展可能会改变这一切。根据中国社科院金融研究所副研究员周子衡在《账户》中的推演，未来的财富共识将可能围绕着个人账户来达成。数字经济的本质是什么？周子衡认为，继英国工业革命引爆生产力之后，数字经济让人类终于引爆了交易，完成了交易的革命。我们认为，人类在物质生产大爆炸之后迎来了创意分享和交换的大爆炸，及其交易大爆炸，交易可在 24 小时内进行且完全不受环境影响。按照这个趋势，交易在越来越大规模地实现自动化，交易越来越靠算法驱动，柜台经济在转向平台经济。这一历史演进最重要的结果是：社会经济从过去以银行企业账户为核心运行，转变为如今以互联网上个人账户为中心运行。互联网经济引爆交易后，与工业时代最本质的区别，一是交易自动化，二是原先财富以企业账户为核心，现在开始转为以个人账户为核心了。

在数字时代，个人账户将成为主要的民商事法律关系主体。具体表现在以下几个方面：一是基于个人账户的交易主体，其权利能力和行为能力逐渐统一。权利能力与行为能力互为依存。传统上对于民事行为能力的判断是基于年龄的规定、外部的行为表现以及其他一些资质的标准认定，在数字经济时代，这些问题的认定必将通过基于区块链的大数据更加精确、实时地认定，而非人为采取孤立和静态分割的方式对行为能力进行判断。二是基于账户的交易主体权利能力和行为能力将同时产生。数字经济条件下，更多主体权利能力和行为能力将会同时产生，依据数据画像在不同条件下进行不同的交易。三是基于账户的交易主体将可以通过智能合约实施不同的行为，公法与私法的区分可能不再泾渭分明，这种分别将会被更加精确的大数据分析来取代。

2. 数字资产将成为民商事法律规范的主要标的

党的十九届四中全会明确，数据是一种生产资料参与国民经济分配。2020 年 4 月 9 日，中国政府发布《关于构建更加完善的要素市场化配置体制机制的意见》，首次在文件中将数据列为土地、劳动力、资本、技术之后第五大生产要素。在数字经济时代，数据已是国家级的战略资源。

基于区块链技术应用，各行各业的交易活动将更加数字化，包括在数字贸易、数字金融和数字货币，以及智能制造、智慧城市、自动驾驶等新领域，数字商品和数字资产将日益成为主流，数字资产将越来越多地成为民商事交易的主要对象。正如央行数字货币研究所首任所长姚前指出的，基于全量数据信息的数字资产将会打破传统实物资产和金融资产的界限，实现真正的数字化交易。各行各业在数字化转型的过程中，将同时是数据资源的提供者和获益者，充分挖掘和利用数据，成为社会经济转型升级的强劲动力来源。最近出圈的NFT，正是资产数字化的一种全新有益探索。

传统的对交易的主体、对象、过程、结果以及价值判断等所有交易要素的一些定性描述，或是一些比较粗略的数据描述，将会被基于区块链的大数据画像取代，将会更好地提高交易效率和降低交易成本，促进交易公平，这可能也是“交易大爆炸”的技术基础和技术逻辑。数据最重要的作用之一，是能够更准确、更迅速、有效地认识和描述事物，更准确、更迅速、有效地刻画数字资产。

数字资产作为一种新型交易对象，未来将成为民商事法律规范的主要标的，其基本属性、法律性质和基本特征呈现新的特点，对数字资产给予类似物权保护的水平将可能成为未来的一种必然选择。

3. 智能算法与合约成为民商事合同的主要形式

基于区块链的智能合约和去中心化应用是实现交易自动化的重要技术保障。智能合约具有三个特征，即自动化执行、去中心化运作以及开放式生态发展。智能合约代码部署后，通过点对点网络广播并经节点验证记录在区块链上。自动履行指在合同启动和执行后，无须交易各方再进一步联系，即能够自动地实现合同目的。开放式生态发展是指智能合约可以在资源整合能力上自给自足，并低成本地实现生态合作和利益共享。

智能合约本质上是关于商品或资产交易的数字协议。其主要作用是双方通过基于程序的自动执行进行交易，从而极大地消除交易中“中间人”存在的必要。这将实现交易管理和验证的去中心化，可以说是对传统世界运作方式的一种根本性改变。作为一种合同形式，智能合约目前已经广泛应用于金融交易、预测市场、物联网等领域以及政府管理和公共治理的一些环节，而且正在迅速发展到更多领域。

第三节　迈向元宇宙的法律体系构建

法律和治理问题有三个大的层次：一是数据、权益和资产，可以说这是与交易对象有关的范畴；二是平台、算法和应用，可以说这是与交易方式和交易环境有关的范畴；三是活动、治理和安全，可以说这是与交易主体有关的范畴。元宇宙涉及的法律问题则主要围绕交易对象即资产发行与管理、交易方式即网络平台、交易主体行为即网络空间安全三个方面。

一、元宇宙资产的发行与管理

数据处理活动是资产发行与管理的基础。数据处理活动是元宇宙时代的基础。对于数据的收集、存储、加工、转移、传输、公开、披露、共享、删除等活动，应当遵守法律法规，遵守社会公德和伦理，不得危害国家安全、公共安全和社会公共利益以及他人合法权益。数据的收集处理活动从中心化收集向合约权限调取使用转变，数据越来越多保存于用户本地，应用要获取用户数据将逐渐通过合约读取，即读即用，且处理过程和处理结果也留存于本地。对于这种数据处理和应用方式，应注意的是基础网络环境和具体处理环境、所使用的合约和算法符合有关法律法规和标准要求。对于中心化方式处理数据的方式，仍然需要遵守相应的法律法规要求。

数字产品和服务是资产发行与管理的载体。元宇宙时代，即数字化、网络化、智能化时代，绝大多数产品和服务都由数据处理活动完成，但根据不同的业务场景形成了不同的服务体验。以 NFT 技术应用为例，与不同的场景结合其所承载的业务逻辑、权利义务、风险责任都不相同，因此对于技术提供者、服务产品提供者和服务产品使用者的约束和规范，其法律关系基于具体的业务场景形成，监管的重点要求包括对产品的有关数据信息的全过程展现，保障参与者的知情权、选择权和公平交易权。

元宇宙数字资产具有全新的特征。由于产品和服务具有跨平台互操作和流通性强的特点，产品和资产的区分越来越模糊，基于数据处理活动而形成的产品和服务，由于其信息展现越来越充分，其交易流转的门槛和成本则越来越低，传统金融体系中金融资产与实物资产需要通过金融操作相互割裂的情形逐渐消失。具有全量信息的产品和服务的合理流转成为真正的数字资产，成为元宇宙时代数字金融的基础。法律和监管的重点也将针对基于保障数字资产的信息的充分展现、真实可靠，以及保障这些真实、充分信息的相应技术条件。

世界各国、各地区、各类监管机构基于不同的监管职责，对基于区块链的通证化或者说代币化资产进行定义，结论不尽相同，但其内在监管逻辑还是存在某些共通性。这些区块链资产大体上被分为货币、商品和证券三类。在不同的场景环节和展阶段，对应不同的监管要求，通证可能表现为不同的法律性质。我国目前对于虚拟财产包括基于区块链的资产并无统一的监管政策。2013 年，央行等五部委发布的《关于防范比特币风险的通知》提到比特币属于“虚拟商品”。一些地方性法规中提到的虚拟商品大体上分为两类：一类是游戏装备、充值服务、虚拟货币等电子游戏中的权益；另一类是电子形式的商品兑换券、电影券等与线下实物相联系的权益。从这个角度出发，虚拟商品都具有使用价值和交换价值两个属性，在特定的场景下依据相应的法律规范规制。

当我们使用非许可链即公链时，相关法律问题包括但不限于使用区块链记账时所支付的不同形式的费用的法律性质；如何规范基于法定货币储备发行的区块链资产，是证券、商品还是货币；如何监管基于智能合约的交易；法定数字货币如何基于该区块链网络流通；企业或个人应如何发行和管理自己的通证化资产。总的来说，我们认为要解决的最主要的两类问题，一是如何判断区块链使用费的法律性质，二是如何基于区块链发行和管理资产。

其一，关于区块链的使用费及其法律性质。区块链是一个记账平台，使用这样的平台需要付费而并不是无偿的，因为维护这样一个平台需要成本和付出。这种付费是一般是通过平台原生的通证，如以太坊平台的通证是 ETH（Ethereum 的缩写，影响力仅次于比特币的一条区块链公链），而这种通证需要通过挖矿即为平台提供算力、存储或数据等贡献，或通过商品交换合规获得。另外，基于平台的交易一般通过基于区块链平台的智能合约运行。

公链的一个最主要问题是，用于区块链记账使用的通证是什么法律性质？我们认为，在将公链作为底层，使用其记账功能时，其原生通证或代币符合虚拟商品的性质。一是因其具有使用价值，这种使用价值就是对公链记账功能的使用，具体是通过支付记账费用来获得这种使用。二是因其具有价值，使用公共区块链的行为本质上是一种对公链系统的价值输入，增加或巩固了对这一记账系统的共识和信用，新用户要么通过参与维护公链来获得代币，要么与已经有代币的人交易获得，间接支持维护公共区块链，无论哪种情况都是对公链系统的价值输入，是一种具有交换价值的行为。三是因其具有特定性，在特定场景下只能使用这种虚拟商品。为什么不用其他支付工具或虚拟商品来支付公链的使用价值？因为只有与区块链的程序结合的支付工具才能实现上述功能，其他支付凭证在现阶段较难融入其程序。如果其他支付工具也能与公链的记账功能以开源、透明方式相结合，理论上也是可以的。

其二，关于如何基于区块链发行和管理资产。基于区块链进行资产交易时，必须将有关货币或资产通证化。一旦在其业务流程和金融活动中使用通证化的产品、服务和资产，此时这些资产将不再在传统金融体系中流通，这些通证化的资产能够与法定货币和其他商品在其适合的交易场景中有效交换。从法律监管的角度来说，这意味着这些通证也需要为用户身份及资信核验、交易合规性、资产权益确定性和反洗钱、反恐怖融资等合规性问题负责。监管必须结合以通证及智能合约形式实施的业务模式实现。通过公链使用智能合约，也需要将部分资产进行通证化。那么如何管理这些链上的通证？基于去中心化网络，央行需要能够实施其金融监管职责，应该能够控制或管理在区块链上流通的法定数字货币，企业或个人应该能够管理自己的已经通证化的资产。我们以传统货币和传统证券的管理类比，在社区化运营的去中心化区块链网络上，央行或企业主体至少可通过类似回购的形式管理和控制这些通证化资产。

二、元宇宙基础网络平台的构建

根据中国信通院《数字经济与数字治理白皮书》所揭示的，数字平台崛起强化各国对市场垄断、税收侵蚀、数据安全等问题的担忧。

- 平台垄断问题。数字平台发展中逐步形成“一家独大”的格局，其滥用市场支配地位、限制自由竞争规则的现象日益凸显，而且基于互联网平台下的不正当竞争行为，同传统企业垄断行为存在诸多差异，因此以传统反垄断规则对互联网平台进行垄断规制面临诸多现实挑战。

- 税收征管问题。数字平台在全球范围内带来的税基侵蚀和利润转移问题对基于传统经济模式构建的国际税收规则形成了巨大的冲击和挑战。根据欧盟委员会的相关报告估计，欧盟传统公司的有效税率为23.2%，而互联网平台在欧盟地区的平均有效税率仅为9.5%，互联网平台与传统企业之间的税费存在严重不平衡，也引起了许多国家的担忧和不满。
- 平台数据滥用问题。数字平台在运营过程中积累了海量数据，由此带来的数据滥用、隐私泄露等问题不容忽视。全球各行业正在遭受高频次爆发的数据泄露事件困扰，数据安全问题正成为各国共同面对的重要难题。

一方面靠现有的互联网平台模式无法真正解决问题，只有构建基于区块链技术之上的网络平台，不让单一或少数机构控制平台的运营和收益，不让数据归集于该单一或少数机构掌控，元宇宙需要真正让网络平台成为一个公平的公共基础设施；另一方面，由于许可链是由有限几个实体机构组织控制和运营，很难成为元宇宙中去中心化的清结算平台。这一是因为许可链的主要几个机构实体控制运营的有限节点很容易被恶意玩家所攻击，且在有限的节点之间也可能出现多个参与者，会出现合谋作恶谋利的可能性；二是因为运营者联盟外的参与，一般都要经过所有联盟成员的协议批准，流程多、条件复杂，成员利益关切复杂、沟通效率低，不利于生态发展。

智能合约概念于1995年由尼克·萨博（Nick Szabo）首次提出。智能合约允许在没有第三方的情况下进行可信交易，这些交易可追踪且不可逆转。从本质上看一切内外部规程和商业操作、政府管理、司法过程都是一种合约，涉及的活动都可能会被智能化。但智能合约需要结合数字身份发挥作用，否则可能会失序。

目前比较受到关注的与智能合约法律责任相关问题主要有因代码运行质量产生责任追究和争议管辖等问题。

关于代码运行质量问题。虽然算法和逻辑已经确定，但上述智能合约仍然也有可能带来一定的风险，仍有可能因为代码运行质量问题为参与者带来不应有的损失。显然，尽管是开源代码，如果因为其开发者过错造成本应可以预见、可以克服、可以避免的代码漏洞，一定程度上是因其过失甚至故意而造成运行智能合约当事人的非依据本人意志操作而产生的不应有损失，相关责任方如代码开发者必须要承担相应的责任。当然，有时候可能是基于作为智能合约运行环境的区块链平台的问题，有时候可能仅仅是合约本身漏洞，有时候可能是两者结合而产生的问题，需要具体问题具体分析。

另外，正如有些智能合约开发者所提醒的，由于目前智能合约的技术特点及基础设施、参与者知识技能水平等综合因素影响，参与智能合约的当事人都应当对其可能蕴含不可预知技术风险有清醒的认识。提交代码者以及准备运行代码者都可进行多方充分审计后再开展业务，即使如此，也存在一些不可预知的技术或操作风险，此时可以考虑引入保险机构，设立风控机制来降低风险，提前对不可预知技术风险的责任进行约定，愿意承担风险者理应得到更多补偿。

关于争议管辖问题，与智能合约相关争议应当如何确定司法管辖地区？德国耶拿大学国际私法系教授 Giesela Rühl 表示："智能合约与普通合约一样，都需要获得法律解释。因此，关键问题不是智能合约是否应该遵守法律，而是它们应该遵守什么样的法律。"特别是对于像以太坊这样的跨境运行智能合约来说，要妥善解决智能合约纠纷显然尤为必要。从逻辑上说，一方面智能合约相关争议需要从代码、合约部署、资产转移等链上问题来追究，另一方面也有很多国际私法方面的规则可以参照，比如当一个确定的被告人出现时，其他人要追究他的责任，是否可以依据本国法来提起诉讼呢？根据 EOS 区块链社区提出的方案，有关资产被盗等链上争议，是可以通过 EOS 特别设立的仲裁机制，由 EOS 社区产生的仲裁员依据相应程序来解决争议的，但是除此以外的其他案件争议和犯罪追究仍然需要配合线下的现实司法系统来解决。总之，EOS 仲裁机制提供了思路。当然，由于共识机制不一样，要以太坊实行 EOS 类似的处理方案有一定难度，但也并非不可能，当初 The DAO 事件就让 ETH 回滚了。

未来，越来越多活动将基于数字身份和智能合约产生，由此客观上需要建立与之相适应的司法模式。目前我国已经开始在传统司法机构之间建立区块链网络，开始实现一些数据基于区块链的转移对接，降低信息共享的成本提升信用体系，例如北京互联网法院的天平链电子证据平台。未来在争议解决过程、解决模式、解决体系上会更多地与基于新一代的可信网络的社会经济与生活相适用。未来数字司法程序将更透明，规则更公平。

智能合约发展可能使一大批传统的法律业务因此走向衰弱。据媒体报道，伦敦大学法学院副院长安娜・多诺万（Anna Donovan）表示，区块链将带来更廉价的法律服务。在此过程中，我们处在传统法律体系向未来数字法治法律体系的转换与过渡中，结合产业与区块链应用的法律服务肯定还是必要的，但无疑未来代码更多地体现法律逻辑，而法律逻辑也更多地通过代码实现。如果说区块链技术应用越来越与产业紧密结合，那么律师提供法律服务的方式很可能是参与代码架构与设计。

三、元宇宙网络空间的安全保障

在五大地基性技术中，我们从技术层面剖析了元宇宙的系统安全，其主要部分就是网络空间的安全。本节我们将讨论，法律层面应如何保障元宇宙网络空间安全，其实各国对此都有一些法律法规，如我国根据《网络安全法》《数据安全法》《互联网信息服务管理规定》以及《区块链信息服务管理规定》等维护网络运营安全和信息数据安全。

其一，区块链作为一个整体不能成为法律责任承担者。假如整个区块链网络并非由确定的几个机构或主体控制并运营，则区块链网络作为一个整体，因其没有一个独立意志的行为主体以控制该网络，因此也没有独立主体为该网络行为承担法律责任。

其二，公共区块链网络中的各参与者应各自承担法律责任。无论是许可链、非许可链，参与运营该网络的节点必须遵守相应的法律法规规定，这是保障网络空间安全的一种合理要求。一般从公共区块链技术应用角度来看，其参与者主要有：应用程序开发者和维护者、重要节点如区块生产者、一般节点即区块链网络使用者。

关于程序开发者和维护者。正如一直以来流行于区块链行业的疑问，开发者是否需要为其产品出现的违法行为负责？这个问题可能无法简单而抽象化地回答。在这方面，美国商品期货交易委员会委员布莱恩·昆汀兹（Brian Quintenz）建议，智能合约代码很明显可以预见会被美国人用于对违反 CFTC 规定的智能合约代码开发人员进行起诉。我国《网络安全法》也规定，如果所提供的网络服务或产品存在明显的恶意程序或显著的系统漏洞，则需要承担相应的法律责任。

监管者将如何区分代码编写者、部署者和平台运营者的角色？执法会受到去中心化的网络、不可阻挡的智能合约和匿名代码开发者的影响吗？我们认为，从合理的角度来说，如果程序开发者主观上就有将其程序用于违法犯罪目的，那么无疑其应当被追究相应的法律责任。而在实际的司法程序中要调查清楚这一点可能有难度，但是我们相信大多数的时候还是可以做到的。

关于区块链系统维护者如区块生产者。假如一个区块链系统应用其本身并非为违法犯罪目的而开发，那么对于一个公共区块链如比特币区块链来说，假如其节点属于《区块链信息服务管理规定》所称的区块链信息服务提供者，那么一方面由于其打包的主要是交易信息，另外该交易信息来自根据系统软件所设定的合法交易，要求交易者进行用户注册可能有困难，而且由于比特币区块链打包节点无法删除合法区块链中的信息内容，那么要求其承担系统管理者的法律责任是否合理？此时可能需要将基于底层技术的区块链交易打包，与应用层面的内容显示与应用之间的法律责任区分开来。

关于区块链系统的使用者。以信息发布活动为例，对于公共区块链的使用者来说，由于其有可能将信息写入区块链中，因此如果其将非法信息通过区块链非法传播，那么显然理应承担相应的法律责任。那么当区块链系统在使用中被写入了非法信息，应当如何处置？当然首先应当是写入该信息的主体承担首要责任。再根据该信息造成的危害大小，由区块链系统维护者共同决定是否进行回滚操作，而为了避免这种对系统发展非常不利的操作，对上链数据进行加密可能是必要的。

《区块链信息服务管理规定》对基于区块链系统的网络空间的安全维护，主要是通过节点维护方来进行处置和管理，要求一是对自身服务提供者进行备案制，二是要求使用者实名制。如今世界范围内，随着越来越多的机构加入公共区块链相关产业，如基于公共区块链的 DeFi 等，合规性监管已成趋势，网络实名制并非是使用公共区块链的障碍，对于相关参与者的实名制及相关法律责任的要求可能将成为参与公共区块链普遍要求。

与信息发布的情形类似，如果区块链使用者利用其交易而从事非法活动，当然是由该当事人承担责任。我们认为这是毫无疑问的。

我们知道，虚拟技术将在元宇宙起到关键作用，其应用涉及数据处理活动的各个环节，且可虚拟形成交易的主体、对象、方式、工具和交易环境，对其进行规范已经开始得到各方面的重视。根据国家网信办新近出台的有关深度合成技术规范征求意见稿简要概括，凡是对相关内容进行生成或编辑而形成文本、语音、音乐、场景声、图像、视频、虚拟场景，都属于使用深度合成技术服务的行为。

深度合成技术服务产品，本质上是基于若干数据材料或其他现有作品，根据特定创作目的而形成的一种新型数字产品 / 作品，可以拓展表达能力、丰富创作体验和产品服务体验，实现更深度的协作与交流。由于深度合成技术服务在一定条件下可以达到高度仿真的效果，有时候甚至以假乱真，如果使用不当可能会滋生危害国家安全、公共安全和公共利益和诈骗、沉迷等不良后果。因此，《深度合成征求意见稿》要求服务提供者备案、使用者实名，并对合成产生的信息产品进行标识，并规定制作、发布、复制、传播、使用时不得违反国家安全、社会公共利益和他人合法权益，这是非常必要的。

深度合成技术服务产品与 NFT 技术结合，能够对服务提供者、使用者以及作品相关合成过程及其之后的流转、使用均基于区块链记录且可追溯、难以篡改，可以将相关法律规定和监管要求通过与 NFT 技术的结合贯彻体现于产品服务全过程，既能发挥其改善、深化服务体验的强大功效，又能有效地维护良好的市场秩序和相关合法权益。

总之，基于数据作为关键性生产要素的数字经济不断深入，对人类社会的内容生产方式产生了颠覆性影响，元宇宙已然应运而生并深入发展。其重塑了人类社会的生产和交易的方式，包括参与主体、组织形式、资产对象，而与之相应的法律体系也将围绕身份与权利、资产与价值、算法与平台等得以重构，多年以来的法律规范、法律原则、法律概念以及立法、司法、执法乃至法律服务形式等都呈现出全新的特点。这一趋势已经显现，并将进一步发展。本章所述相关问题及应对的实践和思考仅仅是开始，随着元宇宙的内涵、外延，以及在这个数字新世界生活的元宇宙公民，及潜在的其他行为主体的多元化发展，和数字资产的新形态的出现，元宇宙的治理范围将不断扩大并向纵深发展，治理技术也将不断丰富。

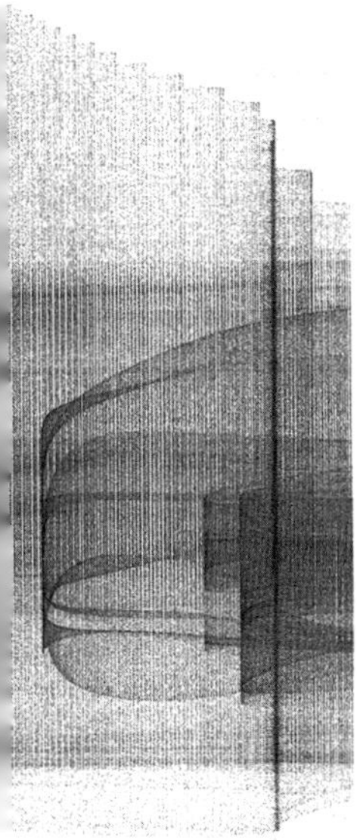

第四篇

元宇宙技术的应用及展望

元宇宙的实现是非常漫长的，现在没有哪个产品能集成本书所介绍的元宇宙所有技术。目前，元宇宙的不同平台、不同产品大多会使用到十个技术当中的两个或多个技术的组合。本篇介绍元宇宙若干技术集成的应用案例，包括交互与展示领域的裸眼 3D 的产品尝试、产业中的元宇宙运用、新媒体艺术的实践、内容创作驱动的社交元宇宙，以及元宇宙的公民如何生活等。这些翔实的案例描绘了近期落地的元宇宙的形态，能为践行元宇宙技术，赋能实体经济做些贡献。

第十三章

走进生活的元宇宙应用*

本章会详细介绍裸眼 3D 产品的实战过程和技术原理，该技术属于交互与展示领域，在前文有过简短提及。

初音未来是日本虚拟偶像，它于 2007 年 8 月上市。初音的意思是“最初的声音”；Gatebox 则是一款专为宅男定制的家用智能化全息机器人，于 2016 年开始发售。初音未来和 Gatebox 的关系，就像是演员和舞台（显像盒子）的关系。

投资了超过 9 000 万日元（约 450 万人民币）的宅男神器 Gatebox，采用全息投影技术内置一名二次元萌妹，用户可以选择投影自己喜欢的动漫人物造型。初音未来以“miku 之日”的名义，和 Gatebox 联名推出了“Living With 初音未来计划”。你向初音未来打招呼的时候，她能够做出亲切的回应，打破了二次元（二维）和三次元（三维）的界限。日本的宅男们把她当作了自己的家人，有的宅男如近藤显彦甚至举办了和这位萌妹的婚礼，如图 13-1 所示。

Gatebox 通过使用短距激光投影仪，将视频投影到放置在圆筒中央的亚克力投影屏幕上实现全息展示。因为图像是半透明的，就有了全息的效果。投影机隐藏在侧上方，从正面看完全透明，加上屏幕可以旋转，营造了人物在空中的观感，这是裸眼 3D 技术的一款典型用。

---

* 本章主要撰写者为杜彪，第五力科技有限公司首席技术官，元宇宙产业委常务委员。

图 13-1　日本小伙与虚拟人初音未来结婚

资料来源：https://www.sohu.com/a/420905000_120448801

第一节　裸眼 3D：让你的眼睛欺骗你的大脑

裸眼 3D 技术能用于多种场景，与需要眼镜的 VR/AR 相比，它的体验效果更自然，更容易融入现实生活中。元宇宙的兴起，会赋予裸眼 3D 技术新的生机。

一、迈克尔·杰克逊的“复活”

2014 年 5 月 15 日，Billboard 音乐大奖颁奖典礼上，观众们惊奇地在舞台上看到了一个熟悉的身影，他们都不敢相信自己的眼睛，因为那个身影分明就是 2009 年去世的巨星迈克尔·杰克逊。伴随着熟悉的音乐节奏，杰克逊穿梭在舞伴中，一切都是那样自然。

杰克逊当然不可能复活，观众们看到的实际上是一场全息表演，通过全息技术，将数字形象的杰克逊显示在舞台上，并且和现场表演的舞伴融合在一起，观众完全无法区分哪个是真实的，哪个是幻象，加上特别设计的声光电效果，让人产生一种杰克逊回到我们身边的感觉。裸眼 3D 也叫全息显示，杰克逊演唱会使用的全息原理叫作佩珀尔幻象。

二、古老的魔术：佩珀尔幻象

早在几百年以前，一些剧团就利用幻象在表演中达到幽灵再现的效果。在 19 世纪 60 年代，一位名叫亨利·德克斯（Henry Dirks）的发明家在古老的意大利光幻象的基础上进行了创新，利用玻璃和光来操控视觉效果，这种光幻象称为德克斯幻觉效应。

同一时期，约翰·亨利·佩珀尔（John Henry Pepper）在伦敦皇家理工学院演讲时提出，可用一种简单的方法在既有的剧院环境中实现德克斯幻觉效应，即仅仅使用一片玻璃。由于佩珀尔使这种幻象普及开来，因此这种幻象被称为佩珀尔幻象。

佩珀尔幻象可以用射线光学来进行解释。首先，佩珀尔幻象中使用的玻璃或透明胶片与周围空气的折射率不同，也就是说，光在这两种介质中以不同的速度传播。当光到达这两种具有不同折射率的材料的边界时，通常一部分光会被反射，而其余的光则以某个角度折射，或称作透射，如图 13–2 所示。反射光和折射光的量可以通过菲涅耳方程来控制，同时还取决于入射角度、入射光的偏振以及与其相邻的材料的差异。

我们来看看经典佩珀尔幻象的场景布置：一个舞台、观众视线以外的另一个房间，以及在观众与两个房间之间以某个角度摆放的玻璃墙。从明亮舞台发射出来的光在进入和离开玻璃平面时发生了折射。观众可以看到舞台，却看不到玻璃，就像他们正在观看任何旧舞台剧一样。当打开隔壁房间的灯时，光从“幽灵”向玻璃传播。其中一部分光被玻璃反射，并进入观众视线。此时观众看到的其实是同时来自舞台和隐秘房间的光线。这样就会投射出半透明的隐藏影像或“幽灵”效果。

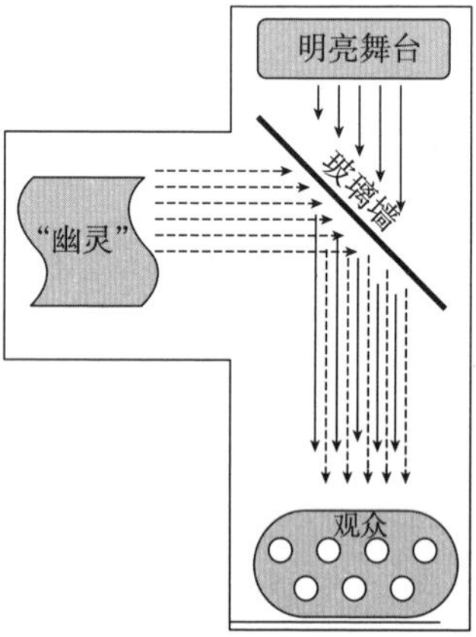

图 13–2　佩珀尔幻象的光学原理

资料来源：https://www.sohu.com/a/131861648_607269

在杰克逊的案例中，舞台前方以适当角度悬挂了一张透明胶片。使用舞台外的投影仪将这位音乐家过去的现场表演片段显示在胶片上。通过动画制作，这个视频片段已巧妙地处理成如同杰克逊正在与舞台上的其他表演者互动一样，动态影像的高质量使观众误以为看到的投影就是真实的场景。

三、如何欺骗你的大脑：透明显示

舞台上使用的一般是 45° 佩珀尔幻象，像杰克逊演唱会这种，只能从一个方向观看，可视角度比较小。为了实现更大角度的观看体验，人们用四个由透明材料制成的三角形形成四面锥体，每一面都是一个 45° 佩珀尔幻象，观众的视线能从任何一面穿透它。通过表面反射原理，观众能从锥形空间里看到自由飘浮的影像和图形。四面视频成像将光信号反射到这个锥体中的特殊棱镜上，以四个不同角度的画面分别投射到四面锥体的每个面上，汇集到一起后形成具有真实维度空间的立体影像。金字塔型佩珀尔幻象的最大弱点是只能解决左右的视角问题，上下的视角问题并不能解决，而且展示的图像幅面很小，展示不了高精度图像。

可以说，目前面世的几乎所有的裸眼 3D 方式都是伪 3D 图像，是用 2D 的显示画面展示出 3D 的显示效果，它们大部分的原理实际上就是透明显示，即人的目光可以穿过图像看到后面的东西，这样就给人一种图像飘浮在空中的感觉，立体感就是这样营造出来的。

透明显示除了佩珀尔幻象之外，还有很多方式。Gatebox 直接用激光投影投射到透明屏幕上也是一种方式，另外还可以使用完全透明的 OLED 液晶屏。在大型展示中，还有使用水幕、汽幕做投影介质的，也能达到同样的效果。

除了透明显示，目前面世的裸眼 3D 显示器还使用柱状棱镜、指向光源等方法显示立体图像，基本是在现有液晶屏上用光学膜实现左右眼不同像，不过大部分这类显示器立体效果一般，景深很浅，达不到透明显示的效果，更达不到 VR 眼镜和头盔带来的效果。

四、新一代裸眼 3D 技术

虽然现在已经商业化的裸眼 3D 显示器效果还无法和其他全息技术相比，但是近年来多层显示技术的飞速发展给了我们更多的期望值。

最早是日本 NTT 公司根据错视技术开发的 DFD 景深融合 3D 技术，使用两片液晶显示器与半反射镜，可直接观赏立体影像。2009 年，美国 PureDepth 公司对此做了改进，推出 MLD（多层显示）技术。这些早期的裸眼 3D 显示器并没有显示出更多的实用性，但是其根据不同方向显示不同角度图像的原理给了业界很多启示。

这几年，随着显示技术的更新，显示器方面也取得了革命性发展。如前面章节介绍过的光场显示器。

三星电子则发布了超薄全息显示器，用低于10厘米的厚度，实现目前最大视角的动态全息图，同样也采用了多层显示的原理。

目前，光场显示器技术还仅仅处于样机阶段，成本非常高，同时还存在景深不够、视角较小的缺点。随着技术和工艺的逐渐成熟，以及和其他全息技术的融合，相信我们可以看到更加自然和逼真的裸眼3D显示技术。

第二节　元宇宙生活产品的实战尝试

在Gatebox的启发下，一个新的低成本裸眼3D产品开始逐渐浮现。结合已有的数字人技术、AI技术、游戏引擎，以及前几年积累的智能音箱产品化的经验，我们的新产品将变得更加具象。

一、缘起于 Gatebox

看到Gatebox的时候，我正在规划一个人机交互的产品，当时就被Gatebox这种生动的模式吸引住了，这个产品的主要使用场景是家庭。最早我考察智能音箱产品时，感觉语音互动的应用有些鸡肋，但是现在加上有沉浸感的人设，语音互动就从和机器的对话变成和“人”的对话，场景就立刻生动起来，从这个角度出发，我们开始了对Gatebox的剖析。

二、成本，成本！

Gatebox 最初的版本预售价为 30 万日元，将近 2 万人民币，后来量产价格也要 15 万日元，这个价格超出了人们对一般电器消费品的预期，仅发烧友和粉丝才会买，这也是 Gatebox 一直没有流行起来的重要原因。据了解，首批 Gatebox 在日本的预售数量只有 300 台。如果让一般消费者能够接受，必须大幅度降低售价，要降低一个数量级才有希望推广。

分析 Gatebox 的成本构成，我们发现激光微距投影仪是成本的主要部分，这个技术源于 TI（Texas Instruments，美国德州仪器）的 DLP（数字光处理）技术。以 TI 的风格，这种独家技术的成本很难降低。

通过和国内顶尖工科高校的合作，我们用透反结合的技术做出了超低成本的圆筒全息立体显示，使用液晶显示替代激光投影，成本达到了预期，而且尺寸更加灵活。成本的大幅降低意味着这类全息产品具有作为大众消费品来普及的前景。

三、数字人与 AI：自动建模和换脸

虚拟数字人通过 CG 技术创造出与人类形象接近的数字化形象，并赋予其特定的人物身份设定。

虚拟数字人被认为是链接元宇宙的一个重要媒介，在元宇宙的风口下，由于具备可捏脸、定制等原因，在很长的一段时间里，虚拟数字人都备受年轻人尤其是元宇宙爱好者的青睐。

五年前，在 Gatebox 创立的时代，二次元形象比较流行，全息数字人都是二维图像，这是由当时的软硬件水平决定的。随着硬件技术的大幅进步以及 3D 渲染技术的普及，3D 成为全息数字人的标配。

数字人技术从影视动画开始，从最早的手工绘制到现在的 CG、AI

合成，走过了从大屏幕到小屏幕的过程，从需要大量图形工作站计算，到现在 PC 和手机也能进行实时渲染，在零售交易、生活缴费、政务服务等场景已经开始普遍使用。

元宇宙的走红，让数字人从专业领域迅速走进我们的视野，除了前面章节里提到的虚拟邓丽君、洛天依和柳夜熙之外，还有天猫超级品牌日的数字主理人 AYAYI、万科总部最佳新人奖获得者——虚拟数字员工崔筱盼、湖南卫视新综艺《你好，星期六》的数字主持人小漾，还包括科技公司打造的数字 IP 如集原美、翎 _Ling、A-Soul，甚至是清华虚拟大学生华智冰、百信银行首位虚拟数字员工 AIYA（艾雅）等，一时间企业们纷纷选择“造人”，虚拟数字人市场也呈现升温的趋势。

与最初相比，AI 技术赋予数字人更强的功能和易用性。随着 NLP（自然语言处理）、XNR（深度神经网络渲染技术）等 AI 技术的进一步应用，数字人将获得更好地与人沟通的能力，同时，自动建模和换脸技术可以根据视频实时生成三维人物的图片，比如我们可以凭借明星的一张相片，就可以生成明星的 3D 模型，并且可以给他更换服装、表情，发型，进行动作编排。所有这一切，都可以通过一部手机来完成。这就为我们的全息 3D 数字人消费品化建立了基础。

四、游戏技术与引擎的应用

数字人所用到的技术，大多是游戏行业已经在使用的成熟技术，比如三维建模和动画软件 Maya、3D 创作引擎 UE（虚幻引擎）、Unity 3D。国内网易、完美时空等游戏企业也研发了在原有引擎上二次开发的开发工具，使用这些工具结合自有技术开发可以进行人物换装、TTS（Text to speech，文本转语音）的面部表情匹配、捏脸、动作定义、动作串烧、智能对话互动、换脸等操作，大大丰富了数字人的人物形象。游戏产业使用的技术和 3D 全息技术组合，让数字人真正活灵活现起来。

五、鲜活起来的智能音箱

近几年，智能音箱是中国智能家居从业者最看好的用户入口。作为智能家居的中心设备之一，智能音箱在交互方式的丰富性、设备连接的广泛性，以及应用和升级的灵活性方面都具有明显优势。2020 年，中国智能音箱市场销量达到 3 770 万台，2021 年预计超过 4 000 万台，大量用户已经普遍接受了这个产品。

智能音箱最大的卖点就是语音交互，和机器对话总有一种干巴巴的感觉，但是加上全息数字人以后，对话就生动起来。数字人可以是家人的形象、偶像的形象，也可以是你最喜爱的卡通形象。数字人可以 AI 对话，也可以载歌载舞，成为家庭的一员。

第三节　迷你元宇宙：现实世界与元宇宙的界面

一旦我们把裸眼 3D 技术小型化，例如手持全息魔盒（后文称为魔盒）比牙签盒略大一些，可以放在掌心里，将其与嵌入式芯片相结合，我们可以赋予小型化随身设备与众不同的新体验，就像手机之于有线电话一样。随着元宇宙兴起带来更多的技术进步，我们可以对这个“迷你元宇宙”有更多的期待。

通过随身携带魔盒，你可以和元宇宙进行交互，感知元宇宙里和你有关的人和事，并且随时随地交互。

一、虚拟人与现实世界交互

布局元宇宙的方向，针对的正是元宇宙里的“人”，而不是其他基础设施。因为无论是 Meta、微软，还是腾讯等，最后总离不开在里面生活的“人”，每个人在元宇宙里都会有自己的数字化身，我们要做的就是把这个数字化身用全息的方式展示到现实社会中，这样就提供了元宇宙与现实世界的接口。

我们希望掌心里的元宇宙和任何一家所搭建的元宇宙基础设施都可以对接，元宇宙中任何一个虚拟人，都可以通过这个魔盒和现实世界的人交互、对话。这个虚拟人的背后可以是真实的人，也可以是游戏中的 AI 角色。

二、掌心里的元宇宙

与以往的其他全息设备不同，全息魔盒可能是全世界唯一可以握在手里的全息 3D 显示装置。这个装置更适于人或者其他单一物体的显示，可以选择数字人作为全息魔盒的主人公。这种可握在掌心、自带电池和移动通讯模块的全息设备，就像手机一样，可以真正和使用者个人绑定，作为私人和虚拟世界交互的窗口，如图 13–3 所示。

图 13–3　掌心里的元宇宙

和 Gatebox 不同，手持的全息魔盒带有强烈的个人属性，就像手机一样，具有随时随地接受 3D 数字信息的能力，因此具有移动社交的能力，可以跨越空间实现交互，成为现实世界和元宇宙中虚拟形象的交互窗口。

三、算力的进步

元宇宙产品的算力瓶颈，不仅在于云端的算力，更在于终端的算力，特别是数字人的渲染算力，需要考虑极其有限的空间、能耗和成本，同时还要兼顾 AI 和交互计算的需要。

目前在嵌入式芯片中，综合性能最好的是高通系列，但是价格昂贵。目前在市面上，有一定的移动通信能力，且算力、功耗、价格等都合适的是 MTK（联发科）系列芯片。其实很多智能手表也用的是 MTK 芯片。随着手机芯片升级战的白热化，几年前推出的算力尚可的芯片，价格都大幅度下降，为元宇宙产品提供了更多的可选项。

未来，随着元宇宙产业的发展，对渲染质量的要求会逐渐提高，从而终端算力也需要在保证功耗、成本的情况下，进一步提高，最低程度也应赶上主流手机游戏的渲染质量。

四、对未来新体验的展望

新的光场显示技术进一步成熟、成本进一步降低、和传统的裸眼 3D 技术组合等因素使得人们可以做出全息效果更好的裸眼 3D 显示装置。未来的技术，也许不依赖眼镜和头盔，就可以随时随地营造出完全逼真的 3D 图像。

在这个基础上，未来几年，会有更高算力、更低功耗的芯片投入使用，元宇宙具有更好的 AI 算力支持，人们在现实世界与元宇宙中的交流将更加方便，可以随时随地穿梭于现实世界和元宇宙中。

第十四章

产业中的元宇宙应用*

第一节　元宇宙在实体产业中的应用

发展元宇宙，并不是脱实向虚，而是实现数字经济与实体经济融合，利用元宇宙多技术融合赋能实体产业，实现资源的更高效配置，带领人们走向绿色环保和可持续发展的未来。

一、科研探索：运用众包模式玩转科学实验

在科学实验领域，实验耗费了大量的耗材和实验人员的时间，有些实验室环境中含有各种有毒气体，严重影响工作者的身体健康。但是随着科技的发展，数字孪生技术逐渐被运用到实验室领域，使得实验更加安全、高效，也降低了人们参与实验的门槛。

除此之外，还出现了众包模式来完成科学实验。华盛顿大学开发了一款叫 *Foldit* 的蛋白质折叠电子游戏，使普通人都有可能成为解决蛋白质结构预测和设计的科学家。蛋白质的空间结构非常复杂，其折叠结构会直接影响蛋白质的功能，而其组合方式又非常多样，要高效

---

* 本章主要撰写者为周兵，太一集团副总裁，元宇宙产业委常务委员。

地找出有用的蛋白质结构，依靠当前的计算机算力暴力穷举，是不现实也不科学的。人脑擅长处理三维空间，于是研究人员开始尝试将蛋白质结构转化为一个个谜题，鼓励游戏玩家参与进来比赛，通过折叠、拖拽等基本操作追逐最高分，即寻求谜题最优解——最优化的蛋白质结构的破译。

目前，该游戏已经吸引了 80 多万游戏玩家，游戏玩家出色的表现令专业的研究人员惊讶不已。比如，科学家们研究了 15 年之久仍悬而未决的某种艾滋病蛋白酶，在游戏中十天内就被玩家们攻克了。在对抗新冠病毒方面，玩家们也在以玩游戏的方法协助科学家。如果玩家能设计一种能与冠状病毒刺突蛋白结合的新蛋白，就会阻止新冠病毒与人类受体相互作用，这对于新冠病毒特效药的研发就具有里程碑式的意义。

近几年，AI 技术发展迅猛，但在模式识别和空间思维方面，对比人类大脑仍存在很大差距。相信随着技术的发展，更多的科研难题将通过数字孪生镜像到元宇宙，在全球范围内链接更多优秀的人才，通过大规模协作，一起攻克人类未解之谜。

二、职业技能培训：借力 VR/AR，更有代入感

我国职业技能人才严重缺乏，从高校招聘的学生实操能力较低，即使是职业学校毕业的学生进入企业后仍然需要培训一段时间才具备实操能力。一方面，学校师资力量有限，学生所学知识跟不上企业的升级转型；另一方面，学校硬件设施落后、设备老旧或资源匮乏，导致学生在学校所接触到的设备和所学技能与社会实际工作岗位严重脱节。

由于新冠肺炎疫情的肆虐，医护人员短缺的情况更加严重，据世界卫生组织统计，全球护理人员短缺数量达 590 万，培养医护人员的实验耗材和实习成本要远高于其他职业培训。由于医生的极度短缺，

英国一些大学或医院通过 VR 头显为学生呈现 20 种不同的健康问题，包括呼吸问题、糖尿病、败血症、严重过敏和慢性阻塞性肺病。学员可以与虚拟病人互动，诊断任何疾病，并提供最佳治疗。练习完成后，一个分析引擎将提供反馈和评分，方便学生与现实世界的导师进行讨论。

VR/AR 被越来越多地应用到医护领域，可以提供患者病灶的 360° 视图，有利于医护人员更直观地去学习和训练。医学模拟训练系统 Simbionix 使医生可以在 VR 平台上完成手术模拟等操作，系统可以实时反馈纠错，并自动形成全流程的训练评价报告。沉浸式 VR 培训平台使学员不仅能够获得技能的训练，也能够在安全的学习环境中接触到接近真实世界的医患场景，快速增加临床经验。

除此之外，VR/AR 在病人护理方面也将做出贡献，医生戴上 VR 眼镜，就仿佛“站”在病房里，真实地感受着病房里发生的一切，比如病人输液多少、病人是否有需要、病人安全与否。VR 就像一部立体电影一样，使医生可以观察患者的动态。国内已经有医院借此提高了工作效率。

三、工业场景：打造一个平行的宝马虚拟工厂

在众多炒作元宇宙概念的公司中，Meta 公司和图形显卡芯片巨头英伟达，是少数实践较深的公司。如果 Meta 是针对 C 端用户的平台，那么英伟达的 Omniverse 面向的就是 B 端企业客户的元宇宙平台。

Omniverse 是实时 3D 设计协作和虚拟世界模拟的全开放式平台，超过 400 多家明星企业如宝马、洛克希德 · 马丁等都在使用它提供的服务。元宇宙为生产制造业带来了新的作业思路，企业可以像软件研发中测试驱动开发一样，在真正生产以前，通过电脑完成全方位的测试，节省大量成本和时间。

如图 14–1 所示，宝马借助 Omniverse 搭建了一个数字仿生工厂，

深度模拟整个宝马工厂，对每条流水线设备甚至工人的每个动作都进行了模拟。现实工厂中的任何重要变动都在数字仿生工厂中同步更新，现实工厂里的每一件物料也都在数字仿生工厂中进行编码，并实时追踪其状态。通过对整个生产过程全面掌控，工厂能够及时定位和解决问题。

图 14–1　宝马数字仿生工厂

资料来源：YouTube

宝马在全球的设计师及工程技术人员，在仿生工厂中共同协作，完成从产品的规划、设计、测试和生产全流程，并通过 VR 设备针对同一细节实现多人协作。仿生工厂模拟整个生产流程，其模拟程度甚至精细到虚拟人拿工具箱时箱子所处的高度。只要带上 VR 设备，就能从虚拟人的视角，感受和控制数字工厂，持续发现和改进问题，然后再复刻到实体工厂中，同步生产和制造。

英伟达不仅仅是 GPU 领域的霸主，其高度逼真的物理模拟引擎和高性能渲染能力也将在元宇宙领域大放异彩，未来会有更多的企业受益于 Omniverse 的发展演进。

四、虚拟协作：天涯若比邻

疫情导致人们不能面对面交流，人们担心分布式办公可能会降低工作效率，因为有很多需要白板配合的可视化书写难以同步。在疫情初期，我和团队不得不在家办公，原以为分布式办公的效率会降低，结果非但没有影响进度，反而在非工作时间处理紧急情况的效率加快了，因为每天节省了 2 个小时的上下班通勤时间，进而有更多的时间和精力放在工作上。

微软最近宣布，要将其元宇宙 Mesh 平台整合到 Teams，如图 14–2 所示，未来上线的 Mesh for Teams 系统，将彻底解决团队远程画图的沟通障碍。Teams 是微软的团队协作和生产力工具，通过 Mesh 的 MR 技术的加持，Teams 的用户可以在不同地点，通过 MR 设备实现协作、处理共享文档、在虚拟共享白板上画图等全息体验。

图 14–2　Mesh for Teams 虚拟会议

资料来源：YouTube

Mesh 的最大亮点是全息传输技术，可实现将远程的人和物以全息影像的方式几乎实时地呈现在用户面前。这意味着，世界各地的小伙伴都可以看到全息的你，你也可以看到全息的伙伴。即使大家身处不同的国度和地理位置，但感觉就像处在同一个地方一样。可以在虚拟会议中使用真实的人物形象，如果不方便开摄像头，你还可以使用虚拟人捏脸功能，创建一个 3D 形象，做全息传输。更神奇的是，Mesh 可以根据每个人的音调，来调整全息所展示的面目表情，比如喜悦、赞美和惊讶等不同表情。

以办公软件和操作系统起家的微软，在生产力工具方面也表现优异，Mesh for Team 系统使人们可以随时随地地进行全息会议，与全球伙伴展开无障碍的沟通。虚拟协作将彻底改变我们的工作方式，未来将不再需要那么多写字楼了，或许可以给植物腾出更多空间。

五、数字艺术馆

还有一个案例是和田玉数字艺术馆，如图 14–3 所示。这一想法源于丹曾文化公司，该公司以人文学科为知识基础，是以“人文·智识·进化”为愿景的社会型企业。自成立以来就围绕着元宇宙概念已形成由人文教育、经济学、和田玉数字艺术馆、中国诗人名人馆（数字馆）、数字墓地及元宇宙珠峰指南等组成的独具特色的版块体系。

图 14–3　丹曾和田玉数字艺术馆

资料来源：丹曾和田玉数字艺术馆

和田玉数字艺术馆是丹曾文化为普及中国玉文化知识和创造以和田玉为代表的珠宝玉石信任交易平台的一次元宇宙尝试。在现实生活中，和田玉之类的珠宝玉石展示及交易存在着信任度缺乏、假冒伪劣的社会现象。为此，和田玉数字艺术馆与国家玉石珠宝检测中心合作解决对原料子料和雕刻作品的真实性的认定问题，又与中国珠宝协会合作以期解决艺术收藏资源和雕刻大师资源的问题。同时和田玉数字艺术馆首先采用区块链技术，为每一块和田玉和珠宝玉石建立数字身份，将其相关信息上传丹曾玉石链，并打上不可更改的纳维码①，确保其交易记录永远存在、永远可信可靠、不可更改，从而促进和田玉交易的阳光化。如图 14–4 所示。

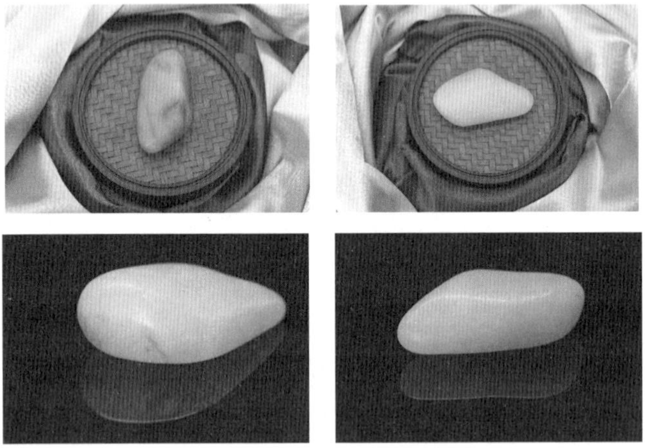

图 14–4　玉石展示页面

资料来源：丹曾和田玉数字艺术馆

据悉，目前和田玉数字艺术馆已完成了数字人周穆王和王母娘娘的建模与制作，如图 14–5 所示，并正在通过全新数字化手段打造和田玉数字艺术馆元宇宙，通过全新方式进行展示和运营，并且能实现元宇宙里的交易。

① 纳维码技术是融合了纳米材料技术、光子技术与信息技术的新一代数字标识技术。通过将数据承载在纳米微晶材料，在物体表面形成融合性标记，再通过特殊光学手段进行数据的快速识别。

图 14-5　数字人周穆王和王母娘娘形象

资料来源：丹曾和田玉数字艺术馆

和田玉数字艺术馆已与国内一百多位玉雕大师达成合作意向，邀请他们入驻丹曾和田玉元宇宙。在元宇宙里，每位玉雕大师都将拥有具有自身特色的玉雕工作室，让自己的数字分身在和田玉元宇宙里讲课、创作；学员也可以进入大师工作室，在高度沉浸感和真实感的环境中学习大师的独特雕刻手法，雕出来的数字作品还可以铸造为 NFT。

和田玉数字艺术馆通过采用本书所述的十大技术中的区块链技术、数字孪生与数字原生的技术、交互与展示技术、内容创作技术等搭建丹曾和田玉元宇宙平台，在虚拟世界中原生出更丰富的教学内容、展示和交易场景，为和田玉的文化传承，以及和田玉的有序发展提供了引领性的创新探索。

六、元宇宙产业平台

Myverse 元宇宙产业平台是基于区块链技术与虚拟现实技术打造的元宇宙产业平台，主要聚焦元宇宙产业落地，赋能实体经济新业态。该平台的目标是帮助更多的企业实现数字化，让更多的企业构建虚拟现实深度融合、互相赋能的数字化产业新生态。比如，该平台可以帮助用户升级体验，有效提高用户留存率及转化率；帮助企业建立联系，全新的虚拟体验将用户与企业之间更深度地联系起来，让用户更全面地了解自己喜爱的企业。

图 14-6　元宇宙产业平台特质

Myverse 是开放式平台。在这里，用户可以建设自己的虚拟世界，参与数字活动，创作并管理数字资产，开展全新的数字社交体验，集社交、娱乐、创作、旅游于一体，将虚拟世界的边界逐步延伸到各种现实场景，实现线上线下一体化，让用户感受到全新的数字化消费娱乐体验。

平台的虚拟土地拥有者可以在自己的土地上创建属于自己的虚拟世界。用户可以在平台里自定义自己的虚拟人形象，和线上用户自由地交流互动，创建群聊和兴趣社区；凭借自己的元宇宙数字身份，用户可以通过虚拟体验购买产品，也可以在线参加各种活动，比如观看演唱会、参观艺术画廊、展览等娱乐活动，甚至可以打造属于自己的数字产品。

图 14–7　Myverse 空间场景

资料来源：Myverse 平台

平台还提供多种场景会议空间，用户可以突破时间和空间的限制，参加多场景的商业会议和线上课堂，享受更加身临其境的远程协作和学习的体验。

平台可以 1 比 1 的方式进行景区数字化映射，用户可以选择任意观看角度来沉浸式地欣赏景色。平台在增强用户旅游体验的同时，也赋予旅游产业数字化新功能。

第二节　元宇宙在游戏中的应用

未来，元宇宙的应用场景有很大一部分在 C 端，而 NFT 就像催化剂，与游戏及虚拟地产相结合而产生了化学反应，“边玩边赚”模式加速了元宇宙应用在 C 端的发展。

一、区块链游戏：“边玩边赚”的激励模式

2021 年，人们还在试图理解元宇宙的时候，一款基于区块链的游

戏，*Axie Infinity*（《阿蟹》）[①]火爆全网。在疫情肆虐下的东南亚，失业率极高，很多人在生存边缘徘徊，《阿蟹》游戏的出现改变了这些人的处境。因为通过玩《阿蟹》游戏，用户可以获得 5 000 元人民币甚至更高的月收入，而东南亚很多国家的人均月收入仅为 2 000 元人民币。为了改善生活，很多人辞掉了工作，开始全职玩游戏。

用户在游戏里的虚拟资产是一种被称为 Axie 的小怪兽，Axie 也是一种 NFT，可以参与游戏中的对战和交配繁殖，也可以出售变现。用户可以用在对战中赢得的 NFT，来繁殖新的 Axie 或者出售变现。随着游戏玩家的与日俱增，Axie 在 NFT 交易市场 OpenSea 上，一度创下了 300 ETH（2022 年 3 月 26 日，每个 ETH 的市场价格约 19 750 元人民币）的成交金额。

对于游戏玩家而言，游戏即劳动，游戏也能创造财富，一款优秀的游戏，会吸引用户花时间、金钱来提升游戏中的身份等级并获取装备。卖游戏装备的模式，已经被商业验证成功，但是同样存在风险和不确定性，一旦游戏平台关闭，用户之前的心血将全部付之东流。

常见游戏平台的治理是中心化的，即由平台方制定游戏规则，也可以擅自修改奖励规则、无限制地发行奖励代币甚至封杀个人账户。游戏里的资产表面上看归用户所有，但本质上却不被用户所控制。一旦意外情况发生，用户将经历切肤之痛。正如区块链行业的名言，“Not your keys，Not your coins”，即“你不拥有资产的私钥，那就不是你的资产”。

短期内用户不一定能感受到区块链游戏和非区块链游戏的区别。有人也可能产生疑问，现在市面上有很多比《阿蟹》优秀的游戏，也具备玩赚经济属性，为什么没有被称为元宇宙游戏？

首先，《阿蟹》平台的治理方式是社区治理，即全体成员共同来做决策，而不是基于某个中心化的官方来独立决策。所以这种基于区块

---

① 中文社区喜欢称 Axie 为阿蟹，此处采用音译。

链，且具有共创、共治、共享的元宇宙游戏更容易被大家所理解和接受。其次，元宇宙具有社会经济属性，通过不断地生产、交换和消费财富，来推动元宇宙社会的持续发展。与此同时，区块链游戏不仅可以激励游戏玩家，也可以吸引游戏圈外的人群，比如加密货币投资人，来增加流量和共识度。

区块链游戏在提供休闲娱乐价值之外，也创造了一种社会价值，即创造了更多的就业岗位和生存空间。具备玩赚经济属性的区块链游戏，将最有可能是人们参与的第一批元宇宙，也是元宇宙早期阶段的最佳突破口，相信更多具备战略眼光的优质游戏厂商将转战区块链游戏元宇宙。

二、虚拟地产：可以赚钱的沙盒游戏

在元宇宙这个虚拟世界中，元宇宙内部最基础的底层设施就是虚拟地产。

Decentraland 是建立在以太坊区块链上的一个元宇宙城市，里面有大学、会展中心、赌城和商业街等。用户可以在自己购买的虚拟地产上建造 3D 建筑物，可以选择出售或出租这些建筑物，地理位置好的地产也可以通过户外广告来创造收益。Decentraland 虚拟地产自 2019 年首次拍卖以来，在 2 年内平均增值 160 倍。伴随 Roblox 上市引发的元宇宙热浪，Decentraland 虚拟地产的价格持续攀升，2021 年 11 月，Tokens.com 以 243 万美元购买了 116 号地块（时尚街区），用以开展数字时尚业务。

在元宇宙城市 Decentraland 里，商务活动同样盛行。全球奢侈品牌 Gucci（古驰）、Christian Dior（迪奥）和 Ralph Lauren（拉夫劳伦）已经开始在这里销售虚拟服装。伦敦苏富比画廊入驻后，举办了数字画作的展览，并出售了 NFT。一个中国团队在这里盖了一座 6 层楼高的领航猿猴 NFT 大厦，用来办公和举办相关的社交活动。有人还在

Decentraland 里开设赌场，并邀请其他用户来进行运营和管理。有趣的是，在这里购买的比萨，同样可以快递送到物理世界的用户手中。

加勒比岛国巴巴多斯在 Decentraland 里建造了第一个数字大使馆，成为世界上第一个承认“数字主权土地”的国家。该国发言人表示，这是关于外交平等的问题，虽然巴巴多斯的实际国土面积很小，但在元宇宙中的国土面积和大国一样。

与物理世界的地产不同的是，虚拟地产依托于它所在的元宇宙平台，其价值依附于所在元宇宙未来的发展水平。虚拟地产经营的最大风险也在于，一旦其依托的平台因某种原因没落甚至消亡，其虚拟地产的价值也就不复存在。目前来看，Decentraland 等头部虚拟地产项目的用户体验尚处在较初级阶段，但已攀升至不菲的价格，投资虚拟地产项目仍然需要理性的判断。

三、虚拟社交游戏：人性的刚需

爱尔兰著名作家奥斯卡·王尔德曾说过：“当人以自己真实的身份说话时，他便不是他自己。给他一个面具，他便会告诉你真相。”由此可见，虚拟匿名社交提供了表达真实自我和情感寄托的方式。

在国内虚拟社交元宇宙领域，大唐灵境是一个小有名气的项目。大唐灵境是由西安数字光年以唐长安城 108 坊为背景，基于区块链技术打造的沉浸式“虚拟社交 + 电商 + 游戏”平台。大唐时空之门是大唐灵境的入口，用户只需上传自己的照片，即可自动生成虚拟人物。当用户离线时，虚拟人可以代替用户收取留言和回复留言，也可以帮助用户看管虚拟店铺。大唐通关文牒，即用户的数字身份凭证，用于用户来往于现实世界和各个虚拟世界。大唐通关文牒可以绑定多个虚拟角色，并保存这些虚拟角色名下的服装、坐骑、建筑物等虚拟道具和虚拟资产 NFT，也可以用于线上线下商户积分的接收和支付。大唐虚拟户籍是在大唐灵境中担任官职的先决条件，拥有长安城地产的用户可获得虚拟户籍。大唐灵境中还有可提升功力的大唐演武场、大唐斗兽场，用户可在里面通过自身的绝技和稀有装备击败对手获得更高功力或奖金。

大唐灵境获得了曲江文投的 IP 授权，联合知名元宇宙古建筑团队，对唐长安城 108 坊做三维重建（如图 14–8 所示），通过虚幻引擎 Unreal Engine 和 VR 技术，还原大唐盛世景观，给用户带来震撼体验。国际知名元宇宙建筑服务商 MetaEstate 也将与大唐灵境平台合作，搭建企业总部、豪华别墅、展厅画廊、餐饮娱乐、购物休闲和主题公园等建筑。

图 14–8　大唐灵境 3D 古建筑

NFT 或数字藏品相关的，国内还有欧恩壹的幻藏艺术平台。该平台与多家博物馆、文创机构、国内外知名 IP 及名人艺术家达成合作，通过市场和合作伙伴网络，将艺术家与艺术爱好者、收藏家连接起来。幻藏依托区块链溯源，藏品确权并在铸造链上留痕，做到来源可溯、记录可查、版权可信，致力于长效输出优质藏品。

第十五章

元宇宙新社交应用与创作者经济*

元宇宙背景下的新社交平台 Honnverse（虹宇宙，社交元宇宙的雏形），通过赋能创作者和开发者、促进数字资产流通，探索核心能力的构造和未来方向。

第一节　发掘元宇宙背景下的新社交

我们先来回顾一下 Honnverse 的发展历史，从中思考和总结社交如何走向新时代。

一、火星微：元宇宙社交的前传

任何一场深度影响人类社会的科技革命，都与人类生活永恒的主题相契合，比如衣食住行、社交、教育、医疗，等等。新的技术出现以后，可以给这些主题赋予新的含义。

---

* 本章主要撰写者为周倩，元宇宙产业委常务委员单位天下秀数字科技集团资深编辑。

Honnverse 起源于创立于 2011 年的火星微社区，是天下秀新媒体商业集团开发并上线的一款虚拟社交产品，如图 15–1 所示。用户可以在火星微社区建立一个虚拟形象（也即现在所说的化身），并通过社区、演出、旅行以及游戏等方式进行社交活动。

图 15–1　火星微社区界面

资料来源：天下秀新媒体商业集团

同年，Facebook 在全球范围内已经拥有超过 10 亿活跃用户，越来越多的人痴迷 WhatsApp、Snapchat 等工具，国内微博、微信逐渐成为移动互联时代的国民应用。社交网络已经到了技术和商业突变的转折点：

（1）用户信息的真实性（实名制）得到保障，社交网络有了更高的可信度，连接的猛增使得商业价值不断得到释放。用户的真实世界和虚拟世界开始融合，衣、食、住、行甚至心理需求，都逐渐可以在线上找到解决方案。

（2）KOL（关键意见领袖，现在也包括红人）不断涌现，大量影视明星、学者精英开始在社交网络上有了自己的影响力的窗口，带火了不少 IP（知识产权，后来泛化为个人形象或内容品牌）和粉丝社群。

（3）盈利模式不断成熟，有了非常好的商业可持续性。尤其是KOL渐渐成为新的流量中心，贡献了互联网60%以上的流量（用户时间）。KOL创作内容，内容凝聚粉丝，粉丝贡献流量（关注），流量导向商业（红人营销+直播电商）——完整的经济闭环已经形成。

在社交商业涌现多款杀手级应用（WhatsApp、Snapchat、微博、微信）的背景下，火星微有哪些亮点？

火星微最重要的创新是构造了立体的交互方式和相对自由的创作空间，是现今“社交元宇宙”的雏形，吸引了很多明星入驻，成为种子用户。

火星微的平台方只提供土地，任由用户自行决定如何建设和组织这个虚拟空间。用户在火星微社区里被称作居民，居民可以驾驭自己的虚拟化身在游戏里社交、参加活动、制造虚拟产品。这个游戏在当时的影响力非常大，用户可以和明星一起拍照、握手，可以去移民局回答游戏上的各种问题，可以去火星资源局找工作。强大的全国各地虚拟地图，给用户带来特殊的空间现实感和体验感，吸引了不少人到社区里定居，甚至还有媒体机构在里面发行报纸，有品牌公司在里面设立虚拟总部。

然而，因为企业发展的资金不够充沛，技术也相对落后，它使用的是较为原始的Flash网页，后来企业选择了先“冰冻”这个产品。至今仍有用户留言怀念：“火星微是时代的眼泪”。

二、平台经济进入新形态

2021年是“元宇宙”与产业、商业发生化学反应的奠基之年。

现有产业和新技术结合形成新产业。无疑，社交网络一直是互联网创新迭代中的最大流量池，自然会最先成为“元宇宙”的应用场景。

火星微是社交2.0时代的产物，直到5G和区块链技术实现突破以后，Honnverse 作为火星微在新技术背景下的重生，已经开始接收用户流量的转移。这个过程中涉及几个问题：

1. 为什么说“元宇宙”属于社交 4.0 时代

从 2G 技术下的社交 1.0 的文字时代、3G 技术推动的社交 2.0 的图文时代，到 4G、大数据和云计算推动下的社交 3.0 的短视频时代，互联网用户拥有了以粉丝数量为衡量标准的社交资产，内容创作者的商业模式也由广告营销主导发展到兼容直播分销（如直播电商）。

互联网正在迈入社交 4.0 时代，即沉浸式虚拟社交时代。Honnverse 作为“元宇宙 + 社交”的主要流量入口，被看作未来社交的新模式。“数字拟真空间”是 Honnverse 对传统社交的一种颠覆，在连接范围更广、沟通方式更拟真（模拟真实，接近真实）的优势加持下，以往文字或视频的沟通方式，正被拟真化的数字形态取代。就像扎克伯格所演示的那样，全息影像的交流打破了屏幕的阻隔。

2.“元宇宙 + 社交”的创新梯度在哪里

不同于 iPhone 5 逐渐进化到 iPhone 14 的微小进化过程，元宇宙是一种跨代创新，从火星微到 Honnverse 有着清晰的进化路径。未来，Honnverse 的跨代进化主要结合元宇宙的技术依次进行创新突破：

（1）感官系统的拟真化：数字世界与现实世界的交互融合。Honnverse 要让人沉浸在线上世界，就要通过视觉去吸收大量的信息，跟这个虚拟世界有非常直观的交互。例如，未来你的化身能瞬间移动到你想去的任何地方，比如江南小镇、海景别墅，甚至你父母的客厅、你孩子的后花园……

如果你是内容创作者或者品牌商家，Honnverse 通过重新定义用户的社交方式及创作者的社交资产，使你可以成为 KOL，成为粉丝或好友数字化消费的推荐人。每个人都可以在空间内实现实时试穿、趣味交互等各种活动，让创作和购物变得更酷。

（2）商业关系的分布式化：平台经济进入新形态。网约车平台Uber、网上拍卖公司eBay（易贝），以及各种电商App，这些平台的本质是什么？它们实际上是提供两种价值的平台：一是自动生成卖家和买家的匹配；二是提供一个大家信得过又必须尊重的支付系统。

当然，平台还要做很多事情，比如要提供足够多、足够好的IT服务，要处理违约行为以便维护平台的信用，以及要进行市场推广以便让大家来使用。这些都需要成本，而成本最终是由消费者买单。

那么，平台经济中的某些环节能否交给区块链来完成？答案是可以的。

小公司都有深刻的体会，就是它们在内容、数据量上难以和大型平台公司竞争，原因之一是不少用户不放心把内容、数据交给它们。如果在使用区块链技术的Honnverse场景中，大家可以将数据放在由区块链构成的网络中，所有公司，无论大小，都是按照协议、规则使用数据，这样可能会让用户更放心。

（3）社会运行机制的数字化：构建超现实社会。时至今日，诸如人工智能、边缘计算、AR/VR、脑机接口等前沿技术都在寻找可以落地的产品和场景，资本和科技供给端一直在推产品。可是，使用场景并非科技本身就能解决的，要激发需求，例如构建超现实社会，让人们觉得在元宇宙里能够生活、社交、赚钱，甚至生活得比在现实社会中还好。

Honnverse要构建一套数字化的社会运行机制，这实际上已经超出了一家商业机构的经验和能力，必须纳入政府规范和社会协作，这方面的探索必须是合规的、开放的。

从火星微到Honnverse的发展历程可以参考表15-1。

表 15–1

体验沉浸化 （火星微）	用户即居民，可以操纵化身，进行立体自由的社交、旅行、虚拟产品开发甚至定居。
感官拟真化 （Honnverse）	重新定义用户的社交方式及创作者的社交资产，每个人都可以成为 KOL，成为数字化消费的领路人。
商业分布式化 （Honnverse）	人们将数据放在由区块链构成的网络中，平台经济有望进入新形态。
治理数字化 （Honnverse）	融入社会治理生态，构建数字化的超现实社会。

第二节　透视高沉浸生态中的创作者经济

元宇宙中的身份系统、社交关系、沉浸感都已经存在了，但 Honnverse 还需要关注数字文明、经济系统和创作者赋能。Honnverse 背景下的创作者经济类似 Roblox 这一创作者平台，特点之一是消费者愿意为内容付费。

一、给数字藏品确定价值

资源是“稀缺”的，如何高效配置资源非常考验智慧，这就是经济学要考虑的问题。没有了稀缺性，如何确定一个东西的价值呢?

现实世界中，你怎么证明你有一套房子、一条项链或者一件藏品？当然是提供所有权证明，比如房子的房产证。

那么，诸如一个玩具、一本书、一件衣服等这些在法律上不需要以登记权益凭证来证明所有权的东西，你就需要放好它们，不要丢失或者被盗。

但是在 Honnverse 里，区块链带来了数字 ID 所承载的独一无二的身份，你拥有的一切都将被赋予数字灵魂，永远不会丢失或被盗。这当中的关键点就是 NFT。NFT 是 Honnverse 中的“生命体”，正好可以用来标注一些独特的数字资产（比如一件艺术品、一首歌、一个游戏装备等），NFT 不能被复制、更换、分割，创作者给自己的作品创建一个 NFT，即证明你拥有这个作品的著作权和所有权，未来每一次的转手都有不可抹除的痕迹，而且创作者都可以从中得到收入。

2022 年 1 月，TopHolder 作为国画大师齐白石数字藏品的授权平台，携齐白石原作《群虾图》数字藏品，在上海嘉禾首届冬季拍卖会竞拍，最终以 30 万元落槌价成交，这是传统水墨作品迈向数字艺术的一个里程碑式突破。

2022 年 3 月，天下秀旗下“TopHolder 头号藏家”入驻微博。在 TopHolder 平台，艺术与设计、文创 IP 及 IP 衍生品、商业原创概念等领域的创作人，都可以申请成为创作者，将自己的作品生成为数字藏品发布并进行交易。TopHolder 与微博打通后，这些创作者便多了一种微博社交资产变现的方式。与此同时，对于创作者和用户来说，微博、TopHolder、Honnverse 三个平台实现打通，意味着打通了真实社交和虚拟空间，跨平台进行数字藏品的创作、展示和交流。

这是一次突破性的探索，有助于线上社交立体化和场景化、关系资产化，可以吸引早期尝鲜者和未来消费的主力群体，同时也将增加现有用户的黏性。通过创作者驱动，帮助有创意的用户成长为细分领域的作家、艺术家或 KOL，形成一个包含“PGC+UGC”的多层次、多元化的内容生态。

二、与现实世界发生“共创”

无论你在哪个国家，相信你已经对现实世界的发展困境有所感受：经济增长放慢，互联网流量见顶，消费的新空间打不开。

而 Honnverse 致力于打造超越现实的数字社会，在不远的将来，你只需要进入一个虚拟世界，就能充分体验自由自在的创造、自然而然的交流、随时随地的交易、亦真亦幻的体验，人人都可编辑和建设这个新的世界，参与维护这个世界运行的数字人，也能获得这个世界的一部分所有权和收益。

更重要的是，元宇宙是对现实世界的映射，同时与现实世界产生“共创关系”。现在很多媒体部门、消费品牌甚至文学艺术机构，在现实世界中创造一个产品或作品的同时，也会透过数字孪生方式在 Honnverse 中“共创”一个对应的数字藏品。

比如，2022 年伊始，拉菲红酒就在 Honnverse 中发行了限量版的数字藏品，对应现实世界中的限量供给。有百年积累的品牌形象背书，拉菲红酒对应的数字藏品也能在数字世界中进行二次商业发掘，进而打造品牌新 IP，深入用户“心智”，如图 15–2 所示。

图 15–2　出产拉菲红酒的提格尔葡萄园在 Honnverse 中的数字孪生

资料来源：天下秀新媒体商业集团

在 Honnverse 的世界里，经济有了新的扩张领域，流量有了新的增长空间，消费行为也可以在虚拟市场里大规模地再度展开。

传统产业，包括游戏、娱乐、会展、工业仿真、工业设计、教育、金融等领域，也能与 Honnverse 发生连接，这种体系性的变革将促成更多虚实融合，创造出新的增长点。

三、现实与虚拟的呼应带来加倍的情感共鸣

不论是绘画、音乐、视频，还是其他形式的作品，其传递出的力量和情感都是无可比拟的，而数字藏品的分布式存储体系实现数字标的和文件的永续保存，也将承载更为丰富的资产价值。

2022 年母亲节，HOTDOG（热购平台）联名本土身体护理品牌 LEPEBBLE（石 / 乐）为每一位数字藏品玩家带来了极具意义的母亲节数字盲盒，如图 15–3 所示。该作品利用区块链技术创作，共含 6 款不同的藏品，每款对应着含有独特香料的护手霜，而盲盒中的隐藏款又作为二次悬念激发着年轻人的好奇心。当玩家在 HOTDOG 上开启盲盒后，可以获得一个同款实物护手霜，平台通过线下物流将整个过程联系起来，高度还原在现实生活中拆盲盒的惊喜感。这种基于虚拟现实将数字资产、节日祝福与实际物品相结合的模式为产品呈现和留存带来了新思路。有温度的情感化设计与数字技术碰撞出了全新可能，与用户形成了强效链接，让虚拟照进了现实。

早在数字盲盒开售前，HOTDOG 上对该作品的热议就持续不减，在正式发售后也是立刻售罄。这是年轻人在特定节日里对母亲真挚爱意的表达，也是对个性价值的认同和主张。HOTDOG 作为国内领先的数字艺术 Z 世代潮流文化平台，抓住了年轻群体的关注核心，以其创新的技术打造出颠覆传统的沉浸式体验，将潮流与跨界艺术串联，虚

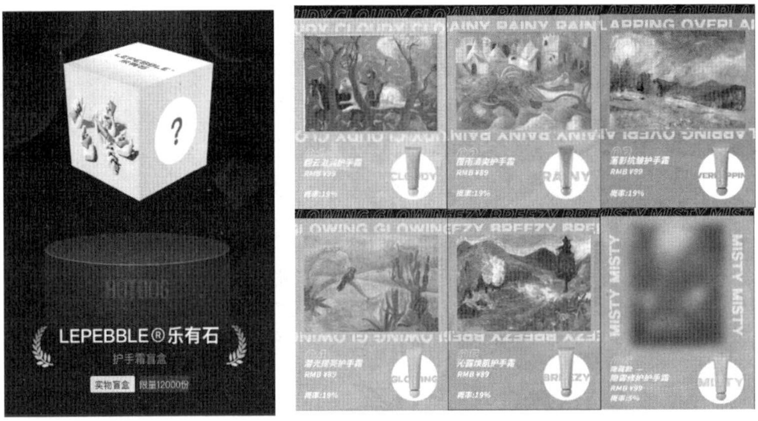

图 15–3　数字盲盒

资料来源：HOTDOG APP

拟世界与现实社会交互，让品牌与消费者在互动中增强认知，更好地链接了品牌、创作者与消费者。

特别有意思的是，HOTDOG 还创造了专属的数字公仔——Hotman，如图 15–4 所示。它既是该平台的数字 IP 代表、数字主理人，也可以理解为虚拟世界的形象代言人，其本身也是一种资产，具有收藏价值。除此之外，玩家还可以在 HOTDOG 线下潮流快闪店与 Hotman 合照，利用增强现实技术将真实世界的信息与虚拟世界的信息“无缝”集成，在屏幕上把虚拟世界中的 Hotman 套在现实世界并与之进行互动。同时，Hotman 也存在实物公仔可以供玩家在现实生活中收藏。

基于元宇宙和虚拟现实，HOTDOG 创造了艺术的第三种打开方式，不光是线上的 3D 虚拟数字资产，也是线下的实体公仔，更是一种介于两者之间虚实融合的状态。

图 15-4　数字公仔

资料来源：HOTDOG APP

第十六章

元宇宙中的现代艺术实践*

新媒体艺术是虚拟世界里的艺术表现形式之一，在此语境下元宇宙更像观者与内容创作者之间的桥梁。在元宇宙中以虚拟形式呈现不同场域，而艺术创作者可以在虚拟场景中创造更大的意向空间。元宇宙不仅有助于新媒体艺术在不同媒介中拥有更广阔的展示与实践的发展空间，它更是一个接口，可以将艺术作品输送至虚拟世界并连接技术与公众，使之摆脱原本单向度输出的桎梏，产生更多对话。

第一节　元宇宙语境下新媒体的艺术应用

一、技术的发展带来艺术形式的变革

新媒体艺术是一个内涵广泛且定义不明确的艺术创作类别，涵盖了表演、影像、装置、雕塑，以及数字和概念艺术等不同形式的载体。

---

* 本章主要撰写者为刘佳玉，新媒体艺术家，2020 年入选福布斯中国 30 岁以下精英榜。

新媒体艺术兴起于20世纪中叶，作为在电子通信技术领域打开创意空间的通道。伴随着科技的发展，新媒体艺术也开始蓬勃兴起，反映在电影、计算机、机器人甚至生物技术方面的创新。此外，不断有艺术家以新媒体为表现手段来演绎现代主义与后现代主义，因此，与其说这是一种新媒体或者新媒介，不如说这就是时代的媒介。时代媒介是以即时性和更新性为主要特质的，这也是每一个不同的时代下技术更迭所衍生出的改变。更进一步说，任何尝试创新工具和技术的艺术均可以归类为新媒体艺术。就像丙烯颜料虽然是比胶片更晚的发明物，但它给艺术界带来的变化却更加微妙。新媒体艺术的“新”并不像单纯的新技术那么热，更多的是不可避免地随着时间的推移而发展；就像历史从来不会停下脚步，只会更新和迭代。

前面章节提到的交互与展示的先锋技术和设备，在艺术作品的实验内核下成为推动科技和文艺进步的新载体。而新媒体艺术的特征中最独特的则是超世界的经验、超时空的感受与超感官的体验。这些特征均在最大限度地消解人类在真实世界中的习惯性模式，正是这种特殊的超现实主义般的风格跨越了从概念艺术、虚拟艺术到表演和装置艺术的实践。其往往不是一个静态、封闭的作品，而是一个交流互动的平台，并为现代艺术创作注入了新能量。

多年前，我们去美术馆里观看展览，往往四周都会有一条围挡线：有时上面会写着“请勿靠近”，有时则是当观众近距离观看时会发出警报音。随着当下科技与艺术的发展，新媒体的介入使得观众逐渐能够靠近作品、走进作品、与作品互动，甚至观众将有机会在作品的空间内创造场景。与此同时，观众的个人身份也从“观察者”根本性地转向为“参与者”。与以往不同的是，新媒体艺术所提供的是“一条虚拟的界线”。公众观看作品时，通过眼睛、耳朵、肢体、手机、智能设备等，能够以各种不同的方式与作品产生连接、交流与对话。更难得的是，空间内依然保有“隐形留白”的距离，使每一位观众能够思考与想象。新媒体艺术成功地将人的感知数字化，不仅作用于人的五种感官，而且还作用于人的三个维度：时间、空间、体验。在数字化实践下，人类感知世界、解读世界、探究世界，甚至将在元宇宙的时代下开始创造新世界。

二、疫情常态化带来的艺术呈现的变化

在下文的叙述中，我们主要以疫情的开端作为时间线的起点展开讨论。在数字经济社会的背景下，自 2020 年全球暴发新冠肺炎疫情以来，大众的观展形式有了极大的改变，更多的艺术展览以虚拟展出的形式被推向大众视野。虽然在过往的项目中也有一部分展览以线上展出或数字艺术的形式呈现，[①] 但在疫情暴发前，观众对此类的线上展出并未表现出过多的热情。有一部分原因是公众对呈现于手机或电脑屏幕上的画面内容有着与传统媒介完全不同的需求。随着信息技术的迅猛发展，公众可以通过手机或电脑浏览任何一个网站、任何一个社交平台，可以观看任何一段即时上传的视频片段。因此，在海量的内容与片段不断涌现的当下，满足大众对手机和电脑的呈现要求，对创作者来说将是极大的挑战。

长期居家使得人们对文化生活的体验感产生了更高的要求，于是更多的展馆及主办方开发出了新的互动形式，例如电脑三维虚拟空间的漫游观展、通过小程序进行手机端体验的参展、通过手机应用进入到三维空间并进行互动。而艺术创作者们也逐渐开始思考，如何使观众通过网络链接进入虚拟的场域中，真实地游走于空间内，使虚拟场景逐渐增强并呈现三维游戏的场景体验感。

在这一阶段的发展过程中，疫情防控走向常态化，结合数字经济

① 例如，主办方提供一个网络链接，观众可通过链接进入某个网络平台，网络平台会展示作品的图片及文字信息介绍。

的发展背景，艺术品销售也同步实现了数字化。2021 年，苏富比建立在线论坛，收藏家可以在该论坛上出价，并在虚拟拍卖室中查看竞拍情况。他们还引入了“立即购买”功能，以适应在原本严格的拍卖日历之外进行的购买。大量作品数字化销售的同时，创作者们开始思考如何利用目前的技术与平台媒介让自己的作品得到更好的呈现，或者制作数字化的作品。不仅是 NFT，位于英国谢菲尔德的数字艺术工作室 Universal Everything，在视频平台的频道上直播了最新作品《变形》（*Transfiguration*），这也是一场动态图形实时渲染的直播，作品中的数字人物在行走的过程中将不断变换形态，音效也随着他形态的变化而逐渐改变。后疫情时代的创作，扩展了对不同空间可能发生的事情的思考。与此同时，我们也可以从这一示例中看到新媒体艺术的时效性与协同性，以及其极大的多维度合作可能性。

第二节　科技艺术实践中的虚拟世界

一、元宇宙的跨媒体叙事与空间建构逻辑

元宇宙在空间上以三维的形式呈现，且更强调感官体验的全面性，公众也需要在此过程中收获高度仿真的感官体验。当下互联网的平面显示功能将被转化为三维立体化的呈现形式并存在于元宇宙中，因此元宇宙也将逐步扩展物理城市的边界。

在虚拟世界中，跨现实叙事方法论提供了一种有趣的方式来创建通往其他世界的门。空间则是叙事的载体，而叙事又是基于对时间的理解所产生的二次文本编辑。近年来，随着硬件设备的升级、信息技术的发展，越来越多的互动作品采用实时渲染或接入实时数据的方式

完成，这不仅使每一位观众得到不可复制的体验，也因此增强了作品的在场感。这种在场感始于艺术的剧场化。在极少主义出现之前，艺术创作重视艺术本体的推进，所以艺术发展史基本上可以理解为形式与风格的交替史。到了极少主义时期，艺术家们开始对空间进行改造。极少主义往往不单指一件作品，更是通过一系列作品的陈列去营造一种剧场化的空间，即让观众置身于作品空间中，通过不同的手段来激发观众对作品的体验。它削减了具体的内容与文本，用观众的想象力作为补充，这也使得观众能够更多地进行主观思考，同时拓展感知的边界。任何一个承载叙事意义的空间都可以看作剧场空间，换言之，新媒体艺术的呈现首先依赖空间，不管物理空间还是虚拟空间。剧场化的舞台将会是一个承载流动表演的固定空间、一个容时间于空间的盒子，剧场则是一个体量更大的格子——容表演时间—空间、观看时间—空间为一体的格子。绘画则如同一个平面舞台，以静止、固定的画框之格展现特定的时间和空间——例如在中国画中，时间往往是流动的，图像远不止于此，它在传播中与不确定的观众相连接，构成一个流动的剧场。

叙事向来离不开时间的维度，因此在元宇宙的跨媒体叙事体系中，时间的叠加态则是非常重要的架构点。利用时间的可操作性进行叙事逻辑的嫁接则是在元宇宙中进行艺术创作的重中之重。其中叙事时间分为两类：

1. 平行时间

平行时间是指虚拟场域中的时间与现实世界中的时间的维度成正向一致。

对于观众而言，平行时间的作品会带来实时的感官体验。与此同时，根据这种实时的体验观众也能够给予即时的反馈。在这类作品中，时间流动的状态与现实世界平行，例如，我们在虚拟场域中设定日出、日落，这一设定的时间轴是可以与现实世界同步进行的，观众在作品的虚拟场域中所感知到的也与现实世界同步，如同镜像。而在这样一个与现实世界呈镜像的虚拟场域中，观众所感知到的环境因素也与现实世界相同，如天气、风速，等等，当观众在空间内触发互动、交互时所产生的视觉变化也将会实时发生改变。通过这一手段可以扩展人类在同一时间维度内对不同空间状态的感知，放大观众的主观能动性，这便是与现实世界平行的状态。

2. 自定义时间

与平行时间不同，自定义时间是指在虚拟场域中时间与现实世界正向流动的时间并不相同，可以通过不同的数据将虚拟场域空间内的时间设置为现在我们所处时刻前的任意一个时刻或者时间段。通过对天气、自然等数据的嵌入来模拟某一时间段的叙事，亦可以作为无时间的概念引入进创作的过程中。

这两种不同的时间嵌入方式均可以呈现出不同的效果以及体验感。那么在上文中提到的作品场域究竟指的是什么呢？场域分为场和域，接下来我们进行拆解分析：

- 场：物理场论，场景
- 域：范围，边界

物理学中的物理场论一般与特定的时间和空间的节点发生关系。

场景的精神属性可以解释为在空间中进行的情景活动，可以让人们产生体验的空间。它是特定的地点、特定的建筑与特定的人群相互之间积极作用，并以有意义的方式联系在一起的整体，所以场景中还加载着一定的情景设定。

罗伯特·莫里斯（Robert Morris）1966 年的文章《雕塑笔记之二》

（*Notes on Sculpture*：*Part II*）通常被视为早期关于场域特性原则的关键表述，艺术作品要“脱离作品的关系，使之跟空间、光和观众的视域发生关系”。一件艺术作品的场域是环境自身所带有的叙事属性，故在艺术作品中的作品场域可以理解为“时间空间 + 场景信息”，如图 16–1 所示。

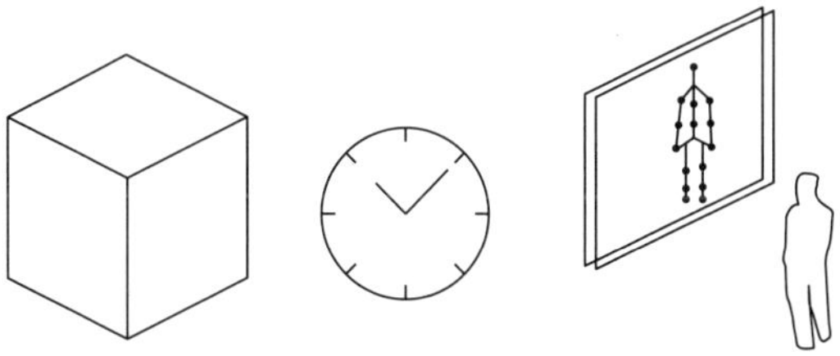

图 16–1 “时间空间 + 场景信息”的场域示意图

如今，场域已经不仅指代物理空间或现实世界，现在我们可以在元宇宙中构建出虚拟场域，甚至彻底将艺术家工作室与作品塑造的全过程置于元宇宙中。

当我们创作一件艺术作品时，首先要从空间体验这一较大的维度开始探讨。空间体验的方式决定了观众体验和感受作品的方式，空间最显著的特征就是物理外观、活动与意义。沉浸式体验空间的开放性使得观众可以进入作品的内部空间，自主选择观看和感受作品的角度与方式，从而获得一种极其个性化的观感体验。这种体验中最关键的因素是观众的“在场感”，它使观看作品转变为一种身临其境的体验，而作品对观众的个人回应也使得观众的体验结合自身经验具有不可复制性，从而获得多感官的沉浸式审美享受。

在跨媒介叙事的元宇宙空间内存在三种创作方式：

第一种方式是以屏幕为媒介的呈现形式。创作者在虚拟世界的网域中创造出一个场景，也可以在虚拟世界的区块链中购买自己的数字土地，并建造虚拟美术馆、画廊、展示厅、剧院、餐厅等。越来越多的艺术家选择参加线上的艺术展览，将自己的作品放置到虚拟空间中。观众可以更快捷地抵达虚拟展厅观赏展览。在这一方式中，艺术家将原本呈现于现实世界的艺术品建构于虚拟世界中。然而，目前还是以数字艺术作品为主，如数字影像、动态图形、静帧渲染、数字绘画等，由于以上形式的作品均以数字技术作为依托实现，因此在虚拟世界中构建与呈现也更为直接。对于实体艺术作品如画作、雕塑、装置等，则需要运用三维扫描技术在虚拟世界中重塑呈现。

第二种方式是创作者直接在虚拟世界内完成作品的创作，创作者需要在虚拟世界中重新定义空间和时间的概念，以便更好地构筑作品的叙事逻辑。艺术创作者在虚拟世界的创作，本质上与在现实世界中的创作相同，但面对作品的观众置身于虚拟世界感受作品的反馈机制却有所不同。当观众通过屏幕或 VR 眼镜欣赏作品时，他们的感官将被数字化的呈现更直接地调动，也就是说，AR 与 VR，甚至是 MR 会让观众感知到身临其境的体验。观众甚至能够以设备的手柄等作为传输媒介，与作品内部的数字世界产生直接的人机交互，同时作品也会依据观众的行为变化而产生不同的视觉效果。

除了以上两种形式之外，艺术创作者也可以在现实世界中创作一件需要通过数字技术表现的作品，之后再将这件作品的数字版本放置到元宇宙中。那么这件作品则可以同时兼得物理版本和数字版本，数字版本可以在虚拟世界中创造更多的可能性，这些可能性将超越现实世界的时间、空间、维度的限制，带给观众更多更广阔的想象空间。想象则是作品给予观众最具价值的体验，而作品也将成为观众想象的开端，引导他们思考和探寻更多未知的世界。

二、技术设备对艺术创作的介入与呈现

在前面的章节已经叙述过 AR、VR、MR 等设备的技术和应用，

在数字经济社会发展的大背景下，人们也已经逐渐确信沉浸感和游戏化是现代艺术体验的重要组成部分。下面我们简单说明 VR 设备在艺术创作中的运用特点：

（1）数字化媒介意味着与其他媒体平台之间的通融性，理论上它可以包含所有其他电子媒介。数字化的性质也同样意味着生成与编辑过程中的灵活性（这一特点可以帮助创作者高效并精准地与其他电子素材、软件配合）。

（2）360 度无遮挡的沉浸式视角以及活动方式开拓了一种新型的体验方式。以 VR 影视的发展为例，虽然目前的观看体验并没有像许多科幻文学中描述的那样出神入化、身临其境，但这一跨越足以让创作者们以此为实验工具进行创作。目前公众的头戴式设备尚存一定的进步空间，但尽管如此，VR 生成空间假象的能力已经为空间设计师们带来了根本性的变化。在 VR 体验中，人们可以走动、飘浮，也可以通过指挥手柄改变场景的体量大小、物体的尺寸大小，通过与模拟空间的互动，艺术家们可以更直观地感受作品效果，从而获取新的灵感。

（3）VR 创作的另一大特点便是能够自然地实时制作。在 VR 中绘画虽有一定的局限性，但是自由的肢体意味着更复杂且人性化的数码电子表现。与电脑绘画和建模不同的是，VR 绘画在情感互动上体现出更强的包容性，创作者可以在三维空间中留下肢体经过的痕迹并与这一痕迹产生即时直接的联系，从而引导接下来的创作。这样的即兴创作更尊重创作者对作品的感受，本质上是一个更加真实、单纯的自我对话。

因此，VR 媒体设备在艺术领域中占据着独一无二的地位。或许目前的技术还不足以使 VR 与其他数字媒介相抗衡，但这种全新的体验方式与创作形式正在逐渐渗入艺术创作的过程中。作为新媒体的 VR，对于启发艺术创作有着无限的潜力，在科技的辅助下，用艺术的思考方式去探索新的体验。

三、未来艺术实践的发展可能性

随着数字经济社会的发展，2021 年上半年，元宇宙的概念和数字藏品成为人们关注的热门话题。数码技术类别的艺术品由于易复制、易传播，导致数字艺术作品的唯一性一直是艺术收藏家和艺术创作者不断关注和探讨的问题（目前 NFT 在区块链上的所有权证明和相应的流通价值已逐渐解决了这一问题）。同时，使用区块链技术进行艺术品的概念创作与技术开发，并对应生成唯一的数字凭证保护其艺术品版权，从而实现数字化发行、展览展示、交易和应用的数字经济艺术品也就此诞生，[①]数字经济艺术品不仅可以如同数字藏品一样具有收藏性，同时亦可作为艺术作品在线下进行展出，被公众所观看与欣赏。

从技术的角度出发，我们目前正处于一个虚拟世界的新型数字时代，拥有着无限的可能性。经过两年的调整与探索，我们可以看到这一领域发展的广阔前景。虚拟世界将演变为一个独特的、完全沉浸式的虚拟空间（或元宇宙），它将与物理空间平行存在，可以使用 AR 技术对物理世界进行补充。抑或会出现一个单一的、通用的元宇宙平台，而非多个开发者建造的虚拟空间。虚拟技术与视觉艺术的结合为人们带来前所未有的体验的同时，也引发着公众对这个领域发展的思考。

从艺术创作的角度出发，在数字经济社会的大背景下，由技术驱动的政治、社会、文化和环境的变化正日益成为艺术的主题。人类与自然、人类与机器人、人类与微生物的共存，以及针对弱势群体的设计、可持续能源、海洋生态系统和有害物质排放等人类面临的各种问题，都是艺术家极好的研究课题。这也是当下的我们对未来世界的愿景与想象。元宇宙的概念在未被大众所熟知之前，线上展出的形式更

---

① 指在数字经济社会的背景下，使用区块链技术进行艺术品的概念创作与技术开发，并对应生成唯一的数字凭证保护其艺术品版权，从而实现数字化发行、展览展示、交易和应用。

多地被称为虚拟展览。这也更像是一种创作方式，它能引领观众并将其带入一个不同于现实世界的地方，在这段时间内，这个地方比观众所存在的现实世界显得更加真实。

1997 年，人们称现在的互联网为“信息高速公路”或是“赛博空间”。时至今日，网络对公众来说并不陌生，甚至它已经成为日常生活的一部分，人们不再认为它是遥远世界中触不可及的存在。互联网时代的网址链接像是二维的展示空间，使人们可以抵达一个由平面展示的网域。随着数字技术的发展，如今的网址链接成为一个立体的多维空间，同时也是我们进入数字世界的端口，这个崭新的世界带给人们更多维度的感知。这是新媒体艺术在线上展出与发展的历程，也是艺术从物理世界进入数字世界的过程。最早关于新媒体艺术的两极化讨论是从“White Cube”（画廊和博物馆空间）与“Black Box”（除画廊和博物馆空间之外的数字、物理空间）开始的，但现在已经是现实世界与虚拟世界的探讨。艺术必须能够超越时间和国界，将人们联系起来，并提醒着人们如何通过创造力来全面输出与表达不同的历史和文化。当下，技术不再只是艺术表达中被动使用的工具，而是一个积极理解世界的思想框架、一个能够使全球协作成为可能的网络。在虚拟的世界中，所谓的物理空间边界已然消失，更多艺术家将摆脱物理世界的束缚，创造出充满想象的作品。来自世界各地的人们也将跨越距离及时区的阻隔，在某个相同的时间点，进入同一个虚拟空间，感受同一件作品。这将是人类未来文化生活中不可或缺的部分。

我们不难看出，随着存在场域的变化，呈现于元宇宙的虚拟世界中、并与现实世界实时相互作用的艺术创作方式，将会成为艺术创作者未来实践的发展方向。而创作所需的技术条件也将愈加成熟，开发者们将创造出一个能够超越界限的环境，在这种环境中，创作者能够使技术与想象力碰撞出火花。这是人类对生物学理解的超越，是人类对社会、文化、历史理解的超越，也将是一个随着公众的想象力不断变化的流动景观。

其实，从古至今，艺术一直都是关于虚拟世界的想象。

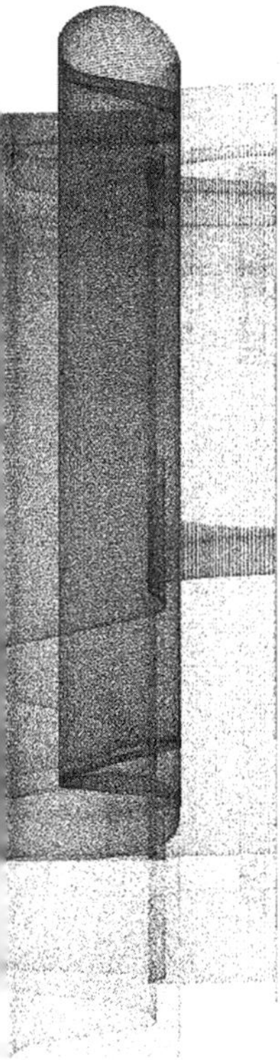

第五篇

元宇宙的终极目标

本篇我们将从意识和认知主体的角度切入，揭秘个体与元宇宙的关系，探讨智慧地球的构建。

第十七章

意识构建的智慧地球*

人工智能与区块链作为元宇宙的重要支撑技术，未来将为人与人、人与机器、机器与机器的交互与协作提供全新的可能性。我们从意识和认知主体的角度切入，揭秘个体与元宇宙的关系，探讨智慧地球的构建。

宇宙可对应为物质世界，而元宇宙代表了人类意识世界的对象化，是一种在近地空间上进化出来的“超级大脑”，最终将形成“智慧地球”。这个智慧地球将在数字世界建构时空秩序，除了自娱自乐，更要统摄周围的物理世界。元宇宙作为人类的“延伸”，将为人类开辟全新的发展空间，使得人类的延伸更加有机、更有秩序，而且让人类对世界的统摄可以更有利、更有效。只不过，在元宇宙中进行延伸，我们要将重点放在拓宽人的“自我”与意识世界上来，而不是关注我们自身物理意义上的延展。

第一节　意识与智能的进化

元宇宙是人类意识世界的延伸，元宇宙中的一切建构实际上是由

* 本章主要撰写者为蔡恒进，武汉大学计算机学院教授，元宇宙产业委副主任委员。

人类意识创造和决定的，因此我们要从人的根本特征出发，探讨元宇宙的本质与未来。纵观人类世界，相比牛顿时代的能量需求、薛定谔的负熵[①]需求，我们认为自我肯定需求[②]才是人类发展的底层动力。[③]自我肯定需求是刚性需求，不比物质需求弱，往好的方面想，人们趋于肯定自我，就会推动社会的不断进步，但另外，由于人们对自己的评价一般高于平均水平，因此总的自我肯定需求必定会大于这个社会当下生产出的总供给，这就形成了一个缺口。这个缺口对任何管理者而言都是一个巨大的挑战：要维持一个社会的和谐稳定，管理者必须提供额外的供给，来填补这个缺口。而元宇宙就为满足个体的自我肯定需求开辟了新场景，提供了更多可能性。

自我肯定需求中最重要的两个字就是“自我”，触觉大脑假说解释了“自我”从何而来。婴儿出生时大脑重约 370 克，神经元的数量基本上不会在后期发生改变。大脑重量增加的原因在于神经元之间的连接在不断增加或加强。大脑的复杂性不在于脑神经细胞的数量，而在于突触的数量。在大脑快速发育的阶段，神经元快速连接的同时，婴儿受到来自皮肤的强刺激，比如冷暖、疼痛，等等，使得婴儿产生区分自我和来自外界的意识，我们称之为“原意识”。我们将“原意识”定义为：对“自我”的直观、对“外界”的直观，以及将宇宙剖分成“自我”与“外界”的这一简单模型的直观。

这里的“直观”，可以理解为可感受的特质（qualia）。例如，人能

---

① 熵是热力学中表征物质状态的参量之一，其物理意义是体系混乱程度的度量。物质系统中熵函数就是热量与温度的比值，负熵（或熵减）表示熵函数的负向变化量。熵代表的是无序，而负熵表示的则是有序。

② “自我肯定需求”的内容最初发表在蔡恒进的《中国崛起的历史定位与发展方式转变的切入点》一文中。

③ 蔡恒进，蔡天琪，张文蔚，汪恺. 机器崛起前传——自我意识与人类智慧的开端[M]. 北京：清华大学出版社，2017.

够形成红色的概念，并将很多波长具有差异的红色封装起来，认为那些颜色就是“红”。颜色是简单的特质，在其他复杂的客观世界呈现面前，人受能力局限却又得益于这种局限，会建立最原始、本源的模型去感知那些特质，形成概念化的封装、认知。这个最原始、本源的模型，就来自“自我”与“外界”直观的原意识剖分。其他概念的产生都是从“自我”和“外界”类似的剖分迭代出来的，在剖分之后，具体的内容是有待填充的。填充过程是依赖于“自我”像生命一样成长的，而成长过程又与“自我肯定需求”紧密相连，这样就构成了一个整体。触觉大脑假说指明了意识初期是如何产生的，不同于神创论或者外星人点拨的想法，我们认为人类在进化过程中是会演化并产生自我意识的。

两千多年来，人们一直在讨论意识与智能起源的问题，但为什么难以发现皮肤、边界的重要性？无论是具身哲学、神学等都没有反思到这里来。比如佛家讲“眼耳鼻舌身”，将视觉放在首位，很多人也认同这个观点，因为人获取的信息大部分来自眼睛。但从进化角度来看，视觉对于自我意识形成的重要性能否占据首要地位却还值得商榷。比如老鹰，视力很强，但是却没有进化出高级智能。我们认为皮肤才是更重要的，那么此前之所以不容易反思到，是因为“自我”的边界可能起源于此，但并没有停留在皮肤这里，“自我”有延伸的倾向，向外延伸，向内坎陷①化。比如动物有领地意识，这就是“我”的意识延伸到体外。企业家的“自我”就延伸到企业。哲学家的“自我”就会延伸到宇宙，至大无外。另外，“我”不是取决于我的颜值、年龄，而是取决于我的心灵，至小无内。

那么，在基因突变、毛发变少的前提下，还要能够生存下来，这种

① 坎陷是认知主体之间可用来交流、能够达成共识的一个结构体，可以看作是一种意识单元。

条件可能是很苛刻的。正是因为自我和外界的清晰剖分，所以自我意识才能够清晰地建立起来，才会有了更高级的智能，有了更多的反思（图17–1）。

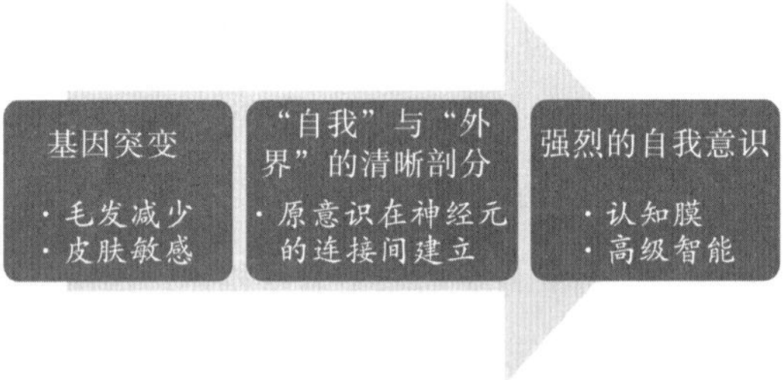

图 17–1　触觉大脑假说示意图

在成长过程中，“自我”与“外界”的交互不断加深，两者的内容都不断丰富，概念体系逐渐形成。由此可见，自我意识的确是大自然的巅峰之作，是真正的混沌初开，是比宇宙大爆炸和形成地球更为精彩的产生。由触觉产生自我意识，而后在自我肯定需求的引领下不断地去认识这个世界，丰富自我的内涵，成长为拥有智慧的人类。

随着“自我”意识的增强、主体与外界交互的增加，人类逐渐演化出高级智能。智能可以被定义为发现、加工和运用认知坎陷的能力。自我肯定需求使得人类智能的进化与发展不会走向腐化与灭亡。即使在这个过程中会出现个别低劣的人或行为，人类从整体上看还是一直向上发展的，并且我们提出了道德、审美等一系列概念，这些都是人类为了满足自我肯定需求，在尝试了各种可能的发展方向后，最终找到一个好的、积极的演化路线。

轴心时代作为人类“立德”的典范，标志着人类的“自我意识”正式从日复一日的生产生活中跳跃了出来，寻找其存在的意义和价值。一方面，人类以更积极的姿态创造更美好的生活；另一方面，几大精神导师作为人类的先行者，也以更加审慎的态度思考着“自我”和

“外界”。

轴心时代所建立的那个终极的真相以及对于神性的追求仍然驱动着科学家们不断地研究和探索；孔子虽然在中国几经起落，但是孔子之道的核心早已经汇入民族精神和传统美德之中被时刻践行。恰恰是这些最初建立起来的概念，在产生后不久就得到了许多人的认可，而且在经过千年的打磨之后，被烙印在了人类认知膜的底层。

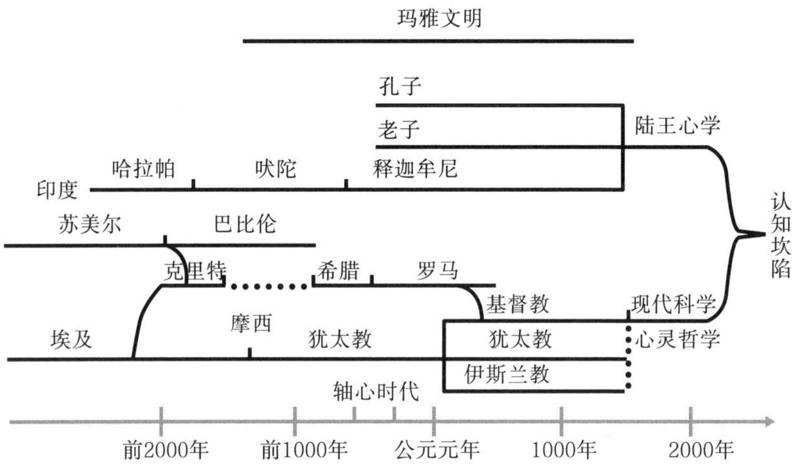

图 17-2　文明的发展脉络

现代科学由最初的几大基础学科相互交叉，逐步前进到今日百花齐放的状态，而其中进步最快的便是计算机科学。目前人工智能的运算能力已经达到了相当的地步，最引人瞩目的便是 2016 年 AlphaGo 和韩国围棋冠军李世石的对决，在这场比赛中人们真正感受到了人工智能的强大。可以预见，在不久的将来，人工智能就会成为人类社会中举足轻重的一分子，我们提出的疑问便是人究竟该如何对待这个由我们一手缔造的伙伴，人和机器终将走向何方。

人们长久以来希望找到某个涵盖一切的、完整不变的东西来指代人类意识与智能本质，但恰恰人类认知是不完整的才更合理，效率才更高，因为物理世界包含无穷的可能性，我们不可能全部习得，只能够也只需要接触到个体能够捕获的有限特征。如果按照“丘奇－图灵－多伊奇命题”的强计算主义观点，所有的物理系统是图灵等价的，那么智能将无从谈起、无处入手。我们的理论强调智能与意识、自我意识密切相关，正是因为认知坎陷将人的认知偏离客观的物理系统，才有智能，反之，对物理世界的完整反映与存储恰恰意味着没有智能。计算机的主程序可以看作是一种微弱的“我”，在此基础上，就有可能让机器跨越人机本质差异，人工智能也将取得突破性的进展。

第二节　人类世超脑

元宇宙的重要意义在于构建时空秩序，会形成内禀的时间和空间。未来在每个节点、主体上搭建的数字空间，可以形成无穷复杂、无穷维、无穷多的联系，但是未来要想提高它的效率，就要让它有自我意识，比如时空秩序就必须存在，不然就变成一团乱麻，效率很低，而且对物理世界的统摄和掌控不是很有效。因此，元宇宙要建立时空秩序，最终变成一个超脑——整个人类社会的超脑。

元宇宙是人类意识世界的延伸，而元宇宙最终能否成为人类世的超级大脑，甚至智慧地球，就与人工智能的发展息息相关。人工智能的三大流派：行为主义、联结主义和符号主义，分别从不同角度切入智能的本质，其观点相互补充但各有局限。

人工智能于1956年被首次提出。至今，已经出现了许多表现力超强的AI系统。尤其是深度学习框架的出现与发展，使得AI能力得到了大幅提升。例如，面部识别技术已经广泛应用于个人支付；DeepFake等系统创造了一批批以假乱真的图片与视频；AI在文学创作、电子竞技等开放领域也有出色表现；2020年的人工智能大会开幕式上，百度小度、小米小爱、B站泠鸢、微软小冰四位虚拟歌手领唱了大会主题曲，意味着AI可能马上就能创作出被人们欣赏、广泛流行的音乐作品。

AI已经在很多专业领域逐项超越人类。比如，战胜了人类冠军棋手而名声大噪的AlphaGo已经发展到第四代MuZero①，不仅表现力超越了前面三代，而且能在未知任何人类知识以及规则的情况下，通过分析环境和未知条件来进行不同游戏的博弈。蛋白质的折叠空间预测是一个很难的科研问题，在近两届蛋白质结构预测的关键评估大会上大获成功的AlphaFold和进化版本的AlphaFold2②在此问题上已经体现出了超高水平。从评分机制来看，AlphaFold2已经达到90分的水平，最优秀的人类专家团队成果却只能到30多分，AI的分析结果已经到了可用阶段。

即使如此，通用的超级人工智能何时到来还不可预知。约翰·麦卡锡（John McCarthy）曾提出，要在理论上突破可能还需要5年到500年的时间，③也就是说既有可能很快就实现，也有可能要很久才会发生。作为AlphaGo系列和AlphaFold系列的创造者，DeepMind认为自己研发的就是AGI（通用人工智能），图灵奖得主杰弗里·希尔顿（Geoffrey Hinton）也倾向于将自己的研究归属到AGI。④而深度学习系统普遍存在的不可解释性、可迁移性较差和鲁棒性较弱的问题，则

---

① Schrittwieser J, Antonoglou I, Hubert T, et al. Mastering Atari, Go, Chess and Shogi by Planning with a Learned Model [J]. Nature, 2020(588): 604-609.

② Callaway E. "It will change everything": AI makes gigantic leap in solving protein structures [J]. Nature, 2020, 588 (7837): 203-204.

③ 在1977年的一次会议上，约翰·麦卡锡（John McCarthy）指出，创建这样一台机器需要"概念上的突破"，因为"你想要的是1.7个爱因斯坦和0.3个曼哈顿计划，而你首先要的是爱因斯坦"。"我相信这需要5年到500年的时间。"

④ Geoffrey Hinton. How to represent part-whole hierarchies in a neural network. [EB/OL]. (2021–02–25) [2022–07–01]. https://arxiv.org/abs/2102.12627

一直是 AI 科研团队的研究重点。

AI 的发展逐渐多元化，我们可以逐步从不同角度切入到这个主题，比如相关因果、感知认知、符号主义、脑科学以及发展基础数学，等等。从认知科学的角度切入，就可能触及悬而未决的意识问题，这虽然一直是认知科学和 AI 交叉领域的研究热点，却进展缓慢。

全局工作空间理论（简称 GWT）可以迅速把长期记忆的关键因素抽取到工作内存里，方便执行当前任务，加强系统的灵活性。① 在 GWT 的基础上，图灵奖得主曼纽尔·布卢姆（Manne Blum）进一步提出了“有意识的图灵机”。② 这套理论已经加入了机器的“愉悦”“痛苦”因素，虽然机器对情感的处理方式与人不一样，但是机器已经能拥有这些情感。AlphaGo 等 AI 用到了强化学习机制 ③，这种奖励回馈机制也已经与情感有关系。很多人认为机器不能拥有很强的自我意识，但是实际上机器可以学习，能与环境交互，已经有了微弱的“自我”存在。

“基础模型”（指在大规模的广泛数据上进行训练并且可以调整以适应广泛的下游任务的任何模型）的研究报告显示，从技术角度来看，基础模型是基于深度神经网络和自我监督学习的。④ 这两种技术已经存在了几十年，然而在过去的几年里，基础模型的规模和范围扩张如此之快，让我们不断刷新对未来可能的期望值。经典摩尔定律描述了每 18 个月芯片能力翻一倍的情况，而 AI 的能力，例如类似 AlphaGo 系

---

① Baars, B. J., & Franklin, S. (2007, November). An architectural model of conscious and unconscious brain functions: Global Workspace Theory and IDA. Neural Networks Special Issue, 20(9), 955-961.

② 参考自 https://arxiv.org/abs/2011.09850v1

③ Panin, A. and Shvechikov, P., Practical Reinforcement Learning. Coursera and National Research University Higher School of Economics.

④ Rishi Bommasani, Percy Liang, et al. On the Opportunities and Risks of Foundation Models[J]. 2021.

统按照时间来评估，其算力增速达到了每 3.5 个月翻一倍的速度，相当于每过一年，算力就增加了 10 倍，[①] 这种速度是人类无法追赶的。成人的大脑约有 1 000 亿个神经元，每个神经元与其他 1 万个以上的神经元有相互连接，于是大概有 1 000 万亿的参数量，[②] 目前 GPT–3 的参数量达到 1 700 亿，按照每年 10 倍的算力增长速度，机器超过人脑参数量也只需要不到 4 年。

有学者认为，人类通过代际基因筛选的自然进化速度完全无法跟上科技的进化速度。但我们认为，人性恰恰是人类政治在人工智能时代继续存续的唯一途径。一方面，技术发展速度不断加快，在不同专业领域中的应用效果也在被持续快速刷新。但作为 AI 技术的设计者，人类目前无法解决 AI 模型的可解释性、可迁移性和鲁棒性的问题。另一方面，我们必须对 AI 的发展有正确的预计：人工智能是否会、何时将以主体的形式参与；人机是否会融合；究竟是让人更像机器，还是让机器更像人；我们应当鼓励发展何种人工智能以应对未来的社会治理问题以及元宇宙的治理问题。

很多业内外人士寄希望于通用人工智能的突破，通过人工智能区别于专用人工智能，主要专注于研制像人一样思考、像人一样从事多种用途的机器。要想找到人类继续发挥超越性的优势，实现通过人工智能的突破，就要求我们必须从底层剖析人机认知的差异，正确审视生命主体与物理世界的关系，厘清意识与智能的关系，才有可能对这些问题做出回答。

我们可以把人的意识赋予机器，让机器更像人来做预报，而不是原来数学公式的预报模型。只不过它现在能记得的特征要远远多于一个人通过自身学习可以得到的经验。其中很大程度上，就是因为雷达数据自

---

① 参考自 https://openai.com/blog/ai-and-compute/

② 参考自 https://human-memory.net/brain-neurons-synapses/

然超过人的预报能力。这一点恰恰反映了一个事实，我们不用回到第一性原理，从物理基础方程出发做天气预报，这是很重要的进展。

反推回去，在做 AlphaFold 的时候也不是回到最早的量子方程做预报、预测蛋白质结构，而是用已有的资料和不完整的数据来推测，它也不是回到强计算、强还原路径。DeepMind 这条路径正一项一项地征服专业领域，取得令人难以望其项背的成就，从 AlphaGo、AlphaFold 再到天气预报，这是我们已经看到的现实。

基础模型这条路线也在快速发展，比如自动驾驶模型参数可以一年增长 10 倍，马上参数数量就能超过人脑神经元之间的连接数。人脑之间的反应速度呈毫秒量级，而机器是纳秒量级，差五六个量级是很大的差异。

让机器更像人，还是让人更像机器——人类对 AI 发展路径并没有达成共识。但我们的研究有可能做到这一点：在元宇宙中，通过人工智能和区块链技术把人与机器连接起来，而不是用脑机接口等侵入式的方式把大脑跟机器连接起来。语言或者是认知坎陷有足够好的效率做可靠的连接，虽然主体之间的理解看起来不够准确，可迁移性不够绝对，但是有相对的可迁移性已经足够。

第三节　为元宇宙立心

高级智能具有独特性和多样性，未来元宇宙要实现高级智能的关键在于要形成统摄性的自我意识。通过梳理主流的 AI 发展思路，我们认为机器现在还没有统摄性的自我意识，并且需要在人类认知主体的引导下开始并逐渐加深与外界的交互，让人类为元宇宙立心。与此同时，由于元宇宙中的参与者之间有不一致、矛盾甚至冲突，就会产生张力，这种张力也是人类带进元宇宙的社会属性，为元宇宙立心，元宇宙才能感知张力，才能谈得上寻找方案去缓解张力，进行元宇宙的治理。

除了人工智能，元宇宙背后还有区块链技术。区块链技术具有不可篡改的特性，我们可以对用户行为记录在案，就有可能对我们的伦理价值产生一些影响。假如我们要表扬一种好的行为或者是惩罚一种坏的行为，好的行为就可能会被人利用来做投机，通过作秀得到好处，这样社会风气就容易变得虚伪，一些开始非常好的事情到最后就变质了。如果有区块链技术的支持，由于所有数据不可更改，那么要表扬好的行为就不用再事前声明，而是事后的某个阶段执行，投机作秀就很难在这里起作用。

区块链技术的存证功能，即一旦上链了就不可以更改，对元宇宙伦理是至关重要的。这个看起来很小的点，一旦变成元宇宙中的必需，就会影响所有参与者的行为。不但可以说清楚因果，甚至能够追溯清楚因为何物、果因何起。可以通过智能算法分析不可篡改的主体 / 节点历时性存证数据，从不同程度上反映出节点的认知水平。区块链技术的引入能够引导各个节点对自己的行为数据负责，也能让我们从多个角度观测系统整体、局部或个体的共识与认知情形。

但是，在我们的技术图景中，并非所有的事物都需要上链记录。链上数据的重要性不是体现在其无所不包，而是有则完备。当我们在某个时候需要证明自己是好人、做事靠谱的时候，我们自己自然会需要这些记录。我们自己会去判断一个 ID 背后是一个什么样的人，看他以前是怎么做事的，如果他做的事情都是靠谱的，那么别人更愿意相信他作恶的可能性很小。

有一个问题是，区块链的数据是上链之后不能被篡改，但是如果一开始记录的数据就是假的呢？我们大可以假定这些上链的数据就是假数据，但随着时间推移，造假者还需要写足够多的东西，来证明之前写的数据是真的，而这后续的过程极其困难，成本可能极高，甚至得不偿失，对参与者而言，还不如一开始就如实地把真实的情况放上去，有足够长的、真实的、经得起考验的历史记录，才是有价值的。

人类承载了几十亿年的进化过程，这些过程发生在地球环境里，已经内嵌在我们的身体结构和意识形态中，所以我们与物理世界的关系是非常契合的。在面对前所未有的状况时，在宇宙观、价值观和道德观的指导下，我们还能大概率地做出正确的反应，开显出新的认知坎陷。元宇宙不是从天上掉下来的。杰夫·贝佐斯（Jeff Bezos）曾经说过，“你只能同现有的世界合作，而不是同你想要的世界合作。”元宇宙也是同理。只有和人类的进化过程结合，元宇宙的未来才更加实际。

机器的进化过程和人的进化进程不同。人类的科学是在人类进化史经过了长期的发展之后，直到近代才出现。但机器从一开始就被人类赋予了数学、物理等科学内容。因此机器在这些可计算的方面表现得非常强大，但在“自我”的形成这一块非常薄弱。机器能够附着“自我”的地方（主程序）基本是固定不动的，而且能够隧通[①]的内容也非常有限，很多漏洞都无法自行处理。虽然现在机器较为机械呆板，但未来有可能让机器更贴近人类的思维，通过多节点的竞争等方式，模拟人的意识，并赋予其边界意识。当然对机器来说边界不一定是触觉。有了自我，有了认知坎陷，意识与智能得以在人与人、人与机器之间更好地迁移，元宇宙就有可能实现类人思维，构建起一张意识和生命的互联网，成为超级大脑，甚至形成智慧地球，在浩瀚的宇宙中寻找“生存”和“发展”的新机遇。

在人工智能高速发展的情况下，在不远的未来我们只需要少数人来设计新的机器，让人的智能和机器的智能融为一体，共同进化成一个更高级的智能。但这毕竟也只是少数精英有能力处理的事情，大多

---

① 隧通，是指在不同认知坎陷（意识单元）之间或者相同认知坎陷（意识单元）的不同侧面之间关系的建立，可简单理解为思维相通或意识连接。

数人可能无法达到这种技术或思维层次，那么对于普通人来说，生命更深层的意义何在？

我们认为元宇宙的使命还是要回归到自我的延伸，实现自我的超越，诗意地生存。实际上人类已经有很多自我延伸方式。或许未来在元宇宙中，如果我们能与智能系统融为一体来解决一些复杂的问题，这也将成为我们的一个延伸，同样也是一种诗意的生存。

古人按照“修身、齐家、治国、平天下”的顺序来延伸自我，修身比较容易，齐家难一些，治国难度更大，平天下是难度最高的延伸方式。这个顺序并非是完全不能跳跃的，但这是一个更自然的顺序，越是靠前的项目越适合大多数人做，那么在未来本质上还是如此。

在元宇宙中，我们可用的工具更多，可连接的主体更多，可以创造的事物更多，可以改变的路径更多。在机器崛起的视域下，我们自我延伸的方式也更多，实现人生价值的途径也将会越来越丰富和广阔。我们应对人工智能挑战的当务之急就是要对未来有比较准确的预期，改变人们的认知体系，以顺利过渡到新的时代。

元宇宙的未来应该会经历三重境界。第一重境界是百花齐放（Circus），早期的元宇宙就像一个大游乐场，各种理解都会有，但假如是封闭的小圈子，无法与其他节点有效交互，也只能自己和自己玩，在元宇宙中被边缘化，一些可迁移、有生命力的社区将逐渐壮大。第二重境界是诸神混战（Olympus），各种价值、各种共识开始形成，成为有各个侧面的元宇宙，这时情形会变得很复杂，持续的时间尺度也会很长。第三重境界是协同进化（Kettle），价值转移可以非常迅速，子系统虽然各有分工、各有侧重，参与者之间能够竞争合作，维持元宇宙的生态与秩序，最终是为了见证更大的共识。

随着元宇宙形成过程中的不断竞争和融合，元宇宙最终产生“自我”、形成“超脑”乃至“智慧地球”，将是必然结果。

对人体来说，新皮层是大脑中进化最晚、最后才出现的脑结构。

虽然进化晚，但是新皮层是人类经验、高级智能最重要的部分，因为新皮层是随着人在意识学习中不断形成的东西，当人的知识经验越来越多，新皮层的体积会就越来越大，承担着越来越重要的功能，大部分感觉信息最终也汇总到皮层的特定区域，而且还有很多高级认知相关的联合皮层。

而元宇宙形成超级大脑的过程本身，首先应当形成一个类似于大脑新皮层的事物。随着我们和外界互动的加深，元宇宙这个新的“超级大脑新皮层”，就应当随着节点与节点之间、节点与外部物理世界的不断交互而持续发展、不断演进，将节点间的交互与信任转化成集体的、自发性的时间和空间秩序，从而进一步形成统摄性的“自我”意识。正如“自我”与外界的二元剖分是人类意识与智能的开端，元宇宙逐渐形成并发展壮大的“自我”意识将正式开启超脑，甚至智慧地球的形成，人类世的超脑也将有得以实现的可能。

值得一提的是，元宇宙并不是为了取代物理世界，而是为了让人类能够延伸自我，有更丰富的方式与物理世界、意识世界相交互。不论是对人类个体的大脑还是智慧地球的超脑而言，虽然新皮层是意义非凡的重要组成，但并不是说脑中的其他结构就可以被忽略甚至抹去，如果没有它们的支撑作为基础，所谓超脑充其量是一堆具有高精度的计算机器，而无法理解、融合人类的意识世界，更谈不上让人类在元宇宙中能够延伸出更广阔的空间，那么超脑新皮层的意义也将不复存在。人脑与超脑都需要形成对“自我”的观念，在拥有“自我”意识的基础上积累发展的智慧与经验，这样才能长久地造福人类世界。

随着人类的主观能力越来越强大、自由意志得到越来越充分地释放，人类对世界的认识一方面不断地向真实的物理世界靠拢，另一方面也在不断地寻求超越、逐渐发展，从而比物理世界更为强大。因此，我们有理由认为：随着认知的日益发展，人机的未来需要人类的设计和自由意志的指导，人类也才有可能为元宇宙立心，为万世开太平。

参考文献

［1］凯文·凯利．失控［M］．周峰，董理，金阳，译．北京：电子工业出版社，2016.

［2］黄宗煊．钱学森：中国爱国知识分子的杰出典范［M］．北京：清华大学出版社，2011.

［3］阿尔文·托夫勒．财富的革命［M］．吴文忠，译．北京：中信出版社，2006.

［4］蔡恒进．论智能的起源、进化与未来［J］．人民论坛·学术前沿，2017（10）.

［5］凯文·凯利．必然［M］．周峰，董理，金阳，译．北京：电子工业出版社，2016.

［6］连玉明．数权法 1.0［M］．北京：社会科学文献出版社，2018.

［7］叶毓睿．软件定义存储：原理、实践与生态［M］．北京：机械工业出版社，2016.

［8］黄韬，霍如，刘江等．未来网络发展趋势与展望［J］．中国科学：信息科学，2019（8）.

［9］雷葆华，孙颖，王峰等．CDN 技术详解［M］．北京：电子工业出版社，2012.

［10］胡俊，沈昌祥，公备．可信计算 3.0 工程初步［M］．2 版．北京：人民邮电出版社，2018.

［11］邬江兴．网络空间拟态防御原理［M］．北京：科学出版社，2018.

［12］埃文·吉尔曼，道格·巴斯．零信任网络：在不可信网络中构

建安全系统［M］. 奇安信身份安全实验室，译 . 北京：人民邮电出版社，2019.
［13］韩锋等 . 区块链国富论［M］. 北京：机械工业出版社，2021.
［14］周子衡 . 账户：新经济与新金融之路［M］. 北京：社会科学文献出版社，2017.
［15］姚前 . 数字资产与数字金融［M］. 北京：人民日报出版社，2019.
［16］陈根 . 数字孪生［M］. 北京：电子工业出版社，2020.
［17］陶飞，戚庆林，张萌，程江峰 . 数字孪生及车间实践［M］. 北京：清华大学出版社，2021.
［18］马修·杰克逊 . 人类网络：社会位置决定命运［M］. 余江，译 . 北京：中信出版集团，2019.
［19］玛丽萨·金 . 社交算法［M］. 纪一鹏，译 . 北京：中信出版集团，2022.
［20］罗宾·邓巴 . 社群的进化［M］. 李慧中，译 . 成都：四川人民出版社，2019.
［21］戴维·米尔曼 . 粉丝效应：从用户到粉丝，从流量到增量［M］. 陈述斌，译 . 北京：中信出版集团，2021.
［22］韩炳哲 . 数字媒体时代的大众心理学［M］. 程巍，译 . 北京：中信出版集团，2019.
［23］艾瑞克·伯恩 . 人间游戏：冲破社交陷阱的人际沟通分析［M］. 周司丽，译 . 北京：中国轻工业出版社，2022.
［24］罗素，诺维格 . 人工智能：一种现代的方法［M］. 3 版 . 殷建平，祝恩，刘越，等译 . 北京：清华大学出版社，2013.
［25］黄朝波 . 软硬件融合：超大规模云计算架构创新之路［M］. 北京：电子工业出版社，2021.
［26］尼尔·斯蒂芬森 . 雪崩［M］. 郭泽，译 . 成都：四川科学技术出版社，2009.
［27］周兵，方云山 . 深入理解企业级区块链：Quorum 和 IPFS［M］. 北京：机械工业出版社，2021.

重磅推荐

叶毓睿等多位专家共同撰写的《元宇宙十大技术》，适合作为该领域的入门向导。本书使读者能迅速地了解元宇宙的支撑技术和应用前景，并认识到元宇宙关键核心技术的重要性。希望本书的出版助力元宇宙在中国的发展和推广。

——倪光南 中国工程院院士

计算力指数平均每提高 1%，GDP 将增长 1.8‰，算力已成为支撑各行业“上云用数赋智”的关键。元宇宙的发展离不开计算、存储、网络和 AI，需要百倍、千倍的算力提升，也因此对现有的架构带来巨大的挑战，很高兴看到《元宇宙十大技术》里对这些都有探讨和展望。

——郑纬民 中国工程院院士

元宇宙发展需要超高的算力和低时延的网络，也将沿袭算力三定律的趋势，国家政策和市场需求的推动也为元宇宙技术发展提供了土壤。很高兴看到中国移联元宇宙产业委《元宇宙十大技术》应时而生，为从业者提供了指南。

——李正茂 中国电信集团总经理

这是第一本详细剖析元宇宙技术的原理、现状和趋势，介绍集成案例的书籍，很高兴看到元宇宙产业委的同仁们为中国元宇宙的从业者提供参考指南，希望产业委再接再厉，做出更多贡献！

——倪健中 中国移动通信联合会执行会长

元宇宙产业委共同主席

新的技术推动的新的产业变化在不断塑造我们的社会，这本书给了我们一个极好的视角，看一看技术将如何颠覆性地影响社会。众多探讨告诉我们，现实世界更有力量，因为元宇宙毕竟是人的创造。

——敖然 中国音像与数字出版协会常务副理事长兼秘书长

本书由元宇宙领域的顶尖专家们倾力打造，翔实地阐述了元宇宙的内在机理和发展前景，是学术研究和产业布局的参考宝典。

——佟世天 唯一艺术董事长

元宇宙将是一个宏伟的数字新世界，要满足数亿人在三维时空多感官沉浸式地生活和交互，需要巨大的高效能算力支撑。元宇宙应用的发展，将加速 IT 基础技术的进步。本书在多元算力异构融合、资源池化、云边协同、数据共享等方面进行了深入思考和探索，相信对相关从业人员会有较好的启发。希望本书能给筑基元宇宙贡献一些力量。

——胡雷钧 浪潮集团首席技术官

对于新兴的技术变革，总会有人走得靠前一些，看得更远一些。叶毓睿等人组成的团队对元宇宙的研究和探索既非常大胆，也相当实用，值得一读。

——张新红 国家信息中心首席信息师

元宇宙是若干前沿技术陆续跨越拐点后，引发的连锁性密集创新所导致的社会发展从量变到质变的现象，将推动人类社会进入虚实融合的全新发展阶段。《元宇宙十大技术》将帮助你打开认知元宇宙前沿技术之门。

——邢杰 优实资本董事长

畅销书《元宇宙通证》《元宇宙与碳中和》《元宇宙力》作者

本书是对元宇宙技术这一全新领域的精准扫盲，框架清晰、细节丰富。在交互与展示、数字孪生与数字原生、身份系统与经济系统等方面，都有着全新的认识和探讨。

——邓迪 太一集团董事长

中国全国工商联并购公会常务理事

元宇宙在更高层次上发挥数据所蕴含的强大威力，将物理空间（物）、信息空间（机）和思维空间（人）交叉融合，开拓人类想象疆域，具有巨大的发展空间。本书思路开阔，展现出元宇宙技术的全景图，给读者带来知识的同时，也带来思想上的启迪。

——谢长生 华中科技大学教授

中国计算机行业协会信息存储与安全专委会会长

《元宇宙十大技术》一书，系统、全面地解析了元宇宙相关技术的构成，并对相关技术应用场景展开丰富畅想，从技术到应用详细解读，非常值得一读。

——郑定向 深圳市信息服务业区块链协会会长

新生事物的出现，总要经历盲人摸象的阶段，很高兴叶毓睿和专家们迈出了新步伐，他们眼中的元宇宙是宏观且逻辑严密的。这本书从技术角度层层剖析，直击技术核心问题。这是一批技术精英的心得分享，并体现了他们对数字中国建设的拳拳报国之心。

——邓志鸿 上海市创意产业协会副秘书长

夺冠集团董事长

本书集结了众多相关领域的技术专家，深入剖析了元宇宙的相关技术，立意很高，而且内容自成体系，有很好的指导和借鉴意义。特此推荐它给有志于探索和实践元宇宙的同行们。

——张益民 英特尔中国研究院首席研究员

本书详细分解了元宇宙的原力——数字化科技，描绘了其演进模式，并为元宇宙产业的结构和机理描绘了蓝图，给投资者、建设者、使用者和管理者在未来的发展中提供了工具和抓手。

——周苏岳 马栏山视频文创产业园首席专家

马栏山元宇宙产业基地发起人

在元宇宙扑面而来的历史节点上，我们需要一本全面剖析元宇宙技术原理，并对未来做出适当预测的书。《元宇宙十大技术》就是这样一本应时而生的书。

——姚海军《科幻世界》杂志社副总编辑

奇点时刻来临前夜的曙光最为动人，它承载着人们无限的遐想和期盼。本书为读者描绘出了一幅元宇宙写实主义的画卷，以底层技术框架的视角帮助我们重新审视了元宇宙的本质，结构清晰、细节扎实，对于元宇宙从业者来说，这是一本不可错过的书。

——董彦斌 讯脑医疗首席执行官

脑陆科技合伙人

从 VR 头显中的绚烂世界，到虚实结合的数字孪生工厂，世界已不再是物理本身，而算力基础设施与人工智能的结合将带来元宇宙的无限可能。未来已来！

——徐凌杰 壁仞科技联合创始人

元宇宙是概念先行的“宇宙”，现在达到了“夹生”状态。从概念到尝试，从产业到“宇宙”，核心是技术的演进。《元宇宙十大技术》展示了元宇宙的技术骨架，让我们看见了“魔法”背后的工具箱，提供了观察未来的望远镜。

——柏亮 零壹智库创始人

元宇宙是继手机之后新的人机交互方式的入口，隐私计算与元宇宙深度融合，未来应用场景和潜力无限。本书详细阐述关键技术，介绍了丰富的案例，是关于元宇宙极佳的入门书籍。

——李延凯 原语科技首席执行官

作者从物理宇宙、生命宇宙和元宇宙多维宏大的视角为我们打开了一道门。元宇宙十大技术的发展最终会普惠我们每一个人，让人类在虚实融合的世界里学习、生活与工作。本书能让读者站在未来看现在，发掘属于自己的领域。

——马谦 DataMesh 联合创始人、总裁

元宇宙不仅会将现实社会投射到虚拟世界，更会创造令人脑洞大开的全新境界。这中间云计算会提供让这种让梦想从不可能变为可能的算力资源。把握元宇宙的十大技术，就如同拿到了走进未来的钥匙，也推动着云计算走向下一个高度。

——陈绪 阿里云基础产品技术战略负责人

元宇宙的概念正在兴起，什么是元宇宙，元宇宙的核心技术可能包括什么，如何构建惠及我们每个人的元宇宙，本书给出了一些解释和方案，我推荐给想了解元宇宙的读者。

——刘磊 北京航空航天大学计算机学院教授

从我们认知的宇宙创生，到元宇宙的新天地，是从有限到无限的飞跃。元宇宙既是技术集大成的爆炸性成果，也是人类智慧向更高维度的探索。在通往未来的路口，本书堪称实用导航仪。

——杨静 新智元创始人

本书介绍了一些元宇宙的基础和应用科技，包括计算机、芯片、存储、网络、人工智能、交互、数字孪生、区块链、治理科技、数字身份证等，使对元宇宙有兴趣的读者可以了解这一领域的重要科技以及发展趋势。

——蔡维德 北京航空航天大学数字社会与区块链实验室主任

元宇宙需要算力提升千百倍，所以系统能耗、热管理和计算架构的协同发展将是很大的挑战，同时也是发展机遇，叶毓睿等专家撰写的《元宇宙十大技术》深入浅出地描绘了元宇宙技术的来龙去脉。

——曹炳阳 清华大学航天航空学院党委书记

元宇宙尚属新生事物，但是初现端倪的落地场景已经可以证明其相关技术将对千行百业产生深远影响。从元宇宙的基础技术，到应用场景，再到未来展望，本书都给出了全面讲解，它是一本值得推荐的元宇宙技术参考书籍。

——刘通 英伟达中国区汽车事业部总经理

元宇宙到底是炒作还是未来，本书作为技术科普书，以“元宇宙十大技术”为依托，结合应用案例，能帮助读者全面理解元宇宙的技术组成、产业阶段、市场前景，以及发展思路，以便更好地去伪存真、把握机遇，值得推荐。

——邵周 亚洲基础设施投资银行数字化创新负责人

目前，我们仍站在一个新世界的入口，元宇宙与航空核心技术的融合，将在内容载体、传播方式、交互方式、参与感和互动性等方面革命性突破原有模式，通过此书，也许能启发我们更多地探索元宇宙在航空领域的实践。

——刘庆学 中国天利航空科技实业公司党委书记

元宇宙已成为数字经济社会背景下各个领域高度关注的创新方向，也必将对新经济产业结构、技术发展和管理模式等多个方面产生巨大影响。本书对有志于从事元宇宙产业创业者不失为一本指导手册。

——王恩胜 国研经济研究院执行副院长

元宇宙是以区块链为底层技术，互联互通、自由平等、开源开放的现实与虚拟融合的世界。我为叶毓睿等专家执着地推进的精神鼓与呼，相信本书对元宇宙技术，尤其是对中国元宇宙产业的发展，将会起到很好的推动作用。

——鲁照旺 中国政法大学教授

自元宇宙概念兴起以来，业界对元宇宙相关技术、实现路径和未来形态等问题的论述犹如盲人摸象、各观一角，又或过于宏大遥远、没有技术边界。本书首次集合了多个相关领域的专家，扎实阐述了元宇宙十大技术、集成应用和未来形态，为读者描绘了一幅既有全局又有细节的元宇宙“3D 蓝图”，是快速了解元宇宙的不二之选。

——杜兰 科大讯飞高级副总裁

广东省人工智能产业协会会长

数字孪生作为元宇宙的五大支柱性技术之一，通过创造虚拟世界并对真实世界进行模拟推演，让真实世界变得更高效、安全和美好。当所有技术都突破时，才能更快迎来元宇宙的大爆发，期待本书帮助更多人了解、走进并用好技术。

——李熠 51WORLD 董事长

元宇宙的发展带来计算、网络和存储架构的演变，例如云边端协同，数据中心多元、异构的趋势。很高兴看到《元宇宙十大技术》对此有深度阐述，也期待我们的自研技术和 Arm 生态对元宇宙发展有更多的支持。

——刘仁辰 安谋科技联席首席执行官

元宇宙是互联网的三维化，XR 将成为主要入口，内容和创意是吸引和留存用户的关键，很高兴看到这些在本书中都有详细的介绍。HTC 在 XR 深耕多年，致力于打造一个开放、可互操作的元宇宙。

——汪丛青 HTC Vive 中国区总裁

本书作为业界精典示范之作，是首创国内元宇宙产业发展及技术剖析的书，对业内外人士学习、了解科技前沿技术及创新创业具有启发、帮助和指导作用。

——赵忠抗 元宇宙产业委副主任委员

元宇宙可以说是人类尝试利用各种新技术手段把意识送入虚拟世

界的新阶段，代表了未来人类全新的体验，人类从此可以更好地探索意识永生和宇宙真相等命题。

——鲁俊群 元宇宙产业委执行主任委员

本书所展示给世人的恰是建造元宇宙这座“通天塔”所需的“四梁八柱”，尤其是以创建身份系统和经济系统为代表的五大支柱性技术。愿本书成为元宇宙架构师们的最爱！

——马方业 经济日报（集团）高级编辑

该书体系化地、全面地囊括了现阶段与元宇宙发展相关的重要技术，并对其不同特征进行了细分，对技术创新的发展脉络给予了梳理，具体、真实地描绘了支撑元宇宙落地的技术应用场景，增强了元宇宙时代到来的科学性与现实性。

——乔卫兵 中译出版社社长

通过阅读本书，可以真正推动元宇宙在产业中的应用，提升产品与服务的种类、数量、质量，提升产业的生产能力与管理能力，构建高端品牌！

——李正海 金山顶尖元宇宙研究院院长

元宇宙产业委联席秘书长

元宇宙是虚实融合的人类社会形态，需要多种技术、多种设备、多种内容协同发展。元宇宙建设并非一日之功，但在建设过程中，沿途收获的技术成果，就会即时地造福社会。

——赵国栋 中关村大数据产业联盟元宇宙智库委员会执行主席

元宇宙技术“连点成线”，不断融合、创造着新物种。本书汇集了众多元宇宙领域的资深技术人士，以独特且专业的视角对元宇宙基础技术原理进行深度剖析，并通过大量生动的案例，对元宇宙的技术应用场景和未来发展趋势做出畅想，值得推荐！

——于佳宁 元宇宙产业委执行主任委员
火大教育校长

物理世界与数字世界的距离因为元宇宙而消弭，线上与线下、虚拟与现实可以任意切换，工业与商业级的应用场景都充满想象的空间。本书会系统地带你了解如何构建元宇宙，值得期待。

——韩举科 中国通信工业协会副会长
物联网应用分会会长

这是迄今为止对元宇宙技术原理、技术生态以及技术发展趋势进行全面剖析、深刻阐述的一本书籍，涵盖了元宇宙的核心应用技术和发展创新的趋势，为赋能实体经济、改造世界、数实融合添砖加瓦。

——薛增建 元宇宙产业委副主任委员

元宇宙是为经济、人文、社交提供无限可能的数字平行世界，其实现依赖于创新科技作为底层支撑。本书汇聚国内顶级技术专家，将元宇宙的底层支撑条分缕析、娓娓道来。

——樊晓娟 元宇宙产业委正式委员

本书全面系统地介绍了元宇宙的十大技术，从国际到国内，纵横捭阖；从技术到应用，内容丰富，深入浅出，可读性强。值得大力推荐！

——赵永新 元宇宙产业委副主任委员

本书全面剖析了元宇宙核心技术图谱，让我们得以理性探寻元宇宙热潮之下的缜密技术思路，为下一步的技术演进和产业发展指明了可能的路径。

——李政 清华大学环境研究院碳中和技术与绿色金融创新实验室执行秘书长

元宇宙所需要的基础和支撑技术，在本书中都有详细的阐述。和讲授技术相比，这本书更大的价值是让我们学习技术背后的科学规律，理解技术所承载的思想和梦想，存乎一心，妙用无穷。

——郑宇军 杭州师范大学博士生导师

本书从技术的角度出发，由各个业内专家引领我们去探寻元宇宙的基础构成，协助大家共同探索“新大陆”。本书将会帮助到更多的业内人员去更好地迎接这个新的时代的到来！

——吴晓鹂 美国图形图像学会上海分会副主席

本书会在学界和商界起到抛砖引玉的作用，它不仅是为元宇宙爱好者们写的科普性书籍，更是一本揭示元宇宙神秘面纱，推动和激励元宇宙发展的科学探索性读物，本书的出版会给我们今天所处的数字时代注入全新的活力。

——娄岩 中国医科大学计算机中心主任、教授

VR 技术是进入元宇宙的最佳“入口”，让我们一起构建美好、有趣、多元的虚拟世界。

——谭贻国 深圳市虚拟现实产业联合会会长

本书全面剖析了构建元宇宙的基础技术，是发展元宇宙事业的指南针。法国智奥作为旨在将元宇宙赋能会展、活动及体育赛事的国际

会展集团，本书的内容将对我们构筑会展元宇宙事业大有助益。

——周建良 法国智奥会展集团中国区首席执行官

本书创造性地将元宇宙技术体系归纳为五大地基和五大支柱，我特别关注的是AI技术在元宇宙中的应用，因为虚实共生需要“博大精深”的强人工智能。推荐大家阅读本书，激发大家对元宇宙的深度思考。

——施水才 拓尔思信息技术股份有限公司总裁

元宇宙是下一代操作系统，必将引发相关领域的全面技术升级和革命！思辨国学、信息美学、工业美学、商业美学、大众美学、科技美学将与元宇宙共同发展，相互促进！

——孟虹 中央美术学院网络信息中心主任

“元宇宙”是一个数字化生活场景，是数字技术迭代的必然产物。当我们的虚拟数字生活变得比我们真实生活更重要的时候，当你已经感知不到虚实边界的时候，那就是“元宇宙”。

——信意安 北京全时天地在线网络信息股份有限公司董事长

元宇宙作为第三代互联网的大幕已拉开，作为互联网人该如何搭上通往这座“通天塔”的便车而又不错失风口？本书重点剖析了元宇宙的地基性技术、支柱性技术，以及前景趋势，可作为大家通往元宇宙“新大陆”的从业指南，值得一读！

——陈光炎 深圳市和讯华谷信息技术有限公司（极光）总经理

本书从元宇宙的基本概念出发，以建立元宇宙的十大技术为切入点，全面剖析了元宇宙的技术原理、生态和趋势，深入浅出地讲解了元宇宙对相关领域的深远影响，既能让普罗大众一窥元宇宙的奇幻奥妙，又能让相关领域的从业者迸发灵感、有的放矢地建设元宇宙相关生态，具有非常高的指导意义，值得一读。

——金锋 恺英网络股份有限公司董事长

自元宇宙概念爆发以来，很高兴能够看到有这样一本专门介绍元宇宙技术的书籍。它讲清楚了元宇宙的来龙去脉，能让读者认识元宇宙，并了解它将如何发展。更加难能可贵的是，这本书从技术的角度给了元宇宙行业的“建筑师们”非常实用的技术指导和应用指导，让大家非常清晰地看到元宇宙未来的价值和进一步爆发的确定性。今天的元宇宙、数字资产以及元宇宙的各种应用，未必代表了未来十年、二十年的形态，但是今天能有这样一本书来帮助大家加快对技术的认知，极大地加快了人类对元宇宙和应用的探索及研究的速度。相信本书的面世也会为元宇宙行业带来无限的惊喜。

——王俊桦 万同集团董事长兼首席执行官

元宇宙是建立在数字科技基础上的未来世界。本书为人们认识和了解元宇宙，提供了最好的捷径，是引领人们走向新时代的经典之作。

——程庆华 七级宇宙（胜维科技）董事长

元宇宙是一个面向未来的宏大命题，它的吸引力在于其发展趋势的必然性和发展进程的不确定性，而这两者带给创造者巨大的想象空间。本书涵盖了元宇宙的核心应用技术和创新性观点，提纲挈领地描绘出目前元宇宙在理论研究、产业实践、生态建设、社会治理等方面的全貌，是迈入大数据时代后让大众理解新一轮技术革命的经典之作。

——赵萱 中国互联网新闻中心（中国网）技术创新部主任

CICG 元宇宙国际传播实验室发起人

元宇宙产业委常务委员

本书剖析了元宇宙技术原理、生态以及未来趋势，分享了技术集成的应用案例，并做了深度的哲学思考，本书也为后疫情时代我们如何把握数字经济脉搏，更好将元宇宙应用于产业提供了极有价值的参考。

——黄斯沉 北京丹曾文化有限公司

市场需要有一本系统阐述元宇宙技术的图书，在“乱花渐欲迷人眼”之时拨云见日——《元宇宙十大技术》应运而生，它以极强的前瞻性，剖析了元宇宙的技术原理、生态及发展趋势，是元宇宙技术人员必备书。

——华扬联众数字技术股份有限公司

本书剖析构建元宇宙的基础技术，分享技术原理、场景、方案、案例及未来趋势，并提出了元宇宙的终极目标，是通往元宇宙这一“新大陆”的从业指南，具有很强的指导意义。

——浙江金科汤姆猫文化产业股份有限公司

本书系统化地阐述了元宇宙的技术和场景，提出了许多有建设性的思考方向。本书对功夫数字团队有非常大的启发，相信通过本书将让更多人全面认识、参与到元宇宙建设中来，真正实现“元宇宙是一种新生活方式”的理念。

——功夫动漫股份有限公司

元宇宙正在开启创作者经济的黄金时代，而 Web3.0 是人类迈向元宇宙之路上的重要一步。元宇宙很可能是 Web3.0 的核心应用场景，天下秀正在努力践行着本书所描绘的未来创新方向。

——天下秀数字科技集团

元宇宙技术或将影响游戏行业的未来十年甚至更久，我们不是新技术的发明者，但永远是新技术的拥趸和最先的实践者。

——凯撒（中国）文化股份有限公司

基于数字技术与内容创作所构建的数字化场景和沉浸式体验将重构商业逻辑，而本书所阐述的元宇宙技术发展趋势，对从业人员基于现有商业模式进行元宇宙创新将有所启发。

——上海风语筑文化科技股份有限公司

形形色色的技术构筑起了元宇宙的雏形，其最终形态取决于人们如何应用这些技术，以及如何从经济、文化、法律等层面进行规范。元宇宙会为现实世界孕育出什么样的产品与服务形态及能力？这本书或许会给你答案。

——北京蓝耘科技股份有限公司

随着 Meta、微软、谷歌、腾讯、字节跳动等巨头纷纷布局，元宇宙的蓝图慢慢具象化，或许人类文明和互联网将进入一个全新的时代。每一次变革都蕴藏着巨大的机遇，希望读者能从本书中汲取灵感，享受元宇宙的红利。

——杭州平治信息技术股份有限公司

本书从元宇宙的意识起源出发，探讨元宇宙的核心技术，畅想元宇宙的实际应用，展望元宇宙的终极目标；为企业提供了“航海图”，有利于企业看清趋势，提前布局，对技术应用落地具有较高的指导意义。

——德艺文化创意集团股份有限公司

学习元宇宙十大技术，感受未来前沿科技浪潮。

——广东虚拟现实科技有限公司

元宇宙重新定义了人与空间的关系，AR、VR、云计算、5G和区块链等技术搭建了去往元宇宙的通道，创造了虚拟与现实融合的交互方式。正如本书所阐述的，元宇宙正在改变和颠覆我们的生活。盛天网络期待元宇宙赋能数字场景、推动产业优化升级，并引领新一轮科技浪潮。

——湖北盛天网络技术股份有限公司

面对数智时代的三大挑战：代际变迁、技术升级和商业变革，“线下全域沉浸+线上平行宇宙”将是文商旅元宇宙的有效解决方案，山水比德推出元宇宙文商旅IP系列，以线下沉浸式数字交互场景和线上平行元宇宙空间为底层平台，将新一代数字科技与文娱大消费场景深度融合，打造了数实互娱的文商旅三维互联网新平台。

——广州山水比德设计股份有限公司

Web3.0时代下，如何构建一个“中国式”的数字世界，已成为当前国内元宇宙产业的重要命题。本书汇聚业内顶级专家的多领域实践与最新调研，全面详解元宇宙核心技术，旨在带你解码数字化技术与商业模式的创新融合之路，相信这将对从业者的思考起到启迪作用。

——万兴科技集团股份有限公司

元宇宙是未来20年最具发展潜力的行业，但目前社会对元宇宙的认知还停滞在较为浅显的层面。本书以极富想象力的视角，对现有的元宇宙的十大技术进行了深入浅出的讲解，有利于大众以及专业从业者更深层次地理解元宇宙行业。这也势必吸引更多的人才、技术加入到元宇宙浪潮中来！

——海道数字文化（杭州）有限公司

中国移动通信联合会元宇宙产业委员会委员名录*

共同主席：沈昌祥　郑纬民　倪健中

学术指导：戴汝为　郭毅可　任福继

产业指导：邓中翰　陈清泉

联席主任委员：张　森　李安民　乔卫兵

执行主任委员：于佳宁　杜正平　鲁俊群　赵国栋

常务副主任委员：

法国智奥会展集团中国区总部（周建良）

上海风语筑文化科技股份有限公司（李晖）

宽度网络科技（山东）有限公司（张德华）

浙江金科汤姆猫文化产业股份有限公司（朱志刚）

浙文互联集团股份有限公司（唐颖）

甘华鸣　中国通信工业协会区块链专委会终身副主任委员

---

* 注：截至 2022 年 6 月 10 日，中国移动通信联合会元宇宙产业委员会总计接纳委员 155 家 / 人。

沈　阳　　清华大学新媒体研究中心执行主任、教授
潘志庚　　中国虚拟现实技术创新平台副理事长、南京信息工程大学人工智能学院院长

副主任委员：

海南火大教育科技有限公司
吉林省国参链盟生物工程有限公司（罗欣）
深圳中青宝互动网络股份有限公司（李瑞杰）
北京蓝耘科技股份有限公司（李健）
北京元隆雅图文化传播股份有限公司（孙震）
杭州平治信息技术股份有限公司（郭庆）
湖南星元国际会展有限公司（刘雷）
德艺文化创意集团股份有限公司（吴体芳）
王鸿冀　　中国移动通信联合会应用平台工委理事长
蔡恒进　　武汉大学计算机学院教授
姚海军　　《科幻世界》杂志社副总编辑
赵忠抗　　工信部机关原巡视员
薛增建　　杭州市信息安全协会会长
陈晓华　　中国移动通信联合会教育与考试中心主任
韩举科　　中国通信工业协会秘书长
周金泉　　澳门理工学院教授
苏　彤　　中国通信工业协会数字经济分会副会长
王丹力　　中国科学院自动化研究所研究员
李汉南　　广西网络信息安全服务研究院执行院长
马方业　　经济日报集团高级编辑

娄　岩　　中国医科大学计算机中心主任、教授
张洪生　　中国传媒大学文化产业管理学院执行院长、研究员
闫昶德　　青岛市区块链产业商会会长、青岛链湾研究院执行院长
赵永新　　河北金融学院区块链应用研究中心常务主任、教授
丁　方　　中国人民大学艺术学院院长、中国人民大学文艺复兴研究院院长

常务委员：

江苏众亿国链大数据科技有限公司（毛智邦）
天下秀数字科技（集团）股份有限公司（李檬）
万兴科技集团股份有限公司（吴太兵）
深圳市盛讯达科技股份有限公司（陈丹纯）
北京睿呈时代信息科技有限公司（王远功）
中文在线数字出版集团股份有限公司（童之磊）
深圳市虚拟现实产业联合会（谭贻国）
北京飞天云动科技有限公司（汪磊）
北京丹曾文化有限公司（黄斯沉）
广东星辉天拓互动娱乐有限公司（陈创煌）
唯艺（杭州）数字技术有限责任公司（佟世天）
北京全时天地在线网络信息股份有限公司（信意安）
江西欧恩壹科技有限公司（曾其丹）
凯撒（中国）文化股份有限公司（郑合明）
北京云途数字营销顾问有限公司（谭明）
上海瓣鼎网络科技有限公司（史明）
江西燎燃科技有限公司（施亮）

上海无聊飞船数字科技有限公司（周一妹）

中软云联（江西）数据产业有限公司（张晛）

叶毓睿 《软件定义存储》作者、高效能服务器和存储技术国家重点实验室首席研究员

徐德平 中国移动通信集团设计院无线所副所长

范金鹏 飞腾信息技术有限公司资深行业顾问

李正海 元宇宙研究院院长

顾黎斌 中国移动通信集团浙江公司区块链专家组副组长、边缘计算专家组成员

程时伟 浙江工业大学计算机学院软件研究所副所长、教授

郑宇军 杭州师范大学教授

魏泽崧 北京交通大学教授

孟　虹 中央美术学院网络信息中心主任

黄朝波 矩向科技首席执行官，《软硬件融合》作者

梁　栋 原语科技首席运营官

高承实 上海散列信息创始合伙人

张　烽 万商天勤律师事务所合伙人

王　峰 中国电信研究院人工智能研发中心主任

王　涛 中国联通数字化转型专家

杜　彪 高级工程师、中国人工智能学会高级会员

甄　琦 天神娱乐前首席技术官

周　兵 太一集团副总裁

赵　萱 中国互联网新闻中心技术创新部主任

郑大平 北京元艺宙技术研究院院长、湖北省高校产业协会副会长

正式委员：

浙商银行股份有限公司

广州趣丸网络科技有限公司（宋克）

北京蓝色光标数据科技股份有限公司（赵文权）

东莞市三奕电子科技有限公司（汪谦益）

深圳市人工智能产业协会（范丛明）

华扬联众数字技术股份有限公司（苏同）

西交川数院（四川）数字产业发展有限公司（周攀）

数源科技股份有限公司（章国经）

杭州万同数据集团有限公司（王俊桦）

深圳市智慧城市研究会（张晓新）

宁夏区块链协会（施晓军）

湖北省会展经济发展促进会（罗毅）

深圳市互联网创业创新服务促进会（胥苗龙）

湖北省大型企业精神文明建设研究会（严明清）

广州山水比德设计股份有限公司（孙虎）

武汉市区块链协会（胡自锋）

上海龙韵文创科技集团股份有限公司（余亦坤）

杭州文化产权交易所有限公司

海南师范大学校友会（刘杼）

北京恒华职业技能培训学校有限公司（范孜轶）

拓尔思信息技术股份有限公司（李渝勤）

上海敦鸿资产管理有限公司（袁国良）

引力传媒股份有限公司（罗衍记）

南京金浣熊文化传媒有限公司（董恒江）

上海新诤信知识产权服务股份有限公司（孙凯）
世优（北京）科技有限公司（纪智辉）
建投数据科技（山东）有限公司（陈长玲）
北京首都在线科技股份有限公司（曲宁）
诚伯信息有限公司（谭杰强）
深圳市和讯华谷信息技术有限公司（陈光炎）
杭州元艺数科技有限公司（田井泉）
深圳市宝德投资控股有限公司（李瑞杰）
广州胜维科技有限公司（程庆华）
元启星辰（北京）科技有限公司（韩飞云）
比特视界（北京）科技有限公司（叶青）
移动微世界(北京)网络科技有限公司（王兴灿）
功夫动漫股份有限公司（李竹兵）
杭州原与宙科技有限公司（石琦）
杭州遥望网络科技有限公司（谢如栋）
杭州卡赛科技有限公司（金双双）
光子玩品（杭州）数字技术有限责任公司（陈梓荣）
秦皇岛肆拾贰宇数字科技有限公司（郑天华）
深圳市添域科技有限公司（黄坤煌）
成都梵艺博科技有限公司（黄波）
北京与子匠科技有限公司（焦正道）
海道数字文化产业（杭州）有限公司（王长恒）
联通沃音乐文化有限公司（李韩）
北京亿升向前商贸有限公司（高存）
义乌市京惠文化传播有限公司（赵松强）

樊晓娟　　北京市中伦（上海）律师事务所权益合伙人

吴晓鹂　美国图形图像学会上海分会副主席
曹明伟　安徽大学副教授
杨　正　北京星际远航文化传播中心主任
李　政　清华环境研究院碳中和技术与绿色金融协同创新实验室
马兆林　西安交通大学特聘教授、北京大学互联网金融总裁班导师

预备委员 / 观察员：

华研科技文化（深圳）有限公司（刘韵）
北京铜牛信息科技股份有限公司（吴立）
恺英网络股份有限公司（陈永聪）
湖北盛天网络技术股份有限公司（赖春临）
深圳奥雅设计股份有限公司（李宝章）
南京宁奥诚信息科技有限公司（董波）
广东虚拟现实科技有限公司（贺杰）
精航伟泰测控仪器（北京）有限公司（郝海生）
陕西博骏文化控股有限公司
元禾（广州）半导体科技有限公司（黄新娱）
上海维迈文博数字科技有限公司（凌毅）
欅海（杭州）艺术科技有限责任公司（王军峰）
南京麦特威斯科技有限公司（陈勇）